Arthur Burda

VGA und SuperVGA
professionell programmiert

Mit nützlichen Tips, Tricks
und Power-Tools auf Diskette

Arthur Burda

VGA und SuperVGA professionell programmiert

Mit nützlichen Tips, Tricks
und Power-Tools auf Diskette

Die Deutsche Bibliothek - CIP-Einheitsaufnahme

Burda, Arthur:
VGA und SuperVGA professionell programmiert : mit
nützlichen Tips, Tricks und Power-Tools auf Diskette / Arthur
Burda. - Braunschweig ; Wiesbaden : Vieweg, 1992

Das in diesem Buch enthaltene Programm-Material ist mit keiner Verpflichtung oder Garantie irgendeiner Art verbunden. Der Autor und der Verlag übernehmen infolgedessen keine Verantwortung und werden keine daraus folgende oder sonstige Haftung übernehmen, die auf irgendeine Art aus der Benutzung dieses Programm-Materials oder Teilen davon entsteht.

Umschlagsgestaltung: Schrimpf & Partner, Wiesbaden

Gedruckt auf säurefreiem Papier

ISBN 978-3-528-05429-8   ISBN 978-3-663-13889-1 (eBook)
DOI 10.1007/978-3-663-13889-1

Vorwort

Sicherlich werden Sie als Leser zu denjenigen gehören, die nach umfassendem und kompaktem Informationsmaterial zum Thema VGA-Grafikprogrammierung suchen. Das Buch, das Sie in Ihren Händen halten, soll Ihnen auf der Suche nach neuesten Informationen zu diesem Thema helfen. Ganz gleich, ob sie Einsteiger oder Profi sind, würde ich mich freuen, wenn die Lektüre dieses Buches Ihnen viel Nutzen und Spaß bringen wird.

Das Buch und die Diskette enthalten viele nützliche Tools und Anwendungen rund um VGA und Super-VGA, die ausführlich und verständlich anhand einer Vielzahl von Beispielen erläutert werden. Alle Programme, die sich auch auf der beiliegenden Diskette befinden, habe ich in Turbo Pascal (ab Version 5.0) erstellt. Für diejenigen unter Ihnen, die über Turbo Assembler (ab Version 1.0), Makro Assembler (ab Version 5.0) oder Turbo Pascal 6.0 mit integriertem Assembler verfügen, habe ich einige Beispielroutinen in Assemblersprache geschrieben.

Sie finden in diesem Buch unter anderem ein Snapshot-Programm für die 256-Farben-Modi, einen Fraktalgenerator zur Berechnung von Grafiken mittels mathematischer Formeln und viele umfangreiche Sammlungen von Grafikroutinen, zusammengefaßt in den sogenannten Turbo-Pascal-Units. Alle Programme finden Sie auch in ausführbaren EXE-Dateien auf der Diskette (für alle Programme wurde ein 286-Code generiert).

Ich hoffe, daß dieses Buch Gefallen findet und Sie das erworbene Wissen in Ihren eigenen Applikationen einsetzen werden.

Für die Veröffentlichung dieses Buches möchte ich mich ganz besonders bei den Mitarbeitern des Vieweg Verlages bedanken, deren Interesse an diesem Projekt mir die Motivation gab, es in der vorliegenden Form zu realisieren.

Arthur Burda Bochum, Oktober 1992

Inhaltsverzeichnis

1 Einführung

Eigentlich sollte dieses Kapitel "Grundlegende Informationen über VGA- und Super-VGA-Karten" heißen. Denn es ist nicht, wie Sie vielleicht vermutet haben, eine Einführung in die Programmierung der VGA-Karten, sondern es versorgt den Leser mit einer Menge allgemeiner Informationen zum Thema VGA-Karten und bildet somit die Voraussetzung für das Verständnis weiterer Dinge und Probleme, die ich in diesem Buch zum Vorschein bringen möchte. Aber nicht nur das. Auch solche Themen, wie Tips zum Kauf einer VGA-Karte oder Marktübersicht der wichtigsten Produkte, werden in diesem Kapitel behandelt. Und Sie als Leser lade ich herzlich ein, sich nicht nur zu informieren, sondern vielmehr in die Problematik einzusteigen, um das Konzept der VGA-Adapter einmal kennenzulernen und später auch komplexe Programme selbständig schreiben zu können.

1.1 VGA und andere Grafikadapter im Vergleich

Die VGA- bzw. Super-VGA-Karte nimmt den Platz im Mittelfeld der Grafikkarten ein. Der allererste Standard unter den Farbgrafikkarten ist IBMs CGA-Standard. Die CGA-Karte kennt im Grafikmodus mit 320x200 Punkten nur vier Farben. Dies ist für den heutigen Anwender viel zu wenig. Außerdem treten bei der CGA-Karte starke Schneeffekte beim Direktzugriff auf den Bildschirmspeicher auf, die die Qualität der Darstellung stark verringern. Heute wird der CGA-Standard nicht mehr eingesetzt.

EGA heißt der Nachfolger der CGA-Karte. Er kennt 16 Farben bei einer Auflösung von 640x350 Punkten. Als dieser Grafikstandard vor etwa 5 Jahren begann, sich durchzusetzen, kamen die ersten VGA-Karten auf den Markt. Diese waren insbesondere viel schneller als die EGA-Karten. Während bei den EGA-Karten die Grafikregister viele Tücken aufwiesen (viele Register konnten nicht ohne weiteres ausgelesen werden), konnten all diese nachteiligen Eigenschaften bei den VGAs von vornherein ausgeschlossen werden. Die VGA-Karte wurde vor allem in Hinsicht auf die Geschwindigkeit stark optimiert und verbessert. Die Optimierung der Hardware-Architektur war nötig, um die CPU nicht unnötig auszubremsen. VGA blieb jedoch nicht lange das High-End der Entwicklung von Grafikkarten. Nicht lange danach wurde der erste Super-VGA-Adapter vorgestellt. Dieser hatte den Vorteil, höhere Auflösungen darstellen zu können. Die Super-VGAs entwickelten sich sehr schnell zu einem professionellen Grafikstandard. Zu den bekanntesten Herstellern von Super-VGA-Chips zählen der kanadische Hersteller ATI und die US-amerikanischen Firmen Genoa und Video7. In puncto Geschwindigkeit konnte jedoch der japanische Hersteller Tseng das Rennen mit den Video7-Produkten gewinnen. Die Karten mit dem Tseng ET-4000 Chip sind aber nicht mehr die schnellsten auf dem Markt. Ende 1991 entwickelte die kalifornische Firma S3 den 86C911 Chip, der sich unter anderem auf der Platine der Prism Mercury X-VGA befindet. Diese Karte vereint sowohl die Funktionen einer herkömmlichen Super-VGA-Karte als auch die der 8514/A- oder TIGA-Karten auf einem einzigen Chip. Sie führt Grafikfunktionen wie Zeichnen von Linien und Verschiebung von Bitfeldern selbständig aus. Die Karte entfaltet ihre Fähigkeiten erst in Verbindung mit speziellen Treibern, die im Lieferumfang enthalten sind. So erreicht sie zum Beispiel unter Windows 3.x beinahe die 5- bis 10-fache Geschwindigkeit eines Grafikadapters mit dem Tseng ET-4000 Chip. Im normalen VGA- Betrieb erfährt die Prism Mercury X-VGA keine Beschleunigung.

Außer den Super-VGA-Karten gibt es heutzutage viele andere professionelle Grafikadapter. Damit sind vor allem die Adapter gemeint, die auf ihrer Platine einen Grafikprozessor haben. Der bekannteste Vertreter dieser Gattung, der fast schon Oldtimer geworden ist, ist die Hercules Graphics Station Card. Der Grafikprozessor entlastet die CPU gewaltig, indem er die Rechenoperationen übernimmt, die zur Ausgabe der Bildpunkte notwendig sind. In der Kategorie der Prozessorgrafikkarten gibt es heutzutage drei Standards: 8514/A, XGA, High-End. Der erste von den drei Standards ist dank seiner hohen Verarbeitungsgeschwindigkeit und der hohen Bildwiederholfrequenzen bekannt geworden. Er ist vor allem für den Einsatz mit Windows-Anwendungen gedacht. Einige der modernen Super-VGA-Karten wie z.B. 2TheMax 32.768 Colors emulieren diesen Standard softwaremässig.

XGA heißt der jüngste IBM-Standard. Obwohl dieser Grafikadapter seit Anfang 1991 verfügbar ist, kann er mit dem 8514/A, auf dessen Design er konzipiert ist, nicht mithalten. Er unterscheidet sich von ihm vor allem durch die niedrigere Verarbeitungsgeschwindigkeit und die niedrigeren Bildwiederholfrequenzen bei einer Auflösung von 1024x768 Punkten. XGA-Standard hat aber auch einige Vorteile gegenüber dem 8514/A. Er unterstützt zum Beispiel Grafikmodi mit bis zu 32.000 gleichzeitig darstellbaren Farben. Diese Fähigkeiten werden jedoch softwaremäßig noch nicht in dem Maße unterstützt wie die 256-Farben-Modi der Super-VGAs.

Das heutige High-End unter den Grafikadaptern bilden verschiedene Prozessorgrafikkarten, die sehr hohe Auflösungen und bis zu 16,7 Millionen Farben gleichzeitig darstellen können.

Für den normalen PC-Anwender sind die Grafikkarten mit dem höchsten Leistungsniveau aufgrund der hohen Preise weniger interessant. Lohnen wird sich eine Prozessorgrafikkarte erst dann, wenn die speziellen, ebenfalls sehr teuren Software-Programme eingesetzt werden.

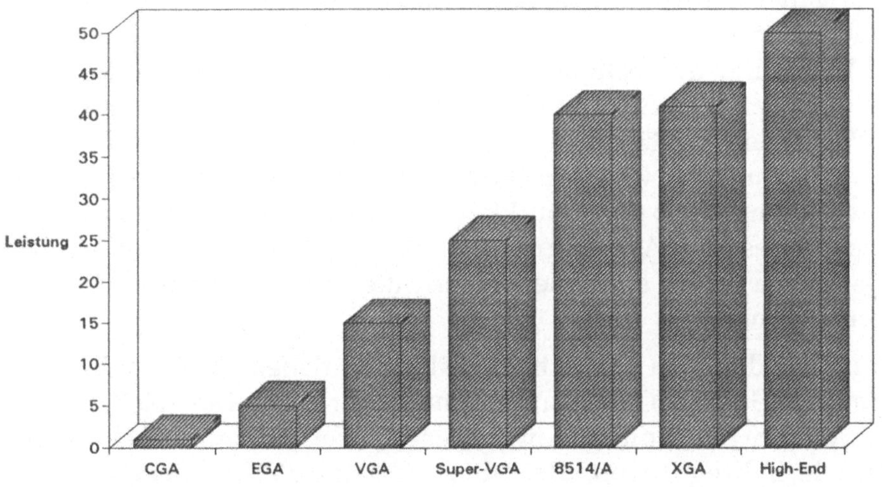

Abb.1-1:   Leistung unterschiedlicher Grafikstandards; zusammengefaßter Leistungsindex

1.2 Unterschiede zwischen Standard- und Super-VGA

Wie in allen Bereichen der Hardware gibt es auch im Bereich der VGA-Karten große Unterschiede. Grundsätzlich unterscheidet man zwischen den sogenannten Standard- und Super-VGA-Karten. Während die Standard-VGA-Karten die höchste Auflösung von 640x480 Punkten erreichen können, verfügen die Super-VGAs aufgrund ihrer ständigen Weiterentwicklung und Verbesserung über die Möglichkeit, 1280x1024 Punkte (die meisten Super-VGA-Karten 1024x768 Punkte) auf dem Bildschirm darstellen zu können. Die modernsten Super-VGA-Karten sind in puncto Geschwindigkeit in ungeahnte Bereiche vorgedrungen (z.B. Prism Mercury X-VGA).

Ein großer Vorteil der Super-VGAs liegt auch in der Anzahl der gleichzeitig darstellbaren Farben. So kann beispielsweise "der große Bruder" der Speedstar VGA Plus - Speedstar VGA HiColor - 32.768 Farben gleichzeitig auf den Bildschirm zaubern (dies entspricht dem im vorigen Unterkapitel angesprochenen XGA-Standard). Und dies bei einer Auflösung von 800x600 Punkten. Außerdem ist die Speedstar VGA eine der schnellsten herkömmlichen Super-VGA-Karten. Dermaßen schnelle Super-VGAs eignen sich sehr gut für den Einsatz mit Windows, der bekanntesten grafischen Benutzeroberfläche von Microsoft. Auch bei CAD-Anwendungen (Computer Aided Design) ist die Geschwindigkeit der Grafikkarte von sehr großer Bedeutung. Für die bekanntesten CAD-Programme wie AutoCAD liefern die Hersteller der Super-VGAs spezielle Treiber, die die Fähigkeiten der Grafikkarten ausnutzen.

Bislang wurden drei Bereiche erwähnt, in denen die Standard-VGA-Karten den Super-VGAs deutlich unterlegen sind. Der nächste Punkt, der in diesem Zusammenhang angesprochen werden soll, betrifft die Bildwiederholfrequenzen. Bei allen Standard-VGAs liegen die Bildwiederholfrequenzen im Grafikmodus unter dem Ergonomieniveau. Das heißt, daß die Bildwiederholfrequenzen unter 70 Hz liegen und damit schädlich für die Augen sind (besonders strenge Ergonomen bevorzugen 72 Hz als Mindestfrequenz). Bemerkbar machen sich die niedrigen Frequenzen durch Flimmern. Bei längerem Hinsehen kommt es häufig zum Augenbrennen. Man muß aber auch zugeben, daß nicht nur die Standard-VGAs diesen Nachteil haben. Bei vielen älteren Super-VGA-Karten trifft dies ebenfalls zu. Vor allem ist dies bei älteren Modellen mit einem Tseng ET-4000 Chip der Fall. Anders ist es bei den modernen Karten. Bei ihnen funktionieren im Regelfall alle Auflösungen bis zu 1024x768 Punkten mit einer Bildwiederholfrequenz von 72 Hz. Man nennt dies VESA-Standard (Video Electronic Standard Association). Übrigens: Ärztliche Untersuchungen haben ergeben, daß bereits Frequenzen knapp unter dem Ergonomieniveau (mit Ergonomieniveau ist eine Frequenz von mindestens 70 Hz gemeint) gesundheitsschädlich sind.

Früher, als der VESA-Standard noch nicht entwickelt wurde, war der Betrieb im sog. Non-Interlaced bzw. Interlaced Modus ein wichtiges Kriterium für die Bewertung einer VGA-Karte. Das Interlacing-Verfahren, auch Zeilensprung-Verfahren genannt, erlaubt zwar die Verwendung einfacher Monitore für hohe Auflösungen, für die sie eigentlich nicht geeignet sind, ist jedoch nicht besonders monitorschonend. Das Bild wird im Interlaced Modus in zwei Teilbilder aufgetrennt, die gegeneinander leicht versetzt sind. Die beiden Teilbilder werden nacheinander zur Anzeige gebracht. Der Interlaced Modus ist auf Dauer gesundheitsschädlich, da die Bildwiederholfrequenz soweit reduziert wird, daß man beim Hinsehen ein starkes Geflimmer erkennt. Im Gegensatz dazu arbeitet der Non- Interlaced Modus mit wesentlich höheren Frequenzen und ist schonender für den Monitor.

Der vorhin angesprochene VESA-Standard bezieht sich nicht nur auf die Unterstützung hoher Bildwiederholfrequenzen. Er wurde auch zum Zweck der Normung von VGA-Karten entwickelt. In diesem Zusammenhang wurden zum Beispiel Konstanten für die höheren Grafikmodi definiert, wonach sich Hersteller von Grafikkarten richten können. Der VESA-Standard kann auch softwaremäßig emuliert werden. Die VESA-Treiber werden häufig mit den Software-Paketen zu der Grafikkarte mitgeliefert. Da der gesamte Inhalt des VESA-Standards sehr umfassend ist, wird er in diesem Buch nicht explizit beschrieben.

Doch noch einmal zurück zum eigentlichen Thema dieses Unterkapitels: Alle Super-VGA-Adapter unterstützen im großen Umfang die Textmodi mit höherer Spalten- und Zeilenzahl. Üblich sind unter anderem Textmodi mit einem Raster von 132x44 oder 100x40 Zeichen.

In den Software-Paketen zu den meisten Super-VGA-Karten ist ein Programm enthalten, das die Umschaltung zwischen den unterstützten Textmodi ermöglicht. Auch eine Standard-VGA-Karte unterstützt die erweiterten Textmodi, jedoch nicht in dem Umfang wie ein Super-VGA-Adapter (es sind nur die beiden Textmodi verfügbar: 80x43 bzw. 80x50 Zeichen). Zahlreiche Programme im Bereich der Standard-Software unterstützen die erweiterten Textmodi (z.B. Microsoft Word 5.5).

1.3   Aufbau der VGA-Karte

Wie bereits im ersten Unterkapitel erwähnt, wurde die Hardware der VGA-Karte im Gegensatz zu der der EGA-Karte stark optimiert und verbessert. Die neue Videokarte überträgt die Videosignale auf analoge Weise zum Monitor. Ohne die Funktionsweise der analogen im Gegensatz zu der digitalen Datenübertragung näher zu erläutern, ermöglicht die analoge Übertragung bei der VGA-Karte ein viel breiteres Farbenspektrum, das im einfachsten Fall im Modus 320x200 Punkte genutzt wird (256 Farben gleichzeitig darstellbar). Für die VGA-Karte wurde außerdem ein neues Speichermodell entwickelt. Der Videospeicher und die Videomodi werden im 256-Farben-Betrieb linear adressiert. Das bedeutet, daß die aufeinanderfolgenden Speicherstellen den Bildpunkten auf dem Bildschirm nacheinander entsprechen. Dies soll durch ein kleines Schaubild verdeutlicht werden.

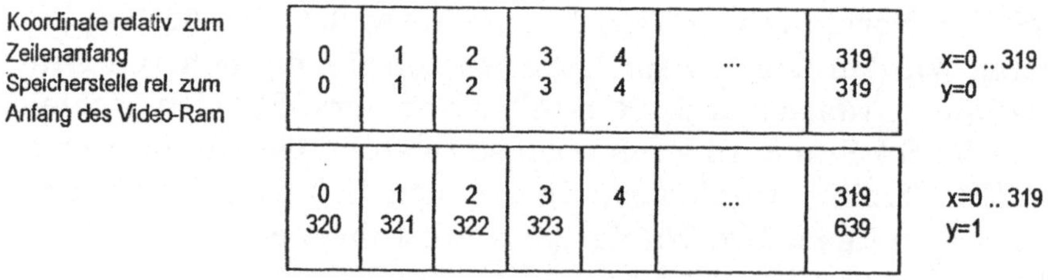

| Koordinate relativ zum Zeilenanfang | 0 | 1 | 2 | 3 | 4 | ... | 319 | x=0 .. 319 |
| Speicherstelle rel. zum Anfang des Video-Ram | 0 | 1 | 2 | 3 | 4 | | 319 | y=0 |

| | 0 | 1 | 2 | 3 | 4 | ... | 319 | x=0 .. 319 |
| | 320 | 321 | 322 | 323 | | | 639 | y=1 |

Abb.1-2:   *Linearer Aufbau des Videospeichers im Modus 320 x 200 Punkte*
Anfang des Video-Ram: A000 Hex
*Speicherstelle relativ = 320 * y + x*

Was den internen Aufbau der VGA-Karte betrifft, so gehören hierzu
einige Funktionseinheiten, die jeweils für bestimmte Aufgaben zuständig sind. Jede der Funktionseinheiten hat bestimmte Portadressen, über die die internen Register angesteuert werden. Für allgemeine Aufgaben, wie zum Beispiel Umschaltung zwischen Mono-
chrom- und Farbmodus, stehen sogenannte General Register zur Verfügung. Grundsätzlich unterscheidet man zwischen den Lese- und
Schreibregistern. Die Leseregister lassen sich nicht manipulieren. In
ihnen sind häufig Informationen über Zustände, Betriebsmodi usw.
enthalten. Sie sind bei der Programmierung jedoch eminent wichtig,
da man ohne spezifische Informationen nicht auskommen würde. Bei
dem anderen Typ von Registern, den Schreibregistern, ist sowohl der
Lese- als auch der Schreibzugriff möglich. Die Schreibregister werden
vorrangig benutzt, um Betriebsmodi, Farbpalette, Anzahl der Scanzei-
len usw. zu setzen.

Um auf die oben angesprochenen Funktionseinheiten zurückzukom-
men, so unterscheidet man hauptsächlich sieben verschiedene Einheiten, die hier kurz dargestellt werden sollen:

a)   Videospeicher, auch Video-RAM genannt

In ihm werden die Daten abgespeichert, die von Daten/Adressen-Mul-
tiplexer und Digital/Analog-Konverter in Bildpunkte mit einer bestimmten Farbe umgewandelt werden.

Der Videospeicher der VGA-Karte teilt sich in 64 KByte große Segmente auf, sogenannte 64-KByte- Seiten. Wenn eine Seite, zum Beispiel in einem 256-Farben-Modus angesprochen werden muß, wird sie
in das A000h-Segment des Videospeichers eingeblendet. Die Anzahl
der Seiten hängt von der jeweiligen Auflösung und Anzahl der gleichzeitig darstellbaren Farben ab. Für die Darstellung der Auflösung von
640x480 Punkten bei 256 Farben werden etwa 4,68 Seiten gebraucht,
da ein Punkt durch ein Bytewert dargestellt wird.

Standardmäßig verfügt die VGA-Karte über 256 KByte Video-RAM.
Durch die Größe des Videospeichers wird auch indirekt die Farbenpracht in den Modi mit höheren Auflösungen bestimmt. So kann z.B.
eine VGA- Karte mit 1 MB Videospeicher bis zu 256 Farben bei einer
Auflösung von 1024x768 Punkten darstellen.

b)   Bildschirm-Controller, abgekürzt CRTC
(Cathode Ray Tube Controller)

CRTC generiert vor allem die horizontalen und vertikalen Synchron-
signale, die in bestimmten sehr kurzen Zeitabfolgen wiederholt werden. Wird ein bestimmtes Signal gesendet, so kann z.B. eine Zeile auf
dem Bildschirm aufgebaut werden. Ferner ist der CRTC für die ständige Aktualisierung des Videospeichers und das Setzen des Cursors
zuständig. Der Bildschirm-Controller wird von 26 Registern gesteuert.

c)   Sequenzer

Er ist für die Erzeugung der Signale für das Video-RAM zuständig.
Diese Signale werden in bestimmten Zeitabfolgen erzeugt. Weiterhin
generiert der Sequenzer die Zeichen für die sogenannten alphanume-
rischen Modi (Textmodi). Der Sequenzer kontrolliert auch zugleich
den Hauptprozessor (CPU). Er schützt z.B. die Speicherebenen, sogenannte Planes, vor dem unkontrollierten Zugriff des Prozessors. Er
wird von sechs Registern gesteuert.

d)   Grafik-Controller

Dieser Teil des VGA-Controllers ist für die Koordination der Kom-
munikation zwischen dem Hauptprozessor und zwei weiteren Einheiten zuständig: Videospeicher und Attribut-Controller. Unter anderem
koordiniert er die Lese- und Schreibzugriffe des Hauptprozessors in
bezug auf den Videospeicher. Er kennt auch die logischen Verknüpfungen wie *OR* und *AND* und kann diese Funktionen in bezug auf die
Daten anwenden, die zwischen Hauptprozessor und Videospeicher
ausgetauscht werden. Der Grafik-Controller verfügt über zehn Register.

e)   Attribut-Controller

Die Aufgabe des Attribut-Controllers besteht darin, die Attribut-Da-
ten vom Grafik-Controller, die er seinerseits vom Videospeicher
übernimmt, in digitale 8-Bit-Farbdaten umzuwandeln. Diese können
nach dem Umwandeln vom Digital/Analog-Konverter als drei analoge
Farbsignale (rot, grün und blau) auf dem Bildschirm dargestellt wer-

den. Auf diese Weise werden z.B. die Zeichenattribute wie Blinken erzeugt. Der Attribut-Controller verfügt über sieben Register.

f)　Adressen/Daten-Multiplexer

Er verbindet Daten und Adressen aus dem Videospeicher mit dem aktiven VGA-Modus. Dies ist die einzige Aufgabe des Adressen/Daten-Multiplexers.

g)　Digital/Analog-Konverter, abgekürzt DAC

Wie der Name schon sagt, konvertiert er die vom Attribut-Controller ankommenden digitalen Daten in die analogen Farbdaten. Für die drei Grundfarben stehen entsprechende 6-Bit-Register zur Verfügung, die zusammen die Mischfarbe ergeben. Der Digital/Analog-Konverter enthält 256 Einträge, die der VGA-Farbpalette entsprechen. Bei VGA-Karten mit mehr als 256 gleichzeitig darstellbaren Farben gibt es zusätzlich einen erweiterten Digital/Analog-Konverter (Extended Video DAC oder HiColor-DAC, entspricht dem XGA-Standard).

Die beschriebenen sieben Elemente der VGA-Karte kommunizieren und tauschen ständig Daten untereinander aus. Bei der Vielzahl der auf dem Markt verfügbaren Super-VGA-Karten findet man häufig Verbesserungen in dem Umfang der Register der einzelnen Funktionseinheiten. Im Vergleich der Register der Super-VGA-Karten untereinander (diese Register gehen jedoch über IBMs Standard hinaus), gibt es Unterschiede, vor allem in bezug auf die höheren Videomodi. Dies hängt vom verwendeten Grundchip ab, auf dessen Design die Karte basiert. Dieses Problem wurde durch die Veröffentlichung des VESA-Standards zumindest zum Teil gelöst, z.B. durch entsprechende Treiber, die im Lieferumfang der meisten Super-VGA- Adapter enthalten sind.

Hinweis:　Die Zusammenstellung der im Zusammenhang mit den angesprochenen Funktionseinheiten verfügbaren Register finden Sie im Anhang B dieses Buches. In den Kapiteln "Hochauflösende Super-VGA-Grafik" und "VGA-Know-How" wird noch detailliert auf die Programmierung der VGA-Register eingegangen.

1.4 VRAM-Speichertechnologie für Super-VGA-Karten

Dynamische RAMs sind Speicherbausteine, die neben ihrer Verwendung als Hauptspeicher vieler PCs auch bei der Herstellung der meisten VGA-Karten eingesetzt werden. Leider ist dies nicht die beste Lösung, weil es den Bildschirmaufbau verlangsamt, so daß die erweiterten 256-Farben-Modi, insbesondere der Grafikmodus mit einer Auflösung von 1024x768 Bildpunkten, nicht besonders viel Nutzen bringen. So ist die Geschwindigkeit der herkömmlichen Super-VGA-Karten mit konventionellem Speicher seit Erscheinen des Tseng ET-4000 Chips bis an ihre Grenzen ausgereizt. Eine weitere Beschleunigung konnte bisher nur durch Einbau schneller Prozessoren erreicht werden, die durch selbständiges Ausführen einiger Grafikfunktionen zur Entlastung des Hauptprozessors deutlich beitragen. Solche Karten haben aber ihren Preis, der für den normalen PC-Benutzer in den meisten Fällen zu hoch ist.

Aus diesem Grund sahen sich führende VGA-Hersteller genötigt, ihre Produkte in puncto Geschwindigkeit zu optimieren und für einen noch vertretbaren Preis anzubieten. Zu solchen Herstellern gehören in erster Linie Headland Technology (früher Video7) und Chips and Technologies. Ihre Produkte sind mit speziellen dynamischen Video-RAMs (VRAMs) anstatt normaler dynamischer RAMs (DRAMs) ausgestattet. Bei den neuen Speicherbausteinen wurden die Zugriffe auf den langsamen PC-Bus weitestgehend reduziert. Dieser Typ von RAMs besitzt acht statt vier Datenleitungen, obwohl er von der Speicherkapazität genauso organisiert ist wie das normale DRAM. Die ersten vier Datenleitungen unterscheiden sich nicht von denen der konventionellen DRAM-Bausteine. Im Gegensatz dazu ist jede der weiteren vier Leitungen an ein sog. Schieberegister angeschlossen, dessen Kapazität 512 Bit beträgt. Die Daten aus dem Speicher des VRAM werden zunächst in jedes der Schieberegister geladen und dann mit einem Taktzyklus ausgelesen. Dadurch benötigt man nur noch ein Viertel der Speicherzugriffe im Vergleich mit den konventionellen DRAMs.

Desweiteren haben die VRAM-Bausteine einige Vorteile, wenn es darum geht, die Bilddaten mittels Verknüpfungen zu verändern. So ist es ihnen zum Beispiel möglich, die einzelnen Bits innerhalb eines Datenwortes mit einem einzigen Schreibzugriff zu manipulieren.

1.5 Speicherverwaltung der Standard-Betriebsarten: 16- und 256-Farben-Modi

Sowohl die Standard- als auch die Super-VGA-Karten kennen grundsätzlich zwei Betriebsmodi: 16- und 256-Farben-Modi.

Beginnen wir zunächst mit den 16-Farben-Modi. Eine relativ komplizierte Speicherverwaltung liegt im Modus 18 mit der Auflösung von 640x480 Punkten vor. Pro PEL (Bildpunkt) sind aufgrund der 16 gleichzeitig darstellbaren Farben vier Bits zu verwalten.

Auf den ersten Blick sieht es so aus, als könnte man einfach pro Byte zwei PELs unterbringen. Wenn man diese Konfiguration mit der daraus resultierenden Speicherverwaltung in Verbindung bringt, stellt man fest, daß man etwa 150 KByte Speicher zur Darstellung aller Bildpunkte benötigen würde. Dies entspricht etwa 2,4 x 64-KByte-Seiten, in die der Videospeicher unterteilt ist (siehe Unterkapitel "Aufbau der VGA-Karte" - Videospeicher). Da dies den Adreßraum der Grafikkarte unnötig ausdehnen würde, ist man hier einen komplizierteren Weg gegangen. In Analogie mit der CGA-Karte hat man die vier Speicherebenen, sogenannte Planes, einfach parallel geschaltet. Dadurch hat man zwar erreicht, den gesamten Speicher in einem 64-KByte-Segment unterzubringen, jedoch auf Kosten der einfachen Programmierbarkeit.

Der Videospeicher läßt sich nicht durch einen Schreibzugriff direkt manipulieren. Will man zum Beispiel einen Bildpunkt mit der Farbnummer 14 setzen, so muß das entsprechende Binärmuster (in diesem Fall 1110) auf die vier parallel geschalteten Speicherebenen aufgeteilt werden. In den Planes 0 bis 2 muß das entsprechende Bit gelöscht und in der Plane 3 gesetzt werden.

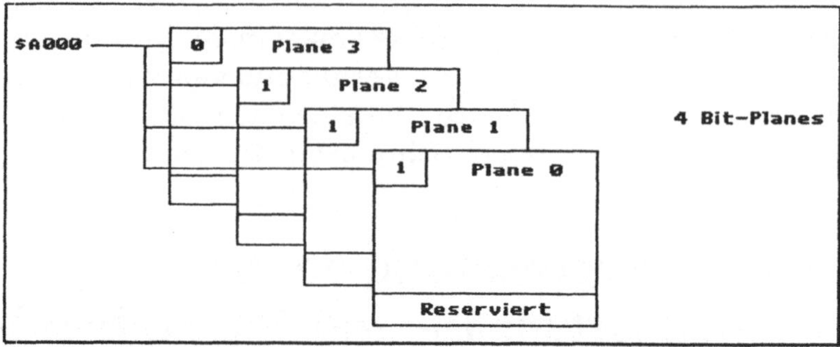

Abb.1-3:   Setzen eines Bildpunktes mit der Farbnummer 14
(Binärmuster 1110) im Modus $12

Hinweis: Eine Zahl mit einem h-Zeichen bzw. vorausgehendem $-Zeichen (die Schreibweise findet man vor allem in Turbo Pascal Programmen) steht für einen hexadezimalen Wert.

In den hochauflösenden 16-Farben-Modi ist man im Prinzip den gleichen Weg gegangen. Der Super-VGA-Modus mit der Auflösung von 800x600 Punkten stellt nur eine Erweiterung des vorhin besprochenen Modus 18 dar. Hier werden ebenfalls die einzelnen Planes parallel geschaltet. Bei der Auflösung von 1024x768 Punkten paßt jedoch der Speicher, der zur Darstellung aller Bildpunkte benötigt wird, nicht mehr in ein 64-KByte-Segment. Aus diesem Grund entscheidet man sich entweder, die Planes über die 64-KByte-Grenze des A000h-Segments (B.1) hinauszuschieben, oder man unterteilt den Speicher in 64-KByte-Seiten, die bei Bedarf in das A000h-Segment eingeblendet werden.

Soviel zu den 16-Farben-Modi. Nun noch einige Anmerkungen zu den 256-Farben-Modi. Im Modus 19 mit der Auflösung von 320x200 Punkten ist die Speicherverwaltung relativ einfach. Hier wird ein Bildpunkt durch einen Bytewert dargestellt. Eine Parallelschaltung von Planes ist in den 256-Farben-Modi nicht notwendig, da die 64-KByte-Segmente des Videospeichers bei Bedarf in das A000h- Segment eingeblendet werden. Im Modus 19 paßt der Speicher, der zur Darstellung aller Bildpunkte benötigt wird, gerade noch in ein 64-KByte-Segment. Bei höheren Auflösungen ist dies nicht mehr der Fall. Deshalb ist die Programmierung des Videospeichers in hochauflösenden Grafikmodi der Super-VGAs komplizierter als im Modus 19. Im zwei ten Kapitel des Buches wird anhand von Beispielen gezeigt, wie einfach die direkte Manipulation des Videospeichers im Modus 19 ist.

Soviel zu den Standard-Betriebsarten und deren Speicherverwaltung. Im Unterkapitel 1.7 wird die Speicherverwaltung in den sogenannten *HiColor-Modi* etwas näher erläutert. Zunächst soll jedoch auf die Begriffe *HiColor-* und *CEG-DACs* eingegangen werden.

1.6   Was versteht man unter HiColor und CEG?

Wie bereits in den vorigen Unterkapiteln erwähnt, unterstützen viele der modernen Super-VGA-Karten den XGA-Standard. Darunter verbirgt sich vor allem die Fähigkeit 32.768 Farben gleichzeitig auf dem Bildschirm darstellen zu können. Und das bei einer Auflösung von 640x480 Punkten und höher. Die Grafikkarten, die diesen Standard unterstützen, tragen aufgrund der hohen Anzahl von Farben die Bezeichnung HiColor oder 32K. Der HiColor-DAC wurde von der Firma Sierra Semiconductors entwickelt. Für die Unterstützung der HiColor-Modi sind spezielle Treiber nötig, die Grafikprogramme müssen entsprechend angepaßt werden.

Im Laufe der Zeit wurden die ersten Software-Programme entwickelt, die die HiColor-Modi unterstützen. Auf dem Shareware-Markt erschien gegen Ende 1991 die neueste Version des amerikanischen Programms VPIC (gemeint ist Version 4.6). VPIC ist ein Bildbetrachter für verschiedene Grafikformate und läuft nur mit EGA bzw. VGA. Die HiColor-Bilder werden üblich im Targa-Format gespeichert. Die Bilddateien tragen die Kennung TGA. Auch professionelle CAD-Programme wie AutoCAD können die HiColor-Modi bereits unterstützen.

Einige der modernen Super-VGA-Karten haben optional eine Erweiterung des XGA-Standards auf über 65.000 Farben. Noch größere Farbenpracht bietet der CEG-Standard (Continuous Edge Graphics), der im Jahre 1991 bekannt geworden ist. Die Anzahl der gleichzeitig darstellbaren Farben variiert je nach Modus zwischen 224 und 792.096 Farben. Hierfür wurde ebenfalls ein spezielles Grafikformat mit der Kennung CEG entwickelt. Das amerikanische Raytracing-

Programm mit dem Namen DKB-Tracer unterstützt bereits den CEG-Standard.

Hinweis: Raytracing (Strahlenverfolgung) ist ein Verfahren zur Berechnung fotorealistischer Bilder, das auf der Vektormathematik basiert. In diesem Verfahren wird unter anderem der Einfluß von Licht und Schatten auf die Objekte, z.B. auf eine Kugel, berücksichtigt.

Noch ein paar Worte zu den CEG-Modi. Es gibt insgesamt vier Modi, die mit den Buchstaben A bis D bezeichnet werden. Die gleichzeitig darstellbaren Farben in diesen Modi berechnen sich aus der Anzahl der verfügbaren Farben und den sogennanten Mischtönen. Dafür kann man folgende Formel aufstellen:

G = Gleichzeitig darstellbare Farben

V = Verfügbare Farben

M = Mischtöne

$$\text{Formel: } G = V \cdot (V - 1) \cdot \frac{M}{2}$$

Im Modus A stehen 16 Farben und 16 Mischtöne zur Verfügung. Nach der Formel erhält man insgesamt 16x15x8=1.920 Farben.

Die CEG-Modi lassen sich weniger komfortabel als die HiColor-Modi ansteuern, da die Farbinformationen umständlich kodiert sind. Deshalb ist der Nutzen des CEG nicht besonders hoch.

Zum Schluß dieses Abschnittes möchte ich noch erwähnen, daß auch diejenigen unter Ihnen, die ein älteres Modell einer Super-VGA- Karte besitzen, in den Genuß der Farbenpracht von mehr als 792.000 Farben durch Kauf des CEG-Chips kommen können. Der CEG- Chip wird von vielen Vertreibern und Distributoren in der Bundesrepublik zum günstigen Preis angeboten. Man muß jedoch darauf achten, daß der CEG-Baustein zu dem Standard-DAC-Baustein der Grafikkarte kompatibel ist, denn der CEG-Chip wird in verschiedenen Ausführungen angeboten. Wichtig ist auch die Taktrate. Um den CEG- Baustein einzubauen, muß der alte DAC-Baustein herausgezogen werden, falls er gesockelt ist, und der neue eingesetzt werden. Ist der alte DAC-Baustein mit der Platine fest verbunden, muß er ausgelötet werden.

1.7 Speicherverwaltung in den HiColor-Modi

Um die Speicherverwaltung in dieser Betriebsart besser verstehen zu können, hier zunächst ein paar Worte dazu, wie die Farben in den HiColor-Modi zustande kommen.

Während in den normalen 256-Farben-Modi die sogenannte Color-Look-Up-Table (CLUT) mit insgesamt 256 Einträgen verwendet wird, werden die Videoinformationen in den HiColor-Modi unter Umgehung der CLUT direkt in die Video-DACs geschrieben. Das heißt, daß jedem Punkt eine bestimmte Farbe direkt zugeordnet wird. Im Gegensatz zu den normalen 256-Farben-Modi ist hier die komplette Farbinformation (sie ergibt sich aus den drei Grundfarben: Rot, Grün und Blau) nicht 18, sondern nur 15 Bit lang. Das bedeutet, daß einer Grundfarbe nur 5 statt 6 Bits zur Verfügung stehen. Somit kann jede Grundfarbe die Werte zwischen 0 und 31 annehmen. Für die Mischung aus drei Grundfarben ergeben sich demnach 32x32x32=32.768 Farbkombinationen. Nun werden Sie sich fragen, wie einem Bildpunkt eine bestimmte Farbe zugeordnet wird, die die Werte zwischen 0 und 32.767 annehmen kann. Da die Farbinformation, wie vorhin schon erwähnt, nur 15 Bit lang ist, muß sie auf zwei Bytes pro Bildpunkt aufgeteilt werden, wobei das sechzehnte Bit unbenutzt bleibt. Zum Vergleich mit den 256- Farben-Modi, ist zu erwähnen, daß dort ein Bildpunkt genau einem Bytewert entspricht.

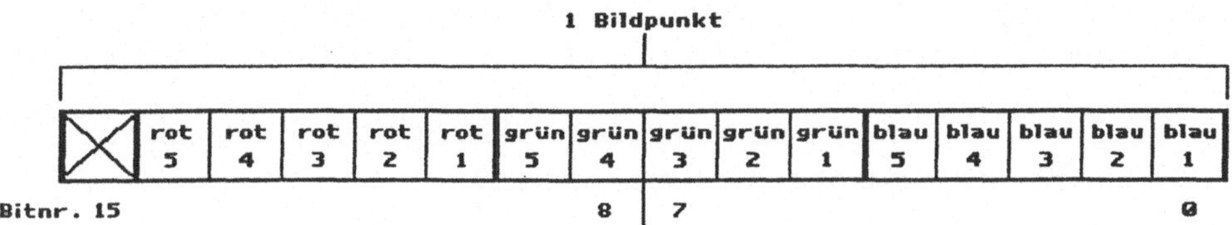

Abb.1-4: *Anordnung der Farbanteile Rot, Grün und Blau für einen Bildpunkt im Videospeicher des HiColor-Modus*

Während man sich im 256-Farben-Modus für 256 Farben aus einer Gesamtpalette von 262.144 Farben entscheiden muß, sind es im HiColor-Modus immer wieder die gleichen Farbnuancen.

Nun kommen wir zum eigentlichen Thema, nämlich zu der Speicherverwaltung. Eine der Voraussetzungen für den Betrieb im HiColor-Modus ist die Speicherausrüstung der Grafikkarte von 1 MB.

Der Videospeicher wird in sechzehn 64-KByte-Segmente unterteilt, die zusammen eine Darstellung bis zur Auflösung von 800x600 Punkten erlauben. Der Speicher hat im Unterschied zum normalen VGA-Modus nicht eine byteweise, sondern eine wortweise Struktur, d.h. einem Bildpunkt entsprechen stets zwei Bytes. Somit passen in einen Speicherblock von 64 KByte nicht 65.536, sondern nur 32.768 Punkte. Die Speicherblöcke können beliebig gewechselt werden, soweit dies für die Darstellung erforderlich ist.

Soviel Informationen für den Einstieg. Im Kapitel "VGA-Know-How", werden die HiColor-Modi aus der Sicht des Programmierers noch näher beschrieben.

Abschließen sollen dieses Kapitel zwei Themen, die wahrscheinlich viele von Ihnen interessieren werden, nämlich Hinweise zum Kauf einer VGA-Karte und eine Marktübersicht der wichtigsten und bekanntesten Produkte aus diesem Bereich.

1.8   Worauf sollten Sie beim Kauf einer VGA-Karte achten?

Falls Sie bisher noch keine VGA-Karte hatten und vor der Entscheidung stehen, sich eine anzuschaffen, ist es empfehlenswert, folgende Punkte als Bewertungskriterien für diese Grafikkarte zu beachten:

a)   Hardware der Karte (installierter RAM-Speicher, Grundchip z.B. Tseng ET-4000, auf dem die Karte basiert)

b)   Leistung (maximale Auflösung, Anzahl der gleichzeitig darstellbaren Farben, Verarbeitungsgeschwindigkeit im Text- und Grafikmodus, Unterstützung der HiColor-Modi, Hardware-Emulationen des Hercules-, CGA- und EGA-Modus)

c) Ergonomie (Unterstützung des VESA-Standards, Bildwiederholfrequenzen) d)	Software-Ausstattung (Unterstützung von Windows, AutoCAD, Ventura Publisher, GEM, Lotus und anderer Software-Produkte, mit gelieferte Treiber-Software, Beispielprogramme z.B. Demos)

e)	mitgelieferte Dokumentation, Handbuch

Es ist selbstverständlich, daß man in solch einer kurzen Übersicht der Bewertungsmaßstäbe nicht alles erfassen kann. Die obige Übersicht stellt quasi Richtlinien dar, nach denen man sich beim Kauf orientieren kann. Je nachdem, wofür Sie die VGA-Karte einsetzen wollen und in welcher Preisklasse Sie sich bewegen, können sich zusätzlich noch andere Kriterien ergeben, die beim Kauf der Karte berücksichtigt werden müssen. Die obige Übersicht kann Ihnen jedoch helfen, sich einen Überblick über das zu verschaffen, was großen Einfluß auf die Performance und Leistungsfähigkeit einer Grafikkarte hat.

# 1.9	Übersicht der bekanntesten Super-VGA-Karten

In diesem Unterkapitel möchte ich Ihnen die am meisten verbreiteten Super-VGA-Karten in einer tabellarischen Übersicht kurz vorstellen. Im großen und ganzen sind es Produkte, die größtenteils im Jahre 1991 auf den Markt gekommen sind.

Produktname	Anbieter	Auflösung/Anzahl der gleichzeitig darstellbaren Farben	Freq (Hz)
ATI Graphics Ultra	DNS, Olching	640x480/256 800x600/256 1024x768/256	72 72 72
ATI 8514/Ultra	DNS, Olching	640x480/256 1024x768/256	70 70
ATI Graphics Vantage	DNS, Olching	640x480/256 800x600/256 1024x768/256	72 72 72

Fortsetzung nächste Seite

Produktname	Anbieter	Auflösung/Anzahl der gleichzeitig darstellbaren Farben	Freq (Hz)
ATI VGA Integra	DNS, Olching	640x480/256 800x600/256 1024x768/16	72 72 60
ATI VGA Wonder XL	DNS, Olching	640x480/32.768 800x600/256 1024x768/256	72 72 72
Diamond Speedstar-VGA Plus	JPN, Meerbusch	640x480/256 800x600/256 1024x768/256	72 72 70
Diamond Speedstar-VGA HiColor	JPN, Meerbusch	640x480/32.768 800x600/32.768 1024x768/256	72 72 70
Diamond Stealth VRAM HiColor (S3 Chip)	JPN, Meerbusch	640x480/32.768 800x600/32.768 1024x768/256 1280x960/16	72 72 70 45
EIZO VA 41	Rein Elektronik, Nettetal	640x480/256 800x600/256 1024x768/256	60/72 60/72 60/72
Genoa 7400	Access, München	640x480/256 800x600/256 1024x768/16	72 72 70
Genoa 7800	Access, München	640x480/256 800x600/256 1024x768/256	72 72 70
Genoa 7860	Access, München	640x480/32.768 800x600/32.768 1024x768/256	72 72 70
Orchid Pro Designer Version II	Access, München	640x480/256 800x600/256 1024x768/256	72 72 70
Prism Mercury X-VGA mit HiColor-DAC (S3 Chip)	FAST Comtec, Oberchaching	640x480/32.768 800x600/256 1024x768/256 1280x960/16	60/72 60/72 60/70 43,5

Produktname	Anbieter	Auflösung/Anzahl der gleichzeitig darstellbaren Farben	Freq (Hz)
Sigma VGA Legend	Computer 2000, München	640x480/256 800x600/256 1024x768/256	60/72 56-72 43/60
Sigma VGA Legend II	Computer 2000, München	640x480/32.768 800x600/32.768 1024x768/256	60/72 56-72 43-76
Trident 1 MB	Synelec, München	640x480/256 800x600/256 1024x768/256	70 70 60
Turbo Mega Eva 1024	Acer-Cetec, Ahrensburg	640x480/256 800x600/256 1024x768/256	60-72 56-72 43/70
Video Max ET-4000	Syntronic, Oberursel	640x480/256 800x600/256 1024x768/256	60-70 60-70 60-70
Video Seven VGA 1024i	Computer 2000, München	640x480/256 800x600/16 1024x768/16	60 60 43
Video Seven VRAM II	Computer 2000, München	640x480/256 800x600/256 1024x768/256	72 72 72
View Sonic 8100	Agora, München	800x600/256 1024x768/256	65 65
WD90C30	Western Digital, München	640x480/256 800x600/256 1024x768/256	60/72 56-72 45/60

Quellenhinweise:

(1): Grafikkarten aller Preise und Klassen,   WIN Ausgabe 11/1991, S.66 ff
(2): Georg Schnurer, VGA-Wegweiser,   c't Ausgabe 10/1991, S.68 ff
(3): Manfred Bertuch, VGA mit Nachbrenner,   c't Ausgabe 2/1992, S.62 ff

2   Erste Schritte

Nachdem Sie sich im vorigen Kapitel unter anderem mit dem Aufbau und der Speicherverwaltung der VGA-Karte vertraut gemacht haben, kann es jetzt mit der Programmierung richtig losgehen. Am Anfang stehen hier ganz einfache Beispielprogramme, die so konzipiert sind, daß dadurch ein bestimmtes Problem in der Praxis deutlich wird, zu dem vorher eine ausführliche Erläuterung gegeben wird. Hierdurch kann ein effektiver Programmierstil eingeübt werden, der die Qualität Ihrer Programme deutlich verbessern wird. Das erste Grundproblem in diesem Zusammenhang wird die Wahl der richtigen Programmiertechnik sein.

2.1   Programmiertechniken

In diesem Abschnitt werden die zwei wichtigsten Programmiertechniken vorgestellt, die im Bereich der Grafikprogrammierung zum Einsatz kommen. Sie beziehen sich auf die Ausführungsgeschwindigkeit eines VGA-Programms. Es geht zum einen um die Programmierung mit Hilfe der Funktionen des VGA-BIOS und zum zweiten um direktes Ansprechen des Videospeichers bzw. der VGA-Register. Beschäftigen wir uns zunächst mit der ersten der beiden Methoden. Das VGA-BIOS stellt zur Programmierung von Grafikkarten und speziell für die VGA-Karte sehr viele Funktionen zur Verfügung, die sehr leicht zu handhaben sind. Das ist der wesentliche Vorteil dieser Programmiertechnik gegenüber der anderen. Die BIOS-Funktionen finden vor allem dann ihre praktische Anwendung, wenn sich das Problem mit der anderen Programmiermethode nicht allgemein genug lösen läßt und es nicht entscheidend auf die Ausführungsgeschwindigkeit des Programms ankommt. Dies mag manchmal der Fall sein.

Wenn es jedoch um das Schreiben besonders schneller Routinen geht, findet das BIOS so gut wie keine Anwendung mehr. Dies trifft zum Beispiel dann zu, wenn es die Aufgabe des Programmierers ist, ein Animationsprogramm zu schreiben oder eine schnelle Grafikausgabe zu programmieren. In solchen Fällen spielt der Aspekt der Ausführungsgeschwindigkeit eine sehr große Rolle, da es ein Maß für die Qualität des Programms ist.

Im Verlauf dieses Unterkapitels wird anhand von Beispielen der Unterschied in der Ausführungsgeschwindigkeit aufgezeigt, die einerseits durch den Aufruf von BIOS-Funktionen und andererseits durch direkte Programmierung der VGA-Karte erreicht wird.

Kommen wir aber zu der Praxis. Die Aufgabe soll nun sein, den Grafikmodus einzuschalten und ein Rechteck auf dem Bildschirm zu zeichnen. Aus Gründen der Übersichtlichkeit und der Kompaktheit empfiehlt es sich, das gesamte Programm in mehrere Teile zu glie- dern. Die einzelnen Teile sollen später zu Pascal-Routinen werden. Bevor das geschieht, müssen wir uns zuerst überlegen, in welche Teilprogramme das gesamte Programm überhaupt gegliedert werden soll, um eine gute Struktur zu erhalten. Am besten ist es, wenn zu jeder Funktion des Programms eine getrennte Routine geschrieben wird. Demnach läßt sich das Programm in folgende Teile gliedern:

a. Setzen des Videomodus

b. Setzen eines Bildpunktes

c. Zeichnen des Rechtecks

d. Hauptprogramm

Hier haben wir nun einen groben Überblick über die Struktur des Programms. Sie werden sich jetzt fragen, wie Sie die einzelnen Pascal-Prozeduren schreiben sollen. Fangen wir gleich mit der ersten Aufgabe an, also dem Setzen des Videomodus. Hierzu hilft uns die folgende Übersicht der Prozessor-Register, die das BIOS zum Setzen des Modus benötigt (B.1):

Eingabe:	AH = 00h (Nummer der BIOS-Funktion)
	AL = Nummer des Videomodus
Ausgabe:	keine

Wenn die entsprechenden Werte in die Prozessor-Register AH und AL eingetragen sind, kann der BIOS-Interrupt aufgerufen werden, damit die gewählte BIOS-Funktion aktiviert wird. In Turbo Pascal sieht die Prozedur zum Setzen des Videomodus folgendermaßen aus (B.2):

```
PROCEDURE Videomodus_setzen(Modus : Byte);

VAR Regs : Registers;                          { Prozessor-Register }

BEGIN
  Regs.AH := $0;                       { Funktion des BIOS aufrufen }
  Regs.AL := Modus;          { Nummer des zu setzenden Videomodus }
  Intr($10, Regs);                       { BIOS-Interrupt aufrufen }
END;
```

Wie Sie sehen, ist die Prozedur Videomodus_setzen sehr übersichtlich. Dies liegt daran, daß der Aufruf einer BIOS-Funktion mit wenigen Zeilen erledigt werden kann.

Unsere nächste Aufgabe ist es, eine Routine zum Setzen eines Bildpunktes zu
schreiben. Auch hier wird wiederum eine BIOS-Funktion zur Hilfe genommen:

Eingabe:	AH = 0Ch (Nummer der Funktion)
	AL = Punktfarbe
	BH = Seite
	CX = x-Koordinate des Bildpunktes
	DX = y-Koordinate des Bildpunktes
Ausgabe:	keine

Die komplette Prozedur sieht dann wie folgt aus:

```
PROCEDURE Punkt_setzen(x, y : Integer; Farbe : Byte);

VAR Regs : Registers;                              { Prozessor-Register }

BEGIN
  Regs.AH := $0C;                        { Funktion des BIOS aufrufen }
  Regs.AL := Farbe;                           { Farbwert übergeben }
  Regs.BH := $00;                                  { Seite 0 }
  Regs.CX := x;                   { x-Koordinate des Punktes übergeben }
  Regs.DX := y;                   { y-Koordinate des Punktes übergeben }
  Intr($10, Regs);                       { BIOS-Interrupt aufrufen }
END;
```

Auch diese Pascal-Routine zeichnet sich durch Übersichtlichkeit aus. Es wird
wiederum das bekannte Schema angewendet: Werte in die Prozessor-Register
eintragen und dann den BIOS-Interrupt zur Aktivierung der Funktion aufrufen.

Etwas anders sieht die Prozedur zum Zeichnen des Rechtecks aus. Sie baut nämlich auf der bereits definierten Prozedur *Punkt_setzen* auf. Mit Hilfe dieser Prozedur werden in vier *FOR-DO*-Schleifen die Linien gezeichnet, die zusammen ein
Rechteck ergeben.

```
PROCEDURE Rechteck_zeichnen(x1, y1, x2, y2 : Integer;
  Farbe : Byte);

VAR lauf : Integer;                                 { Zählvariable }

BEGIN
  { obere Linie des Rechtecks zeichnen }

  FOR lauf := x1 TO x2 DO
    Punkt_setzen(lauf, y1, Farbe);

  { untere Linie des Rechtecks zeichnen }

  FOR lauf := x1 TO x2 DO
    Punkt_setzen(lauf, y2, Farbe);
```

```
    { linke Linie des Rechtecks zeichnen }

    FOR lauf := y1 TO y2 DO
      Punkt_setzen(x1, lauf, Farbe);

    { rechte Linie des Rechtecks zeichnen }

    FOR lauf := y1 TO y2 DO
      Punkt_setzen(x2, lauf, Farbe);
  END;
```

Nun kommen wir zum Hauptprogramm. Dieser Teil setzt sich aus den Aufrufen
der vorher definierten Prozeduren zusammen. So muß zunächst der Grafikmodus
eingeschaltet werden, damit das Rechteck auf dem Bildschirm dargestellt werden
kann. In diesem Fall ist es der Modus 19 (320x200 Punkte in 256 Farben). Danach wird die Routine zum Zeichnen des Rechtecks aufgerufen. Um zu verhindern, daß das Programm nach dem Zeichnen des Rechtecks sofort beendet wird,
wurde an der entsprechenden Stelle der Befehl *ReadLn* verwendet. Das Programm wird solange angehalten, bis RETURN gedrückt wird. Ist dies der Fall, so
wird der Textmodus eingeschaltet und dann das Programm beendet. Hier noch
einmal das ganze Programm in etwas verkürzter Form:

```pascal
{ Dateiname : BEISP1.PAS }
{ Autor : Arthur Burda   }
{ Compiler   : Turbo Pascal 5.0 und höher }

PROGRAM Rechteck;

USES Dos;                        { Turbo-Pascal-Standardunit einbinden }

PROCEDURE Videomodus_setzen(Modus : Byte);
...

PROCEDURE Punkt_setzen(x, y : Integer; Farbe : Byte);
...

PROCEDURE Rechteck_zeichnen(x1, y1, x2, y2 : Integer;
  Farbe : Byte);
...

{ Hauptprogramm }

BEGIN
  Videomodus_setzen(19);    { Videomodus 19 setzen - 320x200x256 }
  Rechteck_zeichnen(0, 0, 319, 199, 15);
  ReadLn;                                        { Warten auf RETURN }
  Videomodus_setzen(3);                       { Textmodus einschalten }
END.
```

Die Datei BEISP1.PAS enthält selbstverständlich das komplette Listing. Laden Sie diese Datei in die Turbo-Pascal-Entwicklungsumgebung oder rufen Sie direkt die Datei BEISP1.EXE auf. Wenn Sie das Programm gestartet haben, erscheint ein weißes Rechteck auf dem Bildschirm. Hier spielt die vorhin schon erwähnte Ausführungsgeschwindigkeit überhaupt keine Rolle, da nur ein einziges Rechteck gezeichnet wird. Sollen aber mehrere Rechtecke gezeichnet werden, z.B. 200, macht sich die geringe Ausführungsgeschwindigkeit durch den Einsatz des BIOS in der Prozedur *Punkt_setzen* stark bemerkbar. In der Datei BEISP2.PAS finden Sie das Beispielprogramm hierzu (in der von DOS-Ebene ausführbaren Form in BEISP3.EXE). Da jetzt 200 verschiedene farbige Rechtecke gezeichnet werden sollen, muß das Hauptprogramm entsprechend verändert werden:

```pascal
{ Hauptprogramm }

VAR x2, y2, i : Integer;
    Farbe : Byte;

BEGIN
  Videomodus_setzen(19);      { Videomodus 19 setzen - 320x200x256 }
  Randomize;                  { Zufallszahlengenerator initialisieren }

  { 200 Rechtecke zeichnen }

  FOR i := 1 TO 200 DO
    BEGIN
      x2 := Random(320);                      { x2-Koordinate zufällig }
      y2 := Random(200);                      { y2-Koordinate zufällig }
      Farbe := Random(64)+1;                      { Farbe zufällig }
      Rechteck_zeichnen(0, 0, x2, y2, Farbe);
    END;

  ReadLn;    { Warten auf RETURN }
  Videomodus_setzen(3);                      { Textmodus einschalten }
END.
```

Wenn Sie das Programm starten, dauert es selbst auf einem schnellen 386- oder 486-Rechner mit einer schnellen VGA-Karte bis zu 5 Sekunden, bis alle 200 Rechtecke auf dem Bildschirm zu sehen sind. Das ist natürlich für professionelle Anwendungen viel zu lang. Deshalb sucht man nach einer anderen Methode, die das Setzen eines Bildpunktes um ein Vielfaches beschleunigen soll.

Hierzu eignet sich hervorragend die direkte Programmierung der Video-Karte. Im Modus 19 ist es besonders leicht, da die Speicherstellen des Video-RAM linear adressiert werden, was oben bereits im Abschnitt "Aufbau der VGA-Karte" erwähnt wurde. Schreiten wir aber zur Tat.

Die Speicherstellen lassen sich in Turbo Pascal sehr komfortabel mittels sogenannter Zeiger ansprechen. Um aber einen Zeiger auf den Inhalt einer Speicherstelle im Video-RAM ermitteln zu können, muß die Adresse dieser Speicherstelle berechnet werden. Um die Relativ-Adresse, auch Offset-Adresse der Speicherstelle genannt, zu bestimmen, muß man die horizontale Auflösung des Bildschirms, in diesem Fall 320, mit der y-Koordinate des zu setzenden Punktes multiplizieren und zu dem Produkt die x-Koordinate addieren. Nachdem dies getan ist, wird der Zeigervariablen, die auf den Inhalt der Speicherstelle im Video-RAM zeigt, der Farbwert des zu setzenden Punktes zugewiesen. Die Prozedur zum Setzen eines Bildpunktes sieht dann folgendermaßen aus:

```pascal
PROCEDURE Punkt_setzen(x, y : Integer; Farbe : Byte);

CONST Video  = $A000;                          { Anfang des Video-RAM }
      x_Aufl = 320;          { horizontale Auflösung des Bildschirms }

VAR Adr : Word;                   { Offset-Adresse der Speicherstelle }
    ZV  : ^Byte;     { zeigt auf eine Speicherstelle im Video-RAM }

BEGIN
  { Adresse der Speicherstelle rel. zum Anfang }
  { des Video-RAM ermitteln}

  Adr := x_Aufl*y+x;

  { Adresse der Speicherstelle der Zeigervariablen zuweisen }

  ZV := Ptr(Video, Adr);

  ZV^ := Farbe;                                       { Farbe zuweisen }
END;
```

Auf der beiliegenden Diskette finden Sie das Programm mit der neuen Prozedur in der Datei BEISP3.PAS. Außer dieser Routine wurde der übrige Teil des Programms nicht modifiziert.

Starten Sie das Programm und achten Sie auf die Geschwindigkeit, mit der die Rechtecke gezeichnet werden. Sie werden feststellen, daß dieses Programm um ein Vielfaches schneller läuft als das vorherige. Das ist der wesentlichste Vorteil der direkten Programmierung von VGA-Karten.

Eine Alternative zur Programmierung mit Hilfe der Zeiger stellt der Pascal-Ausdruck *Mem[Segment:Offset]* dar. Er ermöglicht direkte Zugriffe auf einzelne Speicheradressen. Die Prozedur zum Setzen eines Punktes müßte demnach wie folgt umgeschrieben werden:

```pascal
PROCEDURE Punkt_setzen(x, y : Integer; Farbe : Byte);

CONST Video  = $A000;                          { Anfang des Video-RAM }
      x_Aufl = 320;          { horizontale Auflösung des Bildschirms }

VAR Adr : Word;                   { Offset-Adresse der Speicherstelle }
```

```
BEGIN
  { Adresse der Speicherstelle rel. zum Anfang }
  { des Video-RAM ermitteln}

  Adr := x_Aufl*y+x;

  { Setzen des Punktes durch direkte
    Adressierung des Video-RAM }

  Mem[Video:Adr] := Farbe;
END;
```

Wem die Geschwindigkeit der Routine immer noch nicht ausreicht, dem bleibt nur noch der Griff zur Assemblersprache übrig.

TASM/MASM-Version:

```
Registerbelegung: BX = x-Koordinate des Punktes
  CX = y-Koordinate des Punktes
  DH = Farbe

Punkt_setzen   PROC NEAR

  ; benutzte Register auf dem Stack sichern

  PUSH AX
  PUSH ES
  PUSH DI

  ; Segment-Adresse des Video-RAM in ES-Register
  ; laden

  MOV  AX,0A000h
  MOV  ES,AX

  ; horizontale Auflösung des Bildschirms im Modus 19
  ; in AX-Register laden

  MOV  AX,320

  ; Wert im AX-Register (=320) mit dem Wert vom CX-
  ; Register (y-Koordinate des Punktes) multiplizieren

  MUL  CX

  ; Berechnung der Offset-Adresse des Punktes rel. zum
  ; Anfang des Video-RAM fortsetzen

  MOV  DI,AX
  ADD  DI,BX

  ; DH-Maske (Farbe) mit Ziel (Adresse im Video-RAM)
  ; verknüpfen
```

```
XCHG  ES:[DI],DH

; gesicherte Register vom Stack zurückholen

POP   DI
POP   ES
POP   AX


Punkt_setzen   ENDP
```

Version für den integrierten Assembler von Turbo Pascal 6.0:

```
PROCEDURE Punkt_setzen(x, y : Integer; Farbe : Byte);
ASSEMBLER;

CONST Video  = $A000;                         { Anfang des Video-RAM }
      x_Aufl = 320;           { horizontale Auflösung des Bildschirms }

VAR Adr : Word;                  { Offset-Adresse der Speicherstelle }

ASM
  MOV   AX,Video
  MOV   ES,AX
  MOV   AX,x_Aufl
  MUL   y
  MOV   DI,AX
  ADD   DI,x
  MOV   AH,Farbe
  XCHG  ES:[DI],AH
END;
```

Nun sind wir am Ende dieses Abschnitts angekommen. Ich hoffe, daß ich Ihnen die Vorzüge der beiden Programmiertechniken anhand dieser einfachen Beispiele habe veranschaulichen können. Wenn Sie Ihre eigenen Programme schreiben, können Sie selbstverständlich von den beiden Methoden Gebrauch machen. Es ist empfehlenswert, dabei die folgenden Punkte zu beachten:

a) Kommt es bei der Anwendung auf besonders hohe Ausführungsgeschwindigkeit an? (⇨ *direkte Programmierung*)

b) Wie komfortabel läßt sich das Problem mit der jeweiligen Programmiermethode lösen? (⇨ direkte Programmierung, sehr selten BIOS-Funktionen)

c) Wie allgemein soll die Anwendung sein? (⇨ Programmierung mit   Hilfe der Funktionen des BIOS)

Außer den beiden Techniken in bezug auf die Ausführungsgeschwindigkeit eines Programms, gibt es auch andere Programmiertechniken, beispielsweise in bezug auf den verwendeten Algorithmus. Dies wird im nächsten Kapitel näher erläutert.

Hinweise: 1. Die Übersicht der wichtigsten Funktionen des VGA-BIOS finden Sie im Anhang A am Ende dieses Buches.

2. Falls Sie noch keine Programmiererfahrung mit Turbo Pascal haben, lesen Sie, bevor Sie weiter mit dem Buch arbeiten, zunächst das "Programmierhandbuch", das in Ihrem Software-Paket zu Turbo Pascal enthalten ist (wenigstens die ersten Kapitel).

2.2　Füllen von rechteckigen Bildschirmbereichen

In den Beispielprogrammen aus dem Abschnitt über Programmiertechniken wurden Rechtecke durch Linien auf dem Bildschirm dargestellt. Nun wollen wir einen Schritt weitergehen. Wie der Titel dieses Unterkapitels schon sagt, werden wir uns mit Füllen von rechteckigen Bildschirmbereichen beschäftigen. Ferner soll unsere Aufgabe sein, den gesamten Bildschirminhalt mit 64 gleich großen, aber verschiedenfarbigen Rechtecken zu füllen.

Sehen wir uns zunächst die Prozedur zum Füllen eines Bildschirmbereiches mit einer Farbe an. Da der Füllvorgang angemessen schnell erfolgen soll, werden wir uns der direkten Programmierung des Videospeichers mittels Zeiger bedienen müssen. Um den Füllvorgang zusätzlich zu beschleunigen, wird in der Prozedur *Bereich_fuellen* der Pascal-Standardbefehl *FillChar(Speicherbereich, Größe, Wert)* benutzt. Mit Hilfe dieses Befehls kann ein Speicherbereich mit einem Wert gefüllt werden, in diesem Fall ein Bereich innerhalb des Video-RAM.

Es folgt eine kurze Erläuterung der einzelnen Schritte in der Prozedur *Bereich_fuellen*. Als erstes wird die x-Länge des Rechtecks aus den vorgegebenen Koordinaten ermittelt. Das Rechteck wird in einzelne Linien unterteilt, die in einer *FOR-DO*-Schleife mittels des Befehls *FillChar* gezeichnet werden. Die Offset-Adresse der Speicherstelle, die dem Anfang einer jeden solchen Linie entspricht, wird bestimmt, indem man den Wert für die horizontale Auflösung des Bildschirms (in dem Fall 320) mit der Laufvariablen multipliziert, die der y-Koordinate der Linie entspricht, und zu dem Produkt die x1-Koordinate addiert. Diese Formel dürfte Ihnen aus dem Unterkapitel "Programmiertechniken" bereits bekannt sein. Damals wurde sie in der Prozedur zum Setzen eines Bildpunktes angewendet. Der nächste Schritt ist die Zuweisung der Offset-Adresse der Zeigervariablen, die zur Ausführung des Befehls *FillChar* gebraucht wird. Mit *FillChar* wird der Videospeicher ab dieser Adresse mit dem Wert gefüllt, der der Farbe des Rechtecks entspricht. Die Größe dieses Speicherbereiches entspricht der x-Länge des Rechtecks auf dem Bildschirm.

```
PROCEDURE Bereich_fuellen(x1, y1, x2, y2 : Integer;
         Farbe : Byte);

CONST Video = $A000;                          { Anfang des Video-RAM }
     x_Aufl = 320;           { horizontale Auflösung des Bildschirms }

VAR x_Laenge : Word;             { x-Länge des Bildschirmbereiches }
    lauf : Integer;                            { Zählvariable }
    Adr  : Word;                 { Offset-Adresse der Speicherstelle }

   { Zeiger auf eine Speicherstelle im Video-RAM }

   ZV : ^Byte;

BEGIN
  x_Laenge := x2-x1+1;          { x_Laenge des Rechtecks ermitteln }
  FOR lauf := y1 TO y2 DO
    BEGIN
      { Adresse der Speicherstelle rel. zum Anfang }
      { des Video-RAM ermitteln}

      Adr := x_Aufl*lauf+x1;

      { Adresse der Speicherstelle der Zeigervariablen zuweisen }

      ZV := Ptr(Video, Adr);

      { Bereich mit Farbe füllen }

      FillChar(ZV^, x_Laenge, Farbe);
    END;
  END;
END;
```

Das Hauptprogramm funktioniert wie folgt:. Wie Sie sich sicherlich erinnern werden, besteht unsere Aufgabe darin, den Bildschirminhalt mit 64 verschiedenfarbigen Rechtecken zu füllen. Als erstes muß im Hauptprogramm der Grafikmodus eingeschaltet werden. In zwei ineinander verschachtelten *FOR-DO*-Schleifen werden die Koordinaten sowie die Farben der Rechtecke berechnet und die Prozedur *Bereich_fuellen* mit diesen Werten aufgerufen. Danach wird auf die Taste RETURN gewartet. Der letzte Schritt im Hauptprogramm ist das Zurückschalten in den Textmodus (bei den Farbgrafikkarten trägt der Textmodus mit dem Raster 80x25 Zeichen die Nummer 3).

```
VAR x1, y1, x2, y2 : Integer;
    i, k, Farbe    : Byte;

BEGIN
  Videomodus_setzen(19);    { Videomodus 19 setzen - 320x200x256 }
```

```
   { Bildschirmbereiche mit verschiedenen Farben füllen }
   FOR i := 0 TO 7 DO
     FOR k := 0 TO 7 DO
       BEGIN
         { Koordinaten und Farbe ermitteln }

         x1 := i*40;
         y1 := k*25;
         x2 := i*40+39;
         y2 := k*25+24;
         Farbe := i*8+k+32;

         Bereich_fuellen(x1, y1, x2, y2, Farbe);
       END;

   ReadLn;                              { Warten auf RETURN }
   Videomodus_setzen(3);                { Textmodus einschalten }
 END.
```

Das gesamte Listing zu diesem Beispielprogramm finden Sie in der Datei
BEISP4.PAS. Sie können das Programm auch mit Hilfe der EXE-Datei starten.

2.3 Erstellung von beliebigen Farbnuancen durch Änderung der Standardpalette

Die Register des Digital/Analog-Konverters sind dafür verantwortlich, die Farbinformationen festzuhalten, die unter dem Begriff der Palette zusammengefaßt werden. Insgesamt stehen 256 Paletteneinträge zur Verfügung. Jeder Eintrag ist 18
Bit lang und enthält seinerseits drei Einträge für die Grundfarben: Rot, Grün und
Blau. Anders herum heißt das, daß es drei 6-Bit-Register gibt, in denen die Abstufungen der drei Grundfarben festgehalten werden. Die Werte für die möglichen
Abstufungen jeder Grundfarbe variieren zwischen 0 und 63. Aus den Abstufungen der drei Grundfarben ergibt sich die Mischfarbe. Aufgrund der Länge jedes
DAC-Eintrags von 18 Bit ergeben sich 262.144 mögliche Farbkombinationen.

Da nicht alle Farbkombinationen gleichzeitig auf dem Bildschirm dargestellt werden können und der DAC nur 256 Einträge enthält, müssen die Farbinformationen
geändert werden, um solche Farben zu erhalten, die einem Bild am besten angepaßt erscheinen. Um dies zu erreichen, muß die sogennante Standardpalette geändert werden.

Ziel soll es nun sein, Möglichkeiten zur Erstellung beliebiger Farbnuancen zu
schaffen. Ferner sollen geeignete Routinen entwickelt werden, um die Farbwerte
aus den DAC-Registern auszulesen. Zu diesem Zweck steht uns in erster Linie
das VGA-BIOS zur Hilfe. Es stellt viele nützliche Funktionen zur Arbeit mit den
DAC-Farbregistern zur Verfügung. Davon möchte ich die vier wichtigsten kurz
vorstellen:

a) Setzen eines einzelnen DAC-Farbregisters

Eingabe:	AH = 10h (Nummer der BIOS-Funktion)
	AL = 10h (Nummer der Unterfunktion)
	BX = Nummer des Farbregisters (0h bis FFh)
	CH = Wert für den Grünanteil (0h bis 3Fh)
	CL = Wert für den Blauanteil (0h bis 3Fh)
	DH = Wert für den Rotanteil (0h bis 3Fh)
Ausgabe:	keine

b) Lesen eines einzelnen DAC-Farbregisters

Eingabe:	AH = 10h (Nummer der BIOS-Funktion)
	AL = 15h (Nummer der Unterfunktion)
	BX = Nummer des Farbregisters (0h bis FFh)
Ausgabe:	CH = Wert für den Grünanteil (0h bis 3Fh)
	CL = Wert für den Blauanteil (0h bis 3Fh)
	DH = Wert für den Rotanteil (0h bis 3Fh)

c) Setzen eines Farbregister-Blocks

Eingabe:	AH = 10h (Nummer der BIOS-Funktion)
	AL = 12h (Nummer der Unterfunktion)
	BX = Nummer des ersten Farbregisters, das gesetzt werden soll (Startindex, 0h bis FFh)
	CX = Anzahl der zu setzenden Farbregister (1h bis 100h)
	ES = Segment-Adresse der Tabelle, in der die Farbinformationen gespeichert sind
	DX = Offset-Adresse der Farbtabelle
Ausgabe:	keine

d. Lesen eines Farbregister-Blocks

Eingabe:	AH = 10h (Nummer der BIOS-Funktion)
	AL = 17h (Nummer der Unterfunktion)
	BX = Nummer des ersten zu lesenden Farbregisters (Startindex, 0h bis FFh)
	CX = Anzahl der zu lesenden Farbregister (1h bis 100h)
	ES = Segment-Adresse des Puffers, in den die Tabelle mit den Farbdaten geladen werden soll
	DX = Offset-Adresse des Puffers für die Farbtabelle
Ausgabe:	ES = Segment-Adresse des Puffers, in den die Farbtabelle geladen wurde
	DX = Offset-Adresse des Puffers, der die Farbtabelle enthält

Der Aufbau der Tabelle, die die Farbinformationen enthält bzw. des Puffers, in den die Farbtabelle geladen werden soll, ist in der folgenden Tabelle dargestellt.

Datennummer	Beschreibung	
0	Rotanteil	erstes zu setzendes
1	Grünanteil	bzw. zu lesendes
2	Blauanteil	Farbregister
...	...	
3 * MAXREG - 3	Rotanteil	letztes zu setzendes
3 * MAXREG - 2	Grünanteil	bzw. zu lesendes
3 * MAXREG - 1	Blauanteil	Farbregister

MAXREG = Anzahl der zu setzenden bzw. zu lesenden Farbregister

Bevor wir zur Programmierung der einzelnen Prozeduren übergehen, müssen vorher die Konstanten für die Grundfarben sowie die Datenstruktur der RGB-Palette (Palette, die aus einem Rot-, Grün- und Blauanteil besteht) und der Farbtabelle definiert werden. Die Farbtabelle wird im folgenden als *DAC_Block* bezeichnet.

```
CONST rot   = 1;
      gruen = 2;
      blau  = 3;

TYPE RGB_Palette = rot..blau;
     DAC_Block   = ARRAY[0..255, RGB_Palette] OF Byte;
```

Der Typ *DAC_Block* ist ein zweidimensionales Feld bestehend aus 256 Elementen. Jedes der 256 Elemente besteht seinerseits aus drei Elementen, die der RGB-Palette entsprechen.

Jetzt können die einzelnen Prozeduren programmiert werden.

```
PROCEDURE DAC_Reg_setzen(Reg_Nr, Rotanteil, Gruenanteil,
        Blauanteil : Byte);

VAR Regs : Registers;                         { Prozessor-Register }

BEGIN
  WITH Regs DO
    BEGIN
      AH := $10;                      { BIOS-Funktion aufrufen }
      AL := $10;                   { BIOS-Unterfunktion aufrufen }
      BX := Reg_Nr;     { Nummer des DAC-Farbregisters in BX-Reg. }
      CH := Gruenanteil;                   { Grünanteil setzen }
      CL := Blauanteil;                   { Blauanteil setzen }
      DH := Rotanteil;                   { Rotanteil setzen }
    END;
  Intr($10, Regs);                      { BIOS-Interrupt aufrufen }
END;
```

```pascal
PROCEDURE DAC_Reg_lesen(Reg_Nr : Byte; VAR Rotanteil,
          Gruenanteil, Blauanteil : Byte);

VAR Regs : Registers;                              { Prozessor-Register }

BEGIN
  WITH Regs DO
    BEGIN
      AH := $10;                               { BIOS-Funktion aufrufen }
      AL := $15;                          { BIOS-Unterfunktion aufrufen }
      BX := Reg_Nr;      { Nummer des DAC-Farbregisters in BX-Reg. }
      Intr($10, Regs);                        { BIOS-Interrupt aufrufen }
      Gruenanteil := CH;                           { Grünanteil lesen }
      Blauanteil := CL;                            { Blauanteil lesen }
      Rotanteil := DH;                             { Rotanteil lesen }
    END;
END;


PROCEDURE DAC_Block_setzen(Startindex : Byte; Anzahl_Reg : Word;
          Block : DAC_Block);

VAR Regs : Registers;                              { Prozessor-Register }

BEGIN
  WITH Regs DO
    BEGIN
      AH := $10;                               { BIOS-Funktion aufrufen }
      AL := $12;                          { BIOS-Unterfunktion aufrufen }
      BX := Startindex;                        { Startindex in BX-Reg. }
      CX := Anzahl_Reg;      { Anzahl der Farbregister in CX-Reg. }
      ES := Seg(Block);                { Segment-Adresse ermitteln }
      DX := Ofs(Block)+Startindex*3; { Offset-Adresse ermitteln }
    END;
  Intr($10, Regs);                          { BIOS-Interrupt aufrufen }
END;

PROCEDURE DAC_Block_lesen(Startindex : Byte; Anzahl_Reg : Word;
          VAR Block : DAC_Block);

VAR Regs : Registers;                              { Prozessor-Register }

BEGIN
  WITH Regs DO
    BEGIN
      AH := $10;                               { BIOS-Funktion aufrufen }
      AL := $17;                          { BIOS-Unterfunktion aufrufen }
      BX := Startindex;                        { Startindex in BX-Reg. }
      CX := Anzahl_Reg;      { Anzahl der Farbregister in CX-Reg. }
      ES := Seg(Block);                { Segment-Adresse ermitteln }
      DX := Ofs(Block)+Startindex*3; { Offset-Adresse ermitteln }
    END;
  Intr($10, Regs);                          { BIOS-Interrupt aufrufen }
END;
```

Aus Geschwindigkeitsgründen lohnt sich der Einsatz der Routinen *DAC_Block_setzen* und *DAC_Block_lesen* mehr als der Einsatz der Prozeduren *DAC_Reg_setzen* und *DAC_Reg_lesen*. Wenn ein ganzer Block von DAC-Registern gesetzt wird, ist es immerhin viel schneller, als wenn man die Farbregister einzeln setzen würde, da das BIOS vor dem Setzen jedes Farbregisters solange wartet, bis die Bildwiederholung von seiten der Grafikkarte beendet ist und der vertikale Strahlrücklauf von der unteren rechten zu der oberen linken Ecke des Bildschirms startet. Durch das Warten des BIOS wird ver- mieden, daß Schnee-effekte entstehen, die während der Bildaufbauphase bei gleichzeitigem Zugriff auf die Farbregister auftreten können. Man muß zugeben, daß das Vorgehen des BIOS die Ablaufgeschwindigkeit eines Programms erheblich beeinträchtigt. Deshalb dürfen die vier BIOS-Routinen nur in solchen Applikationen eingesetzt werden, bei denen die Ablaufgeschwindigkeit weniger wichtig ist.

Außer der Möglichkeit, die DAC-Palette mit Hilfe des VGA-BIOS zu verändern, gibt es auch die Möglichkeit, direkt auf die DAC-Register über Ports zuzugreifen. Diese Methode ist zwar erheblich schneller als die mit Hilfe des BIOS, sie verursacht jedoch auf älteren VGA- Modellen unschöne Schneeeffekte. Dies ist aber die einzige Möglichkeit, um wirklich schnelle Palettenänderungen realisieren zu können. In Turbo Pascal erfolgt der Zugriff auf Ports mittels des Ausdrucks *Port[Nr]*. Um zum Beispiel neue Farbwerte für die Farbe mit dem Index 10 zu setzen, sind folgende Schritte notwendig:

a) Index 10 (Nummer des DAC-Registers) auf dem Port 3C8h ausgeben

b) Interrupts sperren

c) RGB-Anteile auf dem Port 3C9h 3-mal hintereinander ausgeben

d) Interrupts freigeben

Während der Programmierung der DAC-Register müssen die Interrupts gesperrt werden, um eine ununterbrochen aufeinanderfolgende Ausführung der Portzugriffe zu garantieren. Ist der Schreib- bzw. Lesevorgang beendet, so können die Interrupts wieder freigegeben werden.

```
PROCEDURE DAC_Reg_setzen(Reg_Nr, Rotanteil, Gruenanteil,
        Blauanteil : Byte);

BEGIN
  { Nummer des Farbregisters auf dem Port 3C8h ausgeben }

  Port[$3C8] := Reg_Nr;

  INLINE($FA);                              { Interrupts sperren }

  { Farbanteile auf dem Port 3C9h 3-mal hintereinander ausgeben }
```

```
      Port[$3C9] := Rotanteil;
      Port[$3C9] := Gruenanteil;
      Port[$3C9] := Blauanteil;

    INLINE($FB);                                  { Interrupts freigeben }
END;
```

Auch das Lesen eines einzelnes DAC-Registers funktioniert über Ports schneller.

```
PROCEDURE DAC_Reg_lesen(Reg_Nr : Byte; VAR Rotanteil,
         Gruenanteil, Blauanteil : Byte);

BEGIN
  { Nummer des Farbregisters auf dem Port 3C7h ausgeben }

  Port[$3C7] := Reg_Nr;

  INLINE($FA);                                     { Interrupts sperren }

  { Inhalt des Ports 3C9h (entspricht den Farbanteilen) 3-mal }
  { hintereinander lesen  }

  Rotanteil   := Port[$3C9];
  Gruenanteil := Port[$3C9];
  Blauanteil  := Port[$3C9];

    INLINE($FB);    { Interrupts freigeben }
END;
```

Den Assemblerfreaks unter Ihnen möchte ich die Assembler-Versionen der beiden Routinen auch nicht vorenthalten.

TASM/MASM-Routinen:

Registerbelegung: BH = Nummer des DAC-Farbregisters
                       BL = Rotanteil
                       CH = Grünanteil
                       CL = Blauanteil

```
DAC_Reg_setzen   PROC NEAR

                 ; benutzte Register auf dem Stack sichern

                 PUSH AX
                 PUSH DX

                 ; Nummer des DAC-Farbregisters auf dem Port
                 ; 3C8h (DX-Reg.) ausgeben

                 MOV  DX,3C8h
                 MOV  AL,BH
                 OUT  DX,AL

                 ; Interrupts sperren
```

```
        CLI

        ; 3C9h (Portnummer) in DX-Register laden

        MOV  DX,3C9h

        ; Farbanteile auf dem Port 3C9h (DX-Reg.) 3-mal
        ; hintereinander ausgeben

        MOV  AL,BL
        OUT  DX,AL
        MOV  AL,CH
        OUT  DX,AL
        MOV  AL,CL
        OUT  DX,AL

        ; Interrupts freigeben

        STI

        ; gesicherte Register vom Stack zurückholen

        POP  DX
        POP  AX

DAC_Reg_setzen  ENDP

DAC_Reg_lesen   PROC NEAR

        ; benutzte Register auf dem Stack sichern

        PUSH AX
        PUSH DX

        ; Nummer des DAC-Farbregisters auf dem Port
        ; 3C7h (DX-Reg.) ausgeben

        MOV  DX,3C7h
        MOV  AL,BH
        OUT  DX,AL

        ; Interrupts sperren

        CLI

        ; 3C9h (Portnummer) in DX-Register laden

        MOV  DX,3C9h

        ; Inhalt des Ports 3C9h (DX-Reg.) 3-mal
        ; hintereinander lesen

        IN   AL,DX
        MOV  BL,AL
        IN   AL,DX
```

```
            MOV   CH,AL
            IN    AL,DX
            MOV   CL,AL

            ; Interrupts freigeben

            STI

            ; gesicherte Register vom Stack zurückholen

            POP   DX
            POP   AX

DAC_Reg_lesen   ENDP
```

Routinen für den integrierten Assembler von Turbo Pascal 6.0:

```
PROCEDURE DAC_Reg_setzen(Reg_Nr, Rotanteil, Gruenanteil,
            Blauanteil : Byte);
ASSEMBLER;

ASM
  MOV DX,3C8h
  MOV AL,Reg_Nr
  OUT DX,AL
  CLI
  MOV DX,3C9h
  MOV AL,Rotanteil
  OUT DX,AL
  MOV AL,Gruenanteil
  OUT DX,AL
  MOV AL,Blauanteil
  OUT DX,AL
  STI
END;

PROCEDURE DAC_Reg_lesen(Reg_Nr : Byte; VAR Rotanteil,
            Gruenanteil, Blauanteil : Byte);

VAR R, G, B : Byte;                          { Hilfsvariablen }

BEGIN
  ASM
    MOV DX,3C7h
    MOV AL,Reg_Nr
    OUT DX,AL
    CLI
    MOV DX,3C9h
    IN  AL,DX
    MOV R,AL
    IN  AL,DX
    MOV G,AL
    IN  AL,DX
    MOV B,AL
```

```
    STI
  END;

  BEGIN
    Rotanteil := R;
    Gruenanteil := G;
    Blauanteil := B;
  END;
END;
```

Die Version von *DAC_Reg_lesen* für den integrierten Assembler von Turbo Pascal 6.0 ist keine reine Assembler-Routine. Dies liegt daran, daß der Befehl MOV Reg,Reg nicht in Verbindung mit Parametern verwendet werden kann, die im Kopf einer Pascal-Prozedur mit VAR deklariert wurden. Deshalb werden die RGB-Anteile zunächst in den Hilfsvariablen festgehalten und erst im Pascal-Teil der Routine den "richtigen" Variablen zugewiesen.

In der Datei BEISP5.PAS bzw. BEISP5.EXE finden Sie das Beispielprogramm zu diesem Unterkapitel. Wenn Sie es starten, sehen Sie eine Bewegung der Rechteckflächen in Linksrichtung. Dies wird durch geeignetes Setzen der DAC-Palette erreicht (sogenannte Palettenrotation). Auf diese Weise kann man eine Bewegung gut simulieren, ohne den Inhalt des Videospeichers verändern zu müssen.

2.4. Umwandlung von Farben in Graustufen

Dieses Beispiel habe ich gewählt, um Ihnen zu zeigen, daß sich das VGA-BIOS in manchen Fällen wirklich als eine sehr nützliche Hilfe für den Programmierer erweist. Zunächst möchte ich Ihnen jedoch das Prinzip vorstellen, das die Lösung des Problems ohne Hilfe des BIOS herbeiführt. Dieser Algorithmus ist jedoch relativ umständlich. Das Schema der Routine zur Umwandlung von Farben in Graustufen würde demnach folgendermaßen aussehen:

a) DAC-Registerblock lesen

b) DAC-Farbregister durchlaufen und feststellen, ob die Umwandlung notwendig ist (es könnte nämlich sein, daß die Umwandlung schon einmal durchgeführt wurde und der nochmalige Aufruf der Routine die einmal gesetzten Grauwerte zerstören würde)

c) falls b ein positives Ergebnis liefert, DAC-Register in einer   FOR-DO-Schleife nochmal durchlaufen, Grauwerte ermitteln und in   die Farbtabelle eintragen

d) DAC-Registerblock setzen

Um einen Grauwert zu ermitteln, müssen die Faktoren zur Umrechnung der RGB-Anteile in ihm bekannt sein. Dies geht nur durch Probieren. Außerdem erreicht man mit diesem Algorithmus nie so gute Ergebnisse wie mit mit dem VGA-BIOS. Hier ist die Routine, die dem beschriebenen Prinzip folgt:

```
PROCEDURE Graustufen(Startindex : Byte; Anzahl_Reg : Word;
          VAR Block : DAC_Block);

VAR Reg_Nr, Grauwert : Byte;

    { diese Variable stellt fest, ob die Umwandlung }
    { notwendig ist }

    umwandeln : Boolean;

BEGIN
  DAC_Block_lesen(Startindex, Anzahl_Reg, Block);
  Reg_Nr := Startindex;
  umwandeln := FALSE;

  { DAC-Register durchlaufen und feststellen, }
  { ob die Umwandlung notwendig ist    }

  WHILE (Reg_Nr < Startindex+Anzahl_Reg-1) AND NOT umwandeln DO
    BEGIN
      umwandeln := (Block[Reg_Nr, rot]<>Block[Reg_Nr, gruen]) OR
                   (Block[Reg_Nr, rot] <> Block[Reg_Nr, blau]);
      Inc(Reg_Nr);          { Nummer des DAC-Registers um 1 erhöhen }
    END;
  IF (Reg_Nr = Startindex+Anzahl_Reg-1) AND NOT umwandeln THEN
    umwandeln := (Block[Reg_Nr, rot] <> Block[Reg_Nr, gruen]) OR
                 (Block[Reg_Nr, rot] <> Block[Reg_Nr, blau]);

  { wenn die Umwandlung notwendig ist, dann Grauwerte }
  { ermitteln und in die Farbtabelle eintragen}

  IF umwandeln THEN
    BEGIN
      FOR Reg_Nr := Startindex TO Startindex+Anzahl_Reg-1 DO
        BEGIN
          Grauwert := (Trunc(Block[Reg_Nr, rot]/3.2)+
                      Trunc(Block[Reg_Nr, gruen]/1.7)+
                      Trunc(Block[Reg_Nr, blau]/9.3));
          Block[Reg_Nr, rot] := Grauwert;
          Block[Reg_Nr, gruen] := Grauwert;
          Block[Reg_Nr, blau] := Grauwert;
        END;
      DAC_Block_setzen(Startindex, Anzahl_Reg, Block);
    END;
END;
```

Zum Vergleich möchte ich Ihnen jetzt die BIOS-Alternative vorstellen, die schon auf den ersten Blick viel komfortabler aussieht. Zunächst jedoch der Überblick der zum Aufruf der Funktion benötigten Prozessor-Register:

Eingabe:	AH = 10h (Nummer der BIOS-Funktion)
	AL = 1Bh (Nummer der Unterfunktion)
	BX = Nummer des ersten DAC-Registers, dessen RGB-Werte in Grauwerte umgewandelt werden sollen (Startindex, 0h bis FFh)
	CX = Anzahl der DAC-Register (1h bis 100h)
Ausgabe:	keine

Die Umsetzung dessen in eine fertige Turbo-Pascal-Routine ist im Grunde keine Arbeit mehr. Es sind schließlich maximal 20 Pascal-Zeilen.

```pascal
PROCEDURE Graustufen(Startindex : Byte; Anzahl_Reg : Word;
          VAR Block : DAC_Block);

VAR Regs : Registers;                           { Prozessor-Register }

BEGIN
  WITH Regs DO
    BEGIN
      AH := $10;                            { BIOS-Funktion aufrufen }
      AL := $1B;                       { BIOS-Unterfunktion aufrufen }
      BX := Startindex;                    { Startindex in BX-Reg. }
      CX := Anzahl_Reg;         { Anzahl der Farbregister in CX-Reg. }
    END;
  Intr($10, Regs);                         { BIOS-Interupt aufrufen }
  DAC_Block_lesen(Startindex, Anzahl_Reg, Block);
END;
```

Die Datei BEISP6.PAS enthält das komplette Listing des Beispielprogramms zu diesem Abschnitt. Laden Sie diese Datei in die Entwicklungsumgebung von Turbo Pascal oder starten Sie das Programm direkt von der EXE-Datei aus. Es ist eine einfache Demo, in der abwechselnd Farben und die zugehörigen Graustufen gezeigt werden. Da in diesem Beispielprogramm die Geschwindigkeit keine Rolle spielt, können die Routinen zum Lesen und Setzen der DAC-Palette mit Hilfe des BIOS aus dem vorigen Unterkapitel eingesetzt werden.

Damit geht dieses Kapitel zu Ende. Das nächste Kapitel befaßt sich in größerem Umfang mit der Programmierung von Routinen für den VGA-Modus 19. Diese werden in einer umfangreichen Pascal-Unit zusammengefaßt. Aber auch andere Tools aus dem Bereich VGA-Grafik erwarten Sie im nächsten Kapitel.

3 Modus 19 der 256-Farben-Standard

Das Turbo-Pascal-System stellt eine Fülle von Grafikroutinen zusammengefaßt in der Unit Graph zur Verfügung. Leider haben sich die Programmierer dieses professionellen Systems nur auf 16-Farben-Modi bei VGA beschränkt. Die 256-Farben-Modi, von denen der Modus19 der Standard ist, blieben dagegen unberücksichtigt.

Dieses große Manko kann jedoch durch Schreiben eigener Units leicht behoben werden. Eine davon mit dem Namen MODUS_19, sowie einen Zeicheneditor und zwei Demoprogramme für die angesprochene Unit, möchte ich in diesem Kapitel vorstellen. Da die Speicherverwaltung im Modus 19 sehr einfach ist, bereitet das Schreiben von Grafikroutinen keine großen Probleme. Einige dieser Routinen wurden sogar im vorigen Kapitel zum ersten Mal vorgestellt und erläutert.

3.1 Gliederung der Unit MODUS_19

Grundsätzlich besteht eine Turbo-Pascal-Unit aus einem Interface- und einem Implementationsteil. Vor dem Interface-Teil können noch Compilereinstellungen gemacht werden, was in dieser Unit der Fall ist. Außer der strengen Gliederung, die der Turbo-Pascal-Compiler vorgibt, wurden die einzelnen Routinen sowohl im Interface- als auch im Implementationsteil zu bestimmten thematischen Bereichen zusammengefaßt. Dies soll zu einem besseren Überblick beitragen, da die Unit insgesamt 25 Routinen beeinhaltet. Die Gliederung der Unit entnehmen Sie bitte folgendem kleinen Schema.

Gliederungsschema der Unit MODUS_19:

a)   Compilereinstellungen

    Interface-Teil:

b)   Einbinden von Turbo-Pascal-Standardunits
c)   Deklaration von modulexternen (anderen Programmen zugänglich) Konstanten und Typen

d)   Deklaration von Routinen:

⇨ Setzen von Modi
⇨ Setzen und Lesen von Bildpunkten
⇨ Zeichnen von geometrischen Figuren (Ellipse, Kreis, Linie, Rechteck)
⇨ Füllen, Löschen, Kopieren, Rollen, Spiegeln und Umklappen von Bildschirmbereichen, sowie Prozeduren zur Verwaltung des Puffers zum Zwischenspeichern
⇨ Setzen und Lesen von einzelnen DAC-Registern und Registerblöcken, sowie Prozedur zur Umwandlung von Farben in Graustufen
⇨ Laden von Zeichensätzen, Ausgabe von einzelnen Zeichen und Texten

Implementationsteil:

e)   Deklaration von modulinternen (anderen Programmen nicht zu gänglich) Konstanten und Variablen
f)   Implementation von Routinen
g)   Initialisierung der Unit

3.2   Compilereinstellungen und Interface-Teil

Endlich ist es soweit. Die einzelnen Schemapunkte können jetzt in die Tat umgesetzt werden. Beginnen wir mit den Compilereinstellungen.

Zu Testzwecken empfiehlt es sich, die Compilerprüfungen angeschaltet zu lassen. In einer fertigen Unit sollen diese jedoch auf "aus" gestellt werden, damit das Programm, in dem die Routinen aus der Unit aufgerufen werden, nicht plötzlich mit einer Fehlermeldung abbricht. Es ist besser, die Fehler intern in den Routinen abzufangen und dann die Ausgabe einer entsprechenden Meldung zu programmieren, ohne den Programmablauf zu stoppen. In der Unit *MODUS_19* werden folgende Compilerschalter auf "aus" gestellt:

⇨   die Erzeugungvon zusätzlichen Informationen für den Debugger,

⇨   die Ein-/Ausgabe-Prüfung und die Prüfung des Stacks.

```
{ Dateiname : MODUS_19.PAS            }
{ Autor     : Arthur Burda            }
{ Compiler  : Turbo Pascal 5.0 und höher }

{MODUS_19 - eine umfangreiche Sammlung von Grafikroutinen für}
{           den VGA-Modus 19 (320x200 Punkte in 256 Farben)  }

UNIT MODUS_19;

{$D-}                       { keine Informationen des Debuggers }
{$I-}                                    { keine I/O-Prüfung }
{$S-}                            { keine Prüfung des Stacks }
```

Jetzt kommen wir zum Interface-Teil der Unit. Er ist eine Art
Schnittstelle zu den Programmen, die auf der Unit basieren und beginnt mit dem Schlüsselwort *INTERFACE*. Zunächst werden die benötigten Units eingebunden. In diesem Fall sind es Crt und Dos. Weiterhin besteht der Interface-Teil, wie es dem Schema zu entnehmen
ist, aus der Deklaration von modulexternen Konstanten, Typen, Variablen und Routinen. Standardmäßig werden als erstes die Konstanten deklariert, weil sie in der Deklaration von Typen benutzt werden
können. Danach kann die Deklaration von Variablen folgen, was in
dieser Unit nicht der Fall ist.

Als letztes deklariert man die Prozeduren und Funktionen, die die
Unit zur Verfügung stellt. Hier werden insgesamt 25 Routinen, wie
vorher schon erwähnt, zu bestimmten thematischen Bereichen zusammengefaßt, die ich im Gliederungsschema aufgelistet habe. Die
Routinen, die zu den verschiedenen thematischen Bereichen gehören, werden durch eine Leerzeile voneinander getrennt.

```
{ Interface-Teil }

INTERFACE

USES Crt, Dos;              { Turbo-Pascal-Standardunits einbinden }

{ diese Konstanten und Typen sind modulextern, }
{ d.h. anderen Programmen zugänglich            }

CONST { Korrekturfaktor für das Höhen-/Seiten- }
      { verhältnis des Bildschirms              }

      Korrekturfaktor : Real = 0.83;

      x_Aufl = 320;     { horizontale Auflösung des Bildschirms }
      y_Aufl = 200;     { vertikale Auflösung des Bildschirms }
```

```
      rot   = 1;
      gruen = 2;
      blau  = 3;

TYPE Richtungs_Typ1    = (oben, unten, links, rechts);
     Richtungs_Typ2    = (horizontal, vertikal);
     Teilbereichs_Typ = (oberer_Teil, unterer_Teil,
                          linker_Teil, rechter_Teil);

     RGB_Palette = rot..blau;
     DAC_Block   = ARRAY[0..255, RGB_Palette] OF Byte;

     String_80       = String[80];
     Bit_Muster_Typ  = ARRAY[0..7] OF Byte;
     Zeichensatz_Typ = ARRAY[0..255] OF Bit_Muster_Typ;

{ Deklaration von Routinen }

PROCEDURE Modus_19_setzen(VRAM_loeschen : Boolean);
PROCEDURE Alten_Modus_setzen(VRAM_loeschen : Boolean);

PROCEDURE Punkt_setzen(x, y : Integer; Farbe : Byte);
FUNCTION Punktfarbe(x, y : Integer) : Byte;

PROCEDURE Ellipse_zeichnen(x, y : Integer; x_Radius,
          y_Radius : Word; Farbe : Byte);
PROCEDURE Kreis_zeichnen(x, y : Integer; Radius : Word;
          Farbe : Byte);
PROCEDURE Linie_zeichnen(x1, y1, x2, y2 : Integer; Farbe : Byte);
PROCEDURE Rechteck_zeichnen(x1, y1, x2, y2 : Integer;
          Farbe : Byte);

PROCEDURE Bereich_fuellen(x1, y1, x2, y2 : Integer;
          Farbe : Byte);
PROCEDURE Bereich_loeschen(x1, y1, x2, y2 : Integer);
PROCEDURE In_Puffer_kopieren(x1, y1, x2, y2 : Integer; x_Laenge,
          y_Laenge : Word; VAR Puffer : Pointer);
PROCEDURE In_VRAM_kopieren(x, y : Integer; x_Laenge,
          y_Laenge : Word; Puffer : Pointer);
PROCEDURE Bereich_kopieren(Alt_x1, Alt_y1, Alt_x2, Alt_y2, Neu_x,
          Neu_y : Integer);
PROCEDURE Bereich_rollen(x1, y1, x2, y2 : Integer;
          Richtung : Richtungs_Typ1; Verzoegerung : Byte);
PROCEDURE Bereich_spiegeln(x1, y1, x2, y2 : Integer;
          Teilbereich : Teilbereichs_Typ);
PROCEDURE Bereich_umklappen(x1, y1, x2, y2 : Integer;
          Richtung : Richtungs_Typ2);

PROCEDURE DAC_Reg_setzen(Reg_Nr, Rotanteil, Gruenanteil,
          Blauanteil : Byte);
```

```
PROCEDURE DAC_Reg_lesen(Reg_Nr : Byte; VAR Rotanteil,
          Gruenanteil, Blauanteil : Byte);
PROCEDURE DAC_Block_setzen(Startindex : Byte; Anzahl_Reg : Word;
          Block : DAC_Block);
PROCEDURE DAC_Block_lesen(Startindex : Byte; Anzahl_Reg : Word;
          VAR Block : DAC_Block);
PROCEDURE Graustufen(Startindex : Byte; Anzahl_Reg : Word;
          VAR Block : DAC_Block);


PROCEDURE Standard_Zeichensatz_laden;
PROCEDURE Zeichensatz_laden(Dateiname : PathStr;
          VAR Fehlercode : Byte);
PROCEDURE Zeichen_ausgeben(x, y : Integer; Anzahl : Word;
          Zeichen : Char; Farbe : Byte);
PROCEDURE Text_ausgeben(x, y : Integer; s : String_80;
          Farbe : Byte);
```

3.3   Implementationsteil

Der Implementationsteil ist der wichtigste und längste Teil einerUnit.
Er <u>kann</u> die Deklaration von modulinternen Konstanten, Typen und
Variablen und <u>muß</u> die Implementation von vorher deklarierten Routinen beinhalten. Eine Unit kann mit einem Teil abgeschlossen werden, der beim Einbinden in ein Programm mit Hilfe der Anweisung
USES ausgeführt wird. Dieser Teil ähnelt einem Hauptprogramm.
Dort werden meistens Routinen zur Initialisierung der Unit aufgerufen. An dem Schlüsselwort IMPLEMENTATION erkennt der Compiler den Anfang des Implementationsteils.

```
{ Implementationsteil }

IMPLEMENTATION

{ diese Konstanten und Variablen sind modulintern, }
{ d.h. anderen Programmen nicht zugänglich          }

CONST Alter_Modus : Byte = 0;              { typisierte Konstante }

      Video = $A000;                       { Anfang des Video-RAM }

VAR Regs        : Registers;               { Prozessor-Register }
    Zeichensatz : Zeichensatz_Typ;
```

Außer den normalen Konstanten, wie z.B. *Video*, kennt Turbo Pascal
auch die sogenannten typisierten Konstanten. Da diese im Gegensatz

zu den Variablen schon bei ihrer Deklaration mit verschiedenen Werten belegt werden können, aber von ihrer Struktur her den Variablen gleich sind, können sie anstelle von ihnen eingesetzt werden. Dies sollte man sich zunutze machen (siehe *Alter_Modus*), weil es komfortabler ist, eine typisierte Konstante gleich bei ihrer Deklaration mit einem Anfangswert zu belegen als einer Variablen erst in der Initialisierungsroutine einen Wert zuzuweisen. Außerdem verkürzt das ein wenig den Quelltext. Die Variablen, die mit keinen bestimmten Anfangswerten belegt werden sollen und Feldvariablen, wie z.B. *Zeichensatz*, werden mit Hilfe des Schlüsselwortes *VAR* deklariert.

Damit ist die Deklaration von modulinternen Konstanten und Variablen abgeschlossen. Nun kommen wir zur Implementation von Routinen, die die Unit MODUS_19 zur Verfügung stellt. Als erstes müssen die Routinen zum Setzen von Modi entwickelt werden. Soll der Modus 19 gesetzt werden, so wird zunächst der gerade aktive Modus in der Variablen *Alter_Modus* gespeichert und erst dann der genannte Grafikmodus eingeschaltet. Vorher wird noch geprüft, ob der Modus 19 schon gesetzt ist. Dadurch wird verhindert, daß die Variable *Alter_Modus* überschrieben wird. Beim Verlassen des Modus 19 wird der in dieser Variablen gesicherte Modus gesetzt. Auch hier wird geprüft, ob der Modus 19 eingeschaltet ist. Ist das der Fall, wird die Variable *Alter_Modus* nach dem Verlassen des Modus 19 wieder auf 0 gesetzt. Die Prozeduren zum Setzen von Modi bieten zusätzlich die Möglichkeit, den Videospeicher beim Initialisieren dieser Modi zu löschen. Beide Routinen arbeiten mit Hilfe der Funktionen des BIOS.

```
PROCEDURE Modus_19_setzen(VRAM_loeschen : Boolean);

BEGIN
   { prüfen, ob Modus 19 schon gesetzt ist (wenn ja, ist der }
   { in Alter_Modus gespeicherte Wert gleich 19, sonst 0)    }

   IF Alter_Modus = 0 THEN
     BEGIN
       { alten Modus merken }

       Regs.AH := $0F;
       Intr($10, Regs);
       Alter_Modus := Regs.AL;

       { Modus 19 einschalten und Videospeicher löschen }

       Regs.AX := 19+128*Ord(NOT VRAM_loeschen);
       Intr($10, Regs);                    { BIOS-Interrupt aufrufen }
     END;
END;
```

```pascal
PROCEDURE Alten_Modus_setzen(VRAM_loeschen : Boolean);

BEGIN
  { prüfen, ob Modus 19 eingeschaltet ist (wenn ja, ist der }
  { in Alter_Modus gespeicherte Wert ungleich 0)            }

  IF Alter_Modus <> 0 THEN
    BEGIN
      { alten Modus einschalten und Videospeicher löschen }

      Regs.AX := Alter_Modus+128*Ord(NOT VRAM_loeschen);
      Intr($10, Regs);                  { BIOS-Interrupt aufrufen }

      Alter_Modus := 0;
    END;
END;
```

Der nächste Schritt ist die Implementation von Routinen zum Setzen und Lesen von Bildpunkten. Die Routine zum Setzen von Bildpunkten wurde schon im Kapitel "Erste Schritte" sowohl in der Turbo-Pascal- als auch in der Assembler-Version vorgestellt. Hier erkennt der Compiler automatisch, welche Version er übersetzen soll. Dies wurde durch Setzen von entsprechenden Compiler-Direktiven zur bedingten Übersetzung erreicht.

Ähnlich wurde beim Schreiben der Routine zum Lesen der Punktfarbe vorgegangen. Hier bleibt den Besitzern von Turbo Pascal 6.0 mit integriertem Assembler der Geschwindigkeitsvorteil ebenfalls nicht erspart.

Da Sie die Routine zum Setzen von Punkten bereits kennen, habe ich sie in dieses Kapitel nicht aufgenommen. Sie finden sie in der Datei MODUS_19.PAS.

```pascal
{$IFDEF VER60}                      { nur für Turbo Pascal Version 6.0 }

FUNCTION Punktfarbe(x, y : Integer) : Byte;

VAR Farbe : Byte;                                      { Hilfsvariable }

BEGIN
  ASM
    { Segment-Adresse des Video-RAM in ES-Reg. laden }

    MOV AX,Video
    MOV ES,AX

    { horizontale Auflösung des Bildschirms in AX-Register }
    { laden                                                }
```

```
    MOV AX,x_Aufl

    { Wert im AX-Reg. (=320) mit der y-Koodinate }
    { des Punktes multiplizieren               }

    MUL y

    { Berechnung der Offset-Adresse des Punktes rel. }
    { zum Anfang des Video-RAM fortsetzen            }

    MOV DI,AX
    ADD DI,x

    { Punktfarbe ermitteln und in d. Hilfsvariablen }
    { zwischenspeichern }

    MOV AH,ES:[DI]
    MOV Farbe,AH
  END;

  BEGIN
    Punktfarbe := Farbe;
  END;
END;

{$ELSE}                        { für alle anderen Compiler-Versionen }

FUNCTION Punktfarbe(x, y : Integer) : Byte;

VAR Adr : Word;                { Offset-Adresse der Speicherstelle }

BEGIN
  { Adresse der Speicherstelle rel. zum Anfang }
  { des Video-RAM ermitteln                    }

  Adr := x_Aufl*y+x;

  { Punktfarbe durch direkten Zugriff auf Video-RAM ermitteln }

  Punktfarbe := Mem[Video:Adr];
END;

{$ENDIF}
```

Haben Sie schon einmal versucht, eine Routine zum Zeichnen von Ellipsen zu programmieren? Falls Sie das Problem mit Hilfe der Winkelfunktionen wie Sinus- und Cosinus-Funktion gelöst haben, ist Ihnen sicherlich die sehr geringe Ausführungsgeschwindigkeit Ihrer Routine aufgefallen, was keineswegs zufriedenstellend ist. Abhilfe schafft hier der alte Kreisalgorithmus, dessen Arbeitsweise ich an dieser Stelle

ein wenig erläutern möchte. Man kann ihn sehr gut auf das Konstruieren von Ellipsen übertragen, da eine Ellipse nichts anderes ist, als
ein gestauchter bzw. gestreckter Kreis. Deshalb kann man sich zu-
nächt nur auf das Konstruieren eines Kreises beschränken. Mit dem
Kreisalgorithmus wird nicht der komplette Kreis, sondern nur ein
Achtel davon berechnet. Den restlichen Teil des Kreises erhält man
durch Drehung und Spiegelung.

Um das Verfahren anzuwenden, muß der Ursprung des Koordinaten-
sysstems in den Kreismittelpunkt gelegt werden. Die Koordinaten der
Punkte, die das zu berechnende Kreissegment beschreiben, sind dann
relativ zum Kreismittelpunkt. Damit man für diese Koordinaten nur
positive Werte erhält, beschränkt man sich nur auf das obere rechte
Teilsegment des Kreises (siehe Abb. 3-1). Da nur ein Achtel des Kreises berechnet wird, kann die Steigung der Kreistangenten (Linie, die
den Kreis berührt und senkrecht zu dessen Radius steht) niemals
kleiner als -1 werden. Dadurch kann jeder x-Koordinate genau eine y-
Koordinate zugeordnet werden. Dies ist besonders hilfreich für die Berechnung.

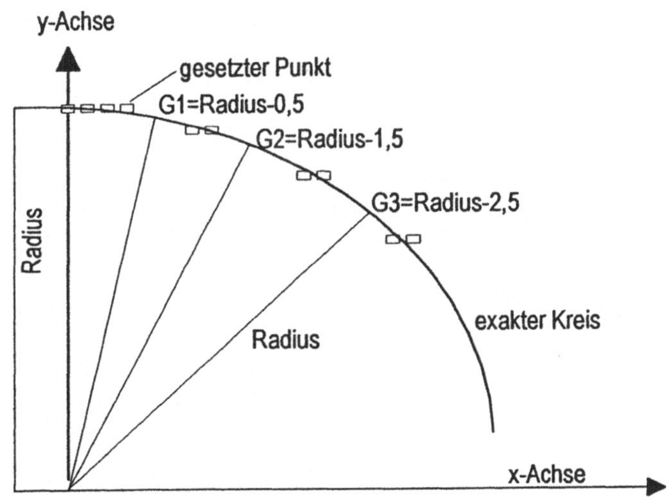

Abb. 3-1:   *Zeichnen eines Achtelkreises mit dem Kreisalgorithmus*

Der erste zu setzende Punkt ist der Schnittpunkt des Kreises mit der positiven y-Achse, die vom Mittelpunkt des Kreises ausgeht. Die x-Koordinate des Punktes hat also den Wert 0, die y-Koordinate ist gleich dem Radius des Kreises. Bewegt man sich jeweils um den Abstand eines Punktes nach rechts, so können weitere Punkte des Kreises gesetzt werden. Dabei wird die Abweichung von einem exakten Kreis in y-Richtung immer größer. Wenn diese Abweichung größer als ein halber Punktabstand ist, wird die y-Koordinate des neu zu setzenden Punktes um 1 erniedrigt. Dies tritt zum ersten Mal ein, wenn der exakte Kreis die Grenze G1 unterschreitet (siehe Abbildung) usw. Die Berechnung wird beendet, wenn die x-Koordinate des neu zu setzenden Punktes gleich der zugehörigen y-Koordinate ist. Dieser Fall tritt genau beim Winkel 45° ein. Damit ist ein Achtel des Kreises fertig.

Die mathematischen Details des Verfahrens zum Zeichnen von Kreisen sollen hier nicht näher erläutert werden, da diese für die Erreichung unseres Zieles nicht vorrangig wichtig sind. Die Schritte, die für die programmiertechnische Umsetzung des Kreisalgorithmus benötigt werden, entnehmen Sie der Abb. 3-2. Die im Flußdiagramm verwendeten Variablen stimmen mit denen überein, die Sie in der fertigen Routine zum Zeichnen von Ellipsen finden.

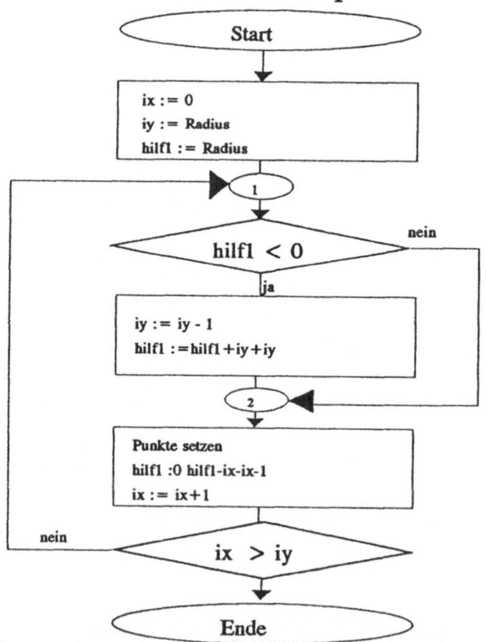

Abb. 3.2:   Flußdiagramm des Kreisalgorithmus

Wie vorhin schon erwähnt, muß der Kreis, der mit Hilfe des Algorithmus berechnet wird, gestaucht bzw. gestreckt werden, um eine Ellipse zu erhalten. Hierzu muß ein Stauchungs- bzw. Streckungsfaktor ermittelt werden. Da eine Ellipse im Gegensatz zu einem Kreis zwei Radien hat, kann dieser Faktor aus den beiden Radien relativ einfach bestimmt werden. Ist der x-Radius größer als der y-Radius, so wird der y-Radius durch den x-Radius dividiert. Andernfalls wird das Umgekehrte gemacht. Sind die Variablen *ix*, *iy* und *hilf1* auf ihre Anfangswerte gesetzt, so kann die Hauptschleife des Kreisalgorithmus beginnen. In ihr werden die acht Teilsegmente der Ellipse gezeichnet. Ferner müssen noch zwei Hilfsvariablen verwendet werden, um die Stauchung bzw. Streckung des Kreises richtig durchzuführen.

```
PROCEDURE Ellipse_zeichnen(x, y : Integer; x_Radius,
         y_Radius : Word; Farbe : Byte);

{ Kreisalgorithmus }

VAR hilf1, hilf2, hilf3 : Integer;
    ix, iy              : Integer;       { rel. Punktkoordinaten }
    Faktor              : Real;   { Stauchungs-/Streckungsfaktor }

BEGIN
   IF (x_Radius > 0) AND (y_Radius > 0) THEN
      BEGIN
         { Anfangswerte setzen und Stauchungs-/Streckungsfaktor}
         {  ermitteln                                          }

         ix := 0;
         IF x_Radius > y_Radius THEN
           BEGIN
             iy := x_Radius;
             hilf1 := x_Radius;
             Faktor := y_Radius/x_Radius;
           END
         ELSE
           BEGIN
             iy := y_Radius;
             hilf1 := y_Radius;
             Faktor := x_Radius/y_Radius;
           END;

         { solange wiederholen, bis ein Achtelkreis berechnet ist }

         WHILE ix <= iy DO
            IF hilf1 < 0 THEN
              BEGIN
                Dec(iy);
                Inc(hilf1, 2*iy);
              END
```

```pascal
      ELSE
        BEGIN
          { zum Mittelpunkt des Kreises rel. Punktkoordinaten  }
          { mit dem Stauchungs-/Streckungsfaktor multiplizieren}
          { und runden                                         }

          hilf2 := Round(ix*Faktor);
          hilf3 := Round(iy*Faktor);

          {Ellipsenform durch Spiegelung, Drehung und Stauchung}
          { bzw. Streckung des Kreises berechnen und darstellen}

          IF x_Radius > y_Radius THEN
            BEGIN
              Punkt_setzen(x-ix, y-hilf3, Farbe);
              Punkt_setzen(x-ix, y+hilf3, Farbe);
              Punkt_setzen(x+ix, y-hilf3, Farbe);
              Punkt_setzen(x+ix, y+hilf3, Farbe);
              Punkt_setzen(x-iy, y-hilf2, Farbe);
              Punkt_setzen(x-iy, y+hilf2, Farbe);
              Punkt_setzen(x+iy, y-hilf2, Farbe);
              Punkt_setzen(x+iy, y+hilf2, Farbe);
            END
          ELSE
            BEGIN
              Punkt_setzen(x-hilf2, y-iy, Farbe);
              Punkt_setzen(x-hilf2, y+iy, Farbe);
              Punkt_setzen(x+hilf2, y-iy, Farbe);
              Punkt_setzen(x+hilf2, y+iy, Farbe);
              Punkt_setzen(x-hilf3, y-ix, Farbe);
              Punkt_setzen(x-hilf3, y+ix, Farbe);
              Punkt_setzen(x+hilf3, y-ix, Farbe);
              Punkt_setzen(x+hilf3, y+ix, Farbe);
            END;

          Dec(hilf1, 2*ix-1);
          Inc(ix);
        END;
    END;
  END;
```

Die mit Hilfe des Kreisalgorithmus implementierte Routine zum
Zeichnen von Ellipsen ist trotz Rundung mittels der Pascal-Standard-
prozedur *Round(Realzahl)* um ein Vielfaches schneller als eine alternative Routine, in der Winkelfunktionen eingesetzt werden. Der
Grund dafür ist, daß hier nur ein Achtel des Kreises berechnet werden
muß, um daraus eine komplette Ellipse abzuleiten. Durch die Rundung ergeben sich beim Zeichnen leider kleine Schönheitsfehler, auf
deren Korrektur ich hier aus Geschwindigkeitsgründen verzichten

mußte. Diese treten jedoch nur bei bestimmten Kombinationen von x-
und y-Radius der Ellipse auf und sind nur bei genauerem Betrachten
zu sehen.

Einen Kreis darzustellen, ist nicht weiter schwer, weil dieser ein Spezialfall der Ellipse ist (x- und y-Radius sind gleich). Damit er aber
wirklich als Kreis und nicht als Ellipse auf dem Bildschirm erscheint,
darf das Höhen-/Seitenverhältnis des Bildschirms nicht außer Acht
gelassen werden. Dieses Verhältnis ist in der Variablen Korrekturfaktor gespeichert. Sollte Ihnen einmal der eingestellte Wert nicht richtig
angepaßt erscheinen, so verändern Sie ihn einfach nach Ihrem eigenen Ermessen.

```
PROCEDURE Kreis_zeichnen(x, y : Integer; Radius : Word;
          Farbe : Byte);

BEGIN
  Ellipse_zeichnen(x, y, Radius, Round(Radius*Korrekturfaktor),
  Farbe);
END;
```

Bevor wir unseren Plan weiter realisieren, muß eine Hilfsroutine geschrieben werden. Bei der Implementation der Routine zum Zeichnen
von Linien stößt man auf ein kleines Problem. Die Punktkoordinaten
müssen in bestimmten Fällen, z.B. wenn die x1-Koordinate größer als
die x2-Koordinate ist, vertauscht werden. Die Prozedur zum Vertauschen von Integerwerten schafft hier Abhilfe:

```
PROCEDURE Integer_vertauschen(VAR a, b : Integer);

VAR hilf : Integer;

BEGIN
  hilf := a;
  a := b;
  b := hilf;
END;
```

Genauso wie beim Zeichnen von Kreisen oder Ellipsen verbietet sich
beim Zeichnen von Linien aus Geschwindigkeitsgründen von vornherein der Einsatz von Winkelfunktionen. Nur einfache Algorithmen gehen auf diese Weise vor. Dabei werden sie durch umständliche Fließ-
kommaberechnungen (z.B. durch Berechnung jeder y-Koordinate mit
Hilfe der Geradensteigung) stark gebremst. Einen schnellen und zu

gleich nicht zu langen Algorithmus zu verwenden, hat sich seit langem als eine gute Programmiertechnik (neben der Technik, schnelle Zugriffe auf den Videospeicher programmieren zu können) bewährt. Kommen wir aber zur Sache. Einer der schnellsten Algorithmen zum Zeichnen von Linien ist der nach dem Namen seines Entwicklers benannte Bresenham-Algorithmus (J.E.Bresenham veröffentlichte dieses Verfahren zum ersten Mal im Jahre 1965). Er beschränkt das Zeichnen von Linien nur auf Geraden mit der Steigung zwischen 0 und 1. Die Geraden mit dieser Steigung schließen mit dem positiven Teil der x-Achse die Winkeln zwischen 0° und 45°. Was aber machen, wenn die Geradensteigung größer als 1 ist? Mit etwas Geschick ist die Lösung dieses Problems sehr einfach. Eine Gerade, deren Steigung größer als 1 ist, wird an der Winkelhalbierenden, der Geraden mit der Steigung 1, gespiegelt. Die Abbildung 3-3 zeigt eine solche Situation.

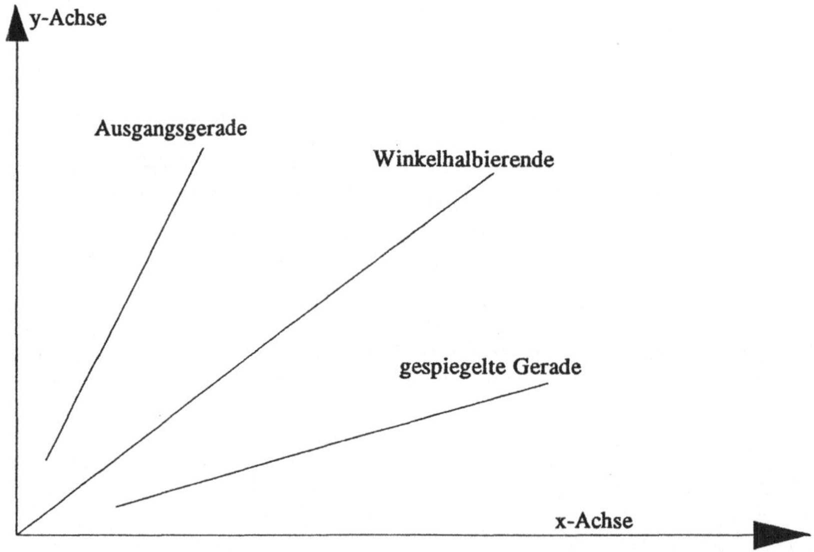

Abb. 3-3:   *Spiegelung einer Geraden, deren Steigung größer als 1 ist, an der Winkelhalbierenden*

Die Spiegelung einer Geraden an der Winkelhalbierenden erreicht man durch Vertauschen der x1- mit der y1-Koordinate und der x2- mit der y2-Koordinate. Hierzu ein Beispiel:

Es sei eine Linie mit den Koordinaten (10, 20, 50, 100) gegeben. Die Geradensteigung berechnet sich wie folgt:

$$m = \frac{y2 - y1}{x2 - x1} = \frac{100 - 20}{50 - 10} = \frac{80}{40} = 2$$

Nach der Spiegelung an der x-Achse ergibt sich eine Linie mit den Koordinaten (20, 10, 100, 50). Die Geradensteigung ist jetzt m=0,5.

Bisher habe wurden nur Geraden mit positiver Steigung erwähnt. Was ist aber, wenn die Geradensteigung kleiner als 0 ist? Hierfür gibt es auch einen einfachen Trick. Eine Gerade mit positiver Steigung erhält man, indem man sie an der x-Achse spiegelt. Dazu genügt es, das Vorzeichen der y-Koordinaten umzudrehen (siehe Abbildung 3-4).

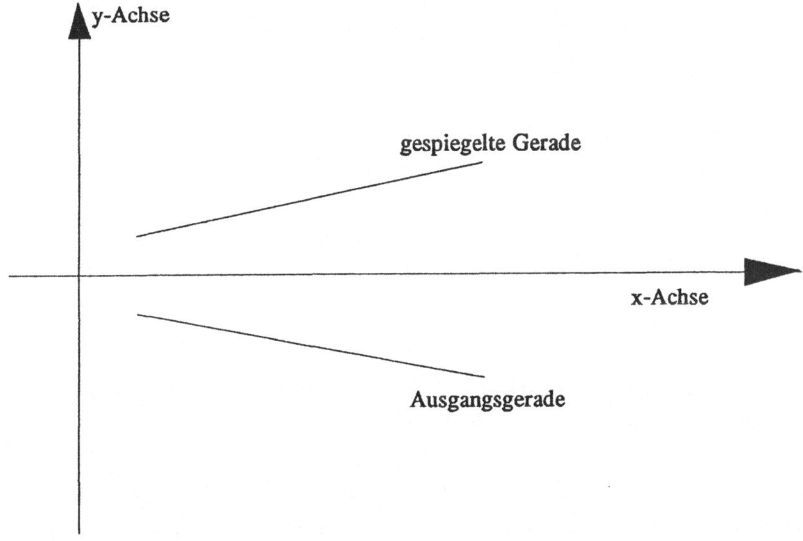

Abb. 3-4:   Spiegelung einer Geraden mit negativer Steigung an der x-Achse

Wenn der Bresenham-Algorithmus feststellt, daß die Steigung einer Geraden nicht zwischen 0 und 1 liegt, führt er die Spiegelung(en) der Ausgangskoordinaten durch. Im Endeffekt ergibt sich eine Steigung im Bereich zwischen 0 und 1. Er rechnet mit der neuen Geraden weiter und erst beim Setzen von Punkten spiegelt er die Gerade wieder zurück.

Die zeitaufwendige Berechnung der y-Koordinaten mit Hilfe der Geradensteigung vermeidet Bresenham, indem er behauptet, daß es grundsätzlich nur zwei Möglichkeiten für einen neuen Geradenpunkt gibt: Punkt A oder B (siehe Abb. 3-5). Voraussetzung dafür ist, daß ein Punkt bereits bekannt ist.

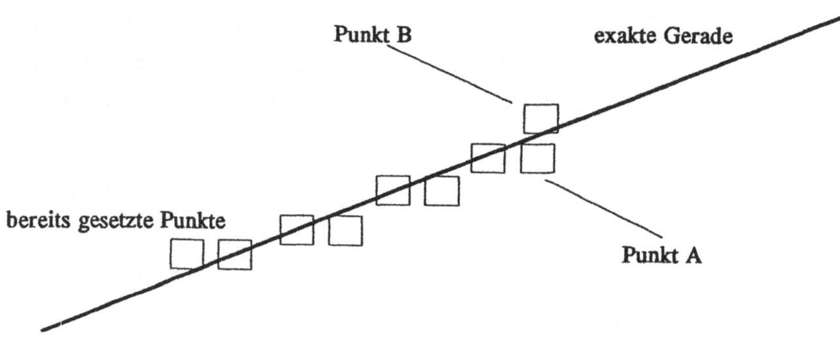

Abb. 3-5:   Nur zwei Möglichkeiten, Punkt A oder B, kommen für einen neuen Geradenpunkt in Betracht

Welcher der beiden Punkte tatsächlich gesetzt wird, ergibt sich daraus, welcher näher an der exakten mathematischen Geraden liegt. Dazu müssen die Abweichungen der Punkte von dieser Geraden verglichen werden. Es seien dx=x2-x1 und dy=y2-y1 (x1, x2, y1 und y2 sind die Koordinaten vom Anfangs- und Endpunkt der Linie). Wurde zuletzt der Punkt A gesetzt, so beträgt die Differenz der beiden Punkte A und B dAB=2*dy-dx, andernfalls ist dAB=2*dy. Die Ausdrücke dx und dy brauchen einmal zu Beginn der Routine zum Zeichnen von Linien ermittelt werden und verändern sich danach nicht mehr. Sie sind also Konstanten.

Zu Beginn der Routine muß noch ein Spezialfall von der Berechnung ausgenommen werden. Dieser Fall tritt dann ein, wenn x1=x2 und y1=y2 ist, also die Linie aus einem einzigen Punkt besteht. In allen anderen Fällen geht man wie beschrieben vor. Bevor der Zeichenvorgang beginnt, muß der erste Punkt gesetzt werden. Dieser hat die Koordinaten (x1, y1). Die y-Koordinaten der weiteren zu setzenden Punkte werden durch Addition ganzzahliger konstanter Werte berechnet.

Soweit zum theoretischen Verfahren; es folgt nun die komplette Prozedur *Linie_zeichnen*:

```
PROCEDURE Linie_zeichnen(x1, y1, x2, y2 : Integer; Farbe : Byte);

{ Bresenham-Algorithmus }

VAR dx, dy, dAB  : Integer;
    IncA, IncB   : Integer;
    x, y         : Integer;                 { Punktkoordinaten }
    hilf1, hilf2 : Integer;

BEGIN
  IF (x1 = x2) AND (y1 = y2) THEN
    Punkt_setzen(x1, y1, Farbe)
  ELSE
    BEGIN
      { prüfen, ob die Koordinaten vertauscht werden müssen }
      { und ggf. vertauschen                                }

      IF x1 > x2 THEN
        BEGIN
          Integer_vertauschen(x1, x2);
          Integer_vertauschen(y1, y2);
        END;

      { x2-x1 u. y2-y1 berechnen und in den Hilfsvariablen }
      {speichern                                           }

      dx := x2-x1;
      dy := y2-y1;
      hilf1 := dx;
      hilf2 := dy;

{mit Hilfe der Geradensteigung überprüfen, ob die Gerade an der}
{x-Achse und/oder an der der Winkelhalbierenden gespiegelt wer-}
{den muß, um eine Gerade mit der Steigung zwischen 0 und 1 zu  }
{ erhalten, ggf. die beschriebenen Operationen ausführen       }
```

```pascal
IF (dx < -dy) AND (dy < 0) THEN { Steigung kleiner als -1? }
  BEGIN
    { Gerade an der x-Achse durch Umdrehen des Vorzeichens }
    { der y-Koordinaten spiegeln                           }

      y1 := -y1;
      y2 := -y2;

    { Gerade an der Winkelhalbierenden spiegeln }

      Integer_vertauschen(x1, y1);
      Integer_vertauschen(x2, y2);
  END;
IF (dx >= -dy) AND (dy < 0) THEN{ Steigung zwischen -1 und 0? }
  BEGIN
    { Gerade an der x-Achse durch Umdrehen des Vorzeichens }
    { der y-Koordinaten spiegeln                           }

      y1 := -y1;
      y2 := -y2;
  END;
IF (dx <= dy) AND (dy > 0) THEN{ Steigung größer/gleich 1? }
  BEGIN
    { Gerade an der Winkelhalbierenden spiegeln }

      Integer_vertauschen(x1, y1);
      Integer_vertauschen(x2, y2);
  END;

{ neue Geradensteigung berechnen }

dx := x2-x1;
dy := y2-y1;

{ andere Konstanten berechnen }

dAB := 2*dy-dx;
IncA := 2*(dy-dx);
IncB := 2*dy;

{ Anfangspunkt setzen, dabei die Steigung der Ausgangs-}
{ geraden prüfen und die Koordinaten zurückspiegeln    }

x := x1;
y := y1;
IF (hilf1 < -hilf2) AND (hilf2 < 0) THEN{ Steigung kleiner als -1?
  Punkt_setzen(y, -x, Farbe);
IF (hilf1 >= -hilf2) AND (hilf2 < 0) THEN{ Steigung zw. -1 und 0? }
  Punkt_setzen(x, -y, Farbe);
IF (hilf1 > hilf2) AND (hilf2 >= 0) THEN{ Steigung zw. 0 und 1? }
  Punkt_setzen(x, y, Farbe);
IF (hilf1 <= hilf2) AND (hilf2 > 0) THEN{ Steigung größer/gleich 1?
  Punkt_setzen(y, x, Farbe);
```

```
   { Weitere Punkte der Linie setzen }

   FOR x := x1+1 TO x2 DO
     BEGIN
       IF dAB < 0 THEN              { Punkt A zuletzt gesetzt? }
         Inc(dAB, IncB)                { ja, Inkrement ändern }
       ELSE
         BEGIN                 { nein, Punkt B zuletzt gesetzt }
           Inc(dAB, IncA);                { Inkrement ändern }
           Inc(y);                { y-Koordinate um 1 erhöhen }
         END;
       IF (hilf1 < -hilf2) AND (hilf2 < 0) THEN
         Punkt_setzen(y, -x, Farbe);
       IF (hilf1 >= -hilf2) AND (hilf2 < 0) THEN
         Punkt_setzen(x, -y, Farbe);
       IF (hilf1 > hilf2) AND (hilf2 >= 0) THEN
         Punkt_setzen(x, y, Farbe);
       IF (hilf1 <= hilf2) AND (hilf2 > 0) THEN
         Punkt_setzen(y, x, Farbe);
     END;
  END;
END;
```

Die Prozedur zum Zeichnen von Rechtecken beruht auf der Routine zum Zeichnen von Linien. Diese wird insgesamt viermal aufgerufen.

```
PROCEDURE Rechteck_zeichnen(x1, y1, x2, y2 : Integer;
          Farbe : Byte);

BEGIN
  { Rechteck mit Hilfe der Linienprozedur zeichnen }

  Linie_zeichnen(x1, y1, x2, y1, Farbe);
  Linie_zeichnen(x2, y1, x2, y2, Farbe);
  Linie_zeichnen(x2, y2, x1, y2, Farbe);
  Linie_zeichnen(x1, y2, x1, y1, Farbe);
END;
```

Damit ist das Zeichnen von geometrischen Figuren beendet. Der nächste Programmpunkt ist das Füllen von Bildschirmbereichen mit einer Farbe. Im Kapitel "Erste Schritte" wurde eine Routine vorgestellt, die diese Aufgabe erledigt. Die entsprechende Routine aus der Unit arbeitet nach dem gleichen Prinzip, unterscheidet sich aber von der bereits vorgestellten in einigen Details. So wird zum Beispiel zu Beginn der Prozedur geprüft, ob die Koordinaten richtig angegeben sind (x1 <= x2 und y1 <= y2), die den zu füllenden Bildschirmbereich beschreiben. Ist dies nicht der Fall, so werden sie vertauscht. Der zweite Unterschied liegt in der Art, mit der auf das Video-RAM zugegriffen wird. Die Methode mittels Zeiger wird hier nicht angewendet, da der Pascal-Ausdruck *Mem[Segment:Offset]* ein wenig schneller arbeitet.

```
PROCEDURE Bereich_fuellen(x1, y1, x2, y2 : Integer;
            Farbe : Byte);

VAR x_Laenge : Word;              { x-Länge des Bildschirmbereiches }
    lauf     : Integer;                        { Zählvariable }
    Adr      : Word;             { Offset-Adresse der Speicherstelle }

BEGIN
   { prüfen, ob die Koordinaten vertauscht }
   { werden müssen und ggf. vertauschen    }

   IF x1 > x2 THEN
      Integer_vertauschen(x1, x2);
   IF y1 > y2 THEN
      Integer_vertauschen(y1, y2);

   x_Laenge := x2-x1+1;           { x-Länge des Rechtecks ermitteln }
   FOR lauf := y1 TO y2 DO
      BEGIN
         { Adresse der Speicherstelle rel. zum Anfang }
         { des Video-RAM ermitteln }

         Adr := x_Aufl*lauf+x1;

         { Bereich mit Farbe füllen }

         FillChar(Mem[Video:Adr], x_Laenge, Farbe);
      END;
   END;
```

Um einen beliebigen Ausschnitt zu löschen, muß der gegebene Bildschirmbereich mit der Hintergrundfarbe (Farbnummer 0) gefüllt werden. Diese Aufgabe kann leicht erledigt werden, indem einfach die Füllroutine aufgerufen wird.

```
PROCEDURE Bereich_loeschen(x1, y1, x2, y2 : Integer);

BEGIN
   { Bereich durch Füllen mit der Farbnummer 0 löschen }

   Bereich_fuellen(x1, y1, x2, y2, 0);
END;
```

Das Kopieren eines Ausschnitts an eine neue Position ist schon etwas schwieriger. Man muß vor allem den Fall in Betracht ziehen, in dem sich der alte und der neue Bildschirmbereich überlappen. Würde man

den Ausschnitt kopieren, indem man jeden Punkt einzeln an die neue
Position überträgt, so würde der Teil, der sowohl zum alten als auch
zum neuen Bereich gehört, durch Teile des alten Bereiches überschrieben. Damit gerade das nicht passieren kann, müssen die zu kopierenden Bytes zwischengespeichert werden. Diese Aufgabe erledigen zwei Routinen: eine zum Einlesen der Daten aus dem Video-RAM
in einen Puffer und die andere zum Zurückschreiben an eine vorgegebene Position.

Weil diese Routinen sonst auch ganz gut zu gebrauchen sind, ist es
sehr nützlich, sie den anderen Programmen zur Verfügung zu stellen,
was schon im Deklarationsteil dieser Unit geschehen ist.

In der ersten Routine zum Speichern der Daten im Puffer wird zunächst einmal der Speicherplatz auf dem sog. Heap reserviert, damit
das Kopieren der Daten aus dem Videospeicher korrekt funktioniert.
Der Kopiervorgang wird mit Hilfe der Turbo-Pascal-Standardprozedur
Move(Quelle, Ziel, Größe des zu kopierenden Bereiches) erledigt. Anzugeben sind vor dem Kopiervorgang außer den Koordinaten, die den zu
kopierenden Bereich beschreiben, die x- und y-Länge des Ausschnitts
und der Zeiger auf den Puffer.

```
PROCEDURE In_Puffer_kopieren(x1, y1, x2, y2 : Integer; x_Laenge,
          y_Laenge : Word; VAR Puffer : Pointer);

VAR lauf : Integer;                             { Zählvariable }
    Adr  : Word;{ Offset-Adresse der Speicherstelle im Video-RAM }

BEGIN
  { prüfen, ob die Koordinaten vertauscht }
  { werden müssen und ggf. vertauschen     }

  IF x1 > x2 THEN
    Integer_vertauschen(x1, x2);
  IF y1 > y2 THEN
    Integer_vertauschen(y1, y2);

  { Speicherplatz für den Puffer reservieren }

  GetMem(Puffer, x_Laenge*y_Laenge);

  FOR lauf := y1 TO y2 DO
    BEGIN
      { Adresse der Speicherstelle rel. zum Anfang }
      { des Video-RAM ermitteln                    }

      Adr := x_Aufl*lauf+x1;
```

```
                { Bereich in den Puffer kopieren }

         Move(Mem[Video:Adr], Mem[Seg(Puffer^):Ofs(Puffer^)+
           x_Laenge*(lauf-y1)], x_Laenge);
       END;
   END;
```

Jetzt fehlt nur noch die Prozedur zum Zurückkopieren des Pufferinhalts in das Video-RAM.

```
PROCEDURE In_VRAM_kopieren(x, y : Integer; x_Laenge,
          y_Laenge : Word; Puffer : Pointer);

VAR lauf : Integer;                                   { Zählvariable }
    Adr  : Word;{ Offset-Adresse der Speicherstelle im Video-RAM }

BEGIN
   FOR lauf := y TO y+y_Laenge-1 DO
     BEGIN
       { Adresse der Speicherstelle rel. zum Anfang }
       { des Video-RAM ermitteln                    }

       Adr := x_Aufl*lauf+x;

       { Inhalt des Puffers in das Video-RAM kopieren }

       Move(Mem[Seg(Puffer^):Ofs(Puffer^)+x_Laenge*(lauf-y)],
         Mem[Video:Adr], x_Laenge);
       END;
     FreeMem(Puffer, x_Laenge*y_Laenge);  { Speicherplatz freigeben }
   END;
```

Und hier die Routine zum Kopieren von Bildschirmbereichen, mit der jetzt nichts mehr schief gehen kann:

```
PROCEDURE Bereich_kopieren(Alt_x1, Alt_y1, Alt_x2, Alt_y2, Neu_x,
          Neu_y : Integer);

VAR x_Laenge, y_Laenge : Word;{ x- und y-Länge des Bildschirmbereiches
    Puffer             : Pointer; { Puffer zum Zwischenspeichern }

BEGIN
   { prüfen, ob die Koordinaten vertauscht }
   { werden müssen und ggf. vertauschen     }

   IF Alt_x1 > Alt_x2 THEN
     Integer_vertauschen(Alt_x1, Alt_x2);
   IF Alt_y1 > Alt_y2 THEN
     Integer_vertauschen(Alt_y1, Alt_y2);

   { x- und y-Länge des zu kopierenden Bereiches ermitteln }
```

```
   x_Laenge := Alt_x2-Alt_x1+1;
   y_Laenge := Alt_y2-Alt_y1+1;

   { Bereich im Puffer zwischenspeichern und an die neue }
   { Position kopieren                                    }

   In_Puffer_kopieren(Alt_x1, Alt_y1, Alt_x2, Alt_y2,
   x_Laenge, y_Laenge, Puffer);
   In_VRAM_kopieren(Neu_x, Neu_y, x_Laenge, y_Laenge, Puffer);
END;
```

Aus verschiedenen Computer-Spielen und Demos kennen Sie sicherlich den Effekt, bei dem ein Text auf dem Bildschirm von links nach rechts oder in irgendeine andere Richtung gerollt wird. Sie würden sicher zugeben, daß sie diesen Effekt in Ihren eigenen Programmen gern einsetzen möchten. Nun wollen wir versuchen, so etwas auch einmal zu programmieren. Und zwar, indem man eine Routine schreibt, die dank dem Unit-Konzept von Turbo Pascal jederzeit in beliebigen Applikationen eingesetzt werden kann.

Im Grunde ist es gar nicht so schwer, eine solche Aufgabe zu lösen. Soll zum Beispiel ein Bereich um den Abstand eines Bildpunktes von links nach rechts gerollt werden, so muß der Bereich, der am rechten Rand verschwindet, an den linken Rand kopiert und der übrige Teil um den Abstand eines Punktes nach rechts verschoben werden. All diese Operationen können mit Hilfe der Routinen *In_Puffer_kopieren* und *In_VRAM_kopieren* komfortabel erledigt werden.

Die Routine zum Rollen von Bereichen bietet eine Möglichkeit zur Einstellung der Verzögerungszeit in Millisekunden. Der Wertebereich liegt dabei zwischen 0 und 255. Für die Rollrichtung stehen selbstverständlich alle vier Möglichkeiten zur Auswahl.

```
PROCEDURE Bereich_rollen(x1, y1, x2, y2 : Integer;
          Richtung : Richtungs_Typ1; Verzoegerung : Byte);

VAR x_Laenge, y_Laenge : Word;{ x- und y-Länge des Bildschirmbereiches }
    Puffer1, Puffer2   : Pointer;{ Puffer zum Zwischenspeichern }

BEGIN
   { prüfen, ob die Koordinaten vertauscht }
   { werden müssen und ggf. vertauschen     }

  IF x1 > x2 THEN
     Integer_vertauschen(x1, x2);
  IF y1 > y2 THEN
     Integer_vertauschen(y1, y2);
```

```
{ x- und y-Länge des Bereiches ermitteln }

x_Laenge := x2-x1+1;
y_Laenge := y2-y1+1;

{ Bildschirmbereich durch Umkopieren rollen }

CASE Richtung OF
  oben    : BEGIN
                In_Puffer_kopieren(x1, y1, x2, y1,
                x_Laenge, 1, Puffer1);
                In_Puffer_kopieren(x1, y1+1, x2, y2,
                x_Laenge, y_Laenge-1, Puffer2);
                In_VRAM_kopieren(x1, y1, x_Laenge,
                y_Laenge-1, Puffer2);
                In_VRAM_kopieren(x1, y2, x_Laenge, 1, Puffer1);
            END;
  unten   : BEGIN
                In_Puffer_kopieren(x1, y1, x2, y2-1,
                x_Laenge, y_Laenge-1, Puffer1);
                In_Puffer_kopieren(x1, y2, x2, y2,
                x_Laenge, 1, Puffer2);
                In_VRAM_kopieren(x1, y1+1,x_Laenge,
                y_Laenge-1, Puffer1);
                In_VRAM_kopieren(x1, y1, x_Laenge, 1, Puffer2);
            END;
  links   : BEGIN
                In_Puffer_kopieren(x1, y1, x1, y2,
                1, y_Laenge, Puffer1);
                In_Puffer_kopieren(x1+1, y1, x2, y2,
                x_Laenge-1, y_Laenge, Puffer2);
                In_VRAM_kopieren(x1, y1, x_Laenge-1,
                y_Laenge, Puffer2);
                In_VRAM_kopieren(x2, y1, 1, y_Laenge, Puffer1);
            END;
  rechts : BEGIN
                In_Puffer_kopieren(x1, y1, x2-1, y2,
                x_Laenge-1, y_Laenge, Puffer1);
                In_Puffer_kopieren(x2, y1, x2, y2,
                1, y_Laenge, Puffer2);
                In_VRAM_kopieren(x1+1, y1, x_Laenge-1,
                y_Laenge, Puffer1);
                In_VRAM_kopieren(x1, y1, 1, y_Laenge, Puffer2);
            END;
  END;

  Delay(Verzoegerung);                              { verzögern }
END;
```

Außer diesem Verfahren zum Rollen von Bildschirmbereichen gibt es
auch ein sog. hardwaremäßiges Rollen, das direkt durch die VGA-
Karte gesteuert wird. Um das zu erzeugen, müssen die VGA-Register

programmiert werden. Mehr erzähle ich Ihnen darüber im Kapitel "VGA-Know-How".

Noch steht uns unter anderem die Programmierung von Routinen zur Erzeugung von zwei weiteren Effekten bevor. Gemeint sind damit Spiegeln und Umklappen von Bildschirmbereichen.

Beim Spiegeln eines Ausschnitts liegt die Achse, an der gespiegelt werden soll, in der Mitte des Bereiches. Sie teilt ihn in zwei gleiche Teile, von denen der eine in dem anderen spiegelverkehrt abgebildet wird. Welcher der beiden Teile gespiegelt werden soll, wählen Sie durch eine entsprechende Angabe im Parameter Teilbereich, z.B. *oberer_Teil* (siehe Deklarationsteil der Unit - Deklaration von modulexternen Typen). Auch in diesem Fall wird von den Routinen zum Zwischenspeichern der Daten Gebrauch gemacht.

```
PROCEDURE Bereich_spiegeln(x1, y1, x2, y2 : Integer;
          Teilbereich : Teilbereichs_Typ);

VAR x_Laenge, y_Laenge : Word;{ x- und y-Länge des Bildschirmbereiches }
    Puffer             : Pointer; { Puffer zum Zwischenspeichern }
    lauf               : Integer;                    { Zählvariable }

BEGIN
  { prüfen, ob die Koordinaten vertauscht }
  { werden müssen und ggf. vertauschen    }

  IF x1 > x2 THEN
    Integer_vertauschen(x1, x2);
  IF y1 > y2 THEN
    Integer_vertauschen(y1, y2);

  { x- und y-Länge des Bereiches ermitteln }

  x_Laenge := x2-x1+1;
  y_Laenge := y2-y1+1;

  { eine Bereichshälfte in der anderen spiegelverkehrt abbilden }

  CASE Teilbereich OF
    oberer_Teil  : BEGIN
                    FOR lauf := 0 TO (y_Laenge-1) DIV 2 DO
                      BEGIN
                        In_Puffer_kopieren(x1, y1+lauf, x2,
                        y1+lauf, x_Laenge, 1, Puffer);
                        In_VRAM_kopieren(x1, y2-lauf,
                        x_Laenge, 1, Puffer);
                      END;
                   END;
    unterer_Teil : BEGIN
```

```
                        FOR lauf := 0 TO (y_Laenge-1) DIV 2 DO
                          BEGIN
                            In_Puffer_kopieren(x1, y2-lauf, x2,
                            y2-lauf, x_Laenge, 1, Puffer);
                            In_VRAM_kopieren(x1, y1+lauf,
                            x_Laenge, 1, Puffer);
                          END;
                      END;
          linker_Teil  : BEGIN
                        FOR lauf := 0 TO (x_Laenge-1) DIV 2 DO
                          BEGIN
                            In_Puffer_kopieren(x1+lauf, y1, x1+lauf,
                             y2, 1, y_Laenge, Puffer);
                            In_VRAM_kopieren(x2-lauf, y1,
                            1, y_Laenge, Puffer);
                          END;
                      END;
          rechter_Teil : BEGIN
                        FOR lauf := 0 TO (x_Laenge-1) DIV 2 DO
                          BEGIN
                            In_Puffer_kopieren(x2-lauf, y1, x2-lauf,
                            y2, 1, y_Laenge, Puffer);
                            In_VRAM_kopieren(x1+lauf, y1,
                            1, y_Laenge, Puffer);
                          END;
                      END;
      END;
    END;
```

Jetzt ein paar Worte zu der letzten Routine aus diesem Block. Es geht
um das Umklappen eines Bildschirmbereiches. Wie in der Prozedur
Bereich_spiegeln liegt auch in diesem Fall die Achse, an der gespiegelt
werden soll, in der Mitte des Ausschnitts. In diesem Fall geht es auch
nicht ohne die beiden Hilfsprozeduren *In_Puffer_kopieren* und
In_VRAM_kopieren.

```
PROCEDURE Bereich_umklappen(x1, y1, x2, y2 : Integer;
          Richtung : Richtungs_Typ2);

VAR x_Laenge, y_Laenge : Word;{ x- und y-Länge des Bildschirmbereiches
    Puffer1, Puffer2   : Pointer; { Puffer zum Zwischenspeichern }
    lauf               : Integer;                 { Zählvariable }

BEGIN
  { prüfen, ob die Koordinaten vertauscht }
  { werden müssen, ggf. vertauschen       }

  IF x1 > x2 THEN
    Integer_vertauschen(x1, x2);
  IF y1 > y2 THEN
    Integer_vertauschen(y1, y2);
```

```
{ x- und y-Länge des Bereiches berechnen }

x_Laenge := x2-x1+1;
y_Laenge := y2-y1+1;

{ Bereich horizontal bzw. vertikal umklappen }

CASE Richtung OF
   horizontal : BEGIN
                   FOR lauf := 0 TO (x_Laenge-1) DIV 2 DO
                      BEGIN
                         In_Puffer_kopieren(x1+lauf, y1, x1+lauf,
                         y2, 1, y_Laenge, Puffer1);
                         In_Puffer_kopieren(x2-lauf, y1, x2-lauf,
                         y2, 1, y_Laenge, Puffer2);
                         In_VRAM_kopieren(x1+lauf, y1,
                         1, y_Laenge, Puffer2);
                         In_VRAM_kopieren(x2-lauf, y1,
                         1, y_Laenge, Puffer1);
                      END;
                END;
   vertikal   : BEGIN
                   FOR lauf := 0 TO (y_Laenge-1) DIV 2 DO
                      BEGIN
                         In_Puffer_kopieren(x1, y1+lauf, x2,
                         y1+lauf, x_Laenge, 1, Puffer1);
                         In_Puffer_kopieren(x1, y2-lauf, x2,
                         y2-lauf, x_Laenge, 1, Puffer2);
                         In_VRAM_kopieren(x1, y1+lauf,
                         x_Laenge, 1, Puffer2);
                         In_VRAM_kopieren(x1, y2-lauf,
                          x_Laenge, 1, Puffer1);
                      END;
                END;
      END;
   END;
```

Alle Prozeduren, die zum nächsten thematischen Bereich im Zusammenhang mit der VGA-Palette gehören, kennen Sie schon aus dem letzten Kapitel. Dort wurden sie sehr ausführlich dokumentiert. Aus diesem Grund überspringen wir diesen Block und kommen direkt zu den Routinen im Zusammenhang mit dem VGA-Zeichensatz und der Textausgabe im Grafikmodus.

Im sog. BIOS-ROM (Read Only Memory) jeder Grafikkarte ist das Bitmuster für den Zeichensatz gespeichert. Da dieser Speicherbereich nur zum Lesen der Daten dient, muß der aktuelle Zeichensatz in einer Zeichentabelle abgelegt werden, deren Inhalt jederzeit veränderbar ist. Bevor jedoch beliebig gestaltete Zeichen auf dem Grafikbildschirm ausgegeben werden können, muß der Inhalt dieser Tabelle, die in unserer Unit als zweidimensionales Feld deklariert wurde (Variable Zeichensatz, insgesamt 256 Zeichen, von denen jedes aus 8 Bytes besteht), mit festen Werten gefüllt werden. Damit wollen wir uns im folgenden beschäftigen.

Zuerst muß eine Routine zum Laden des Standard-Zeichensatzes geschaffen werden, der wie gerade erwähnt, im BIOS-ROM liegt. Er liegt aber nicht vollständig ab einer einzigen Speicheradresse, sondern ist in zwei Teile aufgespalten. Der erste Teil beginnt an der Adresse FFA6h:000Eh im Speicher. Die Adresse des zweiten Teils, der die erweiterten ASCII-Zeichen enthält, erhält man, indem man sie aus der sog. Interruptvektor-Tabelle liest, die im ersten Segment des Speichers ihren Platz hat. Die Segment-Adresse der Zeichen-Bitmuster ist an der Adresse 0000h:007Eh zu finden, die Offset-Adresse an der Adresse 0000h:007Ch. Da die Speicheradressen allgemein nicht als Byte, sondern als Wort (16 Bits) existieren, werden sie in Pascal mittels *MemW[Segment:Offset]* ausgelesen. Der gesamte Standard-Zeichensatz wird in zwei Schritten mittels *Move(Quelle, Ziel, Größe des zu kopierenden Bereiches)* aus dem ROM kopiert.

```
PROCEDURE Standard_Zeichensatz_laden;

BEGIN
  { Standard-Zeichensatz aus dem ROM kopieren }

  Move(Ptr($FFA6, $E)^, Zeichensatz, 128*8);
  Move(Ptr(MemW[$0:$7E], MemW[$0:$7C])^,Ptr(Seg(Zeichensatz),
  Ofs(Zeichensatz)+128*8)^, 128*8);
END;
```

Die Unit *MODUS_19* bietet eine Möglichkeit, beliebige Zeichensätze vom Datenträger zu laden. Diese können Sie nach Belieben mit dem Zeicheneditor erstellen, den ich im nächsten Abschnitt dieses Kapitels vorstellen werde. In der folgenden Routine zum Laden von Zeichensätzen werden Fehler, die beim Ladevorgang eventuell auftreten können, intern abgefangen und in der Variablen Fehlercode gespeichert, deren Inhalt Sie abfragen können.

```
PROCEDURE Zeichensatz_laden(Dateiname : PathStr;
            VAR Fehlercode : Byte);

VAR Zeichensatz_Datei : File OF Zeichensatz_Typ;
```

```pascal
BEGIN
  { Fehlercodes: 0 = kein Fehler              }
  {              1 = Datei nicht gefunden }
  {              2 = ungültige Dateigröße }
  {              3 = Lesefehler              }

  Fehlercode := 0;

  { Zeichensatzdatei zum Lesen öffnen }

  Assign(Zeichensatz_Datei, Dateiname);
  Reset(Zeichensatz_Datei);

  { Ist der Wert von IOResult ungleich 0, dann existiert }
  { die Zeichensatzdatei mit diesem Namen nicht.          }

  IF IOResult <> 0 THEN
    Fehlercode := 1
  ELSE

    { Test auf Dateigröße }

    IF FileSize(Zeichensatz_Datei) <> 1 THEN
      BEGIN
        Close(Zeichensatz_Datei);
        Fehlercode := 2;
      END

    ELSE
      BEGIN
        { Zeichensatz aus der Datei in Variable lesen }

        Read(Zeichensatz_Datei, Zeichensatz);

        { Ist der Wert von IOResult ungleich 0, }
        { dann Lesefehler registrieren.          }

        IF IOResult <> 0 THEN
          BEGIN
            Close(Zeichensatz_Datei);
            Fehlercode := 3;
          END;
      END;
END;
```

Ein Zeichen aus dem aktuellen Zeichensatz wird punktweise auf dem
Grafikbildschirm ausgegeben. Dabei wird getestet, ob der rechte Bildschirmrand schon erreicht wurde, um gegebenenfalls einen Zeilensprung
(um 8 Grafikzeilen) zu machen. Ein Punkt wird nur dann gesetzt,
wenn das entsprechende Bit in der Zeichentabelle auch gesetzt ist.

```pascal
PROCEDURE Zeichen_ausgeben(x, y : Integer; Anzahl : Word;
          Zeichen : Char; Farbe : Byte);

VAR lauf          : Integer;              { Zählvariable }
    Zeile, Spalte : Word;
    Bitwert       : Byte;

BEGIN
  { Zeichen auf dem Bildschirm ausgeben }

  Dec(x, 8);
  lauf := 1;
  WHILE lauf <= Anzahl DO
    BEGIN
      {prüfen, ob der rechte Rand des Bildschirms schon erreicht }
      {wurde, ggf. in der nächsten Zeile schreiben               }

      IF x < x_Aufl-14 THEN
        Inc(x, 8)
      ELSE
        BEGIN
          x := 0;
          Inc(y, 8);
        END;

      { Zeichen punktweise aus der Zeichentabelle }
      { lesen und dementsprechend Punkte setzen   }

      FOR Zeile := 0 TO 7 DO
        FOR Spalte := 0 TO 7 DO
          BEGIN
            Bitwert := 128 SHR Spalte;
            IF (Zeichensatz[Ord(Zeichen),
              Zeile] AND Bitwert) = Bitwert THEN
              Punkt_setzen(x+Spalte, y+Zeile, Farbe);
          END;

      Inc(lauf);                          { Zähler erhöhen }
    END;
END;
```

Nun kommen wir zu der letzten Routine, die im Interface-Teil der Unit deklariert wurde. Sie ermöglicht Textausgaben auf dem Grafikbildschirm. Genauso wie in der vorigen Prozedur wird auch in diesem Fall ein Test auf das Ende des sichtbaren Bereiches am rechten Bildschirmrand durchgeführt und gegebenfalls der "Zeichenstift" um 8 Grafikzeilen tiefer gesetzt.

```pascal
PROCEDURE Text_ausgeben(x, y : Integer; s : String_80;
          Farbe : Byte);
```

```
VAR lauf : Integer;                              { Zählvariable }

BEGIN
  Dec(x, 8);
  FOR lauf := 1 TO Length(s) DO
    BEGIN
      {prüfen, ob der rechte Rand des Bildschirms schon erreicht}
      {wurde, ggf. in der nächsten Zeile schreiben              }

      IF x < x_Aufl-14 THEN
        Inc(x, 8)
      ELSE
        BEGIN
          x := 0;
          Inc(y, 8);
        END;

      Zeichen_ausgeben(x, y, 1, s[lauf], Farbe);
    END;
END;
```

Ganz fertig sind wir aber noch nicht. Es fehlen noch die Routine zur Initialisierung der Unit und der Teil, der beim Einbinden in ein anderes Programm ausgeführt wird. In ihm wird nur die Initialisierungsprozedur aufgerufen, die aus einer einzigen Zeile besteht.

```
{ Initialisierungsroutine der Unit }

PROCEDURE Init;

BEGIN
  Standard_Zeichensatz_laden;
END;


{ Dieser Teil der Unit wird beim Einbinden in ein Programm }
{ mit Hilfe der Anweisung USES ausgeführt. }

BEGIN
  Init;    { Unit initialisieren }
END.
```

Damit sind wir am Ende dieses Abschnitts angekommen. Im weiteren Verlauf des Kapitels wwerden zwei Demoprogramme für die besprochene Unit vorgestellt. Vorher werden wir uns mit dem Schreiben eines Zeicheneditors für die VGA-Units befassen.

3.4   Zeicheneditor für VGA-Units

In der Unit *MODUS_19* habe ich Ihnen eine Routine zum Laden eines
beliebigen Zeichensatzes vom Datenträger vorgestellt. In diesem Unterkapitel soll das Werkzeug zum Editieren von Zeichen geschaffen
werden. Es soll nicht nur für die Unit *MODUS_19*, sondern auch für
die Super-VGA-Unit, die Ihnen im nächsten Kapitel dieses Buches begegnen wird, und natürlich auch für Ihre eigenen Units und Programme sein, die Sie vielleicht auch einmal schreiben möchten oder
schon geschrieben haben.

Die Oberfläche des Programms, das im einfachen Textmodus läuft, ist
sehr übersichtlich gestaltet, was Ihnen die Bedienung erheblich er-
leichtern wird. Auf Wunsch können Sie durch Drücken von F1 Hilfe
anfordern, die kurze Informationen zum Programm beinhaltet. Auf
die Erstellung einer Oberfläche mit Mausunterstützung wurde jedoch
verzichtet, weil dafür eine zusätzliche Unit zur Maussteuerung erforderlich wäre.

Nach dem Start des Programms erscheint im linken Teil des Bildschirms eine Zeichenmatrix, in der das zu editierende Zeichen vergrößert dargestellt wird. Im rechten Teil des Bildschirms sehen Sie eine komplette ASCII-Tabelle, in der das aktuelle Zeichen durch farbli-
che Hervorhebung markiert wird. Besonders hilfreich ist es dann,
wenn Sie ein Zeichen bereits verändert haben und wissen möchten,
wie das Standard-Zeichen aussieht. Oder aber, Sie wissen nicht mehr,
in welchem Teil der ASCII-Tabelle Sie sich befinden.

Im unteren Teil des Bildschirms werden alle aktiven Tasten angezeigt. Mit den Funktionstasten F2 und F3 können Sie beispielsweise
Zeichensatzdateien laden und speichern. Aber auch andere Funktionen stehen aufrufbereit zur Verfügung. Den Cursor, mit dem Sie ein
Zeichen editieren, bewegen Sie gewöhnlich mit den Pfeiltasten innerhalb der Zeichenmatrix.

Soviel Informationen zur Konzeption und Bedienung des Programms.
Nun möchte ich Ihnen das Listing des Zeicheneditors nicht vorenthalten, das ich im folgenden selbstverständlich erläutern werde. Sie finden es startfähig in der Datei Z_EDIT.EXE. Und nun beginnen wir
mit den Compilereinstellungen, dem Einbinden der benötigten Units
und dem Deklarationsteil.

```pascal
{ Dateiname : Z_EDIT.PAS                      }
{ Autor     : Arthur Burda                    }
{ Compiler  : Turbo Pascal 5.0 und höher }

{ Z_EDIT - ein komfortables Werkzeug zum Editieren von Zeichen-}
{          sätzen mit der Zeichenmatrix von 8x8 Punkten (für   }
{          VGA-Units, z.B. MODUS_19)                           }

PROGRAM Zeicheneditor_fuer_VGA_Units;

{$D-}                          { keine Informationen des Debuggers }
{$I-}                                     { keine I/O-Prüfung }
{$S-}                                { keine Prüfung des Stacks }

USES Crt, Dos;               { Turbo-Pascal-Standardunits einbinden }

CONST Segment = $B800; { Segment-Adresse des Bildschirmspeichers }

        { Zeichenattribute }

        hellgrau_auf_schwarz = 7;
        weiss_auf_schwarz    = 15;
        schwarz_auf_hellgrau = 112;
        weiss_auf_hellgrau   = 127;

        { Tastaturcodes }

        ESCAPE = #27;
        SPACE  = #32;
        F1     = #315;
        F2     = #316;
        F3     = #317;
        F4     = #318;
        F10    = #324;
        OBEN   = #328;
        PGUP   = #329;
        LINKS  = #331;
        RECHTS = #333;
        UNTEN  = #336;
        PGDN   = #337;

TYPE Bit_Muster_Typ  = ARRAY[0..7] OF Byte;
     Zeichensatz_Typ = ARRAY[0..255] OF Bit_Muster_Typ;

VAR Zeichensatz : Zeichensatz_Typ;
```

Der nächste Schritt ist die Erzeugung der Bildschirmmaske. Mit Hilfe der Befehle aus der Standardunit *Crt* geht es sehr einfach.

```pascal
PROCEDURE Maske_erzeugen;

VAR lauf : Byte;                                    { Zählvariable }
```

```
BEGIN
  TextAttr := hellgrau_auf_schwarz;
  ClrScr;                                           { Bildschirm löschen }

  { Kopfzeile schreiben }

  GotoXY(7, 1);
  Write('Zeicheneditor für VGA-Units (MODUS_19 u.a.)');
  GotoXY(56, 1); Write('Autor: Arthur Burda');

  { Linien zeichnen }

  FOR lauf := 1 TO 80 DO
    BEGIN
      GotoXY(lauf, 2); Write(#196);
      GotoXY(lauf, 22); Write(#196);
    END;

  { Tastenbelegung anzeigen }

  GotoXY(6, 23); Write('Cursor bewegen');
  GotoXY(33, 23); Write('Zeichen selektieren');
  GotoXY(60, 23); Write('Punkt setzen/löschen');
  GotoXY(4, 25); Write('Hilfe');
  GotoXY(14, 25); Write('Laden');
  GotoXY(24, 25); Write('Speichern');
  GotoXY(38, 25); Write('Initialisieren');
  GotoXY(58, 25); Write('Zeicheneditor beenden');
  TextAttr := schwarz_auf_hellgrau;
  GotoXY(1, 23); Write(#24#25#26#27);
  GotoXY(22, 23); Write('PGUP/PGDN');
  GotoXY(54, 23); Write('SPACE');
  GotoXY(1, 25); Write('F1');
  GotoXY(11, 25); Write('F2');
  GotoXY(21, 25); Write('F3');
  GotoXY(35, 25); Write('F4');
  GotoXY(54, 25); Write('F10');
  TextAttr := hellgrau_auf_schwarz;
END;
```

Als nächstes kommt die Routine zum Laden des Standard-Zeichensatzes aus dem BIOS-ROM. Sie kennen sie bereits aus der Unit *MODUS_19*. Weiterhin steht das Zeichnen der Zeichenmatrix im Plan.

```
PROCEDURE Zeichenmatrix_zeichnen;

VAR lauf : Byte;                                        { Zählvariable }

BEGIN
  FOR lauf := 10 TO 25 DO
    BEGIN
      GotoXY(lauf, 8); Write(#196);
```

```
        GotoXY(lauf, 17); Write(#196);
      END;
    FOR lauf := 9 TO 16 DO
      BEGIN
        GotoXY(9, lauf); Write(#179);
        GotoXY(26, lauf); Write(#179);
      END;
    GotoXY(9, 8); Write(#218);
    GotoXY(26, 8); Write(#191);
    GotoXY(9, 17); Write(#192);
    GotoXY(26, 17); Write(#217);
  END;
```

In den folgenden Routinen wird der Bildschirmspeicher direkt angesprochen, damit Vorgänge wie z.B. Markieren oder Vergrößern eines
Zeichens besonders schnell ablaufen. Der Bildschirmspeicher im
Textmodus ist so aufgebaut, daß zunächst der Code eines ASCII- Zei-
chens und darauffolgend das zugehörige Zeichenattribut als ein gan-
zes Word gespeichert werden. Darauf folgt wieder der Code eines
ASCII-Zeichens mit dem Attribut usw. In der Routine zum Anzeigen
der ASCII-Tabelle werden zwei *FOR-DO*-Schleifen verwendet, um die
Zeichen in 8 Reihen bestehend aus jeweils 32 Elementen auf dem
Bildschirm auszugeben.

```
PROCEDURE Zeichentabelle_anzeigen;

VAR lauf1, lauf2 : Byte;                         { Zählvariablen }
    Offset       : Word;

BEGIN
  FOR lauf1 := 0 TO 7 DO
    FOR lauf2 := 0 TO 31 DO
      BEGIN
        Offset := 160*(lauf1+8)+2*(lauf2+39);{ Offset-Adresse berechnen }

        { direkt in den Speicher schreiben }

        Mem[Segment:Offset] := 32*lauf1+lauf2;
        Mem[Segment:Offset+1] := hellgrau_auf_schwarz;
      END;
  END;
```

Die Hilfsvariablen in der Prozedur *Zeichen_markieren* dienen zur Berechnung der Reihe und Spalte für das zu markierende Zeichen.

```pascal
PROCEDURE Zeichen_markieren(Zeichen : Char);

VAR hilf1, hilf2 : Byte;
    Offset       : Word;

BEGIN
  hilf1 := Ord(Zeichen) DIV 32;
  hilf2 := Ord(Zeichen) MOD 32;
  Offset := 160*(hilf1+8)+2*(hilf2+39);{ Offset-Adresse berechnen }

  { direkt in den Speicher schreiben }

  Mem[Segment:Offset] := Ord(Zeichen);
  Mem[Segment:Offset+1] := weiss_auf_schwarz;
END;
```

Um ein Zeichen vergrößert darzustellen, wird zunächst das alte Zeichen in der Zeichenmatrix gelöscht und dann für jedes gesetzte Bit im Bitmuster des Zeichens ein Blockzeichen (Codenummer 219) ausgegeben, im folgenden "Punkt" genannt. Auch in diesem Fall wird direkt in den Bildschirmspeicher geschrieben.

```pascal
PROCEDURE Zeichen_vergroessern(Zeichen : Char);

VAR Zeile, Spalte, Bitwert : Byte;
    Offset                 : Word;

BEGIN
  { Zeichen vergrößert darstellen, dabei direkt in den }
  { Speicher schreiben                                 }

  FOR Zeile := 0 TO 7 DO
    FOR Spalte := 0 TO 7 DO
      BEGIN
        Bitwert := 128 SHR Spalte;
        Offset := 160*(8+Zeile)+2*(9+2*Spalte);{ Offset-Adresse berechr
        Mem[Segment:Offset] := 0;
        Mem[Segment:Offset+2] := 0;
        IF (Zeichensatz[Ord(Zeichen), Zeile]
           AND Bitwert) = Bitwert THEN
          BEGIN
            Mem[Segment:Offset] := 219;
            Mem[Segment:Offset+1] := hellgrau_auf_schwarz;
            Mem[Segment:Offset+2] := 219;
            Mem[Segment:Offset+3] := hellgrau_auf_schwarz;
          END;
      END;
  END;
END;
```

Beim Setzen des Cursors, der aus zwei Zeichen mit der Codenummer
220 besteht, werden zwei Fälle gesondert betrachtet. Der erste Fall
tritt ein, wenn der Cursor auf einen gesetzten Punkt positioniert wird.
Die Cursorzeichen müssen dann weiß auf einem hellgrauen Hintergrund dargestellt werden. Im zweiten Fall wird der Cursor auf einen
gelöschten Punkt positioniert. Die Cursorzeichen werden weiß auf
schwarz dargestellt, um den Cursor farblich hervorgehoben erscheinen zu lassen.

```
PROCEDURE Cursor_setzen(Zeile, Spalte : Byte);

VAR Offset : Word;

BEGIN
  Offset := 160*(8+Zeile)+2*(9+2*Spalte);{ Offset-Adresse berechnen }
  IF Mem[Segment:Offset] = 219 THEN
    BEGIN
      Mem[Segment:Offset] := 220;
      Mem[Segment:Offset+1] := weiss_auf_hellgrau;
      Mem[Segment:Offset+2] := 220;
      Mem[Segment:Offset+3] := weiss_auf_hellgrau;
    END
  ELSE
    BEGIN
      Mem[Segment:Offset] := 220;
      Mem[Segment:Offset+1] := weiss_auf_schwarz;
      Mem[Segment:Offset+2] := 220;
      Mem[Segment:Offset+3] := weiss_auf_schwarz;
    END;
END;
```

In der Routine zum Setzen bzw. Löschen eines Punktes wird zuerst
getestet, ob der Punkt bereits gesetzt ist. Ist dies der Fall, so wird das
zugehörige Bit gelöscht. Andernfalls wird das Bit gesetzt.

```
PROCEDURE Punkt_setzen_bzw_loeschen(Zeile, Spalte : Byte;
          Zeichen : Char);

VAR Bitwert : Byte;

BEGIN
  Bitwert := 128 SHR Spalte;

  { prüfen, ob Punkt bereits gesetzt ist, ggf. löschen, }
  { andernfalls setzen                                   }

  IF (Zeichensatz[Ord(Zeichen), Zeile]
    AND Bitwert) = Bitwert THEN
    Zeichensatz[Ord(Zeichen), Zeile] :=
    Zeichensatz[Ord(Zeichen), Zeile]-Bitwert
```

```
    ELSE
      Zeichensatz[Ord(Zeichen), Zeile] :=
      Zeichensatz[Ord(Zeichen), Zeile]+Bitwert;
  END;
```

Das Programm Zeicheneditor stellt, wie am Anfang erwähnt, eine Hilfefunktion zur Verfügung. Bevor der Hilfetext ausgegeben wird, muß der aktuelle Bildschirminhalt in einem Puffer gesichert werden. Beim Beenden der Hilfefunktion wird der alte Bildschirm wiederhergestellt. Zur Textausgabe dienen die Routinen aus der Standardunit *Crt*. Im folgenden Listing der Prozedur Hilfe wurde die Ausgabe des Hilfetextes ausgelassen, da dieser Teil nur aus einer langen Folge von Befehlen *GotoXY(Zeile, Spalte)* und *Write(Text)* besteht und deshalb uninteressant ist.

```
PROCEDURE Hilfe;

VAR Bildschirm : Pointer;
    Taste      : Char;
    lauf       : Byte;                              { Zählvariable }

BEGIN
  { Bildschirm sichern }

  GetMem(Bildschirm, 4000);
  Move(Mem[Segment:$0], Bildschirm^, 4000);

  TextAttr := hellgrau_auf_schwarz;
  ClrScr;                                       { Bildschirm löschen }
  GotoXY(38, 1); Write('Hilfe');                { Kopfzeile schreiben }

  { Linien zeichnen }

  FOR lauf := 1 TO 80 DO
    BEGIN
      GotoXY(lauf, 2); Write(#196);
      GotoXY(lauf, 24); Write(#196);
    END;

  { Tastenbelegung anzeigen }

  TextAttr := schwarz_auf_hellgrau;
  GotoXY(31, 25); Write('ESC');
  TextAttr := hellgrau_auf_schwarz;
  GotoXY(36, 25); Write('Hilfe beenden');

  { Hilfetext ausgeben }


  ...
```

```
{ warten bis ESCAPE gedrückt wird }

REPEAT
UNTIL ReadKey = ESCAPE;

{ Bildschirm wiederherstellen }

Move(Bildschirm^, Mem[Segment:$0], 4000);
FreeMem(Bildschirm, 4000);
END;
```

Die Routine zum Laden von Zeichensätzen kennen sie schon aus der
Unit *MODUS_19*. Die Prozedur zum Speichern von Zeichensätzen ist
etwas kürzer. Die Fehler, die beim Speichervorgang auftreten können,
werden hier ebenfalls intern registriert und der Variablen Fehlercode
zugewiesen.

```
PROCEDURE Zeichensatz_speichern(Dateiname : PathStr;
           VAR Fehlercode : Byte);

VAR Zeichensatz_Datei : File OF Zeichensatz_Typ;

BEGIN
  { Fehlercodes: 0 = kein Fehler                         }
  {              1 = Datei läßt sich nicht öffnen }
  {              2 = Schreibfehler                       }

  Fehlercode := 0;

  { Zeichensatzdatei zum Schreiben öffnen }

  Assign(Zeichensatz_Datei, Dateiname);
  Rewrite(Zeichensatz_Datei);

  { Ist der Wert von IOResult ungleich 0, läßt sich }
  { die Zeichensatzdatei nicht öffnen.               }

  IF IOResult <> 0 THEN
    Fehlercode := 1
  ELSE

    BEGIN
      { Zeichensatz in der Datei speichern }

      Write(Zeichensatz_Datei, Zeichensatz);

      { Ist der Wert von IOResult ungleich 0, }
      { dann Schreibfehler registrieren.      }

      IF IOResult <> 0 THEN
        BEGIN
          Close(Zeichensatz_Datei);
```

```
                Fehlercode := 2;
            END;
        END;
    END;


Zum Schluß kommt das Hauptprogramm. Im großen und ganzen be-
steht es aus einem Initialisierungsteil und einer Schleife, in der die
Tastenabfrage durchgeführt wird.

    { Hauptprogramm }

    VAR Taste, Zeichen : Char;
        Zeile, Spalte  : Byte;
        Dateiname      : PathStr;
        Fehlercode     : Byte;

    BEGIN
      { Initialisierung }

      Maske_erzeugen;
      Standard_Zeichensatz_laden;
      Zeichenmatrix_zeichnen;
      Zeichentabelle_anzeigen;
      Zeichen := #0;
      Zeichen_markieren(Zeichen);
      Zeichen_vergroessern(Zeichen);
      Zeile := 0;
      Spalte := 0;
      Cursor_setzen(Zeile, Spalte);

      { Hauptschleife des Programms }

      REPEAT
        Taste := ReadKey;
        CASE Taste OF
          F1      : Hilfe;

          { Zeichensatzdatei laden }

          F2      : BEGIN
                      Fehlercode := 0;
                      GotoXY(10, 20);
                      Write('Dateiname: ');
                      Window(21, 20, 70, 20);
                      ReadLn(Dateiname);
                      IF Dateiname <> '' THEN
                        Zeichensatz_laden(Dateiname, Fehlercode);
                      Window(10, 20, 70, 20);
                      ClrScr;
                      Window(1, 1, 80, 25);
                      IF Fehlercode <> 0 THEN
                        BEGIN
```

```pascal
                              GotoXY(27, 20);
                              Write('Fehler beim Laden der Datei');
                              Delay(1000);
                              GotoXY(27, 20);
                              Write('                            ');
                        END
                    ELSE
                      BEGIN
                        Zeichen_vergroessern(Zeichen);
                        Cursor_setzen(Zeile, Spalte);
                      END;
                END;

{ Zeichensatzdatei speichern }

F3      : BEGIN
              Fehlercode := 0;
              GotoXY(10, 20);
              Write('Dateiname: ');
              Window(21, 20, 70, 20);
              ReadLn(Dateiname);
              IF Dateiname <> '' THEN
                 Zeichensatz_speichern(Dateiname, Fehlercode);
              Window(10, 20, 70, 20);
              ClrScr;
              Window(1, 1, 80, 25);
              IF Fehlercode <> 0 THEN
                BEGIN
                  GotoXY(25, 20);
                  Write('Fehler beim Speichern der Datei');
                  Delay(1000);
                  GotoXY(25, 20);
                  Write('                            ');
                END;
          END;

{ Zeichensatz initialisieren }

F4      : BEGIN
              Standard_Zeichensatz_laden;
              Zeichen_vergroessern(Zeichen);
              Cursor_setzen(Zeile, Spalte);
              GotoXY(25, 20);
              Write('Zeichensatz wurde initialisiert.');
              Delay(1000);
              GotoXY(25, 20);
              Write('                            ');
          END;

{ Punkt setzen bzw. löschen }

SPACE   : BEGIN
              Punkt_setzen_bzw_loeschen(Zeile, Spalte, Zeichen);
```

```pascal
                Zeichen_vergroessern(Zeichen);
                Cursor_setzen(Zeile, Spalte);
              END;


  { Cursor nach oben bewegen }

  OBEN    : BEGIN
              IF Zeile > 0 THEN
                Dec(Zeile);
              Zeichen_vergroessern(Zeichen);
              Cursor_setzen(Zeile, Spalte);
            END;


  { Cursor nach unten bewegen }

  UNTEN   : BEGIN
              IF Zeile < 7 THEN
                Inc(Zeile);
              Zeichen_vergroessern(Zeichen);
              Cursor_setzen(Zeile, Spalte);
            END;


  { Cursor nach rechts bewegen }

  RECHTS  : BEGIN
              IF Spalte < 7 THEN
                Inc(Spalte);
              Zeichen_vergroessern(Zeichen);
              Cursor_setzen(Zeile, Spalte);
            END;


  { Cursor nach links bewegen }

  LINKS   : BEGIN
              IF Spalte > 0 THEN
                Dec(Spalte);
              Zeichen_vergroessern(Zeichen);
              Cursor_setzen(Zeile, Spalte);
            END;


  { Zeichen mit der um 1 niedrigeren Codenummer markieren }

  PGUP    : BEGIN
              IF Ord(Zeichen) > 0 THEN
                Dec(Zeichen)
              ELSE
                Zeichen := #255;
              Zeichentabelle_anzeigen;
              Zeichen_markieren(Zeichen);
              Zeichen_vergroessern(Zeichen);
              Cursor_setzen(Zeile, Spalte);
            END;
```

```
        { Zeichen mit der um 1 höheren Codenummer markieren }

    PGDN    : BEGIN
                IF Ord(Zeichen) < 255 THEN
                  Inc(Zeichen)
                ELSE
                  Zeichen := #0;
                Zeichentabelle_anzeigen;
                Zeichen_markieren(Zeichen);
                Zeichen_vergroessern(Zeichen);
                Cursor_setzen(Zeile, Spalte);
              END;
    END
  UNTIL Taste = F10;

  TextAttr := hellgrau_auf_schwarz;
  ClrScr;                                                            {
Bildschirm löschen }
END.
```

Damit ist der Abschnitt über Zeichensätze beendet. Auf der Diskette
finden Sie zwei fertige Zeichensätze in den Dateien MODERN.ZEI
und VERZIERT.ZEI. Das Beispielprogramm für die Unit in der Datei
STERNE.EXE bietet unter anderem die Gelegenheit, beliebige Zeichensätze zu laden. Zu diesem Thema erzähle ich aber im folgenden
Unterkapitel mehr. Nun können Sie Ihre Phantasie spielen lassen
und nach Herzenslust die schönsten Zeichensätze entwerfen, die sie
dann in Ihre eigenen Applikationen einbinden können. Ich wünsche
Ihnen dabei viel Spaß.

3.5   Demoprogramme für die Unit MODUS_19

Was nützt eine Unit allein, ohne daß die dort deklarierten Routinen in
anderen Programmen einmal eingesetzt werden? Im Prinzip nicht
viel. Deshalb möchte ich Ihnen zwei Demoprogramme für die Unit
MODUS_19 vorstellen. Sie demonstrieren die Effekte, die Sie mit
Hilfe der Routinen aus dieser Unit programmieren können und liefern
zugleich den Beweis dafür, daß diese Routinen angemessen schnell
arbeiten, was bei der Entwicklung professioneller Grafikapplikationen
von großer Bedeutung ist.

Das erste Programm, das ich in diesem Zusammenhang geschrieben
habe, ist relativ kurz. Es hat eine Länge von ungefähr 80 Zeilen.

Trotzdem ist der Effekt, der in diesem Beispiel gezeigt wird, sehr eindrucksvoll. Es ist eine Art von Simulation mit zwei Ellipsen, die abwechselnd "schmaler" und wieder "dicker" werden.

Am Anfang können Sie die Verzögerungszeit in Millisekunden für die Demo einstellen. Dabei können Sie Werte zwischen 0 und 255 eingeben. Nachdem Sie die Demo gestartet haben, wird sie solange wiederholt, bis Sie irgendeine Taste drücken.

Und nun kommen wir zum Listing des Programms. Es beginnt wie gewohnt mit den Einstellungen des Compilers, dem Einbinden von Units und der Deklaration von Konstanten und Variablen.

```pascal
{ Dateiname : ELLIPSEN.PAS  }
{ Autor : Arthur Burda   }
{ Compiler  : Turbo Pascal 50 und höher }

{ ELLIPSEN - ein Demoprogramm für die VGA-Unit MODUS_19 }

PROGRAM Ellipsen;

{$D-}                        { keine Informationen des Debuggers }
{$I-}                               { keine I/O-Prüfung }
{$S-}                          { keine Prüfung des Stacks }

USES Crt, MODUS_19;                  { benötigte Units einbinden }

CONST hellgrau_auf_schwarz = 7;

VAR Verzoegerung : Byte;
lauf : Byte;                                      { Zählvariable }
```

Die Bewegung der Ellipsen wird simuliert, indem diese zuerst gezeichnet, dann schnell gelöscht und mit veränderter Form wieder gezeichnet werden, usw. Diese Aufgabe erledigt die einzige Prozedur des Programms *Ellipsen_bewegen*:

```pascal
PROCEDURE Ellipsen_bewegen;

BEGIN
  { Demo solange wiederholen, bis eine Taste gedrückt wird }

  REPEAT
    FOR lauf := 0 TO 40 DO
      BEGIN
        { Ellipsenform verändern und zeichnen }

        Ellipse_zeichnen(100+lauf, 100, 60-lauf, 10+lauf, 76);
        Ellipse_zeichnen(200-lauf, 100, 60-lauf, 10+lauf, 80);
```

```
            Delay(Verzoegerung);                          { verzögern }

            { Ellipsen löschen }

            Ellipse_zeichnen(100+lauf, 100, 60-lauf, 10+lauf, 0);
            Ellipse_zeichnen(200-lauf, 100, 60-lauf, 10+lauf, 0);
        END;
      FOR lauf := 40 DOWNTO 0 DO
        BEGIN
            Ellipse_zeichnen(100+lauf, 100, 60-lauf, 10+lauf, 76);
            Ellipse_zeichnen(200-lauf, 100, 60-lauf, 10+lauf, 80);
            Delay(Verzoegerung);
            Ellipse_zeichnen(100+lauf, 100, 60-lauf, 10+lauf, 0);
            Ellipse_zeichnen(200-lauf, 100, 60-lauf, 10+lauf, 0);
        END;
    UNTIL KeyPressed;
  END;
```

Das schnelle Löschen der Ellipsen ist besonders wichtig, da sich sonst
ein zu starkes unangenehmes Flimmern auf dem Bildschirm ergibt.
Dies wird gerade durch den schnellen Kreisalgorithmus verhindert,
den Sie vom Abschnitt über Implementationsteil der Unit *MODUS_19*
her kennen. Und jetzt das Listing des Hauptprogramms:

```
{ Hauptprogramm }

BEGIN
  TextAttr := hellgrau_auf_schwarz;
  ClrScr;                                      { Bildschirm löschen }

  { Kopfzeile schreiben }

  GotoXY(18, 1); Write('Ellipsen-Demo');
  GotoXY(45, 1); Write('Autor: Arthur Burda');

  { Linie ziehen }

  FOR lauf := 1 TO 80 DO
    BEGIN
      GotoXY(lauf, 2); Write(#196);
    END;

  { Parameter abfragen }

  GotoXY(1, 4); Write('Verzögerungszeit in ms (0..255): ');
  ReadLn(Verzoegerung);

  Modus_19_setzen(TRUE);
  Text_ausgeben(105, 0, 'Ellipsen-Demo', 78);
  Linie_zeichnen(0, 16, x_Aufl-1, 16, 78);
  Ellipsen_bewegen;
  Alten_Modus_setzen(TRUE);
END.
```

Den Quelltext dieses Demoprogramms finden Sie auch in der Datei
ELLIPSEN.PAS auf der Diskette. Und noch ein Hinweis. Bevor Sie es
laden und starten, müssen Sie die Unit *MODUS_19* in eine TPU-Datei kompilieren.

Jetzt ein paar Sätze zu dem zweiten Demoprogramm, mit dem das
Kapitel über den Modus 19 abgeschlossen wird. Es demonstriert einen
beweglichen Sternhimmel mit unterschiedlich farbigen Sternen. Am
unteren Bildschirmrand wird ein Demotext von links nach rechts gerollt. Gleichzeitig wird er allmählich ausgeblendet und dann wieder
eingeblendet. Für diesen Text können verschiedene Zeichensätze geladen werden. Nach dem Namen und Verzeichnis der Zeichensatzdatei wird zu Beginn der Demo gefragt. Wird dort nichts eingegeben, so
wird der Standard-Zeichensatz verwendet.

Außerdem ist in diesem, genauso wie im vorigen Beispiel, die Möglichkeit zur Einstellung verschiedener Verzögerungszeiten für die
Demo gegeben. Die Paletten-Demo (gemeint ist das Ein- und Ausblenden des Demotextes) kann auf Wunsch ausgeschaltet werden.

Diese Demo eignet sich hervorragend für den Einsatz in einem Bildschirmschoner, weil das Bild ständig in Bewegung ist, wodurch sein
Einbrennen in die Fluoreszenzschicht des Monitors verhindert wird.
Damit werden wir uns zu einem späteren Zeitpunkt genauer beschäftigen. Und hier der erste Teil des Programmlistings:

Hinweise: (1) Die Kompilierungsarbeit erledigen Sie am besten von der Entwicklungsumgebung des Turbo-Pascal-Systems aus oder Sie
benutzen dazu den Kommandozeilen-Compiler:
(Datei TPC.EXE).

(2) Ein Bildschirmschoner ist ein speicherresidentes, ein sog.
TSR-Programm (Terminate and Stay Resident), das nach der
Installation im Speicher bleibt und solange wartet, bis der Benutzer eine zeitlang keine Taste mehr gedrückt hat, so daß es
aktiviert werden kann. Wenn dies der Fall ist, wird im einfachsten Fall der Bildschirm dunkel geschaltet. Dadurch wird
verhindert, daß sich der Elektronenstrahl in die Fluoreszenzschicht des Monitors einbrennt, wodurch der Monitor schwer
beschädigt werden könnte.

```
{ Dateiname : STERNE.PAS }
{ Autor : Arthur Burda    }
{ Compiler  : Turbo Pascal 5.0 und höher }

{ STERNE - ein Demoprogramm für die VGA-Unit MODUS_19 }
```

```pascal
PROGRAM Sterne;

{$D-}                          { keine Informationen des Debuggers }
{$I-}                                      { keine I/O-Prüfung }
{$S-}                                  { keine Prüfung des Stacks }

USES Crt, Dos, MODUS_19;          { benötigte Units einbinden }

CONST hellgrau_auf_schwarz = 7;

TYPE Punkt = RECORD
   x, y  : Integer;
   Farbe : Byte;
  END;

VAR Verzoegerung  : Byte;
    Paletten_Demo : Boolean;
    Zeichensatz_Datei : PathStr;
    Feld  : ARRAY[1..100] OF Punkt;
    lauf  : Byte;{ Zählvariable }
```

Das Sternfeld besteht, wie Sie es der Deklaration der Variablen Feld entnehmen können, aus 100 Elementen. Jedem Stern soll eine andere Farbe zugeordnet werden, wodurch die Demo bunter wird. Zusätzlich muß die Anfangsfarbe für den Demotext bestimmt werden. Diese beiden Aufgaben übernimmt die Prozedur *Palette_setzen*, die folgendermaßen aussieht:

```pascal
PROCEDURE Palette_setzen;

BEGIN
  { Farben für die Sterne zufällig setzen }

  FOR lauf := 1 TO 100 DO
    DAC_Reg_setzen(lauf, Random(50)+14,
    Random(50)+14, Random(50)+14);

  { Farbe für den rollenden Text setzen }

    DAC_Reg_setzen(101, 60, 60, 0);
END;
```

Nun müssen den Sternen Anfangskoordinaten und Farben zugeordnet werden, was in der folgenden Prozedur geschieht:

```pascal
PROCEDURE Sternfeld;

BEGIN
  { Sternfeld initialisieren }
```

```
      FOR lauf := 1 TO 100 DO
        WITH Feld[lauf] DO
          BEGIN
            x := Random(x_Aufl);
            y := Random(y_Aufl-16);
            Farbe := lauf;
          END;
   END;
```

Als nächstes muß die Prozedur zum Laden des Zeichensatzes und zur
Ausgabe des Demotextes programmiert werden.

```
PROCEDURE Demotext_ausgeben;

VAR Fehlercode : Byte;

BEGIN
  { prüfen, ob eine Zeichensatzdatei angegeben wurde, }
  { ggf. Zeichensatz laden, andernfalls Standard-Zei- }
  { chensatz verwenden}

  IF Zeichensatz_Datei <> '' THEN
BEGIN
  Zeichensatz_laden(Zeichensatz_Datei, Fehlercode);

  { prüfen, ob Fehler beim Laden des Zeichensatzes }
  { aufgetreten ist, ggf. Programm beenden }

  IF Fehlercode <> 0 THEN
    BEGIN
      Alten_Modus_setzen(TRUE);
      WriteLn('Fehler beim Laden des Zeichensatzes');
      Halt;
    END;
END;

  { Demotext in der untersten Zeile des Bildschirms ausgeben
}

  Text_ausgeben(20, y_Aufl-8,
  'STERNE - Demo für VGA-Unit MODUS_19', 101);
END;
```

Die Sterne werden ähnlich wie die Ellipsen im vorigen Beispiel bewegt, indem die Punkte zuerst gesetzt, dann gelöscht und mit verän-
derten Koordinaten wieder gesetzt werden. In dieser Demo bewegen
sich die einzelnen Sterne mit unterschiedlicher Geschwindigkeit. Die
Bewegungsrichtung ist aber für alle gleich, nämlich von rechts nach
links. Das Ein- und Ausblenden des Textes wird durch allmähliches

Erhöhen bzw. Erniedrigen der Werte in dem für den Demotext zu-
ständigen DAC-Register erreicht.

```
PROCEDURE Sterne_bewegen_und_Text_rollen;

VAR R, G, B : Byte;
    hilf    : Boolean;

BEGIN
  { Demo solange wiederholen, bis eine Taste gedrückt wird }

  REPEAT

    { Sterne bewegen }

    FOR lauf := 1 TO 100 DO
      WITH Feld[lauf] DO
        BEGIN
          Punkt_setzen(x, y, 0);                      { Stern löschen }

          { neue Koordinaten berechnen }

          IF x > 0 THEN
            IF lauf IN [10, 20, 30, 40, 50,
                        60, 70, 80, 90, 100] THEN
              Dec(x, 3)
            ELSE
              IF lauf IN [5, 15, 25, 35, 45,
                          55, 65, 75, 85, 95] THEN
                Dec(x, 2)
              ELSE
                Dec(x)
          ELSE
            x := x_Aufl-1;

          Punkt_setzen(x, y, Farbe);        { Stern erneut setzen }
        END;

    Bereich_rollen(0, y_Aufl-8, x_Aufl-1, y_Aufl-1,
    rechts, Verzoegerung);

    IF Paletten_Demo THEN
      BEGIN
        DAC_Reg_lesen(101, R, G, B);
        IF R = 0 THEN
          hilf := FALSE;
        IF R = 60 THEN
          hilf := TRUE;
        IF hilf THEN
          DAC_Reg_setzen(101, R-1, G-1, B)      { Text ausblenden }
        ELSE
          DAC_Reg_setzen(101, R+1, G+1, B);     { Text einblenden }
      END
```

```
    UNTIL KeyPressed;
  END;
```

Und zum Schluß das Hauptprogramm, in dem unter anderem die verschiedenen Parameter, wie z.B. Name und Verzeichnis der Zeichensatzdatei, abgefragt werden:

```
{ Hauptprogramm }

VAR Taste : Char;

BEGIN
  TextAttr := hellgrau_auf_schwarz;
  ClrScr;                                    { Bildschirm löschen }

  { Kopfzeile schreiben }

  GotoXY(5, 1); Write('STERNE-Demoprogramm für
                      die VGA-Unit MODUS_19');
  GotoXY(58, 1); Write('Autor: Arthur Burda');

  { Linie ziehen }

  FOR lauf := 1 TO 80 DO
    BEGIN
      GotoXY(lauf, 2); Write(#196);
    END;

  { Parameter abfragen }

  GotoXY(1,4);Write('Name und Verzeichnis der
                  Zeichensatzdatei: ');
  ReadLn(Zeichensatz_Datei);
  WriteLn;
  Write('Verzögerungszeit in ms (0..255): ');
  ReadLn(Verzoegerung);
  WriteLn;
  Write('Paletten-Demo (j/n)? ');
  REPEAT
    Taste := ReadKey
  UNTIL Taste IN ['j', 'J', 'n', 'N'];
  WriteLn(Taste);
  Paletten_Demo := (Taste IN ['j', 'J']);

  { Demo starten }

  Modus_19_setzen(TRUE);
  Randomize;                   { Zufallszahlengenerator initialisieren }
  Palette_setzen;
  Sternfeld;
  Demotext_ausgeben;
  Sterne_bewegen_und_Text_rollen;
  Alten_Modus_setzen(TRUE);
END.
```

4 Hochauflösende Super-VGA-Grafik

Die Super-VGA-Karten konnten in den letzten vier Jahren den Markt im Bereich PC-Grafik für sich gewinnen. Unter ihren teuren TIGA-Konkurrenten und anderen professionellen Grafikadaptern sind sie aufgrund des sehr guten Preis-/Leistungsverhältnisses besonders beliebt geworden. Leider haben die Programmierer von Turbo Pascal auf das Zeichen der Zeit nicht reagiert und die Unit Graph auch in der Version 6.0 mit Routinen zur Programmierung der Super-VGA-Karten nicht ausgestattet. Um diese Lücke zu schließen, muß man Zusatz-Utilities hinzuzukaufen, die von vielen Software-Herstellern zu nicht ganz so niedrigen Preisen angeboten werden. Aus den genannten Gründen möchte ich Ihnen in diesem Kapitel eine Unit vorstellen, mit der Sie die Fähigkeiten ihrer Grafikkarte ausnutzen können. Sie heißt *SVGA* und ermöglicht eine Programmierung sowohl der erweiterten 16- als auch der 256-Farben-Modi. Damit geht dieses Kapitel aber noch nicht zu Ende. Wie üblich finden Sie auch hier wieder Beispielprogramme, die auf Routinen der Super-VGA-Unit zugreifen. Es handelt sich dabei um besondere "Leckerbissen", nämlich um Raumgitterkurven, die dreidimensionale Darstellungen von mathematischen Funktionen sind, sowie um eine 3D-Simulation eines beweglichen Sternenhimmels, die Sie in der 2D-Ausführung aus dem vorigen Kapitel bereits kennen.

4.1 Konzeption der Unit SVGA

Die Super-VGA-Unit ist ähnlich konzipiert wie die Unit *MODUS_19* aus dem vorigen Kapitel. Aufgrund der aufwendigen Programmierung der Super-VGA-Karten, entfallen hier die Routinen zum Kopieren, Rollen, Spiegeln und Umklappen von Bildschirmbereichen. Um Ausgleich zu schaffen, wurde die Unit *SVGA* um Routinen zur Programmierung der erweiterten 16-Farben-Modi ergänzt. Wie üblich habe ich auch in diesem Fall die einzelnen Routinen zu bestimmten thematischen Bereichen zusammengefaßt. Dadurch ist der Quelltext übersichtlicher aufgebaut. Am besten, Sie verschaffen sich den Überblick über die Unit mit Hilfe des folgenden Gliederungsschemas:

Gliederungsschema der Unit SVGA:

a)　　Compilereinstellungen

　　　Interface-Teil:

b)　　Einbinden der Standardunit Dos

c)　　Deklaration von modulexternen Konstanten (Grafikmodi der verschiedenen Super-VGA-Chipsätze, RGB-Konstanten), Typen (Super-VGA-Modi, DAC-Palette u.a.) und Variablen (Korrekturfaktor für das Höhen-/Seitenverhältnis des Bildschirms)

d)　　Deklaration von Prozeduren und Funktionen:
- Setzen und Abfragen von Modi (Setzen eines Super-VGA-Modus, Setzen des alten Modus, Abfragen des aktiven Modus)
- Abfrageroutinen (horizontale und vertikale Auflösung, Anzahl der verfügbaren Farben)
- Löschen des Bildschirms
- Setzen und Lesen von Bildpunkten
- Zeichnen von geometrischen Figuren (Ellipse, Kreis, Linie, Rechteck)
- Routinen im Zusammenhang mit den erweiterten 16-Farben-Modi (Setzen und Lesen von Palettenregistern, Zuordnen eines DAC- Bereiches, Anwählen eines DAC-Blocks)
- Setzen und Lesen der Rahmenfarbe
- Routinen im Zusammenhang mit den 256-Farben-Modi (Setzen und Lesen von einzelnen DAC-Registern und Registerblöcken, Umwandeln von Farben in Graustufen)
- Zeichensätze und Textausgabe (Laden von Zeichensätzen, Ausgabe von Zeichen und Texten)

Implementationsteil:

e) Deklaration von modulinternen typisierten Konstanten (aktiver
    und alter Modus, horizontale und vertikale Auflösung) und Va-
    riablen (Prozessor-Register, aktueller Zeichensatz)

f) Implementation von Routinen

g) Initialisierung der Unit

4.2 Compilereinstellungen und Interface-Teil

Der Quelltext der Unit SVGA beginnt wie üblich mit den Einstellungen des Compilers:

```
{ Dateiname : SVGA.PAS    }
{ Autor : Arthur Burda    }
{ Compiler  : Turbo Pascal 5.0 und höher }

{SVGA - eine Unit zur Unterstützung der Super-VGA-Karten in }
{16- und 256-Farben-Modi, max. Auflösung: 1280x1024         }
{Punkte in 16 Farben (Tseng ET-4000 Chip)                   }

UNIT SVGA;

{$D-}                      { keine Informationen des Debuggers }
{$I-}                            { keine I/O-Prüfung }
{$S-}                          { keine Prüfung des Stacks }
```

Nun kommen wir zu dem Interface-Teil der Super-VGA-Unit. Die einzelnen Schritte, die in diesem Abschnitt erledigt werden müssen,
brauche ich nicht nochmal zu erwähnen, Sie kennen sie schon aus
dem Gliederungsschema der Unit.

```
{ Interface-Teil }

INTERFACE

USES Dos; { Turbo-Pascal-Standardunit Dos einbinden }

{ diese Konstanten, Typen und Variablen sind modulextern }

CONST Kein_SVGA_Modus = 0;
```

```pascal
{ Grafikmodi der verschiedenen SVGA-Chipsätze }

{ alter ATI VGA Chip }

ATI_Alt_800x600x16  = 1;
ATI_Alt_1024x768x16 = 2;
ATI_Alt_640x400x256 = 3;
ATI_Alt_640x480x256 = 4; { nicht verfügbar bei 256 KB RAM }
ATI_Alt_800x600x256 = 5; { nicht verfügbar bei 256 KB RAM }

{ neuer ATI VGA Chip }

ATI_Neu_800x600x16   = 6;
ATI_Neu_1024x768x16  = 7;
ATI_Neu_640x400x256  = 8;
ATI_Neu_640x480x256  = 9;  { n. verfügbar bei 256 KB RAM }
ATI_Neu_800x600x256  = 10; { n. verfügbar bei 256 KB RAM }
ATI_Neu_1024x768x256 = 11; { n. verfügbar bei 512 KB RAM }

{ Chips & Technology 82C452 Chip }

ChipsTech_800x600x16  = 12;
ChipsTech_1024x768x16 = 13;
ChipsTech_640x400x256 = 14;
ChipsTech_640x480x256 = 15; { n. verfügbar bei 256 KB RAM }
ChipsTech_800x600x256 = 16; { n. verfügbar bei 256 KB RAM }

{ Genoa 6400A/6600A Chipsätze }

Genoa_800x600x16  = 17;
Genoa_1024x768x16 = 18;
Genoa_640x480x256 = 19; { nicht verfügbar bei 256 KB RAM }
Genoa_800x600x256 = 20; { nicht verfügbar bei 256 KB RAM }

{ Oak VGA Chip }

Oak_800x600x16  = 21;
Oak_1024x768x16 = 22;
Oak_640x480x256 = 23;
Oak_800x600x256 = 24; { verfügbar auf neueren Oak-Karten }

{ Paradise VGA Chip }

Paradise_800x600x16  = 25;
Paradise_1024x768x16 = 26;
Paradise_640x400x256 = 27;
Paradise_640x480x256 = 28; { n. verfügbar bei 256 KB RAM }
Paradise_800x600x256 = 29; { n. verfügbar bei 256 KB RAM }

{ Trident 8800/8900 Chipsätze }

Trident_800x600x16  = 30;
Trident_1024x768x16 = 31;
Trident_640x400x256 = 32;
```

```
Trident_640x480x256   = 33;   { n. verfügbar bei 256 KB RAM }
Trident_800x600x256   = 34;   { n. verfügbar bei 256 KB RAM }
Trident_1024x768x256 = 35;   { n. verfügbar bei 512 KB RAM }


{ Tseng ET-3000 Chip befindet sich auch in den }
{ Genoa 5200/5400 Karten, er ist kompatibel zu }
{ dem Genoa GVGA Chip  }

Tseng_ET3000_800x600x16   = 36;
Tseng_ET3000_1024x768x16 = 37;
Tseng_ET3000_640x350x256 = 38;
Tseng_ET3000_640x480x256 = 39;   { n. verf. bei 256 KB RAM }
Tseng_ET3000_800x600x256 = 40;   { n. verf. bei 256 KB RAM }


{ Tseng ET-4000 Chip befindet sich in den meisten   }
{ SVGA-Karten, unter anderem in Color Image, Orchid }
{ Pro Designer und Diamond Speedstar}

Tseng_ET4000_800x600x16   = 41;
Tseng_ET4000_1024x768x16   = 42;
Tseng_ET4000_1280x1024x16 = 43;
Tseng_ET4000_640x350x256   = 44;
Tseng_ET4000_640x480x256   = 45;
Tseng_ET4000_800x600x256   = 46;
Tseng_ET4000_1024x768x256 = 47; { n. verf. bei 512 KB RAM }


{ VESA-Standard }

VESA_800x600x16   = 48;
VESA_1024x768x16 = 49;
VESA_640x400x256 = 50;
VESA_640x480x256 = 51;
VESA_800x600x256 = 52;
VESA_1024x768x256 = 53;


{ Video 7 VGA Chip, auch unter dem Namen Headland bekannt }

Video7_800x600x16   = 54;
Video7_1024x768x16 = 55;
Video7_640x400x256 = 56;
Video7_640x480x256 = 57; { nicht verfügbar bei 256 KB RAM }
Video7_800x600x256 = 58; { nicht verfügbar bei 256 KB RAM }


{ Zymos Poach 51 VGA Chip }

Zymos_800x600x16   = 59;
Zymos_1024x768x16 = 60;
Zymos_640x400x256 = 61;
Zymos_640x480x256 = 62;   { nicht verfügbar bei 256 KB RAM }
Zymos_800x600x256 = 63;   { nicht verfügbar bei 256 KB RAM }
```

```pascal
  { RGB-Konstanten }

  rot   = 1;
  gruen = 2;
  blau  = 3;

TYPE SVGA_Modi = ATI_Alt_800x600x16..Zymos_800x600x256;

  RGB_Palette  = rot..blau;
  DAC_Block= ARRAY[0..255, RGB_Palette] OF Byte;
  Paletten_Typ = ARRAY[0..15] OF Byte;

  String_80    = String[80];
  Bit_Muster_Typ   = ARRAY[0..7] OF Byte;
  Zeichensatz_Typ = ARRAY[0..255] OF Bit_Muster_Typ;

VAR { Korrekturfaktor für das Höhen-/Seiten- }
    { verhältnis des Bildschirms              }

Korrekturfaktor : Real;

{ Deklaration von Routinen }

PROCEDURE SVGA_Modus_setzen(Modus : SVGA_Modi;
          VRAM_loeschen : Boolean);
PROCEDURE Alten_Modus_setzen(VRAM_loeschen : Boolean);
FUNCTION Aktiver_Modus : Byte;

FUNCTION Horizontale_Aufl : Word;
FUNCTION Vertikale_Aufl : Word;
FUNCTION Max_Anzahl_Farben : Word;

PROCEDURE Bildschirm_loeschen;

PROCEDURE Punkt_setzen(x, y : Integer; Farbe : Byte);
FUNCTION Punktfarbe(x, y : Integer) : Byte;

PROCEDURE Ellipse_zeichnen(x, y : Integer; x_Radius,
          y_Radius : Word; Farbe : Byte);
PROCEDURE Kreis_zeichnen(x, y : Integer; Radius : Word;
          Farbe : Byte);
PROCEDURE Linie_zeichnen(x1,y1,x2,y2: Integer; Farbe : Byte);
PROCEDURE Rechteck_zeichnen(x1, y1, x2, y2 : Integer;
          Farbe : Byte);

PROCEDURE Paletten_Reg_setzen(Reg_Nr, Farbwert : Byte);
FUNCTION Paletten_Reg_Wert(Reg_Nr : Byte) : Byte;
PROCEDURE Palette_setzen(Palette : Paletten_Typ);
PROCEDURE Palette_lesen(VAR Palette : Paletten_Typ);
PROCEDURE DAC_Bereich_zuordnen(Seitenmodus : Byte);
PROCEDURE DAC_Block_anwaehlen(Block_Nr : Byte);

PROCEDURE Rahmenfarbe_setzen(Farbe : Byte);
FUNCTION Rahmenfarbe : Byte;
```

```
PROCEDURE  DAC_Reg_setzen(Reg_Nr, Rotanteil, Gruenanteil,
           Blauanteil : Byte);
PROCEDURE  DAC_Reg_lesen(Reg_Nr : Byte; VAR Rotanteil,
           Gruenanteil, Blauanteil : Byte);
PROCEDURE  DAC_Block_setzen(Startindex:Byte;Anzahl_Reg: Word;
           Block : DAC_Block);
PROCEDURE  DAC_Block_lesen(Startindex:Byte;Anzahl_Reg: Word;
           VAR Block : DAC_Block);
PROCEDURE  Graustufen(Startindex : Byte; Anzahl_Reg : Word;
           VAR Block : DAC_Block);

PROCEDURE  Standard_Zeichensatz_laden;
PROCEDURE  Zeichensatz_laden(Dateiname : PathStr;
           VAR Fehlercode : Byte);
PROCEDURE  Zeichen_ausgeben(x, y : Integer; Anzahl : Word;
           Zeichen : Char; Farbe : Byte);
PROCEDURE  Text_ausgeben(x, y : Integer; s : String_80;
           Farbe : Byte);
```

Im Zusammenhang mit den höheren Grafikmodi muß ich an dieser Stelle einige Punkte ansprechen. Erstens sind die für die Grafikmodi definierten Konstanten 1 bis 63 nicht die eigentlichen Moduskonstanten, die zum Setzen eines Super-VGA-Modus verwendet werden. Durch diese Nummerierung werden die Grafikmodi lediglich sortiert.

Zweitens erschien es mir am sinnvollsten, nicht die Namen der einzelnen Grafikkarten, sondern die meist verbreiteten Super-VGA-Chipsätze in diese Unit aufzunehmen. Weil auf einem Chip allein schon Tausende von verschiedenen Grafikkarten basieren und ständig neue Modelle hinzukommen, hätte eine solche Liste von Grafikkarten praktisch nie ein Ende. Grafikkarten, die auf dem gleichen Chip aufbauen, unterscheiden sich in den Moduskonstanten und der Speicheradressierung voneinander nicht, so daß sie auf gleiche Weise hardwarenah programmiert werden können.

Und schließlich drittens sind im konkreten Fall nicht alle hier aufgezählten Grafikmodi verfügbar. Dies hängt vor allem von der Größe des auf der Grafikkarte installierten Videospeichers, aber auch von der "Generation" des jeweiligen Chipsatzes ab. Beispielsweise reichen für die Initialisierung eines 256-Farben-Modus mit einer Auflösung von 800x600 Punkten in der Regel schon 512 KB Video-RAM aus (Ausnahme sind hier ältere Oak-Modelle mit nur 256 KB Video-RAM).

Der erweiterte 16-Farben-Modus mit einer Auflösung von 1024x768 Punkten ist auf den meisten Super-VGA-Karten verfügbar. Im Listing der Super-VGA-Unit habe ich in Komentarklammern vermerkt, welche Modi bei welcher Speicherkonfiguration nicht verfügbar sind.

Sollte der Chipsatz, auf dem Ihre VGA-Karte basiert, nicht dabei sein, so können Sie selbst einen Eintrag mit den entsprechenden Daten machen. Diesen setzen Sie einfach ans Ende der Liste, beginnend mit der Nummer 64. Sie müssen aber beachten, daß auch die Prozedur zum Setzen eines Super-VGA-Modus im Implementationsteil der Unit entsprechend modifiziert werden muß. Die dazu notwendigen Konstanten für die Grafikmodi und den Typ des Chipsatzes, der auf Ihrer Karte installiert ist, können Sie im Benutzerhandbuch zu Ihrem Grafikadapter nachlesen. Falls Sie ein Programmierhandbuch besitzen, können Sie auch die Prozedur zum Setzen eines Bildpunktes entsprechend ergänzen. Am besten, Sie sehen im Quelltext der Unit nach, wo sie was eintragen müssen (auf der beiliegenden Diskette die Datei SVGA.PAS). Damit die Veränderungen, die Sie machen, bei Ihrem nächsten Programm wirksam werden, müssen Sie die Unit neu kompilieren.

Damit hoffe ich, Ihnen die wichtigsten Dinge im Zusammenhang mit den Grafikmodi verständlich erläutert zu haben. Im nächsten Abschnitt dieses Kapitels geht es konkret um die Implementation der einzelnen Routinen, wobei ich die Prozedur zum Setzen eines Bildpunktes besonders detailliert erläutern werde, da diese sich aus mehreren Teilen zusammensetzt, in denen von direkter hardwarenaher Programmierung intensiv Gebrauch gemacht wird. Wenn Sie die Kapitel "Einführung" und "Erste Schritte" aufmerksam gelesen haben, so werden Sie die einzelnen Schritte in dieser Routine leichter verstehen können.

4.3   Implementationsteil

Den Anfang des Implementationsteils bilden die modulinternen typisierten Konstanten, im folgenden "interne Variablen" genannt, die dazu verwendet werden, bestimmte Informationen zu speichern, z.B. horizontale und vertikale Auflösung, um die Performance der Unit zu erhöhen. Dank dieser Vorgehensweise braucht die Routine, die diese Informationen liefert, nicht jedesmal bei Gebrauch aufgerufen zu

werden, sondern es kann ganz bequem der Inhalt der entsprechenden
internen Variablen abgefragt werden, die natürlich immer auf dem
aktuellen Stand sein muß.

Wie es sich aus dem Gliederungsschema der Unit ersehen läßt, werden im Implementationsteil noch die Variable *Regs* zum Nachbilden
der Prozessor-Register und die Variable *Zeichensatz* deklariert, die für
die Speicherung des Bitmusters des aktuellen Zeichensatzes verantwortlich ist.

```
{ Implementationsteil }

IMPLEMENTATION

{ diese typisierten Konstanten und Variablen sind modulintern
}

CONST Alter_Modus : Byte = 0;
      Akt_Modus   : Byte = Kein_SVGA_Modus;

      x_Aufl : Word = 0;
      y_Aufl : Word = 0;

VAR Regs     : Registers;                    { Prozessor-Register }
Zeichensatz : Zeichensatz_Typ;
```

Jetzt können wir endlich zur Programmierung der einzelnen Routinen
übergehen. Als erstes steht die Prozedur zum Setzen eines Super-
VGA-Modus im Plan. Der Aufruf dieser Routine führt nur dann zum
Erfolg, wenn kein Super-VGA-Modus zur Zeit aktiv ist. Dadurch wird
der Inhalt der Variablen *Alter_Modus* vor dem unkontrollierten Überschreiben geschützt.

Vor der Initialisierung des gewählten Modus werden die Prozessor-
Register AX, eventuell auch BX, in Abhängigkeit von dem Modus und
Chipsatz entsprechend belegt, damit der Aufruf der BIOS-Funktion
korrekt durchgeführt werden kann. Die Registerbelegung wird in der
folgenden tabellarischen Übersicht dargestellt:

SVGA-Chipsatz	Grafikmodus	Registerbelegung
ATI Alt	800x600x16	AX = 0054h
	1024x768x16	AX = 0065h
	640x400x256	AX = 0061h
	640x480x256	AX = 0062h
	800x600x256	AX = 0063h

Fortsetzung auf nächster Seite

SVGA-Chipsatz	Grafikmodus	Registerbelegung
ATI Neu	800x600x16	AX = 0054h
	1024x768x16	AX = 0055h
	640x400x256	AX = 0061h
	640x480x256	AX = 0062h
	800x600x256	AX = 0063h
	1024x768x256	AX = 0064h
Chips & Technology	800x600x16	AX = 0070h
	1024x768x16	AX = 0072h
	640x400x256	AX = 0078h
	640x480x256	AX = 0079h
	800x600x256	AX = 007Bh
Genoa 6400A/6600A	800x600x16	AX = 006Ah
	1024x768x16	AX = 005Fh
	640x480x256	AX = 005Ch
	800x600x256	AX = 005Eh
Oak	800x600x16	AX = 0052h
	1024x768x16	AX = 0056h
	640x480x256	AX = 0053h
	800x600x256	AX = 0054h
Paradise	800x600x16	AX = 0058h
	1024x768x16	AX = 005Dh
	640x400x256	AX = 005Eh
	640x480x256	AX = 005Fh
	800x600x256	AX = 005Ch
Trident 8800/8900	800x600x16	AX = 005Bh
	1024x768x16	AX = 005Fh
	640x400x256	AX = 005Ch
	640x480x256	AX = 005Dh
	800x600x256	AX = 005Eh
	1024x768x256	AX = 0062h
Tseng ET-3000	800x600x16	AX = 0029h
	1024x768x16	AX = 0037h
	640x350x256	AX = 002Dh
	640x480x256	AX = 002Eh
	800x600x256	AX = 0030h

Fortsetzung auf nächster Seite

SVGA-Chipsatz	Grafikmodus	Registerbelegung
Tseng ET-4000	800x600x16	AX = 0029h
	1024x768x16	AX = 0037h
	1280x1024x16	AX = 003Dh
	640x350x256	AX = 002Dh
	640x480x256	AX = 002Eh
	800x600x256	AX = 0030h
	1024x768x256	AX = 0038h
VESA-Standard	800x600x16	AX = 4F02h BX = 0102h
	1024x768x16	AX = 4F02h BX = 0104h
	640x400x256	AX = 4F02h BX = 0100h
	640x480x256	AX = 4F02h BX = 0101h
	800x600x256	AX = 4F02h BX = 0103h
	1024x768x256	AX = 4F02h BX = 0105h
Video7 (Headland)	800x600x16	AX = 6F05h BX = 0062h
	1024x768x16	AX = 6F05h BX = 0065h
	640x400x256	AX = 6F05h BX = 0066h
	640x480x256	AX = 6F05h BX = 0067h
	800x600x256	AX = 6F05h BX = 0069h
Zymos	800x600x16	AX = 006Ah
	1024x768x16	AX = 005Fh
	640x400x256	AX = 005Ch
	640x480x256	AX = 005Dh
	800x600x256	AX = 005Eh

Nach der Initialisierung des Grafiksystems wird geprüft, ob ein Modus des Paradise bzw. Video 7 VGA Chipsatzes gewählt wurde, um gegebenfalls die erweiterten Register freizugeben. Damit kann ein korrektes Arbeiten mit diesen Chipsätzen gewährleistet werden. Im weiteren Verlauf der Routine werden die internen Variablen aktualisiert und der Korrekturfaktor für das Höhen-/Seitenverhältnis des Bildschirms in Abhängigkeit von der horizontalen und vertikalen Auflösung gesetzt.

```
PROCEDURE SVGA_Modus_setzen(Modus : SVGA_Modi;
            VRAM_loeschen : Boolean);

BEGIN
   { prüfen, ob ein SVGA-Modus schon gesetzt ist (wenn ja, ist   }
   { der in Akt_Modus gespeicherte Wert gleich der Nummer dieses }
   { Modus, sonst Akt_Modus = Kein_SVGA_Modus)                   }
```

```
IF Akt_Modus = Kein_SVGA_Modus THEN
  BEGIN
    { alten Modus merken }

    Regs.AH := $0F;
    Intr($10, Regs);
    Alter_Modus := Regs.AL;

    { Prozessor-Register setzen, SVGA-Modus einschalten }
    { und Videospeicher löschen                         }

    WITH Regs DO
      BEGIN
        CASE Modus OF
          ATI_Alt_800x600x16        : AX := $0054;
          ATI_Alt_1024x768x16       : AX := $0065;
          ATI_Alt_640x400x256       : AX := $0061;
          ATI_Alt_640x480x256       : AX := $0062;
          ATI_Alt_800x600x256       : AX := $0063;
          ATI_Neu_800x600x16        : AX := $0054;
          ATI_Neu_1024x768x16       : AX := $0055;
          ATI_Neu_640x400x256       : AX := $0061;
          ATI_Neu_640x480x256       : AX := $0062;
          ATI_Neu_800x600x256       : AX := $0063;
          ATI_Neu_1024x768x256      : AX := $0064;
          ChipsTech_800x600x16      : AX := $0070;
          ChipsTech_1024x768x16     : AX := $0072;
          ChipsTech_640x400x256     : AX := $0078;
          ChipsTech_640x480x256     : AX := $0079;
          ChipsTech_800x600x256     : AX := $007B;
          Genoa_800x600x16          : AX := $006A;
          Genoa_1024x768x16         : AX := $005F;
          Genoa_640x480x256         : AX := $005C;
          Genoa_800x600x256         : AX := $005E;
          Oak_800x600x16            : AX := $0052;
          Oak_1024x768x16           : AX := $0056;
          Oak_640x480x256           : AX := $0053;
          Oak_800x600x256           : AX := $0054;
          Paradise_800x600x16       : AX := $0058;
          Paradise_1024x768x16      : AX := $005D;
          Paradise_640x400x256      : AX := $005E;
          Paradise_640x480x256      : AX := $005F;
          Paradise_800x600x256      : AX := $005C;
          Trident_800x600x16        : AX := $005B;
          Trident_1024x768x16       : AX := $005F;
          Trident_640x400x256       : AX := $005C;
          Trident_640x480x256       : AX := $005D;
          Trident_800x600x256       : AX := $005E;
          Trident_1024x768x256      : AX := $0062;
          Tseng_ET3000_800x600x16   : AX := $0029;
          Tseng_ET3000_1024x768x16  : AX := $0037;
          Tseng_ET3000_640x350x256  : AX := $002D;
          Tseng_ET3000_640x480x256  : AX := $002E;
          Tseng_ET3000_800x600x256  : AX := $0030;
```

```
            Tseng_ET4000_800x600x16    : AX := $0029;
            Tseng_ET4000_1024x768x16   : AX := $0037;
            Tseng_ET4000_1280x1024x16  : AX := $003D;
            Tseng_ET4000_640x350x256   : AX := $002D;
            Tseng_ET4000_640x480x256   : AX := $002E;
            Tseng_ET4000_800x600x256   : AX := $0030;
            Tseng_ET4000_1024x768x256  : AX := $0038;
            VESA_800x600x16            : BEGIN
                                            AX := $4F02;
                                            BX := $0102;
                                         END;
            VESA_1024x768x16           : BEGIN
                                            AX := $4F02;
                                            BX := $0104;
                                         END;
            VESA_640x400x256           : BEGIN
                                            AX := $4F02;
                                            BX := $0100;
                                         END;
            VESA_640x480x256           : BEGIN
                                            AX := $4F02;
                                            BX := $0101;
                                         END;
            VESA_800x600x256           : BEGIN
                                            AX := $4F02;
                                            BX := $0103;
                                         END;
            VESA_1024x768x256          : BEGIN
                                            AX := $4F02;
                                            BX := $0105;
                                         END;
            Video7_800x600x16          : BEGIN
                                            AX := $6F05;
                                            BX := $0062;
                                         END;
            Video7_1024x768x16         : BEGIN
                                            AX := $6F05;
                                            BX := $0065;
                                         END;
            Video7_640x400x256         : BEGIN
                                            AX := $6F05;
                                            BX := $0066;
                                         END;
            Video7_640x480x256         : BEGIN
                                            AX := $6F05;
                                            BX := $0067;
                                         END;
            Video7_800x600x256         : BEGIN
                                            AX := $6F05;
                                            BX := $0069;
                                         END;
            Zymos_800x600x16           : AX := $006A;
            Zymos_1024x768x16          : AX := $005F;
            Zymos_640x400x256          : AX := $005C;
```

```
            Zymos_640x480x256          : AX := $005D;
            Zymos_800x600x256          : AX := $005E;
         END;
         AX := AX+128*Ord(NOT VRAM_loeschen);
      END;
   Intr($10, Regs);                          { BIOS-Interrupt aufrufen }

   { prüfen, ob ein Modus des Paradise Chipsatzes        }
   { gewählt wurde, ggf. erweiterte Register freigeben   }

   IF Modus IN [Paradise_800x600x16..
                Paradise_800x600x256] THEN
      BEGIN
        { General Purpose Status Bits Register anwählen }
        Port[$3CE] := 15;
        Port[$3CF] := 5;                          { Register freigeben }
      END;

   { prüfen, ob ein Modus des Video 7 Chipsatzes gewählt }
   { wurde, { ggf. erweiterte Register freigeben          }

   IF Modus IN [Video7_800x600x16..Video7_800x600x256] THEN
      BEGIN
        Port[$3C4] := 6; { Extended Control Register anwählen }
        Port[$3C5] := 234;                        { Register freigeben }
      END;

   { interne Variablen setzen }

   Akt_Modus := Modus;
   x_Aufl := Horizontale_Aufl;
   y_Aufl := Vertikale_Aufl;

   { Korrekturfaktor für das Höhen-/Seitenverhältnis }
   { des Bildschirms setzen                          }

   CASE x_Aufl OF
      640        : CASE y_Aufl OF
                      350 : Korrekturfaktor := 0.80;
                      400 : Korrekturfaktor := 0.94;
                      480 : Korrekturfaktor := 1.00;
                   END;
      800, 1024 : Korrekturfaktor := 1.00;
      1280       : Korrekturfaktor := 1.04;
      END;
   END;
END;
```

Manche VGA-Hersteller verwenden für ihre Produkte nicht nur die
eigenen Chipsätze, sondern auch die der anderen Hersteller (z.B. die

US-amerikanische Firma Genoa verwendete für das Modell Genoa 5400 den Tseng ET-3000 Chip). Insofern kann es durchaus vorkommen, daß Sie eine VGA-Karte besitzen, die auf dem Chip eines anderen Herstellers aufbaut. In einem solchen Fall hat die VGA-Karte meistens einen anderen Namen als der Grundchip. Deshalb ist es nicht nur empfehlenswert, sondern sogar notwendig, die Daten Ihres Grafikadapters im Hinblick auf den verwendeten Grundchip vor dem Arbeiten mit der Super-VGA-Unit in dem vom Hersteller mitgelieferten Handbuch nachzuschlagen. Es sei denn, Sie wissen genau, welcher Chip auf Ihrer Grafikkarte installiert ist. Sollte Ihnen das Handbuch nicht helfen oder Sie haben es nicht mehr, so gibt es noch zwei weitere Möglichkeiten, den Typ des verwendeten Basischips zu identifizieren: Entweder Sie sehen sich die Installationsmeldung Ihrer Karte beim Start des Rechners an oder Sie schauen nach beim gelegentlichen Öffnen des Rechnergehäuses.

Übrigens: Falls mit der Dokumentation zu Ihrer Karte auch ein VESA-Treiber mitgeliefert wurde, so können Sie diesen laden (meistens die Datei VESADRV.COM) und den VESA-Standard (siehe Deklaration von Grafikmodi im Interface-Teil der Unit) beim Aufruf der Prozedur *SVGA_Modus_setzen* wählen. Der VESA-Treiber klinkt sich nach der Installation in die BIOS-Routine ein und bleibt resident im Speicher. Dadurch werden neue Moduskonstanten zur Verfügung gestellt.

Soviel zu der Routine *SVGA_Modus_setzen*. Wollen Sie das Grafiksystem verlassen und zu dem zuvor aktiven Modus zurückkehren, so hilft Ihnen die Routine *Alten_Modus_setzen* weiter. Vor dem Setzen des Modus müssen die erweiterten Register des Paradise bzw. Video 7 VGA Chips gesperrt werden, um eine ungewollte Programmierung zu vermeiden. Ist wieder der alte Modus eingeschaltet, so müssen die internen Variablen erneut initialisiert werden, da das Grafiksystem danach nicht mehr aktiv ist.

```
PROCEDURE Alten_Modus_setzen(VRAM_loeschen : Boolean);

BEGIN
   IF Akt_Modus <> Kein_SVGA_Modus THEN
     BEGIN
        { prüfen, ob ein Modus des Paradise Chipsatzes aktiv ist, }
        { ggf. erweiterte Register sperren                        }

        IF Akt_Modus IN [Paradise_800x600x16..
                         Paradise_800x600x256] THEN
```

```
      BEGIN
        { General Purpose Status Bits Register anwählen }
        Port[$3CE] := 15;
        Port[$3CF] := 1;                        { Register sperren }
      END;


    { prüfen, ob ein Modus des Video 7 Chipsatzes aktiv ist, }
    { ggf. erweiterte Register sperren                       }

    IF Akt_Modus IN [Video7_800x600x16..
                     Video7_800x600x256] THEN
      BEGIN
        Port[$3C4] := 6;  { Extended Control Register anwählen }
        Port[$3C5] := 174;                      { Register sperren }
      END;


    { alten Modus einschalten und Videospeicher löschen }

    Regs.AX := Alter_Modus+128*Ord(NOT VRAM_loeschen);
    Intr($10, Regs);                  { BIOS-Interrupt aufrufen }

    { interne Variablen initialisieren }

    Alter_Modus := 0;
    Akt_Modus := Kein_SVGA_Modus;
    x_Aufl := 0;
    y_Aufl := 0;
  END;
END;
```

Die letzte Routine aus dem Block "Setzen und Abfragen von Modi" ist
eine Funktion, die den zur Zeit aktiven Modus liefert.

```
FUNCTION Aktiver_Modus : Byte;


BEGIN
  Aktiver_Modus := Akt_Modus;
END;
```

Kommen wir nun zu den Abfrageroutinen. In vielen Fällen ist es notwendig, die momentane horizontale bzw. vertikale Auflösung des
Bildschirms oder die Anzahl der zur Verfügung stehenden Farben ab-
zufragen. Um die horizontale Auflösung zu ermitteln, muß zunächst
die Anzahl der Spalten mit Hilfe einer Variablen aus dem BIOS-Da-
tenblock bestimmt werden, das im ersten Segment des Hauptspei-
chers ab der Adresse 0000h:0040h liegt. Danach muß die Spaltenzahl
mit der Zeichenbreite multipliziert werden, die immer konstant ist.

```
FUNCTION Horizontale_Aufl : Word;

CONST Zeichenbreite = 8;

VAR Anzahl_Spalten : Byte;

BEGIN
   IF Akt_Modus <> Kein_SVGA_Modus THEN
     BEGIN
       Anzahl_Spalten := Mem[$40:$4A];
       Horizontale_Aufl := Zeichenbreite*Anzahl_Spalten;
     END;
END;
```

Um die vertikale Auflösung des Bildschirms zu ermitteln, wird die Anzahl der Zeilen mit der Zeichenhöhe multipliziert. Diese Methode funktioniert außer der vertikalen Auflösung von 600 Punkten, weil in diesem Fall die Zeichenhöhe 16 beträgt, die Zahl 600 aber kein Vielfaches von 16 ist. Da aber die vertikale Auflösung von 600 Punkten in unserer Unit immer in Verbindung mit der horizontalen Auflösung von 800 Punkten auftritt, kann leicht eine IF-Abfrage gemacht werden, mit der dieser Fall festgestellt werden kann.

```
FUNCTION Vertikale_Aufl : Word;

VAR Zeichenhoehe, Anzahl_Zeilen : Byte;

BEGIN
   IF Akt_Modus <> Kein_SVGA_Modus THEN
     IF Horizontale_Aufl = 800 THEN
       Vertikale_Aufl := 600
     ELSE
       BEGIN
         Anzahl_Zeilen := Mem[$40:$84]+1;
         Zeichenhoehe := Mem[$40:$85];
         Vertikale_Aufl := Zeichenhoehe*Anzahl_Zeilen;
       END;
END;
```

Die letzte Abfrageroutine aus diesem Block liefert die Anzahl der verfügbaren Farben. Dabei wird folgendermaßen vorgegangen: Wird ein 16-Farben-Modus mit Hilfe der internen Variablen *Akt_Modus* festgestellt, so wird die Farbenzahl dementsprechend auf 16, andernfalls auf 256 gesetzt.

```
FUNCTION Max_Anzahl_Farben : Word;

BEGIN
  IF Akt_Modus = Kein_SVGA_Modus THEN
```

```
      Max_Anzahl_Farben := 0
   ELSE
    IF (Akt_Modus IN [ATI_Alt_800x600x16, ATI_Alt_1024x768x16])
    OR (Akt_Modus IN [ATI_Neu_800x600x16, ATI_Neu_1024x768x16])
    OR (Akt_Modus IN [ChipsTech_800x600x16,
                      ChipsTech_1024x768x16])
    OR (Akt_Modus IN [Genoa_800x600x16, Genoa_1024x768x16])
    OR (Akt_Modus IN [Oak_800x600x16, Oak_1024x768x16])
    OR (Akt_Modus IN [Paradise_800x600x16,
                      Paradise_1024x768x16])
    OR (Akt_Modus IN [Trident_800x600x16, Trident_1024x768x16])
    OR (Akt_Modus IN [Tseng_ET3000_800x600x16,
                      Tseng_ET3000_1024x768x16])
    OR (Akt_Modus IN [Tseng_ET4000_800x600x16..
                      Tseng_ET4000_1280x1024x16])
    OR (Akt_Modus IN [VESA_800x600x16, VESA_1024x768x16])
    OR (Akt_Modus IN [Video7_800x600x16, Video7_1024x768x16])
    OR (Akt_Modus IN [Zymos_800x600x16,
                      Zymos_1024x768x16]) THEN
      Max_Anzahl_Farben := 16
   ELSE
      Max_Anzahl_Farben := 256;
   END;
```

Bevor wir uns mit den Routinen zum Setzen und Lesen von Bildpunkten beschäftigen, möchte ich Ihnen die Prozedur zum Löschen des Bildschirms vorstellen. Der einfachste Weg, diese Aufgabe zu lösen, führt über das erneute Einschalten des aktiven Super-VGA-Modus mit der Option "Video-RAM löschen". Dabei müssen die Inhalte der internen Variablen *Alter_Modus* und *Akt_Modus* in Hilfsvariablen gesichert werden, damit sie dann wiederhergestellt werden können. Bei diesen Variablen soll sich schließlich nichts ändern, denn es wird doch wieder in den gleichen Modus umgeschaltet. Dank dieser Methode geht das Bildschirmlöschen superschnell.

```
PROCEDURE Bildschirm_loeschen;

VAR hilf1, hilf2 : Byte;

BEGIN
  IF Akt_Modus <> Kein_SVGA_Modus THEN
    BEGIN
      { Inhalte der internen Variablen in Hilfsvariablen }
      { speichern                                        }

      hilf1 := Alter_Modus;
      hilf2 := Akt_Modus;

      Akt_Modus := Kein_SVGA_Modus;

      {Bildschirm durch Setzen des aktiven SVGA-Modus löschen}
```

```
      SVGA_Modus_setzen(hilf2, TRUE);

      { Inhalte der internen Variablen wiederherstellen }

      Alter_Modus := hilf1;
      Akt_Modus := hilf2;
    END;
  END;
```

Jetzt ist es Zeit, um die Routinen aus dem Block "Setzen und Lesen von Bildpunkten" zu implementieren. Die Prozedur *Punkt_setzen* ist die längste Routine in dieser Unit, da die Chipsätze Paradise, Tseng ET-3000, Tseng ET-4000 und Video 7 hardwarenah programmiert werden. Die übrigen Chipsätze sowie Paradise und Video 7 im erweiterten 16-Farben-Modus mit einer Auflösung von 1024x768 Punkten werden mittels BIOS programmiert, da mir zur Zeit der Fertigstellung dieses Buches leider keine vollständige Dokumentation zur Verfügung stand. Weil die Routine zum Setzen eines Bildpunktes über 200 Zeilen Quelltext in Anspruch nimmt, habe ich sie in mehrere Abschnitte unterteilt.

Bevor wir loslegen, möchte ich ein paar Worte zu der hardwarenahen Programmierung der Super-VGA-Chipsätze verlieren. Hardwarenahe Programmierung bedeutet im Grunde genommen nichts anderes als direkte Programmierung, wobei die internen Register des Grafikadapters über Ports und der Videospeicher über den Pascal-Ausdruck *Mem[Segment:Offset]* auf direktem Wege angesprochen werden. Diese Programmiertechnik kennen sie schon aus dem Kapitel "Erste Schritte". Dort habe ich auch den entscheidenden Vorteil der direkten Programmierung erwähnt, nämlich den Geschwindigkeitsvorteil. Gerade bei dieser Routine ist es so wichtig, daß sie angemessen schnell läuft, weil sie gewissermaßen die Hauptroutine ist, auf der alle anderen Prozeduren aufbauen.

Ergänzt sei noch, daß die 16- und 256-Farben-Modi aufgrund der unterschiedlichen Speicherverwaltung (siehe Abschnitt "Speicherverwaltung der Standard-Betriebsarten: 16- und 256-Farben-Modi" aus dem Kapitel "Einführung") getrennt behandelt werden müssen.

a) 16-Farben-Modus des Paradise VGA Chips mit einer Auflösung von 800x600 Punkten

Eine Karte, die auf dem zwar nicht mehr topaktuellen, aber sehr verbreiteten Paradise VGA Chip basiert, ist etwas langsamer als die modernen Super-VGA-Karten, dafür aber wesentlich einfacher in der Programmierung sowohl der 16- als auch der 256-Farben-Modi. Um in einem 16-Farben-Modus einen Punkt zu setzen, muß zunächst die Anzahl der Bytes pro Zeile aus der horizontalen Auflösung (in diesem Fall 800 Punkte) ermittelt werden. Danach wird das sogenannte Set/Reset Register angewählt und der Farbwert geladen. Das Enable Set/Reset Register wird selektiert, um alle vier Speicherebenen, sogenannte Bitplanes, freizugeben. Weiterhin werden der Index des zu setzenden Punktes innerhalb des A000h-Segments, in das das Video-RAM eingeblendet wird, und die Bitmaske berechnet, um sie dann in das Bit Mask Register zu laden. Der letzte Schritt ist der Lese-/Schreibzugriff auf den Videospeicher, wodurch der Punkt auf dem Bildschirm ausgegeben wird. Alle Register, die ich hier erwähnt habe, befinden sich im Grafik-Controller einer Paradise-Karte.

Der Anfang der Prozedur Punkt_setzen sieht nun folgendermaßen aus:

```
PROCEDURE Punkt_setzen(x, y : Integer; Farbe : Byte);

VAR Bytes_pro_Zeile, Index        : LongInt;
    Seg_Index                     : Word;
    Bitmaske, Segment, Offset, hilf : Byte;

BEGIN
  CASE Aktiver_Modus OF

    { Modus 800x600x16 des Paradise VGA Chips }

    Paradise_800x600x16 :
      BEGIN
        { Anzahl Bytes pro Zeile berechnen }

        Bytes_pro_Zeile := 800 DIV 8;

        Port[$3CE] := 0;          { Set/Reset Register anwählen }
        Port[$3CF] := Farbe;                  { Farbwert laden }
        Port[$3CE] := 1;  { Enable Set/Reset Reg. selektieren }
        Port[$3CF] := 15;          { alle 4 Bitplanes freigeben }
        Index := Bytes_pro_Zeile*y+x SHR 3; { Index berechnen }
        Bitmaske := 128 SHR (x AND 7);   { Bitmaske berechnen }
        Port[$3CE] := 8;          { Bit Mask Register anwählen }
        Port[$3CF] := Bitmaske;               { Bitmaske laden }
        Mem[$A000:Index] := Mem[$A000:Index];   { Punkt setzen }
      END;
```

b)   256-Farben-Modi des Paradise VGA Chips

Im ersten Kapitel habe ich erwähnt, daß der Videospeicher der VGA-Karten in den 256-Farben-Modi in 64-KByte-Seiten unterteilt ist. Der Paradise Chipsatz weicht etwas von dieser Regel ab, da er das Video-RAM in 4-KByte-Seiten unterteilt. Daraus resultiert die Notwendigkeit, die Speicheradresse des zu setzenden Punktes in einen Index und einen Offset zu zerlegen. Zuvor muß jedoch die Adresse relativ zum Anfang des Video-RAM aus dem Produkt der horizontalen Auflösung und der y-Koordinate des Punktes, sowie aus der zu diesem Produkt zu addierenden x-Koordinate berechnet werden (in dem Listing habe ich diese Adresse auch "Index" genannt).

Nachdem die insgesamt drei Schritte erledigt sind, wird das sogenannte Adress Offset Register A angewählt, um den vorher berechneten Offset zu laden. Dieses Register befindet sich wie viele andere Register, die in der Prozedur zum Plotten von Punkten angesprochen werden, im Grafik-Controller einer Paradise-Karte. Der letzte Schritt ist wie üblich das Setzen des Punktes durch Laden des Farbwertes in die entsprechende Speicheradresse.

```
{ 256-Farben-Modi des Paradise VGA Chips }

Paradise_640x400x256..Paradise_800x600x256 :
  BEGIN
     Index := x_Aufl*y+x;                       { Index berechnen }

     { Index innerhalb des 4-KByte-Segments berechnen }

     Index := Index AND $FFF;

     Offset := Index SHR 12;                     { Offset berechnen }

     { Address Offset Register A im Grafik-Controller }
     { anwählen                                         }

     Port[$3CE] := 9;

     Port[$3CF] := Offset;                       { Offset laden }
     Mem[$A000:Index] := Farbe;                  { Punkt setzen }
  END;
```

c)   16-Farben-Modi des Tseng ET-3000 Chips

Auch dieser Chipsatz ist recht verbreitet, da er, wie im Zusammenhang mit der Routine zum Setzen eines Super-VGA-Modus angedeutet, registerkompatibel nicht nur zu einigen Genoa-Modellen, sondern auch zu IBM-Grafikkarten und zu der Hercules-Karte ist. Die Programmierung dieses Chipsatzes ist sehr einfach, da nur wenige Registermanipulationen ausreichen, um den Videospeicher der erweiterten Modi anzusprechen. Lediglich die Unterteilung des Video-RAM kann je nach Ausführung der Grafikkarte unterschiedlich sein, nämlich in 64- oder 128-KByte-Segmente.

Wahrscheinlich fragen Sie sich jetzt, wie man es feststellen kann, welche Version des Chipsatzes vorliegt. Dafür ist das Miscellaneous Register zuständig. Sind das zweite Bit dieses Registers gesetzt und das dritte gelöscht, so liegt eine Speicherunterteilung in 64- KByte-Seiten vor. Sind beide Bits gelöscht, so hat man mit 128-KByte-Segmenten zu tun. Um diese Informationen auslesen zu können, muß allerdings vorher der Grafikmodus eingeschaltet werden. Darum kümmert sich aber die Prozedur *SVGA_Modus_setzen*, ohne die nichts hier laufen würde.

Der Anfang des Routinenteils für die 16-Farben-Modi des Tseng ET-3000 Chips stimmt haargenau mit dem für den Paradise Chipsatz überein. Deshalb lasse ich die Erläuterung dieses Teils aus. Für die Auflösung von 800x600 Punkten ist keine Segmentumschaltung erforderlich, um einen Bildpunkt zu setzen. Dies muß nur für die Auflösung von 1024x768 Punkten gemacht werden, da das Video-RAM in das B000h-Segment hineinreicht. Hier muß also auch eine Unterscheidung für 128- und 64-KByte-Segmente gemacht werden. Die Umschaltung der Segmente geschieht bei 64-KByte-Seiten über das Segment Select Register (Port 3CDh), bei 128-KByte-Seiten wird das B000h-Segment direkt adressiert.

```
{ 16-Farben-Modi des Tseng ET-3000 Chips }

Tseng_ET3000_800x600x16, Tseng_ET3000_1024x768x16 :
  BEGIN
    { Anzahl Bytes pro Zeile berechnen }

    Bytes_pro_Zeile := x_Aufl DIV 8;

    Port[$3CE] := 0            { Set/Reset Register anwählen }
    Port[$3CF] := Farbe;                  { Farbwert laden }
    Port[$3CE] := 1;  { Enable Set/Reset Reg. selektieren }
    Port[$3CF] := 15;        { alle 4 Bitplanes freigeben }
    Index := Bytes_pro_Zeile*y+x SHR 3; { Index berechnen }
    Bitmaske := 128 SHR (x AND 7);   { Bitmaske berechnen }
    Port[$3CE] := 8;         { Bit Mask Register anwählen }
    Port[$3CF] := Bitmaske;              { Bitmaske laden }
```

```pascal
    { nur für Auflösung 1024x768 Punkte }

    IF x_Aufl = 1024 THEN
      BEGIN
        { Umschaltung für 128-KByte-Segmente }

        { Punkt außerhalb des A000h-Segments? }

        IF (Index > $FFFF) THEN
          Mem[$B000:Index-$10000] :=    { ja, Punkt setzen }
          Mem[$B000:Index-$10000]
        ELSE
          Mem[$A000:Index] := Mem[$A000:Index];    { nein }

        { Umschaltung für 64-KByte-Segmente }

        { Punkt außerhalb des A000h-Segments? }

        IF (Index > $FFFF) THEN
          BEGIN
            Port[$3CD] := 73;    { ja, Segmente umschalten }
            Mem[$A000:Index-$10000] :=    { Punkt setzen }
            Mem[$A000:Index-$10000];
          END
        ELSE
          BEGIN
            Port[$3CD] := 64; { nein, Segmente umschalten }
            Mem[$A000:Index] :=            { Punkt setzen }
            Mem[$A000:Index];
          END;
      END

    { nur für Auflösung 800x600 Punkte }

    ELSE
      Mem[$A000:Index] := Mem[$A000:Index];{ Punkt setzen }
  END;
```

d)　256-Farben-Modi des Tseng ET-3000 Chips

In diesen Betriebsarten ist die Programmierung noch einfacher als in
den vorhin besprochenen 16-Farben-Modi. Der zur Verfügung stehen-
de Videospeicher von maximal 512 KB ist in 64-KByte-Seiten unterteilt. Eine Seite kann dabei über das Segment Select Register in das
A000h-Segment eingeblendet werden. Bevor das geschieht, müssen
der Index, also die Relativadresse der Speicherstelle für den zu setzenden Punkt, und daraus die Nummer des Speichersegments bestimmt werden. Außerdem muß der Index innerhalb dieses Segments
berechnet werden. Wie sonst wird auch in diesem Fall der Pascal-
Ausdruck *Mem[Segment:Offset]* verwendet, um den Farbwert in die

entsprechende Speicheradresse zu laden und damit den Punkt zu setzen.

```
{ 256-Farben-Modi des Tseng ET-3000 Chips }

Tseng_ET3000_640x350x256..Tseng_ET3000_800x600x256 :
  BEGIN
      Index := x_Aufl*y+x;                        { Index berechnen }

      { Nummer des 64-KByte-Segments berechnen }

      Segment := Index SHR 16;

      { Index innerhalb des 64-KByte-Segments berechnen }

      Seg_Index := Index AND $FFFF;

      { Segment in Segment Select Register laden }

      Port[$3CD] := Segment OR 64;

      Mem[$A000:Seg_Index] := Farbe;            { Punkt setzen }
  END;
```

e) 16-Farben-Modi des Tseng ET-4000 Chips

Der Tseng ET-4000 Chip stellt eine Erweiterung und weitgehende Verbesserung seines Vorgängermodells Tseng ET-3000 dar. Der Videospeicher läßt sich jetzt maximal mit 1 MB bestücken. Die neuesten "Generationen" dieses Chips unterstützen sogar eine Auflösung von 1280x1024 Punkten in 16 Farben. Weil das für die Erstellung professioneller Grafiken sehr interessant ist, wird dieser Modus in unserer Unit komplett unterstützt. Dabei ist die Programmierung aller Modi dieses Chipsatzes aufgrund seines einfachen und verbesserten Hardwareaufbaus noch einfacher als bei seinem Vorgängermodell.

Beim Tseng ET-4000 Chipsatz läßt sich der Videospeicher in 64-KByte-Seiten unterteilen, wobei die einzelnen Segmente wiederum über das Segment Select Register in das A000h-Segment eingeblendet werden. Am Anfang des Routinenteils für die 16-Farben-Modi steht wiederum das Gleiche wie bei den Paradise und Tseng ET-3000 Chipsätzen. Das IF-Konstrukt ermöglicht eine Selektion nach den Modi mit den Auflösungen von 1024x768 bzw. 1280x1024 und 800x600 Punkten. Bei der Auflösung von 1280x1024 Punkten kann es im extremsten Fall vorkommen, daß die 128-KByte-Segmentgrenze überschritten wird. Genau trifft das dann zu, wenn der Index des zu setzenden Punktes größer als $1FFFF ist. In diesem Fall müssen die

Segmente umgeschaltet werden, indem der Wert 34 in das Segment
Select Register geladen wird. Anders ist die Segmentumschaltung,
wenn nur die 64- KByte-Grenze überschritten wird. Dann muß nämlich der Wert 17 in das Segment Select Register geladen werden.
Wenn sich die Speicherstelle für den zu setzenden Punkt innerhalb
des A000h-Segments befindet, wird dieses Register mit dem Wert 0
belegt.

```
{ 16-Farben-Modi des Tseng ET-4000 Chips }

Tseng_ET4000_800x600x16..Tseng_ET4000_1280x1024x16 :
  BEGIN
    { Anzahl Bytes pro Zeile berechnen }

    Bytes_pro_Zeile := x_Aufl DIV 8;

    Port[$3CE] := 0;          { Set/Reset Register anwählen }
    Port[$3CF] := Farbe;                  { Farbwert laden }
    Port[$3CE] := 1;  { Enable Set/Reset Reg. selektieren }
    Port[$3CF] := 15;         { alle 4 Bitplanes freigeben }
    Index := Bytes_pro_Zeile*y+x SHR 3; { Index berechnen }
    Bitmaske := 128 SHR (x AND 7);   { Bitmaske berechnen }
    Port[$3CE] := 8;          { Bit Mask Register anwählen }
    Port[$3CF] := Bitmaske;              { Bitmaske laden }

    { nur für Modi 1024x768 und 1280x1024 Punkte }

    IF (x_Aufl = 1024) OR (x_Aufl = 1280) THEN

      { 128-KByte-Grenze überschritten? }

    IF (Index > $1FFFF) THEN
      BEGIN
        Port[$3CD] := 34;      { ja, Segmente umschalten }
        Mem[$A000:Index-$10000] :=        { Punkt setzen }
        Mem[$A000:Index-$10000];
      END
    ELSE

      { 64-KByte-Grenze überschritten? }

    IF (Index > $FFFF) THEN
      BEGIN
        Port[$3CD] := 17;     { ja, Segmente umschalten }
        Mem[$A000:Index-$10000] :=        { Punkt setzen }
        Mem[$A000:Index-$10000];
      END
    ELSE
      BEGIN
        Port[$3CD] := 0;   { nein, Segmente umschalten }
        Mem[$A000:Index] :=               { Punkt setzen }
```

```
            Mem[$A000:Index];
        END


    { nur für Auflösung 800x600 Punkte }

    ELSE
       Mem[$A000:Index] := Mem[$A000:Index];{ Punkt setzen }
    END;
```

f) 256-Farben-Modi des Tseng ET-4000 Chips

Der Routinenteil für diese Modi ist vergleichbar mit dem entsprechenden Abschnitt für den Tseng ET-3000 Chipsatz. Einzige Änderung: Die OR-Verknüpfung beim Laden des Segments in das Segment Select Register fällt weg.

```
    { 256-Farben-Modi des Tseng ET-4000 Chips }

Tseng_ET4000_640x350x256..Tseng_ET4000_1024x768x256 :
    BEGIN
        Index := x_Aufl*y+x;                    { Index berechnen }

        { Nummer des 64-KByte-Segments berechnen }

        Segment := Index SHR 16;

        { Index innerhalb des 64-KByte-Segments berechnen }

        Seg_Index := Index AND $FFFF;

        { Segment in Segment Select Register laden }

        Port[$3CD] := Segment;

        Mem[$A000:Seg_Index] := Farbe;          { Punkt setzen }
    END;
```

g) 16-Farben_Modus des Video 7 VGA Chips mit einer Auflösung von 800x600 Punkten

In diesem Modus wird das Video-RAM genauso wie im Standard-VGA-Modus 18 (640x480 Punkte in 16 Farben) verwaltet. Die vier Speicherebenen liegen also parallel übereinander, so daß die Programmierung dieses Routinenteils, wie Sie gleich sehen werden, im Grunde keine Probleme bereitet.

Im Abschnitt "VRAM-Speichertechnologie für Super-VGA-Karten" aus dem Kapitel "Einführung" wurden die Geschwindigkeitsvorteile der mit VRAMs bestückten VGA-Karten gegenüber den herkömmlichen

Modellen beschrieben. Während bei der Standard-VGA sowie bei den Paradise und Tseng Chipsätzen ein kombinierter Lese-/Schreibzugriff erforderlich ist, um die Daten aus dem Grafik-Controller in den Videospeicher zu übertragen, so erfordert die Bitmanipulation bei einer mit VRAMs bestückten Grafikkarte, wie das bei vielen Modellen von Video 7 der Fall ist, nur einen Lesezugriff. Das sogenannte Masked Write Control Register, das im Sequenzer der Karte zu finden ist, steuert die Schreibzugriffe, wobei es im Vergleich mit dem Bit Mask Register direkt auf den Videospeicher zugreift. Dies nennt man "maskiertes Schreiben".

Bei den mit VRAMs bestückten Karten können die Daten nicht nur von dem Hauptprozessor, sondern auch direkt aus dem Masked Write Control Register in die entsprechende Speicheradresse geschrieben werden. Dadurch wird ein großer Zeitgewinn gegenüber den normalen VGA-Karten erzielt.

```
{ Modus 800x600x16 des Video 7 VGA Chips }

Video7_800x600x16 :
   BEGIN

      { Anzahl Bytes pro Zeile berechnen }

      Bytes_pro_Zeile := 800 DIV 8;

      { Masked Write Control Register im Sequenzer anwählen }

      Port[$3C4] := 243;

      {Enable Masked Write (maskierbares Schreiben erlauben)}

      Port[$3C5] := 3;

      Port[$3CE] := 0;      { Set/Reset Register selektieren }
      Port[$3CF] := Farbe;              { Farbwert laden }
      Port[$3CE] := 1;  { Enable Set/Reset Reg. selektieren }
      Port[$3CF] := 15;       { alle vier Bitplanes freigeben }
      Index := Bytes_pro_Zeile*y+x SHR 3; { Index berechnen }
      Bitmaske := 128 SHR (x AND 7);   { Bitmaske berechnen }
      Mem[$A000:Index] := Bitmaske;        { Punkt setzen }
   END;
```

h) 256-Farben-Modi des Video 7 VGA Chips

Als erstes wird der Index des Bildpunktes berechnet. Der Wertebereich ist hier wesentlich größer als sonst, da bei einer Video 7 Karte 512 KB oder sogar mehr Video-RAM adressiert werden. Der Index wird weiter zur Berechnung der Nummer des 64-KByte-Segments sowie zur Bestimmung des Index innerhalb dieses Segments benötigt.

Zur Indizierung einer 64-KByte-Seite wird der am Anfang berechnete Index, eine 19 Bit lange Seiten-Adresse verwendet, deren drei höchsten Bits folgende Verteilung haben:

Bit 16:   Extended Page Select Register im Bit 0
Bit 17:   Miscellaneous Output Register im Bit 5
Bit 18:   Extension 1 MB Select Register in den Bits 0 (Schreiben)
               und 2 (Lesen)

Mit diesem Index ist es möglich 2^{19}=524.288 Bildpunkte zu adressieren. Das würde ungefähr einer Auflösung von 800x655 Punkten entsprechen. Für Auflösungen unter 640x480 Punkten reicht schon ein 18 Bit langer Index.

```
{ 256-Farben-Modi des Video 7 VGA Chips }

Video7_640x400x256..Video7_800x600x256 :
  BEGIN
      Index := x_Aufl*y+x;                    { Index berechnen }

      { Nummer des 64-KByte-Segments berechnen }

      Segment := Index SHR 16;

      { Index innerhalb des 64-KByte-Segments berechnen }

      Seg_Index := Index AND $FFFF;

      { Extended Page Select Register im Sequenzer anwählen }

      Port[$3C4] := 249;

      Port[$3C5] := Segment AND 1;          { mit Bit 0 laden }
      hilf := Port[$3CC];          { Miscellaneous Reg. lesen }

      { Bit 1 manipulieren }

      hilf := hilf OR ((Segment AND 2) SHL 4);

      { in Miscellaneous Reg. zurückschreiben }

      Port[$3C2] := hilf;

      Port[$3C4] := 246; { 1 MB Bank Select Reg. ansprechen }
      hilf := Port[$3C5];                     { Register lesen }

      { Bit 0 und 2 laden }
```

```
        hilf := hilf OR (Segment AND 4) OR
                   ((Segment AND 4) SHR 2);

        { neuen Wert in Register zurückschreiben }

        Port[$3C5] := hilf;

        Mem[$A000:Seg_Index] := Farbe;              { Punkt setzen }
      END;
```

Damit endet der Teil der hardwarenahen Programmierung. Die anderen Chipsätze werden mit Hilfe der Ihnen aus dem Kapitel "Erste Schritte" bereits bekannten BIOS-Funktion zum Ausgeben von Bildpunkten programmiert.

```
    ELSE

      { die anderen Chipsätze }

      WITH Regs DO
        BEGIN
          AH := $0C;                    { BIOS-Funktion aufrufen }
          AL := Farbe;              { Farbwert in AL-Reg. laden }
          BH := $00;                                 { Seite 0 }
          CX := x;                 { x-Koordinate in CX-Reg. laden }
          DX := y;                 { y-Koordinate in DX-Reg. laden }
          Intr($10, Regs);             { BIOS-Interrupt aufrufen }
        END;
      END;
    END;
```

Für das Lesen einer Punktfarbe haben die Entwickler des BIOS eine Funktion vorgesehen. Die Belegung der zum Aufruf dieser Funktion benötigten Prozessor-Register ist in der folgenden Übersicht dargestellt:

Eingabe:	AH = 0Dh (Nummer der Funktion) BH = Grafikseite CX = x-Koordinate des Bildpunktes DX = y-Koordinate des Bildpunktes
Ausgabe:	AL = Punktfarbe

Und nun das Listing der Pascal-Routine:

```
FUNCTION Punktfarbe(x, y : Integer) : Byte;

BEGIN
  WITH Regs DO
    BEGIN
      AH := $0D;                              { BIOS-Funktion aufrufen }
      BH := $00;                                         { Seite 0 }
      CX := x;                        { x-Koordinate in CX-Reg. laden }
      DX := y;                        { y-Koordinate in DX-Reg. laden }
      Intr($10, Regs);                       { BIOS-Interrupt aufrufen }
      Punktfarbe := AL;
    END;
END;
```

Der nächste Punkt aus dem Unitschema ist das Zeichnen von geometrischen Figuren. An dieser Stelle muß ich auf das Kapitel "Modus 19
der 256-Farben-Standard" verweisen, weil die Routinen aus dieser
Unit mit denen aus der Unit *MODUS_19* exakt übereinstimmen,
weshalb sie hier nicht nochmals abgedruckt sind.

So können wir jetzt direkt zum nächsten Routinenblock übergehen. Es
handelt sich dabei um Routinen zur Unterstützung der 16-Farben-
Palette, die im Zusammenhang mit den 16-Farben-Modi steht. In allen diesen Routinen wird von den BIOS-Funktionen Gebrauch gemacht. Zunächst betrachten wir die Funktionen zum Setzen und Lesen von einzelnen Palettenregistern sowie der kompletten Palette.
Hier ist die Übersicht der zu diesem Zweck verwendeten Funktionen:

a)   Setzen eines einzelnen Palettenregisters

Eingabe:	AH = 10h (Nummer der Funktion)
	AL = 00h (Nummer der Unterfunktion)
	BH = Farbwert (00h-FFh)
	BL = Nummer des zu setzenden Palettenregisters (00h-0Fh)
Ausgabe:	keine

b)   Lesen eines einzelnen Palettenregisters

Eingabe:	AH = 10h (Nummer der Funktion)
	AL = 07h (Nummer der Unterfunktion)
	BL = Nummer des zu lesenden Palettenregisters (00h-0Fh)
Ausgabe:	BH = Farbwert (00h-FFh)

c) Setzen aller Palettenregister und der Rahmenfarbe (diese entfällt in der zugehörigen Pascal-Routine)

Eingabe:	AH = 10h (Nummer der Funktion) AL = 02h (Nummer der Unterfunktion) ES = Segment-Adresse der Farbenliste DX = Offset-Adresse der Farbenliste
Ausgabe:	keine

d) Lesen aller Palettenregister und der Rahmenfarbe (entfällt in der entsprechenden Pascal-Routine)

Eingabe:	AH = 10h (Nummer der Funktion) AL = 09h (Nummer der Unterfunktion) ES = Segment-Adresse eines 17 Byte langen Puffers (in der zugehörigen Routine 16 Byte lang, weil die Rahmenfarbe entfällt) DX = Offset-Adresse des Puffers
Ausgabe:	ES = Segment-Adresse des Puffers, in den die Palettenwerte geladen wurden DX = Offset-Adresse des Puffers mit den Palettenwerten

Auf die Rahmenfarbe, die in den folgenden Pascal-Routinen entfällt, komme ich später zurück. Und nun das Listing:

```pascal
PROCEDURE Paletten_Reg_setzen(Reg_Nr, Farbwert : Byte);

BEGIN
  WITH Regs DO
    BEGIN
      AH := $10;                        { Nummer der BIOS-Funktion }
      AL := $00;                        { Nummer der Unterfunktion }
      BH := Farbwert;                       { Farbwert übergeben }
      BL := Reg_Nr;  { Nummer des Palettenregisters übergeben }
    END;
  Intr($10, Regs);                        { BIOS-Interrupt aufrufen }
END;

FUNCTION Paletten_Reg_Wert(Reg_Nr : Byte) : Byte;

BEGIN
  WITH Regs DO
    BEGIN
      AH := $10;                        { Nummer der BIOS-Funktion }
      AL := $07;                        { Nummer der Unterfunktion }
```

```pascal
            BL := Reg_Nr;   { Nummer des Palettenregisters übergeben }
            Intr($10, Regs);                 { BIOS-Interrupt aufrufen }
            Paletten_Reg_Wert := BH;                  { Farbwert lesen }
        END;
    END;

    PROCEDURE Palette_setzen(Palette : Paletten_Typ);

    BEGIN
      WITH Regs DO
        BEGIN
            AH := $10;                      { Nummer der BIOS-Funktion }
            AL := $02;                      { Nummer der Unterfunktion }
            ES := Seg(Palette);            { Segment-Adresse ermitteln }
            DX := Ofs(Palette);             { Offset-Adresse ermitteln }
        END;
      Intr($10, Regs);                       { BIOS-Interrupt aufrufen }
    END;


    PROCEDURE Palette_lesen(VAR Palette : Paletten_Typ);

    BEGIN
      WITH Regs DO
        BEGIN
            AH := $10;                      { Nummer der BIOS-Funktion }
            AL := $09;                      { Nummer der Unterfunktion }
            ES := Seg(Palette);            { Segment-Adresse ermitteln }
            DX := Ofs(Palette);             { Offset-Adresse ermitteln }
        END;
      Intr($10, Regs);                       { BIOS-Interrupt aufrufen }
    END;
```

Um die Farben in den 16-Farben-Modi zu ändern, muß zunächst den
16 Palettenregistern, die sich im Attribut-Controller der VGA-Karte
befinden, ein Block der 256 DAC-Register zugeordnet werden. Man
nennt das auch Festlegen des Seitenmodus. Es gibt zwei Möglichkeiten, dies zu tun:

Erstens 4 Registerblöcke mit je 64 DAC-Registern (Seitenmodus 0)
und zweitens 16 Registerblöcke mit je 16 DAC-Registern
(Seitenmodus 1). Sind die Seiten festgelegt, so kann ein Block der
DAC-Register, also eine Seite, angewählt werden. Auf diese Weise
wird der angewählte Block der DAC-Register in die Palettenregister
quasi eingeblendet. Werden nun die Inhalte der DAC-Register, die zu
diesem Block gehören, verändert, so ändern sich auch die Inhalte der
Palettenregister.

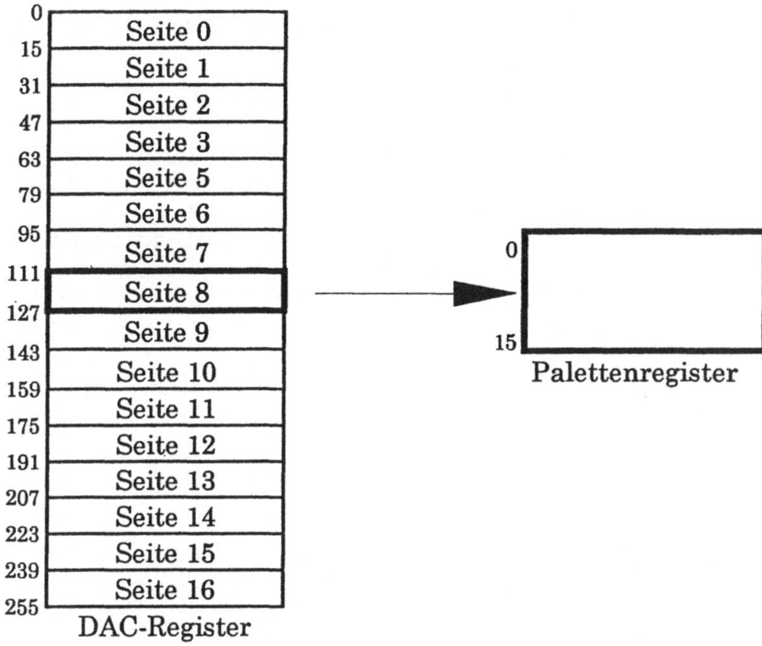

Abb. 4-1:   *Ein DAC-Registerblock (Seite 8) wurde angewählt und wird in die 16 Palettenregister eingeblendet*

Folgende Funktion des VGA-BIOS kommt in den Prozeduren *DAC_Bereich_zuordnen* und *DAC_Block_anwaehlen* zum Einsatz:

e)   Festlegung der Farbseiteneinteilung

Eingabe:	AH = 10h (Nummer der Funktion) AL = 13h (Nummer der Unterfunktion)
	Zum Zuordnen eines DAC-Bereiches (Auswahl eines Seiten modus):
	BH = Seitenmodus (0 oder 1) BL = 00h
	Zum Anwählen eines DAC-Blocks (Auswahl einer Seite):
	BH = Nummer des DAC-Blocks (Seite) BL = 01h
Ausgabe:	keine

```
PROCEDURE DAC_Bereich_zuordnen(Seitenmodus : Byte);

BEGIN
  WITH Regs DO
    BEGIN
      AH := $10;                        { Nummer der BIOS-Funktion }
      AL := $13;                        { Nummer der Unterfunktion }

      { Seitenmodus = 0 : 4 Registerblöcke mit je 64 DAC- }
      {                       Registern                       }
      {             = 1 : 16 Registerblöcke mit je 16 DAC- }
      {                       Registern                       }

      BH := Seitenmodus;

      BL := $00;
    END;
  Intr($10, Regs);                      { BIOS-Interrupt aufrufen }
END;


PROCEDURE DAC_Block_anwaehlen(Block_Nr : Byte);

BEGIN
  WITH Regs DO
    BEGIN
      AH := $10;                        { Nummer der BIOS-Funktion }
      AL := $13;                        { Nummer der Unterfunktion }
      BH := Block_Nr;{Nummer des DAC-Registerblocks übergeben }
      BL := $01;
    END;
  Intr($10, Regs);                      { BIOS-Interrupt aufrufen }
END;
```

Für das Setzen und Lesen der Rahmenfarbe wurden außer den Funktionen in den Punkten c und d (siehe ein paar Seiten vorher) noch zwei weitere BIOS-Funktionen vorgesehen:

f)　　Setzen der Rahmenfarbe

Eingabe:	AH = 10h (Nummer der Funktion) AL = 01h (Nummer der Unterfunktion) BH = Farbwert (00h-FFh)
Ausgabe:	keine

g)　　Lesen der Rahmenfarbe

Eingabe:	AH = 10h (Nummer der Funktion) AL = 08h (Nummer der Unterfunktion)
Ausgabe:	BH = Farbwert (00h-FFh)

Die Rahmenfarbe kann sowohl in den 16- als auch in den 256-Farben-Modi gesetzt werden. Und nun die beiden zugehörigen Routinen:

```
PROCEDURE Rahmenfarbe_setzen(Farbe : Byte);

BEGIN
  WITH Regs DO
    BEGIN
      AH := $10;                    { Nummer der BIOS-Funktion }
      AL := $01;                    { Nummer der Unterfunktion }
      BH := Farbe;                     { Farbwert übergeben }
    END;
  Intr($10, Regs);                   { BIOS-Interrupt aufrufen }
END;

FUNCTION Rahmenfarbe : Byte;

BEGIN
  WITH Regs DO
    BEGIN
      AH := $10;                    { Nummer der BIOS-Funktion }
      AL := $08;                    { Nummer der Unterfunktion }
      Intr($10, Regs);               { BIOS-Interrupt aufrufen }
      Rahmenfarbe := BH;
    END;
END;
```

Die Routinen zum Setzen und Lesen der DAC-Palette im Zusammenhang mit den 256-Farben-Modi sowie die Prozeduren zum Laden von Zeichensätzen und Textausgabe kennen Sie auch aus der Unit *MODUS_19*. In der Initialisierungsroutine der Super-VGA-Unit wird nur der Standard-Zeichensatz geladen. Sie stimmt auch exakt mit der gleichnamigen Routine aus der Unit *MODUS_19* überein. Um Wiederholungen zu vermeiden, werden diese Teile des Listings an dieser Stelle nicht nochmals abgedruckt.

Nun ist der Inhalt dieses Unterkapitels ausgeschöpft. In den folgenden zwei Abschnitten wird ein kleiner "Ausflug" in die Welt der 3D-Grafik gemacht. Es erwarten Sie, wie schon am Anfang dieses Kapitels angedeutet, ein Programm zum Zeichnen von Raumgitterkurven und eine dreidimensionale Simulation eines Sternenhimmels. Selbstverständlich bauen diese beiden Programme auf der gerade vorgestellten Unit auf. Wenn Sie wissen wollen, wie sie konzipiert sind und nach welchen Algorithmen sie funktionieren, sollten Sie die folgenden Unterkapitel auf keinen Fall verpassen.

Quellenhinweise:

(1) ET3000-AX/BX Data Book, Tseng Labs Inc.

(2) ET4000 Data Book, Tseng Labs Inc.

(3) V7VGA Technical Reference Manual, Dean A. Hays, Video Seven, Cupertino, California

4.4 3D-Grafik am Beispiel von Raumgitterkurven

Seit Erfindung des Computers fasziniert die Menschen die 3D-Grafik, die eine Verbindung zwischen der Mathematik und der Darstellung dessen auf dem Bildschirm herstellt. Besonders interessant ist es geworden, seitdem die VGA-Karten auf dem Markt sind, weil diese Darstellungsmöglichkeiten bieten, die in der Qualität vergleichbar oder sogar besser sind als die des bekannten Spitzenreiters auf dem Gebiet Grafik, nämlich Commodore Amiga.

Nach dieser kurzen Einleitung komme ich zu der Erklärung dessen, was man eine Raumgitterkurve nennt. Am Anfang des Kapitels habe ich erwähnt, daß es sich dabei um dreidimensionale Darstellungen von mathematischen Funktionen handelt. Darin werden Sie vielleicht auf den ersten Blick einen Wiederspruch sehen, denn zu Ihrer Schulzeit haben Sie im Mathematikunterricht Funktionen kennengelernt, z.B. eine Parabel, deren Graphen man in einem zweiachsigen, also einem zweidimensionalen Koordinatensystem komplett erfassen kann.

Sie werden sich nun fragen, wie denn eine dreidimensionale Darstellung, die hier Raumgitterkurve genannt wird, zustande kommen soll. Die Erklärung dafür ist einfach. Die Funktionen, die in einem zweidimensionalen Koordinatensystem dargestellt werden, haben die Form $y = f(x)$, z.B. die angesprochene Parabel-Funktion $f(x) = x^2$. Der Funktionswert y dieser Funktionen hängt nur von einer einzigen Variablen, nämlich von x ab. Darüber hinaus gibt es Funktionen, die von zwei Variablen x und y abhängen. Sie haben dann die Form $z = f(x,y)$. Jetzt können Sie sogar schon an der Formel erkennen, daß bei diesen Funktionen zwei Achsen nicht mehr ausreichen, weil hier drei Variablen x, y und z vorkommen.

Daher muß also eine Ausdehnung in die dritte Dimension erfolgen. Damit Sie einen Eindruck davon haben, wie eine solche "dreidimensionale" Funktion aussehen kann, ist sie in der Abbildung 4-2 in Form einer Raumgitterkurve grafisch dargestellt.

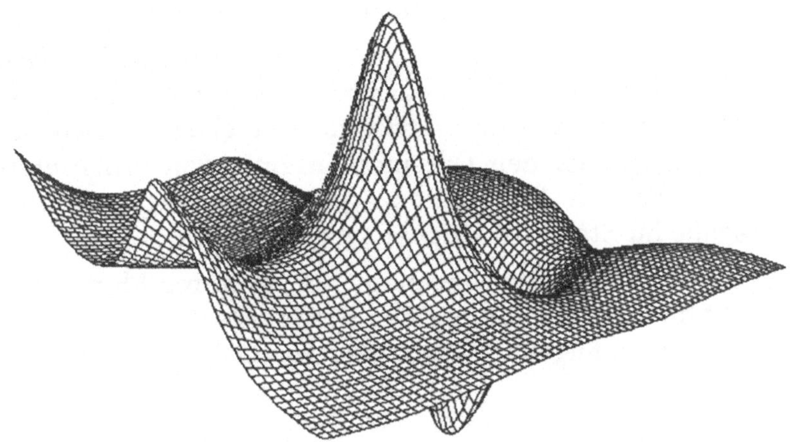

Abb. 4-2:   *Beispiel für eine Raumgitterkurve*

Die Raumgitterkurve ergibt sich, wenn man die Funktionswerte z mit einer Schrittweite errechnet, sie dann zusammen mit den Werten der Funktion x und y in zweidimensionale Punktkoordinaten umrechnet und schließlich diese Koordinaten durch Linien miteinander verbindet.

Nun komme ich zu der Erläuterung des Programms zum Zeichnen von Raumgitterkurven. Auf der beiliegenden Diskette finden Sie es wie üblich in zwei Dateien: den kompletten Quelltext in KURVEN3D.PAS und das ausführbare Programm in KURVEN3D.EXE. Wenn Sie es starten, erscheint zunächst einmal ein Infotext auf dem Bildschirm. Es informiert Sie darüber, daß Sie zum korrekten Ausführen dieses Programms eine Super-VGA-Karte benötigen. Aus Kompatibilitätsgründen habe ich mich hier für den Modus mit einer Auflösung von 640x480 Punkten in 256 Farben entschieden. Für den Betrieb dieses Modus reichen bereits 256 KB Video-RAM aus.

Weiterhin sehen Sie ein Auswahlmenü auf dem Bildschirm. Aus diesem Menü müssen Sie den auf Ihrer Grafikkarte installierten Chipsatz wählen. In den eckigen Klammern wird jeweils die Taste angegeben, die Sie drücken müssen, um den zügehörigen Chipsatz zu selektieren. Falls Sie die Unit SVGA um einen neuen Chipsatz ergänzt haben, können Sie diesen auch in das Auswahlmenü dieses Programms aufnehmen. Sie müssen dabei beachten, daß Sie dementsprechend den Typ SVGA_Chipsatz_Typ erweitern und die Routine, die den Super-VGA-Modus installiert (siehe weiter), modifizieren müssen.

Haben Sie die Wahl des Chipsatzes getroffen, so werden Sie nach dem Namen und Verzeichnis der Zeichensatzdatei gefragt. Hier können Sie entweder den Dateinamen eines bereits verfügbaren Zeichensatzes, z.B. MODERN.ZEI, oder den Dateinamen eines von Ihnen erstellten Zeichensatzes eingeben. Sie können auch nichts eingeben, wenn Sie die Textausgabe im Standard-Zeichensatz wünschen.

Wenn Sie RETURN drücken, erscheint ein weiteres Menü, aus dem Sie die Funktion zur Berechnung der Raumgitterkurve wählen müssen. Es stehen Ihnen folgende Möglichkeiten zur Verfügung:

a) $f(x,y) = \sin(x^2 + y^2)$

b) $f(x,y) = 5 \cdot \exp(-x^2 - y^2)$

c) $f(x,y) = \dfrac{2 \cdot x \cdot \exp(\cos(x) + \sin(y))}{(1 + x^2 + y^2)}$

Selbstverständlich können Sie auch dieses Menü um weitere Terme ergänzen. Dann müssen sie aber auch die Routine *Fkt_Wert* zur Berechnung der Funktionswerte entsprechend modifizieren (siehe weiter).

Haben Sie eine Wahl aus diesem Menü getroffen, so werden Sie nach zwei sogenannten Sichtparametern gefragt (hier P1 und P2 genannt). Diese beiden Parameter legen den Standpunkt des Betrachters und die Perspektive fest. Der Wertebereich ist bei diesen Parametern sehr groß, so daß Sie mit diesem Programm praktisch beliebig viele Darstellungen derselben Funktion erhalten können. Mögliche Werte für P1 und P2 können zum Beispiel 1,8 und 1,2 sein.

Haben Sie die Werte für die Sichtparameter eingegeben, so werden Sie nacheinander der Grafikmodus eingeschaltet, der Zeichensatz geladen, die Fensterrahmen für die Textausgabe und die Raumgitterkurve gezeichnet und der Demotext "KURVEN3D" sowie die Funktionsvorschrift im obigen Teil des Bildschirms angezeigt. Danach beginnt die Berechnung der Funktionswerte und das Zeichnen der Grafik. Die

Raumgitterkurve wird in einer Helligkeitsabstufung von dunkel nach hell gezeichnet. Die Farben werden nach dem Zufallsprinzip ausgesucht, so daß nach jedem erneuten Programmstart die Grafik jeweils in einer anderen Farbe aus insgesamt vier möglichen (rot, grün, blau und weiß) dargestellt wird.

In der Prozedur *Kurve3D_zeichnen* sind die Unter- und Obergrenze, die die Intervallgrenzen festgelegt, in denen die Kurve gezeichnet wird, sowie die Schrittweite als Konstanten deklariert. Zu Testzwecken können Sie diese Werte selbstverständlich verändern, wobei Sie darauf achten müssen, daß die Untergrenze immer negativ, die Obergrenze immer positiv sind und die Schrittweite zwischen 0 und 0,2 liegt. Je nachdem, wie Sie die Intervallgrenzen wählen, wird die Grafik kleiner oder größer gezeichnet. Dabei kann es sogar sein, daß die Kurve über die Bildschirmränder hinweg gezeichnet wird. Das sollten Sie möglichst vermeiden, weil die Routine zum Setzen der Bildpunkte aus Geschwindigkeitsgründen nicht überprüft, ob sich ein Punkt außerhalb des Bildschirms befindet. Nach Möglichkeit sollen Sie auch darauf achten, daß insbesondere die Fensterrahmen und der Text nicht überzeichnet werden. Wenn Sie die Werteinstellung für die Schrittweite verändern, wird sich vor allem die Liniendichte, aber auch die Größe der Grafik ändern.

Abschließend wünsche ich Ihnen viel Vergnügen mit dem Programm KURVEN3D. Das Programmlisting ist so einfach und dazu ausführlich kommentiert, daß ich die einzelnen Routinen nicht mehr zu erläutern brauche.

```
{ Dateiname  : KURVEN3D.PAS              }
{ Autor      : Arthur Burda              }
{ Compiler   : Turbo Pascal 5.0 und höher }

{ KURVEN3D - zeichnet verschiedene Raumgitterkurven, }
{            ein Demoprogramm für die SVGA            }

PROGRAM Kurven3D;

{$D-}                      { keine Informationen des Debuggers }
{$I-}                               { keine I/O-Prüfung }
{$R-}                             { keine Bereichsprüfung }
{$S-}                            { keine Prüfung des Stacks }

USES Crt, Dos, SVGA;                { benötigte Units einbinden }

CONST hellgrau_auf_schwarz = 7;
```

```pascal
TYPE SVGA_Chipsatz_Typ = (ATI_Alt, ATI_Neu, ChipsTech, Genoa,
                          Oak, Paradise, Trident, Tseng_ET3000,
                          Tseng_ET4000, VESA, Video7, Zymos);

     Punkt_Typ = RECORD
       x, y  : Integer;
     END;

VAR Zeichensatz_Datei : PathStr;
    Fkt               : Byte;
    P1, P2            : Real;                    { Sichtparameter }
    Sin_P1, Cos_P1    : Real;
    Sin_P2, Cos_P2    : Real;
    lauf1, lauf2      : Integer;
    lauf3             : Byte;
    x_Aufl, y_Aufl    : Word;

PROCEDURE SVGA_Chipsatz_lesen(VAR Chipsatz: SVGA_Chipsatz_Typ);

VAR Taste : Char;

BEGIN
  WriteLn('SVGA-Chipsätze: [0] ATI Alt (z.B. ATI Wonder)');
  WriteLn('                [1] ATI Neu (zB. ATI Wonder Plus)');
  WriteLn('                [2] Chips & Technology');
  WriteLn('                [3] Genoa (z.B. Genoa 6600A)');
  WriteLn('                [4] Oak');
  WriteLn(
'                [5] Paradise (z.B. Paradise VGA Pro)');
  WriteLn('                [6] Trident (z.B. Trident TVGA)');
  WriteLn('                [7] Tseng ET-3000 (zB.Genoa 5400)');
  WriteLn(
'                [8] Tseng ET-4000 (zB. Diamond Speedstar)');
  WriteLn('                [9] VESA-Standard');
  WriteLn('                [A] Video 7 (z.B. Video 7 VRAM)');
  WriteLn('                [B] Zymos');
  WriteLn;
  Write('Auswahl: ');

  { Eingabe entgegennehmen }

  REPEAT
    Taste := UpCase(ReadKey);
  UNTIL Taste IN ['0'..'9', 'A', 'B'];

  WriteLn(Taste);

  { Eingabe auswerten }

  CASE Taste OF
    '0' : Chipsatz := ATI_Alt;
    '1' : Chipsatz := ATI_Neu;
    '2' : Chipsatz := ChipsTech;
    '3' : Chipsatz := Genoa;
```

```pascal
      '4' : Chipsatz := Oak;
      '5' : Chipsatz := Paradise;
      '6' : Chipsatz := Trident;
      '7' : Chipsatz := Tseng_ET3000;
      '8' : Chipsatz := Tseng_ET4000;
      '9' : Chipsatz := VESA;
      'A' : Chipsatz := Video7;
      'B' : Chipsatz := Zymos;
    END;
END;


FUNCTION Fkt_Nr : Byte;

VAR Taste : Char;

BEGIN
  WriteLn('Funktionen: [0] f(x,y) = sin(x²+y²)');
  WriteLn('            [1] f(x,y) = 5*exp(-x²-y²)');
  WriteLn(
'              [2] f(x,y) = 2*x*exp(cos(x)+sin(y))/(1+x²+y²)');
  WriteLn;
  Write('Auswahl: ');

  { Eingabe entgegennehmen }

  REPEAT
    Taste := ReadKey;
  UNTIL Taste IN ['0'..'2'];

  WriteLn(Taste);

  { Eingabe auswerten }

  CASE Taste OF
    '0' : Fkt_Nr := 0;
    '1' : Fkt_Nr := 1;
    '2' : Fkt_Nr := 2;
  END;
END;


PROCEDURE Modus_setzen(Chipsatz : SVGA_Chipsatz_Typ);

BEGIN
  { SVGA-Modus in Abhängigkeit von dem gewählten Chipsatz }
  { setzen, Auflösung 640x480 Punkte in 256 Farben        }

  CASE Chipsatz OF
   ATI_Alt      : SVGA_Modus_setzen(ATI_Alt_640x480x256, TRUE);
   ATI_Neu      : SVGA_Modus_setzen(ATI_Neu_640x480x256, TRUE);
   ChipsTech    : SVGA_Modus_setzen(ChipsTech_640x480x256,
                     TRUE);
   Genoa        : SVGA_Modus_setzen(Genoa_640x480x256, TRUE);
   Oak          : SVGA_Modus_setzen(Oak_640x480x256, TRUE);
   Paradise     : SVGA_Modus_setzen(Paradise_640x480x256, TRUE);
```

```
    Trident         : SVGA_Modus_setzen(Trident_640x480x256, TRUE);
    Tseng_ET3000    : SVGA_Modus_setzen(Tseng_ET3000_640x480x256,
                      TRUE);
    Tseng_ET4000    : SVGA_Modus_setzen(Tseng_ET4000_640x480x256,
                      TRUE);
    VESA            : SVGA_Modus_setzen(VESA_640x480x256, TRUE);
    Video7          : SVGA_Modus_setzen(Video7_640x480x256, TRUE);
    Zymos           : SVGA_Modus_setzen(Zymos_640x480x256, TRUE);
  END;
END;


PROCEDURE Palette_setzen;

BEGIN
  { Farben (Helligkeitsstufen) für die Raumgitterkurve setzen }

  CASE Random(4) OF
    0 : FOR lauf1 := 1 TO 50 DO
          DAC_Reg_setzen(lauf1, lauf1+10, 0, 0);
    1 : FOR lauf1 := 1 TO 50 DO
          DAC_Reg_setzen(lauf1, 0, lauf1+10, 0);
    2 : FOR lauf1 := 1 TO 50 DO
          DAC_Reg_setzen(lauf1, 0, 0, lauf1+10);
    3 : FOR lauf1 := 1 TO 50 DO
          DAC_Reg_setzen(lauf1, lauf1+10, lauf1+10, lauf1+10);
  END;
END;


PROCEDURE Fensterrahmen_zeichnen;

BEGIN
  { Fensterrahmen für den Demotext zeichnen }

  Rechteck_zeichnen(0, 0, x_Aufl-1, 20, 94);

  { Fensterrahmen für die Raumgitterkurve zeichnen }

  Rechteck_zeichnen(0, 30, x_Aufl-1, y_Aufl-1, 94);
END;


PROCEDURE Demotext_ausgeben;

VAR Fehlercode : Byte;

BEGIN
  { prüfen, ob eine Zeichensatzdatei angegeben wurde, }
  { ggf. Zeichensatz laden, andernfalls Standard-Zei- }
  { chensatz verwenden                                }

  IF Zeichensatz_Datei <> '' THEN
    BEGIN
      Zeichensatz_laden(Zeichensatz_Datei, Fehlercode);
```

```pascal
          { prüfen, ob Fehler beim Laden des Zeichensatzes }
          { aufgetreten ist, ggf. Programm beenden.        }

          IF Fehlercode <> 0 THEN
            BEGIN
              Alten_Modus_setzen(TRUE);
              WriteLn('Fehler beim Laden des Zeichensatzes');
              Halt;
            END;
       END;

  Text_ausgeben(40, 6, 'KURVEN3D', 92);

  { Funktionsvorschrift ausgeben }

  CASE Fkt OF
    0 : Text_ausgeben(280, 6, 'f(x,y) = sin(x²+y²)', 92);
    1 : Text_ausgeben(280, 6, 'f(x,y) = 5*exp(-x²-y²)', 92);
    2 : Text_ausgeben(280, 6,
          'f(x,y) = 2*x*exp(cos(x)+sin(y))/(1+x²+y²)', 92);
  END;
END;

FUNCTION Fkt_Wert(x, y : Real) : Real;

BEGIN
  { Funktionswert in Abhängigkeit von der gewählten Funktion }
  { berechnen                                                }

  CASE Fkt OF
    0 : Fkt_Wert := Sin(Sqr(x)+Sqr(y));
    1 : Fkt_Wert := 5*Exp(-Sqr(x)-Sqr(y));
    2 : Fkt_Wert := 2*x*Exp(Cos(x)+Sin(y))/(1+Sqr(x)+Sqr(y));
  END;
END;

PROCEDURE Werte_umrechnen(x,y,z : Real; VAR Punkt : Punkt_Typ);

VAR hilf1, hilf2 : Real;

BEGIN
  hilf1 := -(x*Cos_P2+y*Sin_P2);
  hilf2 := (hilf1*Sin_P1-z*Cos_P1+20)/900;
  Punkt.x := Round((y*Cos_P2-x*Sin_P2)/hilf2)+(x_Aufl SHR 1);
  Punkt.y:=Round((hilf1*Cos_P1+z*Sin_P1)/hilf2)+(y_Aufl SHR 1);
END;

PROCEDURE Kurve3D_zeichnen;

CONST Untergrenze  = -25;          { untere Intervallgrenze }
      Obergrenze   = 24;            { obere Intervallgrenze }
      Schrittweite = 0.15;
```

```pascal
VAR Punkte : ARRAY[1..4] OF Punkt_Typ;
    x, y   : Real;
    Farbe  : Byte;

BEGIN
  { Sinus und Cosinus von P1 und P2 berechnen }

  Sin_P1 := Sin(P1); Cos_P1 := Cos(P1);
  Sin_P2 := Sin(P2); Cos_P2 := Cos(P2);

  Farbe := 1;

  { Raumgitterkurve berechnen und zeichnen }

  FOR lauf1 := Untergrenze TO Obergrenze DO
    BEGIN
      FOR lauf2 := Untergrenze TO Obergrenze DO
        BEGIN
          FOR lauf3 := 1 TO 4 DO
            BEGIN
              x := (lauf1+lauf3 AND 2 SHR 1)*Schrittweite;
              y := (lauf2+(lauf3-1) SHR 1)*Schrittweite;
              Werte_umrechnen(x, y, Fkt_Wert(x, y),
              Punkte[lauf3]);
            END;
          FOR lauf3 := 1 TO 3 DO
            Linie_zeichnen(Punkte[lauf3].x, Punkte[lauf3].y,
            Punkte[lauf3+1].x, Punkte[lauf3+1].y, Farbe);
          Linie_zeichnen(Punkte[4].x, Punkte[4].y,
          Punkte[1].x, Punkte[1].y, Farbe);
        END;
      Inc(Farbe);                         { Farbnummer um 1 erhöhen }
    END;
END;

{ Hauptprogramm }

VAR Chipsatz : SVGA_Chipsatz_Typ;

BEGIN
  TextAttr := hellgrau_auf_schwarz;
  ClrScr;                                    { Bildschirm löschen }

  { Kopfzeile schreiben }

  GotoXY(3, 1);
  Write('KURVEN3D - zeichnet verschiedene Raumgitterkurven');
  GotoXY(60, 1); Write('Autor: Arthur Burda');

  { Linie ziehen }

  FOR lauf1 := 1 TO 80 DO
    BEGIN
      GotoXY(lauf1, 2); Write(#196);
    END;
```

```
  { Infotext ausgeben }

  GotoXY(1, 4);
  Write(
  'Infotext: Für dieses Programm ist ein Super-VGA-Adapter ');
  WriteLn('erforderlich!');
  Write(
  '          Aus Kompatibilitätsgründen läuft die Demo im ');
  WriteLn('256-Farben-Modus');
  WriteLn('          mit einer Auflösung von 640x480 Punkten.');
  WriteLn;

  { Parameter abfragen }

  SVGA_Chipsatz_lesen(Chipsatz);
  WriteLn;
  Write('Name und Verzeichnis der Zeichensatzdatei: ');
  ReadLn(Zeichensatz_Datei);
  WriteLn;
  Fkt := Fkt_Nr;          { Nummer der gewählten Funktion lesen }
  WriteLn;
  Write('Sichtparameter P1 (2.9E-39..1.7E+38): ');
  ReadLn(P1);
  WriteLn;
  Write('Sichtparameter P2 (2.9E-39..1.7E+38): ');
  ReadLn(P2);

  { Demo starten }

  Modus_setzen(Chipsatz);
  x_Aufl := horizontale_Aufl;
  y_Aufl := vertikale_Aufl;
  Randomize;               { Zufallszahlengenerator initialisieren }
  Palette_setzen;
  Demotext_ausgeben;
  Fensterrahmen_zeichnen;
  Kurve3D_zeichnen;

  { solange warten, bis irgendeine Taste gedrückt wird }

  REPEAT
  UNTIL KeyPressed;

  Alten_Modus_setzen(TRUE);
END.
```

4.5   Dreidimensionale Simulation eines Sternhimmels

Dies ist der zweite Teil unseres "Ausflugs" in die Welt der 3D- Grafik. Im folgenden werde ich Ihnen Einzelheiten zum Programm STERNE3D erläutern.

Beginnen wir mit der Abfrage der Parameter. Als erstes wird, wie im Programm zum Zeichnen von Raumgitterkurven, der Super-VGA-Chipsatz gewählt. Als zweites wird eine Eingabe des Namens und Verzeichnisses der Zeichensatzdatei erwartet. Falls Sie dort nichts eingeben, wird der Standard-Zeichensatz zur Textausgabe verwendet. Weiterhin können Sie die Anzahl der Sterne einstellen. Dabei können Zahlen zwischen 1 und 255 eingegeben werden. Wenn Sie eine Null eingeben, wird nach Abfrage aller Parameter eine Fehlermeldung ausgegeben und das Programm abgebrochen. Als letztes wird die Verzögerungszeit für die Demo eingestellt. Wie üblich bewegen sich auch hier die möglichen Werte zwischen 0 und 255. Sind alle Parameter korrekt eingegeben, so kann die Simulation beginnen. Sie läuft in einem 256-Farben-Modus mit einer Auflösung von 640x480 Punkten. Wenn Sie irgendeine Taste drücken, wird die Demo beendet.

Die Sterne werden mit unterschiedlicher Geschwindigkeit in alle möglichen Richtungen vom Mittelpunkt des Feldes aus zu den Rändern hin bewegt. Wie das programmiertechnisch realisiert wurde, wird zu einem späteren Zeitpunkt erörtert. Hat ein Stern den Rand, also den Fensterrahmen erreicht, so wird ein neuer Stern in der Mitte des Sternfeldes kreiert. Je weiter ein Stern vom Mittelpunkt des Feldes entfernt ist, desto größer und heller ist er. Dadurch entsteht der Eindruck der räumlichen Tiefe. Auch darauf komme ich später noch einmal zurück. Bei jedem erneuten Programmstart haben die Sterne, genauso wie im vorigen Programm die Raumgitterkurven, eine andere Farbe: rot, grün, blau oder weiß. Dies konnte auch in diesem Fall dank des Zufallszahlengenerators realisiert werden.

Soviel Informationen zum Programm zu Beginn dieses Abschnitts. Der Anfang des Programmlistings sieht wie folgt aus :

Hinweis: Die Routinen *SVGA_Chipsatz_lesen* und *Modus_setzen* wurden nicht vollständig wiedergegeben, da sie identisch mit den Routinen aus dem Programm KURVEN3D sind.

```pascal
{ Dateiname : STERNE3D.PAS                    }
{ Autor     : Arthur Burda                    }
{ Compiler  : Turbo Pascal 5.0 und höher }

{ STERNE3D - dreidimensionale Simulation, ein Demoprogramm }
{              für die Unit SVGA                            }

PROGRAM Sterne3D;

{$D-}                       { keine Informationen des Debuggers }
{$I-}                                       { keine I/O-Prüfung }
{$S-}                               { keine Prüfung des Stacks }

USES Crt, Dos, SVGA;                  { benötigte Units einbinden }

CONST hellgrau_auf_schwarz = 7;

TYPE SVGA_Chipsatz_Typ = (ATI_Alt, ATI_Neu, ChipsTech, Genoa,
                          Oak, Paradise, Trident, Tseng_ET3000,
                          Tseng_ET4000, VESA, Video7, Zymos);

     Stern_Typ = RECORD
       x, y    : Integer;                        { Punktkoordinaten }
       vx, vy  : Real;        { Komponenten des Bewegungsvektors }
     END;

VAR Verzoegerung         : Byte;
    Zeichensatz_Datei    : PathStr;
    Anz_Sterne           : Byte;
    Feld                 : ARRAY[1..255] OF Stern_Typ;
    lauf1, lauf2, lauf3  : Byte;                  { Zählvariablen }
    x_Aufl, y_Aufl       : Word;

PROCEDURE SVGA_Chipsatz_lesen(VAR Chipsatz: SVGA_Chipsatz_Typ);
...

PROCEDURE Modus_setzen(Chipsatz : SVGA_Chipsatz_Typ);
...

PROCEDURE Palette_setzen;

BEGIN
  { Farben (Helligkeitsstufen) für die Sterne setzen }

  CASE Random(4) OF
    0 : FOR lauf1 := 1 TO 30 DO
          DAC_Reg_setzen(lauf1, 63, lauf1+33, lauf1+33);
    1 : FOR lauf1 := 1 TO 30 DO
          DAC_Reg_setzen(lauf1, lauf1+33, 63, lauf1+33);
    2 : FOR lauf1 := 1 TO 30 DO
          DAC_Reg_setzen(lauf1, lauf1+33, lauf1+33, 63);
    3 : FOR lauf1 := 1 TO 30 DO
          DAC_Reg_setzen(lauf1, lauf1+33, lauf1+33, lauf1+33);
  END;
END;
```

```
PROCEDURE Fensterrahmen_zeichnen;

BEGIN
  { Fensterrahmen für den Demotext zeichnen }

  Rechteck_zeichnen(0, 0, x_Aufl-1, 20, 75);

  { Fensterrahmen für den Sternhimmel zeichnen }

  Rechteck_zeichnen(0, 30, x_Aufl-1, y_Aufl-1, 75);
END;

PROCEDURE Demotext_ausgeben;

VAR Fehlercode : Byte;

BEGIN
  { prüfen, ob eine Zeichensatzdatei angegeben wurde, }
  { ggf. Zeichensatz laden, andernfalls Standard-Zei- }
  { chensatz verwenden                                }

  IF Zeichensatz_Datei <> '' THEN
    BEGIN
      Zeichensatz_laden(Zeichensatz_Datei, Fehlercode);

      { prüfen, ob Fehler beim Laden des Zeichensatzes }
      { aufgetreten ist, ggf. Programm beenden         }

      IF Fehlercode <> 0 THEN
        BEGIN
          Alten_Modus_setzen(TRUE);
          WriteLn('Fehler beim Laden des Zeichensatzes');
          Halt;
        END;
    END;

  Text_ausgeben(170, 6,
  'STERNE3D - dreidimensionale Simulation', 73);
END;
```

Jetzt soll geklärt werden, wie die Bewegung eines Sternes zustande
kommt. Wie Sie an dem am Anfang des Programms deklarierten Typ
Stern_Typ erkennen können, setzt sich dieser aus den beiden Punktkoordinaten x und y, sowie aus den Komponenten des Bewegungsvektors vx und vy zusammen. Der Bewegungsvektor ist zuständig für die
Bewegungsrichtung eines Sternes. Jede der beiden Vektorkomponenten kann in unserem Programm zwischen -10 und 10 variieren. Dies

wird per Zufall bestimmt. Daraus resultiert vor allem die unterschiedliche Geschwindigkeit, mit der sich die Sterne bewegen, denn zu der
jeweiligen x-Koordinate eines Sternes wird die x-Komponente des
Vektors und zu der y-Koordinate die y-Komponente addiert.

Da die Vektorkomponenten Realzahlen, also Fließkommazahlen sind,
müssen die Nachkommastellen der Punktkoordinaten mit Hilfe der
Turbo-Pascal-Standardroutine *Trunc(Realzahl)* abgeschnitten werden.
Die Bewegung eines Sternes soll nun zur Verdeutlichung an einem
konkreten Beispiel verfolgt werden. Es seien x=320; y=255; vx=4,5;
vy=-2,6. Aus diesen Daten kann man jetzt folgende Bewegungsschritte
für den Stern ableiten:

1.Schritt: x = Trunc(x+vx) = Trunc(320+4,5) = 324
            y = Trunc(y+vy) = Trunc(255-2,6) = 252

2.Schritt: x = Trunc(x+vx) = Trunc(324+4,5) = 328
            y = Trunc(y+vy) = Trunc(252-2,6) = 249

3.Schritt: x = Trunc(x+vx) = Trunc(328+4,5) = 332
            y = Trunc(y+vy) = Trunc(249-2,6) = 246

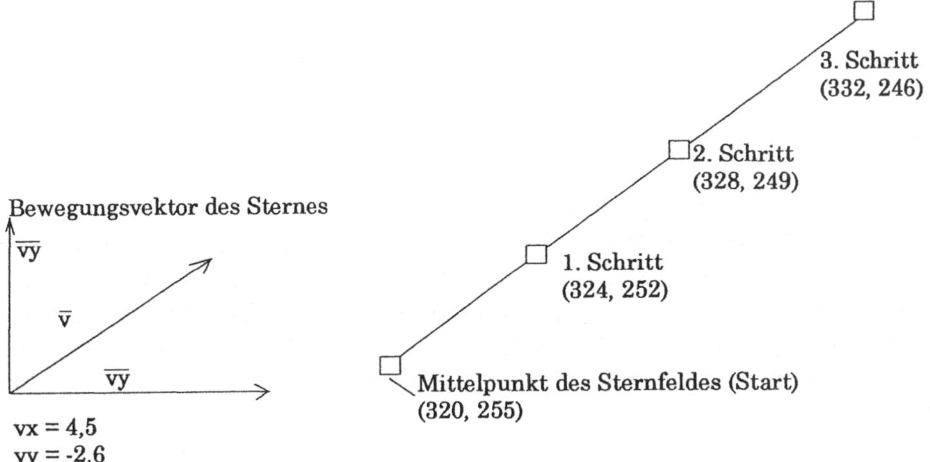

Abb.4-3: *Schrittweise Bewegung eines Sternes vom Mittelpunkt des Fel-*
des aus, auf der Grundlage des Bewegungsvektors $\overline{v}$

Genau diese Formel zur Berechnung der neuen Punktkoordinaten finden Sie in der Prozedur *Sterne_bewegen* wieder (siehe weiter). Bevor

die Sterne überhaupt bewegt werden können, müssen sie zuerst
initialisiert werden. Diese Aufgabe erledigt die folgende Routine:

```
PROCEDURE Sternfeld;

VAR hilf : Real;

BEGIN
  { Sternfeld initialisieren }

  FOR lauf1 := 1 TO Anz_Sterne DO
    BEGIN
      { Startkoordinaten berechnen }

      Feld[lauf1].x := x_Aufl DIV 2;
      Feld[lauf1].y := y_Aufl DIV 2+15;

      { x-Komponente des Bewegungsvektors berechnen }

      hilf := Random*10;
      IF Random(2) = 0 THEN
        hilf := -hilf;
      Feld[lauf1].vx := hilf;

      { y-Komponente des Bewegungsvektors berechnen }

      hilf := Random*10;
      IF Random(2) = 0 THEN
        hilf := -hilf;
      Feld[lauf1].vy := hilf;
    END;
  END;
```

Um die Größe eines Sternes zu ermitteln, muß der Abstand dieses
Sternes vom Mittelpunkt des Sternhimmels bekannt sein. Dieser Abstand kann nach dem Satz des Pythagoras (siehe Abbildung 4-4), der
auf rechtwinklige Dreiecke angewendet wird, berechnet werden. Danach können nicht nur die erwähnte Sterngröße, sondern auch die
Helligkeitsstufe für den Stern berechnet werden.

Nach dem Satz des Pythagoras ergibt sich:

$$Abstand^2 = (\frac{x\_Aufl}{2-x})^2 + (\frac{y\_Aufl}{2+15-y})^2 \qquad \Rightarrow$$

$$Abstand = \sqrt{(\frac{x\_Aufl}{2-x})^2 + (\frac{y\_Aufl}{2+15-y})^2}$$

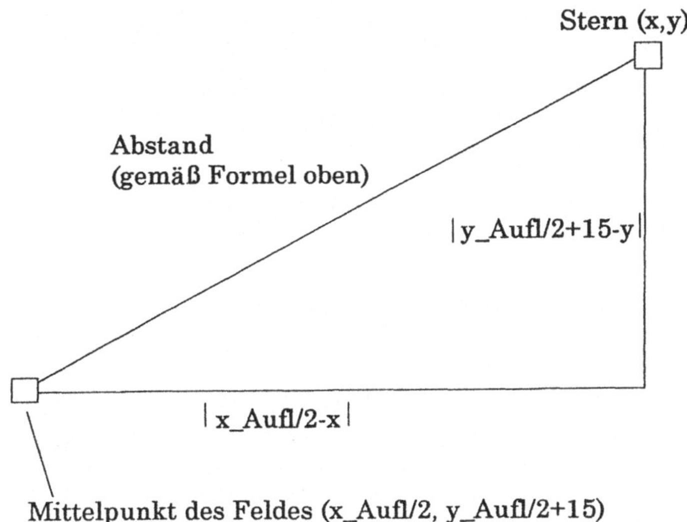

Abb.4-4:   *Berechnung des Abstandes eines Sternes vom Mittelpunkt des Sternfeldes*

Und nun das Listing der Prozedur *Sterne_bewegen*, die die wichtigste Routine in diesem Programm ist:

```
PROCEDURE Sterne_bewegen;

VAR hilf : Real;

    { Abstand eines Sternes vom Mittelpunkt des Feldes }

    Abstand : Real;

    Farbe   : Byte;
    Groesse : Byte;                              { Sterngröße }

BEGIN
  { Demo solange wiederholen, bis eine Taste gedrückt wird }
```

```pascal
REPEAT
  FOR lauf1 := 1 TO Anz_Sterne DO
    WITH Feld[lauf1] DO
      BEGIN
        { Abstand eines Sternes vom Mittelpunkt des Feldes }
        { berechnen                                        }

        Abstand := Sqrt(Sqr(x_Aufl DIV 2-x)+
                   Sqr(y_Aufl DIV 2+15-y));

        {Sterngröße in Abhängigkeit vom Abstand des Sternes }
        {vom Mittelpunkt des Feldes berechnen               }

        Groesse := Trunc(Abstand/100)+1;

        { Stern löschen }

        FOR lauf2 := 1 TO Groesse DO
          FOR lauf3 := 1 TO Groesse DO
            Punkt_setzen(x+lauf2-1, y+lauf3-1, 0);

        { neue Koordinaten berechnen }

        x := Trunc(x+vx);
        y := Trunc(y+vy);

        { prüfen, ob der Stern den Rand schon erreicht hat, }
        { ggf. einen neuen Stern kreieren                   }

        IF (x < 2) OR (x > x_Aufl-5)
        OR (y < 32) OR (y > y_Aufl-5) THEN
          BEGIN
            { Startkoordinaten berechnen }

            x := x_Aufl DIV 2;
            y := y_Aufl DIV 2+15;

            { x-Komponente des Bewegungsvektors berechnen }

            hilf := Random*10;
            IF Random(2) = 0 THEN
              hilf := -hilf;
            vx := hilf;

            { y-Komponente des Bewegungsvektors berechnen }

            hilf := Random*10;
            IF Random(2) = 0 THEN
              hilf := -hilf;
            vy := hilf;

            { Abstand des neuen Sternes vom Mittelpunkt }
            { des Sternhimmels berechnen                }
```

```
                    Abstand := Sqrt(Sqr(x_Aufl DIV 2-x)+
                                    Sqr(y_Aufl DIV 2+15-y));

                    { ein neuer Stern hat die kleinste Größe }

                    Groesse := 1;
                  END;

                { Farbe (Helligkeitsstufe) in Abhängigkeit vom }
                { Abstand des Sternes vom Mittelpunkt des Fel- }
                { des berechnen                                }

                Farbe := Trunc(Abstand/13);

                { Stern mit neuer Farbe setzen }

                FOR lauf2 := 1 TO Groesse DO
                  FOR lauf3 := 1 TO Groesse DO
                    Punkt_setzen(x+lauf2-1, y+lauf3-1, Farbe);
              END;
          Delay(Verzoegerung);                          { verzögern }
        UNTIL KeyPressed;
    END;
```

Zum Schluß kommt wie immer das Hauptprogramm:

```
{ Hauptprogramm }

VAR Chipsatz : SVGA_Chipsatz_Typ;

BEGIN
  TextAttr := hellgrau_auf_schwarz;
  ClrScr;                                     { Bildschirm löschen }

  { Kopfzeile schreiben }

  GotoXY(8, 1);
  Write('STERNE3D - dreidimensionale Simulation');
  GotoXY(55, 1); Write('Autor: Arthur Burda');

  { Linie ziehen }

  FOR lauf1 := 1 TO 80 DO
    BEGIN
      GotoXY(lauf1, 2); Write(#196);
    END;

  { Infotext ausgeben }

  GotoXY(1, 4);
  Write(
  'Infotext: Für dieses Programm ist ein Super-VGA-Adapter ');
  WriteLn('erforderlich!');
```

```pascal
Write(
'          Aus Kompatibilitätsgründen läuft die Demo im ');
WriteLn('256-Farben-Modus');
WriteLn('          mit einer Auflösung von 640x480 Punkten.');
WriteLn;

{ Parameter abfragen }

SVGA_Chipsatz_lesen(Chipsatz);
WriteLn;
Write('Name und Verzeichnis der Zeichensatzdatei: ');
ReadLn(Zeichensatz_Datei);
WriteLn;
Write('Anzahl der Sterne (1..255): ');
ReadLn(Anz_Sterne);
IF Anz_Sterne = 0 THEN
  BEGIN
    ClrScr;                                    { Bildschirm löschen }
    WriteLn('Anzahl der Sterne kann nicht 0 sein!');
    Halt;                                      { Programm abbrechen }
  END;
WriteLn;
Write('Verzögerungszeit in ms (0..255): ');
ReadLn(Verzoegerung);

{ Demo starten }

Modus_setzen(Chipsatz);
x_Aufl := horizontale_Aufl;
y_Aufl := vertikale_Aufl;
Randomize;              { Zufallszahlengenerator initialisieren }
Palette_setzen;
Demotext_ausgeben;
Fensterrahmen_zeichnen;
Sternfeld;
Sterne_bewegen;
Alten_Modus_setzen(TRUE);
END.
```

Damit ist auch dieses Kapitel zu Ende und mir bleibt es nur noch zu hoffen, daß es Ihnen gefallen hat. Im nächsten Kapitel werden wir uns mit dem Schreiben eines Bildschirmschoners mit speziellen VGA- Effekten befassen. Auch die 3D-Simulation, die ich Ihnen gerade vorgestellt habe, wird einer dieser Effekte sein.

5 Bildschirmschoner mit speziellen VGA-Effekten

Wie schon mehrmals angedeutet, geht es in diesem Kapitel um die Programmierung eines Bildschirmschoners für die VGA-Karte. Dabei handelt es sich nicht um einen einfachen "Schlafanzug", der normalerweise nach Ablauf einer bestimmten Zeit den Bildschirm dunkel schaltet und danach kein Zeichen mehr von seiner Existenz gibt. Bei diesem Bildschirmschoner haben Sie die Möglichkeit, einen VGA- Effekt zu wählen, der nach Ablauf der von Ihnen vorgegebenen Zeit in das gerade aktive Programm eingeblendet wird. Voraussetzung dafür ist aber, daß Sie sich in einem der Standard-Textmodi, also in einem der 40x25- oder 80x25-Zeichen-Modi befinden. Wenn Sie sich im Grafikmodus befinden, wird der Bildschirm nur verdunkelt. Warum es am besten ist, so vorzugehen, erzähle ich Ihnen zu einem späteren Zeitpunkt.

Bevor wir uns jedoch der genannten Aufgabe widmen, müssen wir zunächst einmal wissen, wie man solche Programme wie unseren Bildschirmschoner im einzelnen realisiert. Wie Sie vielleicht schon wissen, ist auch er ein sogenanntes TSR-Programm. Und gerade TSR-Programme bereiten bei der Programmierung einige Schwierigkeiten, da sie zusammen mit verschiedenen anderen Applikationen arbeiten. Bis zur Fertigstellung eines guten Bildschirmschoners mit VGA-Effekten führt also, wie Sie im Laufe dieses Kapitels sehen werden, ein oft mühsamer und steiniger Weg. Diese Tatsache soll Sie aber nicht dazu verleiten, die folgenden Abschnitte zu überspringen und zum nächsten Kapitel weiterzublättern.

Hinweis: Die Bezeichnung TSR steht für Terminate and Stay Resident (Beenden und resident bleiben).

5.1 Grundlagen, Funktionsweise und Gestaltung der TSR-Programme im Hinblick auf den Bildschirmschoner

Die TSR-Programme verleihen, eingesetzt unter dem ausgesprochenen Singletasking-System DOS, das immer nur die gleichzeitige Ausführung eines einzelnen Programms erlaubt, einen Hauch vom Multitasking, bei dem mehrere Programme problemlos parallel laufen können. Außer dem hier behandelten Bildschirmschoner sind zahlreiche andere TSR-Utilities bekannt, die meistens als Public Domain oder Shareware vertrieben werden. Nicht viel weniger kennt man auch die ganz großen Vertreter dieser Branche, wie zum Beispiel das Programm SideKick.

Allgemein unterscheidet man zwischen den TSR-Programmen, die mit dem Benutzer nicht in Kontakt treten, während sie aktiv sind und den Programmen, die von dem Benutzer immer aktiviert, quasi in den Vordergrund geholt werden müssen, wobei das andere sogenannte Aufrufer-Programm vorläufig abgeschaltet wird. Zu den ersten der angesprochenen Programme gehört gerade unser Bildschirmschoner. Er verharrt nach der Installation im Speicher und wird erst dann aktiviert, wenn eine bestimmte Zeit abgelaufen ist und der Benutzer sowohl keine Taste auf der Tastatur als auch keine Maustaste betätigt und die Maus innerhalb dieser Zeit nicht mehr bewegt hat.

Und nun wird man sich die Frage stellen, wie es eigentlich funktioniert, daß ein solches Programm nach Ablauf der vorgegebenen Zeit aktiviert wird. Die Antwort auf diese Frage findet man bereits, wenn man weiß, welche Möglichkeiten die Interrupt-Routinen des Systems bieten können. Sie werden nämlich von einem TSR-Programm, in diesem Fall von dem Bildschirmschoner, auf eigene Routinen umgeleitet. Dadurch wird das Programm beim Aufruf einer oder mehrerer dieser Routinen gleichzeitig auch aktiviert und solange ausgeführt bis es dann ein weiteres Signal erhält, in unserem Fall das Drücken der Taste bzw. der Maustaste oder die Mausbewegung, um wieder sozusagen im Hintergrund zu verschwinden. Man muß beachten, daß die Interrupt-Routine, die zur Aktivierung des TSR-Programms führt, auch von anderen Interrupts unterbrochen werden kann. Dies kann in einigen Fällen zu ganz kritischen Situationen führen, die meistens mit dem Systemabsturz enden. Garantiert wird das System dann abstürzen, wenn die umgeleitete Interrupt-Routine von einer DOS-Routine unterbrochen wird, da der von dieser Routine zur Verfügung gestellte Stack zu klein ist, damit die von dem TSR-Programm umgeleitete Routine korrekt ausgeführt werden kann.

Nichts zu befürchten ist dagegen dann, wenn das TSR-Programm zusammen mit einer Applikation arbeitet. In einem solchen Fall benutzt es den Stack dieser Applikation, der normalerweise ausreichend groß ist, um das Programm nicht mit einem Absturz enden zu lassen. Zum Glück werden in der Interrupt-Routine des Bildschirmschoners keine DOS-Aufrufe durchgeführt.

Besondere Vorsicht ist bei der Erstellung der TSR-Programme im Zusammenhang mit Windows geboten, da dieses System zahlreiche Interrupt-Routinen umleitet. Darum brauchen wir uns aber im Grunde nicht zu kümmern, denn es gibt bereits zahlreiche Bildschirmschoner, die speziell auf Windows zugeschnitten sind. Bei der neuesten Windows- Version 3.1 wurde sogar ein Standard-Schoner mit eingebaut, den der Benutzer über die Systemsteuerung wählen kann.

Mein nächster Hinweis im Zusammenhang mit der TSR-Programmierung bezieht sich auf die Speicherverwaltung. Man muß nämlich unbedingt am Anfang jedes TSR-Programms eine Speicherbegrenzung für den Stack und Heap vorgeben, da sonst der Turbo-Pascal-Compiler dem Programm den gesamten zur Verfügung stehenden Speicher zuweist, was selbstverständlich zu einem Speicherzuordnungsfehler führt. In vielen Fällen reicht es schon aus, wenn man nur 1 KB Stack und kein Heap reserviert. Es empfiehlt sich auch die Erzeugung zusätzlicher Informationen für den Debugger, die Ein-/Ausgabe-Prüfung und die Stack-Prüfung wie gewohnt auszuschalten, damit das Programm nicht mit einem Laufzeitfehler abgebrochen werden kann.

Auch in Hinsicht auf die Gestaltung der Programme ist einiges zu sagen. Bei der TSR-Programmierung zielt man nämlich nicht unbedingt auf die Übersichtlichkeit der Programme ab, denn das kostet in den meisten Fällen, besonders unter Turbo Pascal, relativ viel Speicherplatz. Es ist besser, die Programme so zu gestalten, daß sie so wenig wie möglich Speicherplatz verbrauchen, sie also nicht unnötig auszudehnen.

Zum Schluß dieses Abschnitts möchte ich noch darauf hinweisen, daß die neuen Interrupt-Routinen, die das Programm installiert, nicht die alten Interrupt-Handler ersetzen sollen. Das wäre ein etwas egoistisches Verhalten gegenüber den Programmen, die die gleichen Interrupt-Handler vorher umgeleitet haben. Wenn eine neue Interrupt-Routine die alte ersetzt, können diese Programme nicht mehr aktiviert werden. Deshalb ist es am besten, vor der Installation des TSR-Programms im Speicher die alten Interrupt-Vektoren zu holen und die entsprechenden alten Routinen am Anfang oder am Ende der neuen Interrupt-Routinen aufzurufen.

5.2 Welche Leistungsmerkmale sollte ein guter Bildschirmschoner für VGA aufweisen?

In diesem Zusammenhang möchte ich einige Punkte ansprechen, die bei der Programmierung eines leistungsfähigen Bildschirmschoners für die VGA-Karte von großer Bedeutung sind. Zu jedem dieser Punkte folgen einige erläuternde Bemerkungen.

a)   Der Schoner sollte auf allen VGA-Karten laufen.

Dieser Punkt sollte unbedingt beachtet werden, da er mit zu den wichtigsten Bewertungskriterien für einen VGA-Bildschirmschoner gehört. Kurz und bündig gesagt, sollen die verwendeten VGA-Effekte im Standard-VGA-Modus laufen, damit keine Probleme bei der Anpassung entstehen. Denn wie Sie wissen, sind alle VGA-Karten in den Standard-Grafikmodi zueinander kompatibel. Damit man auch die 256-Farben-Palette für die Effekte nutzen kann, empfiehlt sich die Programmierung dieser Effekte in dem bekannten Modus 19. Genauso wie mit den Modi verhält sich die Sache mit den VGA-Registern. Es sollten nämlich nur die Standard-VGA-Register verwendet werden, die bei allen VGAs vorhanden sind.

b)   Wirtschaftliche Speicherplatzverwaltung

Auch dieser Punkt ist ungeheuer wichtig, nicht nur bei der Programmierung eines Bildschirmschoners, sondern allgemein bei der Erstellung beliebiger TSR-Programme, denn viele DOS-Programme benutzen fast den gesamten zur Verfügung stehenden Speicher. Und wenn dann noch ein besonders speicherplatzfressender Bildschirmschoner im Speicher verharrt, kann es zu einer DOS-Meldung wie "Nicht ge nügend freier Arbeitsspeicher" kommen. Ein solcher Schoner würde im Prinzip keinen Nutzen bringen, sondern würde Sie nur daran hindern, eine für Sie wichtige Applikation auszuführen. Besonders eng mit dem Speicherplatz wird es dann, wenn der Rechner nur mit 512 KB RAM ausgerüstet ist. Aus den genannten Gründen sollte die Größe eines Schoners 20 KB nicht weit überschreiten. Natürgemäß sind in dieser Hinsicht die in Assembler geschriebenen Applikationen den Turbo- Pascal-Programmen überlegen. Aber auch in Turbo Pascal läßt sich der Speicherplatz, wie wir noch sehen werden, sehr wirtschaftlich nutzen, so daß auch komfortable Programme mit relativ geringem Speicherplatzverbrauch auskommen können.

c)   Das Programm soll mit möglichst vielen anderen Applikationen fehlerfrei arbeiten können.

Ebenso wie die wirtschaftliche Speicherplatzverwaltung ist auch dieser Punkt von großer Bedeutung. Denn, was nützt einem ein komfortabel gestalteter Bildschirmschoner, wenn er mit einer Vielzahl von anderen DOS-Programmen Fehler verursacht. Deshalb muß ein guter Bildschirmschoner vor seiner Aktivierung den alten Zustand, in dem sich das Aufrufer-Programm befindet, in einem internen Puffer speichern, um die alten Daten nach der Deaktivierung zurückladen zu können. Nur auf diese Weise kann man sich mit hoher Wahrscheinlichkeit darauf verlassen, daß der Schoner in Verbindung mit anderen Programmen keine Fehler verursacht, die zum Beispiel einen plötzlichen Systemabsturz zur Folge haben könnten. Schaltet der Schoner nach seiner Aktivierung beispielsweise den Grafikmodus ein, während vorher der Textmodus gesetzt war, so muß unter anderem der Bildschirminhalt im Textmodus gesichert werden.

d)   Der Biildschirmschoner soll sowohl auf die Tastatur- als auch auf die Maussignale reagieren können.

Mit der Zeit ist auch dieser Punkt wichtig geworden. Denn immer mehr Applikationen (heutzutage sind es weit über die Hälfte aller Software-Programme) benutzen die Maus als ein zu der Tastatur vollkommen gleichwertiges Eingabegerät. Deshalb wäre es ärgerlich, wenn der Benutzer immer eine Taste drücken müßte, um den aktiven Bildschirmschoner zu deaktivieren und zu dem alten Programm zurückzukehren. Viel komfortabler ist es, wenn bereits bei geringfügiger Änderung der Mausposition oder beim Drücken einer Maustaste der

Schoner deaktiviert wird. Denn viele heutige PC-Anwender arbeiten
hauptsächlich mit der Maus und immer weniger mit der Tastatur.

e)   Schoner soll sich auch vom Speicher entfernen lassen.

Viele komfortable TSR-Programme lassen sich bei ihrem erneuten
Aufruf ohne Parameterangaben vom Speicher komplett entfernen.
Diese Möglichkeit soll auch beim Bildschirmschoner gegeben sein.
Denn es kann durchaus vorkommen, daß der Schoner mit irgendeiner
DOS-Applikation nicht ganz korrekt arbeitet und deshalb deinstalliert
werden muß, damit jene Applikation einen fehlerfreien Ablauf hat.
Aber nicht nur in diesem Fall ist es notwendig, den Schoner vom Speicher zu entfernen. Auch dann, wenn Sie zum Beispiel Speicherplatz
brauchen, um irgendein sehr speicheraufwendiges Programm zu starten, ist es komfortabler den "Schlafanzug" zu deinstallieren, als das
System neu booten zu lassen. Sie sehen also, daß es sich in vielen Fällen lohnt, diese Funktion in das Programm aufzunehmen, auch wenn
es etwas mehr Speicherplatz kostet als sonst.

**f)   Die Parameter in der bereits installierten Programmko-
        pie sollen sich aktualisieren lassen.**

Diese Funktion ist zwar nicht notwendig, jedoch sehr nützlich. Denn
es kommt häufig vor, daß Sie beispielsweise die Minuten-Einstellung
ändern oder einen anderen VGA-Effekt wählen möchten. Normalerweise müßte das bereits installierte Schoner-Programm zuerst einmal
vom Speicher entfernt und daraufhin wieder mit neuen Parametern
resident geladen werden. Dank dieser Funktion wird die bereits installierte Programmkopie im Speicher gefunden und die neuen Parameter werden in diese Kopie übertragen, ohne daß der Schoner neu
installiert werden muß. Lohnen tut sich die Aufnahme dieser Funktion in das Programm auf jeden Fall, weil sie nur sehr wenig Speicherplatz verbraucht.

g)   Bedienung des Schoner-Programms, Handhabung

Auch auf die Bedienung eines Programms legt man heutzutage großen
Wert. Dabei rangieren die Menüs an erster Stelle, wenn man die Kom-
fortabilität der Bedienung als Kriterium nimmt. Bei Programmen wie
dem Bildschirmschoner kann man auf diese Art der Bedienung vor allem aus Speicherplatzgründen verzichten. Vielmehr lohnen sich hier
die Parameterangaben direkt in der DOS-Kommandozeile. Allein

schon aus dem Grunde, daß der Schoner vorwiegend von der DOS-Ebene aus gestartet wird. Und möchte der eine oder der andere von Ihnen das Programm direkt beim Booten des Systems starten, so kann er das ohne große Mühe tun, indem er das Programm einfach in die AUTOEXEC-Datei einbindet.

Die Bedienung des Programms und Handhabung war schon der letzte Punkt, den ich im Zusammenhang mit den Leistungsmerkmalen eines gut konzipierten Bildschirmschoners erläutern wollte. Ich hoffe, daß auch Ihnen diese Zusammenstellung von Bewertungsmaßstäben beim Schreiben eigener TSR-Programme für VGA als Hilfe dienen wird. Denn sie gilt nicht nur für den Bildschirmschoner, sondern auch allgemein für speicherresidente Programme. Im nächsten Abschnitt werde ich auf das Schoner-Programm, das in diesem Kapitel realisiert werden soll, konkret eingehen.

5.3 Implementation des Bildschirmschoners

In diesem Abschnitt geht es konkret um die Implementation des Schoner-Programms. Bevor ich jedoch mit der Beschreibung der einzelnen Programmroutinen anfange, möchte ich Ihnen das Programm mehr oder weniger von der Anwenderseite etwas näher vorstellen.

Es hat all die im vorigen Unterkapitel beschriebenen Leistungsmerkmale. Gestartet wird es mit der folgenden Aufrufmaske:

SCHONER [/M:mm] [/E:ee] [/F:ff]

Dabei haben die drei verwendeten Parameter folgende Bedeutung:

/M:mm Dieser Parameter steht für Warte-Minuten, bis das Programm aktiviert wird. Hierfür können Sie Werte zwischen 1 und 60 angeben.

/E:ee Durch diesen Parameter wird der VGA-Effekt gewählt. Sie haben insgesamt drei verschiedene Effekte zur Auswahl: STERNE2D, STERNE3D und REGEN. Die beiden ersten Effekte kennen Sie schon aus den Kapiteln 3 und 4. Dort habe ich sie zum ersten Mal vorgestellt und ausführlich beschrieben. Außerdem können Sie die Effekte mit der Angabe von

KEIN ganz abschalten. Sollten Sie jedoch einen Effekt gewählt haben, so wird dieser nur dann aktiviert, wenn vorher einer der Standard-Textmodi gesetzt war. War vorher ein Grafikmodus aktiv, so wird der Bildschirm nur dunkel geschaltet. Dies ist deshalb so, weil die Grafikmodi viel schwieriger zu handhaben sind als die Textmodi. Während in einem Textmodus nur eine höchstens 4 KB große Bildschirmseite im internen Puffer gesichert werden muß (siehe voriges Unterkapitel - Punkt c), müßten in einem Grafikmodus 64 KB oder mehr Daten gespeichert werden. Das würde natürlich zu lange dauern. Außerdem sind die hochauflösenden Grafikmodi der verschiedenen Super-VGA-Karten, wie Sie ja wissen, nicht kompatibel zueinander.

/F:ff   Dieser Parameter legt die Farbe für den Effekt fest. Mögliche Einstellungen sind ROT, GRÜN, BLAU und WEISS. Die Grafikeffekte wurden in 256 Farben realisiert. Das bedeutet, daß für die Effekte verschiedene Helligkeitsstufen der gewählten Farbe verwendet werden.

Werden in der DOS-Kommandozeile keine Parameter angegeben, so wird das Programm mit folgenden Voreinstellungen geladen:

```
mm = 5
ee = STERNE2D
ff = ROT
```

Wird das Programm mit der Aufrufmaske SCHONER /? geladen, so wird es nicht installiert, sondern es zeigt die Hilfestellung an. Ergänzend ist noch zu sagen, daß das Programm etwa 20 KB Speicherplatz benötigt, was noch im akzeptablen Rahmen bleibt.

Und nun kommen wir zu dem Programmlisting. Am Anfang werden wie gewohnt die Compilereinstellungen gemacht. Nicht zu vergessen ist die Angabe der Speicherbegrenzung, die für die TSR-Programme "lebensnotwendig" ist. Hier reichen bereits 1 KB Stack aus. Für den Heap wird sowohl die Unter- als auch die Obergrenze mit 0 KB eingestellt. Weiterhin wird die DOS-Unit eingebunden. Aus Speicherplatzgründen empfiehlt es sich nicht, weitere Units, wie zum Beispiel *MODUS_19*, zusätzlich zu benutzen.

```pascal
{ Dateiname : SCHONER.PAS                   }
{ Autor     : Arthur Burda                  }
{ Compiler  : Turbo Pascal 5.0 und höher }

{ SCHONER - ein residenter Bildschirmschoner mit speziellen }
{           VGA-Effekten im Modus 19 (320x200 Punkte in 256 }
{           Farben)                                         }

PROGRAM VGA_Bildschirmschoner;

{$D-}                        { keine Informationen des Debuggers }
{$I-}                                        { keine I/O-Prüfung }
{$S-}                                  { keine Prüfung des Stacks }
{$M 1024,0,0}                          { 1 KB Stack, kein Heap }

USES Dos;                               { DOS-Unit einbinden }
```

Im zweiten Teil des Programmlistings werden die verschiedenen Typen, sowie Konstanten und Variablen global deklariert, die innerhalb des Programms benutzt werden.

```pascal
TYPE String5 = String[5];
     String8 = String[8];

CONST Schoner : String = 'SCHONER';        { Programm-Kennung }

      Min        : Byte    = 5;
      Effekt     : String8 = 'STERNE2D';
      Effektfarbe : String5 = 'ROT';

      Ticks : Word = 0;                            { Zeitzähler }

      { Flag für das Vorhandensein der Maus }

      Maus_vorhanden : Boolean = FALSE;

      Parameter_Ok : Boolean = TRUE;{ Flag für Parameter o.k. }

      { Konstanten für den VGA-Modus 19 }

      Video  = $A000;                   { Anfang des Video-RAM }
      x_Aufl = 320;                     { horizontale Auflösung }
      y_Aufl = 200;                       { vertikale Auflösung }

TYPE Cursor_Typ = RECORD
       Start, Ende  : Byte; { Start- und Endzeile des Cursors }
       Pos_x, Pos_y : Byte;   { x- und y-Position des Cursors }
     END;

     { Abstrakter Typ für die verschiedenen Effekte }

     Abstrakter_Typ = RECORD
```

```
        x, y : Integer;                         { Punktkoordinaten }

        {Farbe wird nur bei den Effekten "STERNE2D" u. "REGEN" }
        {benötigt                                              }

        Farbe : Byte;

        { x- und y-Komponente des Bewegungsvektors (sie werden }
        { nur beim Effekt "STERNE3D" gebraucht)                }

        vx, vy  : Real;
      END;

  VAR Regs : Registers;                     { Prozessor-Register }

      { Zählvariablen }

      lauf1, lauf2, lauf3 : Byte;

      Videomodus : Byte;   { Modus vor der Aktivierung des Prog. }
      Seite      : Byte;                        { Bildschirmseite }
      Ofs_Seite  : Word;{ Relativ-Adr. der akt. Bildschirmseite }
      Cursor     : Cursor_Typ;  { Aussehen und Pos. des Cursors }

      { Puffer für den Textbildschirm }

      Bildschirm : ARRAY[1..4000] OF Byte;

      { Feld aus 30 Komponenten }

      Feld : ARRAY[1..30] OF Abstrakter_Typ;

      Maus_Alt_x : Word;             { alte x-Position der Maus }
      Maus_Alt_y : Word;             { alte y-Position der Maus }

      { Zeiger auf die alten Interrupt-Routinen }

      Int09_Alt : Pointer;    { Routine des Tastatur-Interrupts }
      Timer_Alt : Pointer;                    { Timer-Routine }
```

Die erste Routine im Programmlisting ist die Prozedur zum Anzeigen
des Hilfebildschirms.

```
PROCEDURE Hilfe;

BEGIN
  WriteLn;
  Write('SCHONER - ein residenter Bildschirmschoner mit ');
  WriteLn('speziellen VGA-Effekten');
  Write('          im Modus 19 (320x200 Punkte in 256 ');
  WriteLn('Farben)');
  WriteLn;
  WriteLn('Autor: Arthur Burda');
```

```
      WriteLn;
      WriteLn('Aufruf: SCHONER [/M:mm] [/E:ee] [/F:ff]');
      WriteLn;
      Write('Optionen: /M:mm     Warte-Minuten, bis der ');
      WriteLn('Bildschirmschoner aktiviert wird');
      WriteLn('                    mm = 1..60');
      Write('           /E:ee     Effekt (nur Textmodi mit 40x25 ');
      WriteLn('und 80x25 Zeichen)');
      Write('                     ee = KEIN, STERNE2D, STERNE3D, ');
      WriteLn('REGEN');
      WriteLn('           /F:ff     Farbe für den Effekt');
      WriteLn('                     ff = ROT, GRÜN, BLAU, WEISS');
      WriteLn;
      WriteLn('Voreinstellungen: mm = 5');
      WriteLn('                  ee = STERNE2D');
      WriteLn('                  ff = ROT');
   END;
```

Als nächstes kommt die Routine zur Auswertung und Initialisierung
der Parameter aus der Kommandozeile. Wie jedes gute Programm
muß auch der Bildschirmschoner eine Fehlerüberprüfungsroutine beinhalten, die in die Prozedur *Auswerten_und_Initialisieren* eingebunden wurde. Diese hat den Zweck, daß das Programm bei Angabe eines
falschen Parameters nicht resident installiert wird, sondern eine entsprechende Fehlermeldung ausgegeben und der falsche Parameter
angezeigt wird. Sind alle Parameter in Ordnung, so werden die Voreinstellungen überschrieben.

```
PROCEDURE Auswerten_und_initialisieren;

VAR S        : ARRAY[1..3] OF String;          { Hilfsvariablen }
    Teil_Str : String;                         { Teil-String }
    Num_Wert : Integer;                        { numerischer Wert }

    { Code nach der Umwandlung in einen num. Wert }

    Code : Integer;

PROCEDURE Fehlermeldung;

BEGIN
  WriteLn;
  WriteLn('Fehler: '+ParamStr(lauf1));
  Parameter_Ok := FALSE;
END;

BEGIN
  { Wurden Parameter in der DOS-Kommandozeile angegeben? }

  IF ParamCount <> 0 THEN
```

```pascal
{ ja, Parameter auswerten, dabei die syntaktische }
{ Korrektheit prüfen                              }

IF (ParamCount = 1) AND (ParamStr(1) = '/?') THEN
  BEGIN
    Hilfe;                                    { Hilfe anzeigen }
    Parameter_Ok := FALSE;
  END
ELSE
  IF ParamCount IN [1..3] THEN {Parameterzahl zw. 1 und 3?}
    BEGIN                              { ja, weitermachen }
      { Parameter in Hilfsvariablen kopieren, dabei in  }
      { Großbuchstaben zwecks Vereinfachung der syntak- }
      { tischen Prüfung umwandeln                       }

      FOR lauf1 := 1 TO ParamCount DO
        BEGIN
          S[lauf1] := ParamStr(lauf1);
          FOR lauf2 := 1 TO Length(S[lauf1]) DO
            S[lauf1][lauf2] := UpCase(S[lauf1][lauf2]);
        END;

      { syntaktische Prüfung }

      lauf1 := 1;
      REPEAT
        { Teil-String liefern }

        Teil_Str := Copy(S[lauf1], 1, 3);

        IF Teil_Str = '/M:' THEN {Minuten-Angabe gefunden?}
          BEGIN        { ja, Syntax und Wertebereich prüfen }
            { Teil-String liefern }

            Teil_Str := Copy(S[lauf1], 4,
                        Length(S[lauf1])-3);

            { String in einen numerischen Wert umwandeln }

            Val(Teil_Str, Num_Wert, Code);

            { prüfen, ob ein numerischer Wert angegeben }
            { wurde und dieser im vorgegebenen Wertebe- }
            { reich liegt, ggf. Voreinstellung ändern,  }
            { sonst Fehlermeldung ausgeben              }

            IF (Code = 0) AND (Num_Wert IN [1..60]) THEN
              Min := Num_Wert
            ELSE
              Fehlermeldung;
          END
        ELSE
          IF Teil_Str = '/E:' THEN  { Effekt-Angabe gef.? }
            BEGIN                         { ja, Syntax prüfen }
```

```pascal
                 { Teil-String liefern }

           Teil_Str := Copy(S[lauf1], 4,
                       Length(S[lauf1])-3);

        {prüfen, ob der String mit einer der mögli- }
        {chen Angaben für diesen Parameter überein- }
        {stimmt, ggf. Voreinstellung ändern, sonst  }
        {Fehlermeldung ausgeben                     }

          IF (Teil_Str = 'KEIN')
          OR (Teil_Str = 'STERNE2D')
          OR (Teil_Str = 'STERNE3D')
          OR (Teil_Str = 'REGEN') THEN
            Effekt := Teil_Str
          ELSE
            Fehlermeldung;
       END
     ELSE
       IF Teil_Str = '/F:' THEN   { Effektfarbe gef.? }
          BEGIN                    { ja, Syntax prüfen }
            { Teil-String liefern }

           Teil_Str := Copy(S[lauf1], 4,
                       Length(S[lauf1])-3);

          IF Teil_Str = 'GRüN' THEN
            Teil_Str := 'GRÜN';

          { prüfen, ob der String mit einer der mög-}
          {lichen Angaben für diesen Parameter über-}
          {einstimmt, ggf. Voreinstellung ändern,   }
          { sonst Fehlermeldung ausgeben            }

          IF (Teil_Str = 'ROT')
          OR (Teil_Str = 'GRÜN')
          OR (Teil_Str = 'BLAU')
          OR (Teil_Str = 'WEISS') THEN
            Effektfarbe := Teil_Str
          ELSE
            Fehlermeldung;
          END
       ELSE  { keine der drei möglichen Angaben gef. }
          Fehlermeldung;      { Fehlermeldung ausgeben }
      Inc(lauf1)
    UNTIL (lauf1 > ParamCount) OR NOT Parameter_Ok;
   END
 ELSE                            { Zahl der Parameter > 3 }
   BEGIN                         { Fehlermeldung ausgeben }
     WriteLn;
     WriteLn('Fehler: Zu viele Parameter angegeben');
     Parameter_Ok := FALSE;
   END;
```

```pascal
    { wenn Parameter nicht in Ordnung, dann auf Hilfe hinweisen }

    IF NOT Parameter_Ok THEN
      BEGIN
        WriteLn;
        WriteLn('Hilfe mit SCHONER /?');
      END;
  END;
```

An dieser Stelle befinden sich im Quelltext des Programms, den Sie in
der Datei SCHONER.PAS finden, die Routinen, die Sie aus den Kapiteln 2 und 3 bereits kennen. Zum einen handelt es sich um die Prozedur zum Setzen des Videomodus, zum anderen um die Prozeduren
zum Setzen der Punkte und zum Lesen eines DAC-Registers.

Wenn der Benutzer eine Taste drückt, um den aktiven Bildschirmschoner zu deaktivieren und mit dem alten Programm wieder zu arbeiten, ist es sehr praktisch, den Tastaturpuffer zu löschen. Dadurch
wird nämlich ein unkontrollierter Aufruf einer Programmfunktion
verhindert. Die folgende Routine, die diese Aufgabe übernimmt, arbeitet so, daß die Adressen des ersten und letzten Zeichens im Tastaturpuffer gleich der Anfangsadresse dieses Puffers gesetzt werden.

```pascal
    PROCEDURE Tastaturpuffer_loeschen;

    CONST Puffer_Seg = $0040; {Segment-Adresse des Tastaturpuffers}
          Puffer_Ofs = $001A; {Offset-Adresse des Tastaturpuffers }
          Puffer_Beg = Puffer_Ofs+4; { Anfang des Tastaturpuffers }

    VAR {Adresse des ersten zu lesenden Zeichens im Tastaturpuffer}

        Puffer_Head : Word ABSOLUTE Puffer_Seg:Puffer_Ofs;

        { Adresse des letzten zu lesenden Zeichens im Tastatur- }
        { puffer                                                }

        Puffer_Tail : Word ABSOLUTE Puffer_Seg:Puffer_Ofs+2;

    BEGIN
      Puffer_Head := Puffer_Beg;
      Puffer_Tail := Puffer_Beg;
    END;
```

Die folgenden drei Routinen kann man als Hilfsroutinen ansehen. Die
ersten beiden Funktionen liefern die aktuelle x- und y-Position der
Maus zurück. Die dritte Routine liefert *TRUE* zurück, wenn irgendeine Maustaste gedrückt wurde. Sonst wird *FALSE* als Ergebnis zu-

rückgeliefert. Die Registerbelegung brauche ich an dieser Stelle nicht speziell aufzuführen, da das Listing ausführlich kommentiert ist.

```
FUNCTION Maus_Pos_x : Word;

BEGIN
  WITH Regs DO
    BEGIN
      AX := $0003;                     { Funktionsnummer setzen }
      Intr($33, Regs);                 { Maus-Interrupt aufrufen }
      Maus_Pos_x := CX;                { x-Position der Maus lesen }
    END;
END;


FUNCTION Maus_Pos_y : Word;

BEGIN
  WITH Regs DO
    BEGIN
      AX := $0003;                     { Funktionsnummer setzen }
      Intr($33, Regs);                 { Maus-Interrupt aufrufen }
      Maus_Pos_y := DX;                { y-Position der Maus lesen }
    END;
END;


FUNCTION Maustaste_gedrueckt : Boolean;

BEGIN
  WITH Regs DO
    BEGIN
      AX := $0003;                     { Funktionsnummer setzen }
      Intr($33, Regs);                 { Maus-Interrupt aufrufen }

      { Maustaste gedrückt, wenn BX <> 0 }

      Maustaste_gedrueckt := (BX <> 0);
    END;
END;
```

Die Verdunkelung des Bildschirms wird so realisiert, daß die Bildwiederholung einfach ausgeschaltet wird. In den folgenden Routinen zum Ein- und Ausschalten der Bildwiederholung wird direkt auf die VGA-Register über Ports zugegriffen. Daneben gibt es natürlich auch eine entsprechende VGA-BIOS-Funktion, die der Lösung über Portzugriffe gleichkommt. Die erste Methode ist jedoch angebrachter, weil sie viel kürzer ist.

```
PROCEDURE Bildwiederholung_ein;

BEGIN
  Port[$3C4] := 1;           { Clocking Mode Register selektieren }
  Port[$3C5] := Port[$3C5] AND NOT $20;        { Bit 5 löschen }
END;


PROCEDURE Bildwiederholung_aus;

BEGIN
  Port[$3C4] := 1;                { Clocking Mode Register anwählen }
  Port[$3C5] := Port[$3C5] OR $20;                 { Bit 5 setzen }
END;
```

Die Palette für den gewählten VGA-Effekt muß in Abhängigkeit von
der Effektfarbe initialisiert werden. Unabhängig von der gewählten
Farbe wird aber die Helligkeitsabstufung gesetzt. Diese liegt immer
zwischen dem intensiven Weiß und der Effektfarbe.

```
PROCEDURE Palette_setzen;

BEGIN
  { Palette für verschiedene Effekte in Abhängigkeit von }
  { der Einstellung der Farbe im Parameterblock setzen    }

  IF Effektfarbe = 'ROT' THEN                  { Effektfarbe rot? }
    FOR laufl := 1 TO 30 DO                                { ja }
      DAC_Reg_setzen(laufl, 63, laufl+33, laufl+33)
  ELSE
    IF Effektfarbe = 'GRÜN' THEN               { Effektfarbe grün? }
      FOR laufl := 1 TO 30 DO                              { ja }
        DAC_Reg_setzen(laufl, laufl+33, 63, laufl+33)
    ELSE
      IF Effektfarbe = 'BLAU' THEN             { Effektfarbe blau? }
        FOR laufl := 1 TO 30 DO                            { ja }
          DAC_Reg_setzen(laufl, laufl+33, laufl+33, 63)
      ELSE                                 { Effektfarbe ist weiß }
        FOR laufl := 1 TO 30 DO
          DAC_Reg_setzen(laufl, laufl+33, laufl+33, laufl+33);
END;
```

Die Prozedur Aktivieren, die der Routine zum Setzen der Palette folgt,
übernimmt im Grunde zwei Aufgaben: die Sicherung des Zustandes,
in dem sich das Aufrufer-Programm befindet und die Initialisierung
der VGA-Effekte. Dies wird aber nur dann ausgeführt, wenn einer der
Standard-Textmodi aktiv ist. Ist das nicht der Fall, so wird der Bildschirm, wie vorhin schon erwähnt, einfach dunkel geschaltet.

Um den Zustand des Textmodus zu sichern, wird zunächst einmal die Nummer der aktiven Bildschirmseite in einer Variablen gespeichert. Weiterhin müssen die Cursor-Daten, also das Aussehen und Maske des Cursors, gesichert werden. Ist der Maustreiber installiert, so muß der Mauscursor ausgeblendet werden, um nicht später zusammen mit dem Bildschirminhalt abgespeichert zu werden. Vor der Sicherung des Bildschirminhaltes wird die dafür notwendige Offset-Adresse der aktuell auf dem Bildschirm dargestellten Seite relativ zum Anfang des Video-RAM des aktiven Textmodus aus dem BIOS-Datensegment gelesen. Die Ermittlung dieser Adresse wäre hier komplizierter gewesen als das schlichte Auslesen der entsprechenden BIOS-Daten. Damit ist die Zustandsicherung auch schon abgeschlossen und es folgt die Initialisierung der Demo. Nachdem der Modus 19 gesetzt wurde, wird die Palette initialisiert. Danach kann abhängig von dem gewählten Effekt die Variable Feld mit Anfangswerten belegt werden.

```pascal
PROCEDURE Aktivieren;

VAR hilf : Real;

BEGIN
  { Videomodus über die BIOS-Funktion 0Fh auslesen }

  Regs.AH := $0F;                        { Funktionsnummer setzen }
  Intr($10, Regs);                       { BIOS-Routine aufrufen }
  Videomodus := Regs.AL;                   { Videomodus lesen }

  {wenn kein Effekt angegeben wurde oder keiner der Standard- }
  {Textmodi aktiv ist, dann Bildschirm durch Ausschalten der  }
  {Bildwiederholung verdunkeln, sonst Daten des Textmodus si- }
  {chern und Demo initialisieren                              }

  IF (Effekt = 'KEIN') OR NOT (Videomodus IN [1, 3, 7]) THEN
    Bildwiederholung_aus
  ELSE
    BEGIN
      { aktuelle Bildschirmseite mit Hilfe der BIOS- }
      { Funktion 0Fh auslesen                        }

      Regs.AH := $0F;                  { Funktionsnummer setzen }
      Intr($10, Regs); { Routine des BIOS-Interrupts aufrufen }
      Seite := Regs.BH;                        { Seite lesen }
```

```pascal
  { Cursor-Daten (Erscheinungsbild und Position) lesen }

  WITH Regs DO
    BEGIN
      AH := $03;            { Nummer der BIOS Funktion setzen }
      BH := Seite;          { aktuelle Seite in BH-Reg. laden }
      Intr($10, Regs);         { Routine des BIOS aufrufen }
      WITH Cursor DO
        BEGIN
          Start := CH;       { Startzeile des Cursors lesen }
          Ende := CL;         { Endzeile des Cursors lesen }
          Pos_y := DH;       { y-Position des Cursors lesen }
          Pos_x := DL;       { x-Position des Cursors lesen }
        END;
    END;

  { wenn der Maustreiber installiert ist, dann Mauscursor }
  { verschwinden lassen                                    }

  IF Maus_vorhanden THEN
    BEGIN
      Regs.AX := $0002;              { Funktionsnummer setzen }
      Intr($33, Regs);            { Maus-Interrupt aufrufen }
    END;

  { Adresse der aktuell auf dem Bildschirm dargestellten }
  { Seite relativ zum Anfang des Video-RAM aus dem BIOS- }
  { Datensegment lesen                                   }

  Ofs_Seite := MemW[$40:$4E];

  {Bildschirminhalt in Abhängigkeit vom Textmodus im Puf- }
  {fer sichern                                            }
  {Anfang des Video-RAM in den monochromen Textmodi: B000h}
  { Anfang des Video-RAM in den farbigen Textmodi: B800h  }

  CASE Videomodus OF

    { 40x25 farbig }

    1 : Move(Mem[$B800:Ofs_Seite], Bildschirm, 2000);

    { 80x25 farbig }

    3 : Move(Mem[$B800:Ofs_Seite], Bildschirm, 4000);

    { 80x25 monochrom }

    7 : Move(Mem[$B000:Ofs_Seite], Bildschirm, 4000);
  END;

  { Demo initialisieren }

  Videomodus_setzen(19);                        { Modus 19 setzen }
```

```pascal
            Palette_setzen;
            IF Effekt = 'STERNE2D' THEN          { Effekt "STERNE2D"? }
              FOR lauf1 := 1 TO 30 DO        { ja, Feld initialisieren }
                WITH Feld[lauf1] DO
                  BEGIN
                    x := Random(x_Aufl);
                    y := Random(y_Aufl);
                    Farbe := lauf1;
                  END
            ELSE
              IF Effekt = 'STERNE3D' THEN        { Effekt "STERNE3D"? }
                FOR lauf1 := 1 TO 30 DO      { ja, Feld initialisieren }
                  WITH Feld[lauf1] DO
                    BEGIN
                      x := x_Aufl DIV 2;    { x-Startkoord. berechnen }
                      y := y_Aufl DIV 2;    { y-Startkoord. berechnen }

                      { x-Komponente des Bewegungsvektors berechnen }

                      hilf := Random*10;
                      IF Random(2) = 0 THEN
                        hilf := -hilf;
                      vx := hilf;

                      { y-Komponente des Bewegungsvektors berechnen }

                      hilf := Random*10;
                      IF Random(2) = 0 THEN
                        hilf := -hilf;
                      vy := hilf;
                    END
              ELSE                                      { Effekt "REGEN" }
                FOR lauf1 := 1 TO 30 DO          { Feld initialisieren }
                  WITH Feld[lauf1] DO
                    BEGIN
                      x := Random(x_Aufl);
                      y := Random(y_Aufl-20);
                      Farbe := lauf1;
                    END;
        END;
      END;
```

Die Vorgehensweise bei der Initialisierung der Effekte STERNE2D
und STERNE3D kennen Sie schon aus den Kapiteln über den Modus
19 und Super-VGA-Grafik. Die Initialisierung des Effektes REGEN
ist, wie Sie es dem Listing entnehmen können, ähnlich wie die Feldbe-
legung beim Effekt STERNE2D.

Ist das Programm einmal aktiv und sind auch die Felder initialisiert,
so kann die Prozedur *Effekt_zeigen* etwa 18-mal pro Sekunde von dem
sogenannten Timer-Interrupt aufgerufen werden, da die Timer-Rou-

tine, die dieses Programm umleitet, auch in dieser Zeitabfolge angesprungen wird. Dadurch ist die Ausführungsgeschwindigkeit der Demo unabhängig von der Geschwindigkeit des Rechners. Die Timer-Routine werde ich später noch ausführlich beschreiben. Und nun das Listing der Prozedur *Effekt_zeigen*:

```
PROCEDURE Effekt_zeigen;

{ diese Variablen werden nur beim Effekt "STERNE3D" benötigt. }

VAR hilf : Real;

    { Abstand eines Sternes vom Mittelpunkt des Feldes }

    Abstand : Real;

    Farbe   : Byte;
    Groesse : Byte;                                  { Sterngröße }

BEGIN
  INLINE($FA);              { CLI ; Interrupts kurzzeitig sperren }

  IF Effekt = 'STERNE2D' THEN               { Effekt "STERNE2D"? }
    FOR lauf1 := 1 TO 30 DO    { ja, Sterne nach links bewegen }
      WITH Feld[lauf1] DO
        BEGIN
          Punkt_setzen(x, y, 0);                   { Stern löschen }

          { neue Koordinaten berechnen }

          IF x > 0 THEN     { rechter Bildschirmrand erreicht? }
            IF lauf1 IN [1..10] THEN                       { nein }
              Dec(x, 3)
            ELSE
              IF lauf1 IN [11..20] THEN
                Dec(x, 2)
              ELSE
                Dec(x)
          ELSE                 { Stern am rechten Bildschirmrand }
            x := x_Aufl-1;          { an den linken Rand setzen }

          Punkt_setzen(x, y, Farbe);     { Stern erneut setzen }
        END
  ELSE
    IF Effekt = 'STERNE3D' THEN              { Effekt "STERNE3D"? }
      FOR lauf1 := 1 TO 30 DO                { ja, Sterne bewegen }
        WITH Feld[lauf1] DO
          BEGIN
            { Abstand eines Sternes vom Mittelpunkt }
            { des Feldes berechnen                 }
```

```
Abstand := Sqrt(Sqr(x_Aufl DIV 2-x)+
          Sqr(y_Aufl DIV 2-y));

{ Sterngröße in Abhängigkeit vom Abstand }
{ des Sternes vom Mittelpunkt des Feldes }
{ berechnen                              }

Groesse := Trunc(Abstand/80)+1;

{ Stern löschen }

FOR lauf2 := 1 TO Groesse DO
  FOR lauf3 := 1 TO Groesse DO
    Punkt_setzen(x+lauf2-1, y+lauf3-1, 0);

{ neue Koordinaten berechnen }

x := Trunc(x+vx);
y := Trunc(y+vy);

{prüfen, ob der Stern den Rand schon erreicht hat,}
{ ggf. einen neuen Stern kreieren                 }

IF (x < 2) OR (x > x_Aufl-5)
OR (y < 2) OR (y > y_Aufl-5) THEN
  BEGIN
    x := x_Aufl DIV 2;   { x-Startkoord. berechnen }
    y := y_Aufl DIV 2;   { y-Startkoord. berechnen }

    { x-Komponente des Bewegungsvektors berechnen }

    hilf := Random*10;
    IF Random(2) = 0 THEN
      hilf := -hilf;
    vx := hilf;

    { y-Komponente des Bewegungsvektors berechnen }

    hilf := Random*10;
    IF Random(2) = 0 THEN
      hilf := -hilf;
    vy := hilf;

    { Abstand des neuen Sternes vom Mittelpunkt }
    { des Sternhimmels berechnen                }

    Abstand := Sqrt(Sqr(x_Aufl DIV 2-x)+
               Sqr(y_Aufl DIV 2-y));

    { ein neuer Stern hat die kleinste Größe }

    Groesse := 1;
  END;
```

```pascal
            { Farbe (Helligkeitsstufe) in Abhängigkeit }
            { vom Abstand des Sternes vom Mittelpunkt  }
            { des Feldes berechnen                     }

            Farbe := Trunc(Abstand/6.2);

            { Stern mit neuer Farbe setzen }

            FOR lauf2 := 1 TO Groesse DO
              FOR lauf3 := 1 TO Groesse DO
                Punkt_setzen(x+lauf2-1, y+lauf3-1, Farbe);
          END
    ELSE                                      { Effekt "REGEN" }
       FOR lauf1 := 1 TO 30 DO
         WITH Feld[lauf1] DO
           BEGIN
             { Regentropfen löschen }

             FOR lauf2 := 0 TO 4 DO
               Punkt_setzen(x, y+lauf2, 0);

           { neue y-Koordinate berechnen, dabei prüfen, ob der }
           { untere Teil des Bildschirms schon erreicht ist    }

             IF y < y_Aufl-20 THEN
               IF lauf1 IN [1..10] THEN
                 Inc(y, 20)
               ELSE
                 IF lauf1 IN [11..20] THEN
                   Inc(y, 15)
                 ELSE
                   Inc(y, 10)
             ELSE {Regentropfen im unteren Teil des Bildschirms}
               BEGIN                        { neuen Tropfen kreieren }
                 x := Random(x_Aufl);
                 y := Random(y_Aufl-20);
                 Farbe := Random(30)+1;
               END;

             { Regentropfen auf dem Bildschirm darstellen }

             FOR lauf2 := 0 TO 4 DO
               Punkt_setzen(x, y+lauf2, Farbe);
           END;

      INLINE($FB);                  { STI ; Interrupts wieder zulassen }
    END;
```

Damit die Routine während ihrer Ausführung nicht von Interrupt-Routinen unterbrochen werden kann, empfiehlt es sich hier, die Interrupts am Anfang der Prozedur zu sperren. Am Ende können sie wieder freigegeben werden. Dadurch wird auch eine ununterbrochen auf-

einanderfolgende Ausführung der einzelnen Schritte in der Routine
garantiert.

Wird während der Ausführung der Prozedur ein Tastatur- oder Maussignal registriert, so wird das Programm wieder deaktiviert. Damit es
fehlerfrei funktioniert, müssen die Daten des Textmodus, die vorher
gesichert wurden, wieder zurückgeladen werden.

```
PROCEDURE Deaktivieren;

BEGIN
  { wenn kein Effekt in der Kommandozeile angegeben wurde oder }
  { kein Standard-Textmodus aktiv ist, dann Bildwiederholung   }
  { wieder einschalten, sonst Daten des Textmodus zurückladen  }
  { und Demo beenden                                           }

  IF (Effekt = 'KEIN') OR NOT (Videomodus IN [1, 3, 7]) THEN
    Bildwiederholung_ein
  ELSE
    BEGIN
      Videomodus_setzen(Videomodus); { alten Textmodus setzen }

      { Bildschirmseite setzen }

      Regs.AH := $05;                   { BIOS-Funktion aufrufen }
      Regs.AL := Seite;                 { Seite in AL-Reg. laden }
      Intr($10, Regs); { Routine des BIOS-Interrupts aufrufen }

      { Bildschirminhalt aus dem Puffer in Video-RAM zurückko-}
      { pieren                                                }
      { Anfang des Video-RAM in den monochromen Textmodi:B000h}
      { Anfang des Video-RAM in den farbigen Textmodi: B800h  }

      CASE Videomodus OF

        { 40x25 farbig }

        1 : Move(Bildschirm, Mem[$B800:Ofs_Seite], 2000);

        { 80x25 farbig }

        3 : Move(Bildschirm, Mem[$B800:Ofs_Seite], 4000);

        { 80x25 monochrom }

        7 : Move(Bildschirm, Mem[$B000:Ofs_Seite], 4000);
      END;
```

```
WITH Regs DO
   BEGIN
      { das alte Cursor-Erscheinungsbild setzen }

      AH := $01;                        { BIOS-Funktion aufrufen }
      CH := Cursor.Start;    { Startzeile des Cursors laden }
      CL := Cursor.Ende;       { Endzeile des Cursors laden }
      Intr($10, Regs);         { Interrupt-Routine aufrufen }

      { Cursor an die alte Position setzen }

      AH := $02;          { Nummer der BIOS-Funktion setzen }
      BH := Seite;               { Bildschirmseite laden }
      DH := Cursor.Pos_y;        { Bildschirmzeile laden }
      DL := Cursor.Pos_x;        { Bildschirmspalte laden }
      Intr($10, Regs);          { BIOS-Routine aufrufen }
   END;

   { wenn der Maustreiber installiert ist, dann Mauscursor }
   { anzeigen lassen                                       }

   IF Maus_vorhanden THEN
      BEGIN
         Regs.AX := $0001;             { Funktionsnummer setzen }
         Intr($33, Regs);         { Maus-Interrupt aufrufen }
      END;
   END;
END;
```

Die Steuerung des Schoner-Programms übernehmen zwei Interrupt-Routinen, von denen die erste die Routine des Hardware-Tastatur-Interrupts umleitet. Die Original-Interrupt-Routine ist eine BIOS- Routine, die von dem Interrupt-Controller beim Drücken einer Taste aufgerufen wird. Sie liest dann das Zeichen von der Tastatur aus und nimmt es in den Tastaturpuffer auf. Die umgeleitete Routine prüft zunächst einmal, ob das Zeitzähler-/Minutenverhältnis kleiner oder gleich dem Wert 1092 ist. Weil dieser Fall dann eintritt, wenn der Bildschirmschoner noch nicht aktiv ist, also wenn die per Parameter eingestellte Zeit noch nicht abgelaufen ist und innerhalb dieser Zeit eine Taste gedrückt wurde, wird der Zeitzähler auf Null gestellt und es kann wieder von vorne gezählt werden. Auf diese Weise wird der Schoner nicht aktiviert, wenn der Benutzer zwischendurch einmal eine Taste drückt. Wenn aber das erwähnte Verhältnis größer als 1092 ist, bedeutet es für den Bildschirmschoner, daß er sich deaktivieren soll, da er zu dieser Zeit aktiv ist und der Benutzer eine Taste gedrückt hat. Damit den anderen residenten Programmen auch einmal eine Chance gegeben wird, auf die Tastatureingaben des Benutzers zu reagieren, ruft die umgeleitete Routine in beiden beschriebenen Fällen die Original-Routine auf. Dank der INLINE-Anweisung besteht dieser Aufruf aus direkten Prozessor-Befehlen. Übrigens: Für längere Programmteile lohnen sich solche INLINE-Bytefolgen nicht, weil sie zu unübersichtlich sind.

```
PROCEDURE Int09_Neu; INTERRUPT;

BEGIN
  { wenn eine Taste gedrückt wurde und das Programm noch nicht }
  { aktiv ist, dann Zeitzähler zurücksetzen und die Original-  }
  { Routine aufrufen, sonst Programm deaktivieren, Zeitzähler   }
  { zurücksetzen und ebenfalls die Original-Routine aufrufen    }

  IF Ticks/Min <= 1092 THEN
    BEGIN
      Ticks := 0;                      { Zeitzähler zurücksetzen }

      { alte Interrupt-Routine aufrufen }

      { PUSHF ; Flags sichern }

      INLINE($9C/

      { CALL FAR [Int09_Alt] ; Routine aufrufen }

            $FF/$1E/Int09_Alt);
    END
  ELSE

    { eine Taste wurde gedrückt und das Programm ist bereits }
    { aktiv, also deaktivieren                               }

    BEGIN
      Deaktivieren;
      Ticks := 0;                      { Zeitzähler zurücksetzen }

      { alte Interrupt-Routine aufrufen }

      { PUSHF ; Flags sichern }

      INLINE($9C/

      { CALL FAR [Int09_Alt] ; Routine aufrufen }

            $FF/$1E/Int09_Alt);

      Tastaturpuffer_loeschen;
    END;
END;
```

Die zweite Routine, die in diesem Programm umgeleitet wird, ist die
Routine des Timer-Interrupts. Sie ist sogar wichtiger als die Routine
des Tastatur-Interrupts, da sie im Grunde die gesamte Programm-
steuerung übernimmt. Sie wird vom Timer-IC, der sich auf der
Hauptplatine des Rechners befindet, etwa 18-mal pro Sekunde aufgerufen. Ist die eingestellte Zeit noch nicht abgelaufen, d.h. das Zeitzäh-
ler-/Minutenverhältnis kleiner als 1092, so wird der Zeitzähler um eine Einheit erhöht. Wurde ein Maussignal registriert, so wird der Zeitzähler auf Null gestellt. Ist das Verhältnis gleich dem Wert 1092, so
wird das Programm in den Vordergrund geholt und der Zeitzähler
ebenfalls um Eins erhöht. An dieser Stelle fängt die vorher beschriebene Routine *Int09_Neu* an zu wirken, wenn der Benutzer eine Taste
drückt. Gleichzeitig wird der eingestellte Effekt auf dem Bildschirm
gezeigt (wenn das Zeitzähler-/Minutenverhältnis größer als 1092 ist).
Beim Registrieren eines Maussignals wird das Programm deaktiviert
und der Zeitzähler zurückgesetzt. Das ist äquivalent zum Drücken einer Taste. Die x- und y-Position der Maus werden jedesmal beim Aufruf der Routine neu abgefragt und in den internen Variablen gespeichert, damit eine Mausbewegung leicht festgestellt werden kann, um
darauf entsprechend zu reagieren. Auch das Drücken einer Maustaste
kann die umgeleitete Timer-Routine registrieren. Der letzte Schritt
ist der Aufruf der Original-Routine.

```pascal
PROCEDURE Timer_Neu; INTERRUPT;

BEGIN
  IF Ticks/Min < 1092 THEN              { Noch nicht aktivieren? }
    BEGIN                                            { nein }
      Inc(Ticks);                        { Zeitzähler um 1 erhöhen }

      {wenn sich die x- oder y-Position der Maus gegenüber dem }
      {letzten Aufruf der Routine geändert hat oder eine Maus- }
      {taste gedrückt wurde, dann den Zeitzähler zurücksetzen  }

      IF Maus_vorhanden THEN
        IF (Maus_Pos_x <> Maus_Alt_x)
        OR (Maus_Pos_y <> Maus_Alt_y)
        OR Maustaste_gedrueckt THEN
          Ticks := 0;
    END
  ELSE
    IF Ticks/Min = 1092 THEN                     { Jetzt aktivieren? }
      BEGIN                                              { ja }
        Aktivieren;           { Programm in den Vordergrund holen }
        Inc(Ticks);                     { Zeitzähler um 1 erhöhen }
      END
```

```
            ELSE                                { Programm schon aktiv }
               BEGIN
                  IF (Effekt <> 'KEIN') AND (Videomodus IN [1,3,7]) THEN
                     Effekt_zeigen;

                  { wenn sich die x- oder y-Position der Maus gegenüber }
                  { dem letzten Aufruf der Routine geändert hat oder     }
                  { eine Maustaste gedrückt wurde, dann Programm deak-   }
                  { tivieren und Zeitzähler zurücksetzen                 }

                  IF Maus_vorhanden THEN
                     IF (Maus_Pos_x <> Maus_Alt_x)
                     OR (Maus_Pos_y <> Maus_Alt_y)
                     OR Maustaste_gedrueckt THEN
                        BEGIN
                           Deaktivieren;
                           Ticks := 0;              { Zeitzähler zurücksetzen }
                        END;
               END;

         { x- und y-Position der Maus sichern }

         IF Maus_vorhanden THEN
            BEGIN
               Maus_Alt_x := Maus_Pos_x;
               Maus_Alt_y := Maus_Pos_y;
            END;

         { alte Timer-Routine aufrufen }

         { PUSHF ; Flags sichern }

         INLINE($9C/

         { CALL FAR [Timer_Alt] ; Routine aufrufen }

               $FF/$1E/Timer_Alt);
      END;
```

Der nächsten Routine kommt besonders bei der Prüfung, ob das Programm bereits resident im Speicher installiert ist, und bei der Aktualisierung der Parameter Bedeutung zu. Es ist eine Funktion, die den Zeiger auf eine Variable im bereits installierten Schoner-Programm zurückliefert. Damit der richtige Zeiger zurückgeliefert wird, müssen die Adresse dieser Variablen im aktuell ausgeführten Schoner-Programm und die Adresse des sog. PSP-Segments (Programm-Segment-Präfix) der installierten Programmkopie als Parameter in die Funktion übergeben werden. Den Zeiger auf diese Variable kann man relativ leicht ermitteln, wenn man weiß, daß die beiden Programme, das be-

reits resident installierte und aktuell ausgeführte, identisch im Spei-
cher vorliegen. Infolgedessen ist der Abstand zwischen den PSP-
Adressen der beiden Programme gleich dem Abstand zwischen den
Adressen der alten und neuen Variablen (siehe Abbildung 5-1).

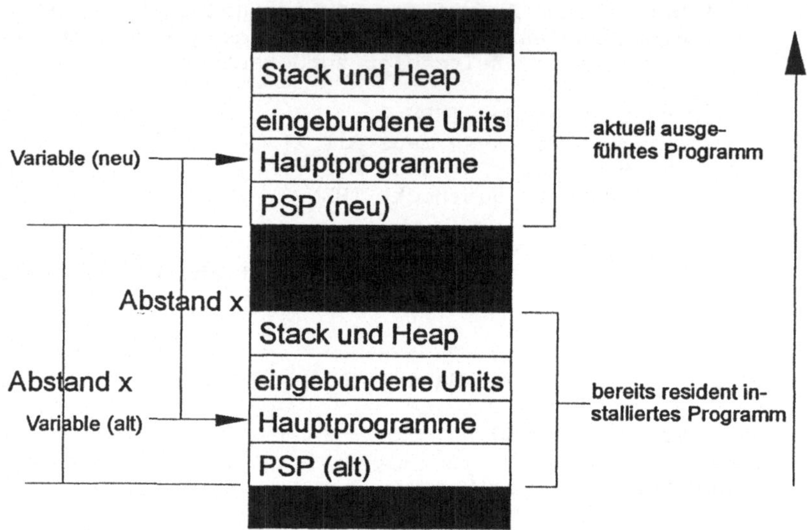

Seg(Variable(alt)) = Seg(Variable(neu)) - PSP(neu) +PSP(alt)
Ofs(Variable(alt)) = Ofs(Variable(neu))

Abb.5-1:   *Ermittlung der Adresse einer Variablen im bereits installierten*
             Bildschirmschoner

```
FUNCTION Z_Var_liefern(Akt_Adr : Pointer;
          PSP_Seg : Word) : Pointer;

VAR { Segment-Adresse der Variablen im bereits installierten }
    { Programm, auf die ein Zeiger geliefert werden soll      }

    Segment : Word;

    Offset : Word;                  { Offset-Adresse der Variablen }

BEGIN
  {Die Segment-Adresse der Variablen in der residenten Prog-  }
  {rammkopie berechnet sich aus der Division der Segment-Ad-  }
  {resse der identischen Variablen im aktuell ausgeführten    }
  {Programm und der Adresse des PSP-Segments in diesem Prog-  }
  {ramm (PrefixSeg), wozu die PSP-Segment-Adresse im resident }
  {installierten Bildschirmschoner addiert wird (PSP_Seg).    }
```

```
Segment := Seg(Akt_Adr^)-PrefixSeg+PSP_Seg;

{ Die Offset-Adresse der Variablen in der bereits instal- }
{ lierten Kopie des Bildschirmschoners ist identisch mit  }
{ der Adresse derselben Variablen im aktuell abgearbeite-  }
{ ten Programm.                                            }

Offset := Ofs(Akt_Adr^);

Z_Var_liefern := Ptr(Segment, Offset);    { Zeiger ermitteln }
END;
```

Während die Adresse der Variablen im aktuell abgearbeiteten Programm über den Adressoperator @ leicht ermittelt werden kann, steht die Adresse des PSP-Segments nicht so ohne weiteres zur Verfügung. Das Problem löst die Funktion *PSP_Segment*, die den Speicher nach einer bereits installierten Programmkopie durchsucht und gegebenenfalls die Adresse des PSP-Segments in dieser Kopie als Ergebnis zurückliefert.

Zunächst einmal stellt man sich die Frage, wie eine solche Kopie im Speicher identifiziert werden kann. Wenn Sie sich den Deklarationsteil des Programms genau ansehen, werden Sie die Antwort auf diese Frage schnell finden. Dort wurde nämlich ein Kennungs-String in Form einer typisierten Konstanten deklariert. Um mit der Suche nach dieser Zeichenkette anfangen zu können, muß man jedoch zuerst einen Anhaltspunkt dafür finden. Da das DOS den reservierten Speicherblöcken jeweils einen sogenannten Speicher-Kontroll-Block (MCB) voranstellt, muß zu Beginn der Routine der Zeiger auf den ersten sich im Speicher befindlichen MCB über die DOS-Funktion 52h ermittelt werden. Danach können die weiteren MCBs in einer Schleife durchlaufen werden, wobei jeweils auf das Vorhandensein der Programmkopie anhand des Kennungs-Strings geprüft werden muß. Denn im aktuell ausgeführten Programm befindet sich der Kennungs-String an der gleichen Stelle wie die identische Zeichenkette in der bereits installierten Schoner-Kopie, da die beiden Programme, wie vorhin schon angedeutet, auch identisch im Speicher vorliegen. Zur Identifizierung der Programmkopie, vergleicht die Routine außer der Kennungs-Zeichenkette auch noch die PSP-Segment-Adresse aus dem aktuellen MCB mit seiner eigenen PSP-Adresse, die in der Variablen *PrefixSeg* gespeichert ist. Wenn sie die Programmkopie nicht findet, prüft sie, ob noch weitere MCBs folgen, um gegebenenfalls den Zeiger auf den nächsten MCB zu ermitteln. Ist die Kette der MCBs beendet oder wurde

die Schoner-Kopie nicht gefunden, so wird die Suche abgebrochen und
eine Null als Ergebnis der Funktion zurückgeliefert.

```
FUNCTION PSP_Segment(VAR Kennung : String) : Word;

CONST { PSP-Segment-Adresse der gesuchten Programmkopie }

     PSP_Seg : Word = 0;

     Suche_beenden : Boolean = FALSE;{Flag für Suche beenden }

TYPE Z_String = ^String;                { Zeiger auf einen String }

     { dieser Typ bildet einen Speicher-Kontroll-Block (MCB) }
     { nach                                                  }

     MCB = RECORD
       { Kennzeichen = "M" : MCB vorhanden }
       {               "Z" : Ende          }

       Kennzeichen : Char;

       PSP_Seg     : Word;      { zugehörige PSP-Segment-Adresse }
       Anz_Paragr : Word;                     { Anzahl Paragraphen }
     END;

     Z_MCB  = ^MCB;                        { Zeiger auf einen MCB }
     ZZ_MCB = ^Z_MCB; { Zeiger auf einen Zeiger auf einen MCB }

VAR Z_Akt_MCB : Z_MCB;              { Zeiger auf den aktuellen MCB }

BEGIN
   { Zeiger auf den ersten sich im Speicher befindlichen MCB }
   { ermitteln, dazu die DOS-Funktion 52h aufrufen, die die  }
   { Adresse des ersten DOS-Parameter-Blocks (DPB) liefert   }

   Regs.AH := $52;                        { DOS-Funktion aufrufen }
   MsDos(Regs);                   { DOS-Interrupt-Routine aufrufen }
   Z_Akt_MCB := ZZ_MCB(Ptr(Regs.ES, Regs.BX-4))^;

   {mit der Suche nach der bereits installierten Programmkopie }
   {beginnen, dazu die einzelnen MCBs durchlaufen, die sich im }
   {Speicher befinden                                          }

   REPEAT
     {prüfen, ob sich im Speicherbereich des aktuellen MCB der }
     {Kennungs-String der gesuchten Kopie des Bildschirmscho-  }
     {ners befindet und es sich nicht um das gerade abgearbei- }
     {tete Programm handelt (bei einem positiven Ergebnis die  }
     {PSP-Segment-Adresse der gesuchten Kopie ermitteln)       }

     IF (Z_String(Z_Var_liefern(@Kennung,
        Z_Akt_MCB^.PSP_Seg))^ = Kennung)
```

```
  AND (PrefixSeg <> Z_Akt_MCB^.PSP_Seg) THEN
    PSP_Seg := Z_Akt_MCB^.PSP_Seg;

  { prüfen, ob der letzte MCB im Speicher erreicht wurde   }
  { (wenn ja, Suche beenden, sonst Zeiger auf den nächsten }
  { MCB ermitteln)                                         }

  IF Z_Akt_MCB^.Kennzeichen = 'Z' THEN
    Suche_beenden := TRUE
  ELSE
    Z_Akt_MCB := Ptr(Seg(Z_Akt_MCB^)+
                     Z_Akt_MCB^.Anz_Paragr+1, 0)
  UNTIL (PSP_Seg <> 0) OR Suche_beenden;

  { PSP_Seg =  0 : Programm noch nicht resident installiert }
  {          <> 0 : Programm bereits installiert            }

  PSP_Segment := PSP_Seg;
END;
```

Nun kommen wir zu der Installationsroutine des Programms. Der erste Schritt ist die Initialisierung des Zufallszahlengenerators. Danach wird eine Prüfung auf das Vorhandensein des Maustreibers durchgeführt. Dieser klinkt sich bei der Installation in die InterruptRoutine 33h ein, die nicht unbedingt von einem Maustreiber, sondern auch von einem anderen Anwenderprogramm belegt werden kann. Da jede Interrupt-Routine mit einem speziellen Befehl IRET endet, muß das auch bei dem Maustreiber der Fall sein. Ist auch diese Hürde übersprungen, so wird der Maustreiber initialisiert und erst bei einem positiven Ergebnis der typisierten Konstante *Maus_vorhanden* der Wert *TRUE* zugewiesen. Ist eine Maus an den PC angeschlossen, so werden des weiteren die x- und y-Position der Maus in Variablen gesichert.

Weiterhin werden die Original-Vektoren des Interrupts 09h und des Timer-Interrupts geholt, damit diese Routinen später in den vom Programm umgeleiteten Interrupt-Routinen aufgerufen werden können. Ist das erledigt, so werden die angesprochenen Interrupt-Vektoren auf die Adressen der neuen Routinen mittels des Adressoperators @ gesetzt. Danach werden die Original-Vektoren der Systemroutinen 00h und 1Bh gesetzt und schließlich das Programm resident im Speicher installiert.

```pascal
PROCEDURE Installieren;

VAR { Zeiger auf die Routine des Interrupts 33h }

    Z_Int33 : Pointer;

BEGIN
  Randomize;                  { Zufallszahlengenerator initialisieren }

  { prüfen, ob der Maustreiber installiert ist }

  GetIntVec($33, Z_Int33); { Zeiger auf die Routine ermitteln }
  IF Z_Int33 <> NIL THEN { Zeigt der Zeiger auf eine Routine? }
    BEGIN                                                    { ja }
      { Zeigt Z_Int33 auf eine aus IRET bestehende Routine? }

      IF Mem[Seg(Z_Int33^):Ofs(Z_Int33^)] <> $CF THEN

        { ja, Maustreiber initialisieren und prüfen, ob }
        { Initialisierung o.k.                          }

        BEGIN
          Regs.AX := $0000;
          Intr($33, Regs);
          Maus_vorhanden := (Regs.AX = $FFFF);
        END;
    END;

  { wenn der Maustreiber installiert ist, dann die x- und }
  { y-Position der Maus merken                            }

  IF Maus_vorhanden THEN
    BEGIN
      Maus_Alt_x := Maus_Pos_x;
      Maus_Alt_y := Maus_Pos_y;
    END;

  { Interrupt-Vektoren der alten Routinen holen }

  GetIntVec($09, Int09_Alt);
  GetIntVec($1C, Timer_Alt);

  { neue Interrupt-Routinen installieren }

  SetIntVec($09, @Int09_Neu);
  SetIntVec($1C, @Timer_Neu);

  { Original-Interrupt-Vektoren des Systems setzen }

  SetIntVec($00, SaveInt00);
  SetIntVec($1B, SaveInt1B);

  Keep(0);          { Programm beenden und resident installieren }
END;
```

Die Routine zum Deinstallieren des Bildschirmschoners hat folgenden
Aufbau: Zunächst werden die aktuellen Interrupt-Vektoren der Interrupts 09h und 1Ch geholt. Danach wird festgestellt, ob die vom Schoner-Programm umgeleiteten Routinen nicht vielleicht einmal von einem anderen TSR-Programm überschrieben wurden. Nur dann, wenn
das nicht der Fall ist, wird der Bildschirmschoner vom Speicher entfernt, indem zuerst der Environment-Block des Programms und daraufhin der belegte RAM-Speicher freigegeben werden. Wenn ein anderes TSR-Programm über dem Schoner liegt, liefert die Funktion Deinstallieren den Wert *FALSE* an den Aufrufer zurück.

```pascal
FUNCTION Deinstallieren(PSP_Seg : Word) : Boolean;

TYPE {dieser Typ bildet den Programm-Segment-Präfix (PSP) nach}

    PSP = RECORD
      { diese Felder sind hier unbedeutend }

      Dummy : ARRAY[0..43] OF Byte;

      Env_Seg : Word;{Segment-Adresse des Environment-Blocks }
    END;

    Z_PSP = ^PSP;                            { Zeiger auf den PSP }
    ZZ    = ^Pointer;                        { Zeiger auf einen Zeiger }

VAR Akt_Timer : Pointer;  { Zeiger auf die akt. Timer-Routine }

    { Zeiger auf die aktuelle Routine des Interrupts 09h }

    Akt_Int09 : Pointer;

BEGIN
  { Interrupt-Vektoren holen }

  GetIntVec($09, Akt_Int09);
  GetIntVec($1C, Akt_Timer);

  { prüfen, ob die Interrupt-Routinen nicht von einem anderen }
  { TSR-Programm überschrieben wurden (wenn nicht, alte Inter-}
  { rupt-Routinen installieren, Environment-Block und RAM-Spei}
  { cher mit Hilfe der DOS-Funktion 49h freigeben)            }

  IF (Akt_Int09 = Z_Var_liefern(@Int09_Neu, PSP_Seg))
  AND (Akt_Timer = Z_Var_liefern(@Timer_Neu, PSP_Seg)) THEN
    BEGIN
        { alte Interrupt-Routinen wieder installieren }

        SetIntVec($09, ZZ(Z_Var_liefern(@Int09_Alt, PSP_Seg))^);
        SetIntVec($1C, ZZ(Z_Var_liefern(@Timer_Alt, PSP_Seg))^);
```

```
        { Environment-Block des Programms freigeben }

        Regs.AH := $49;                    { DOS-Funktion aufrufen }

        {Segment-Adresse des Speicherbereiches ermitteln und in }
        {ES-Reg. laden                                          }

        Regs.ES := Z_PSP(Ptr(PSP_Seg, 0))^.Env_Seg;

        MsDos(Regs);            { DOS-Interrupt-Routine aufrufen }

        { allokierten RAM-Speicher freigeben }

        Regs.AH := $49;                    { DOS-Funktion aufrufen }

        { Segment-Adresse des allokierten Speicherbereiches }
        { in ES-Reg. laden                                  }

        Regs.ES := PSP_Seg;

        MsDos(Regs);                       { DOS-Routine aufrufen }

        Deinstallieren := TRUE;
      END
    ELSE
      Deinstallieren := FALSE;
  END;
```

Bevor ich zu dem Hauptprogramm komme, möchte ich die Routine zur
Prüfung auf das Vorhandensein einer VGA-Karte kurz beschreiben.
Sie bedient sich der Funktion 1Ah des BIOS. Diese Funktion ist recht
interessant, da man mit ihr nicht nur prüfen kann, ob eine VGA-Karte
vorhanden ist, sondern sie liefert sogar Informationen darüber, welcher Monitortyp an die VGA-Karte angeschlossen ist. Darüber hinaus
ist es auch möglich, eine ROM-BIOS-Variable zur Beschreibung des
angeschlossenen Video-Adapters zu setzen. Die Belegung der Register
sieht bei dieser Funktion folgendendermaßen aus:

Eingabe:	AH = 1Ah (Funktionsnummer)
	AL = Nummer der Unterfunktion
	    00h = Informationen über Video-Adapter (Bild-
	        schirmkombinationscode) lesen
	    01h = Setzen der ROM-BIOS-Variable, die den
	        angeschlossenen Video-Adapter beschreibt
	BH = Code des inaktiven Adapters (wenn AL=01h)
	BL = Code des aktiven Adapters (wenn AL=01h)

Ausgabe:	Wenn die Funktion unterstützt wird: AL = 1Ah Wenn AL=00h angegeben wurde: BH = Code des inaktiven Adapters BL = Code des aktiven Adapters Codes (Typ des Video-Adapters): 00h : kein Video-Adapter 01h : MDA mit 5151 Monitor 02h : CGA mit 5153 bzw. 5154 Monitor 03h : reserviert 04h : EGA mit 5153 bzw. 5154 Monitor 05h : EGA mit 5151 Monitor 06h : PGA mit 5175 Monitor 07h : VGA mit analogem Monochrommonitor 08h : VGA mit analogem Farbmonitor 09h : reserviert 0Ah : MCGA mit digitalem Farbmonitor 0Bh : MCGA mit analogem Monochrommonitor 0Ch : MCGA mit analogem Farbmonitor 0Dh-FEh : reserviert FFh : unbekannt

Und hier das Listing der Routine:

```
FUNCTION VGA_vorhanden : Boolean;

BEGIN
  WITH Regs DO
    BEGIN
      AH := $1A;                        { BIOS-Funktion aufrufen }
      AL := $00;                 { Bildschirm-Kombinationscode lesen }
```

```
        Intr($10, Regs);                  { BIOS-Interrupt aufrufen }
        VGA_vorhanden := ((AL = $1A) AND
                          (BL IN [$07, $08, $0A..$0C]));
    END;
END;
```

Das Hauptprogramm kann man am besten in einem Schema übersichtlich darstellen:

a)   Auswertung und Initialisierung der Parameter aus der Kom-
     mandozeile

b)   Ist VGA vorhanden und sind alle Parameter o.k.?

   ja: Prüfung, ob das Programm bereits installiert ist

      ja: Prüfung, ob Parameterzahl gleich Null ist

         ja: Prüfung, ob Interrupt-Routinen noch aktuell
                 sind

              ja: Programm vom Speicher entfernen

              nein: Fehlermeldung ausgeben

       nein: Parameter aktualisieren

    nein: Programm installieren

  nein: entsprechende Fehlermeldung ausgeben

```
{ Hauptprogramm }

TYPE Z_Byte    = ^Byte;                      { Zeiger auf ein Byte }
     Z_String5 = ^String5;{Zeiger auf einen 5-element. String }
     Z_String8 = ^String8;{Zeiger auf einen 8-element. String }

VAR PSP_Seg : Word;                     { Segment-Adresse des PSP }

BEGIN
  Auswerten_und_initialisieren;

  { wenn VGA-Karte vorhanden und Parameter o.k., dann }
  { weitermachen                                       }

  IF VGA_vorhanden THEN
    IF Parameter_Ok THEN
      BEGIN
        { feststellen, ob der Bildschirmschoner noch nicht }
        { installiert wurde, ggf. resident installieren,    }
        { sonst vom Speicher entfernen oder Parameter ak-   }
        { tualisieren                                        }
```

```
    PSP_Seg := PSP_Segment(Schoner);
    IF PSP_Seg = 0 THEN {Programm noch nicht installiert? }
      BEGIN                   { nein, resident installieren }
        WriteLn;
        Write('Bildschirmschoner wurde speicherresident ');
        WriteLn('installiert.');
        Write('Erneuter Aufruf ohne Parameter entfernt ');
        WriteLn('das Programm vom Speicher.');
        Write('Sind Parameter angegeben,so werden diese ');
        WriteLn('in die bereits installierte');
        WriteLn('Programmkopie übertragen.');
        Installieren;
      END
    ELSE                      { Programm bereits installiert }

      { Parameter angegeben? }

      IF ParamCount = 0 THEN

        { nein, Programm deinstalliert? }

        IF Deinstallieren(PSP_Seg) THEN

          { ja, Meldung ausgeben }

          BEGIN
            WriteLn;
            Write('Bildschirmschoner wurde vom Speicher ');
            WriteLn('entfernt.');
          END

        { Programm nicht vom Speicher entfernt }
        { Interrupt-Routinen wurden umgeleitet }

        ELSE
          BEGIN
            WriteLn;
            Write('Die Interrupt-Routinen wurden von ');
            Write('einem anderen TSR-Programm ');
            WriteLn('umgeleitet.');
            Write('Bildschirmschoner wurde nicht ');
            WriteLn('deinstalliert.');
            Write('Entfernen Sie zuerst das andere ');
            WriteLn('Programm vom Speicher!');
          END

      { Parameter wurden angegeben }

      ELSE
        BEGIN
          { Parameter aktualisieren, d.h. in die bereits }
          { installierte Programmkopie übertragen        }

          INLINE($FA);            { CLI ; Interrupts sperren }
```

```pascal
              Z_Byte(Z_Var_liefern(@Min, PSP_Seg))^ := Min;
              Z_String8(Z_Var_liefern(@Effekt,
              PSP_Seg))^ := Effekt;
              Z_String5(Z_Var_liefern(@Effektfarbe,
              PSP_Seg))^ := Effektfarbe;
              INLINE($FB); { STI ; Interrupts wieder erlauben }

              { Meldung ausgeben }

              WriteLn;
              WriteLn('Parameter wurden aktualisiert.');
              Write('Bildschirmschoner wurde nicht neu ');
              WriteLn('installiert.');
            END;
        END
     ELSE
  ELSE      { keine VGA-Karte vorhanden, Fehlermeldung ausgeben }
     BEGIN
       WriteLn;
       WriteLn('VGA-Karte nicht vorhanden.');
       WriteLn('Bildschirmschoner wurde nicht installiert.');
     END;
  END.
```

Anhand dieses Beispiels wollte ich Ihnen zeigen, daß es auch in Turbo
Pascal möglich ist, einen guten Bildschirmschoner zu programmieren.
Sie können das Programm direkt von der EXE-Datei aus starten. Sie
werden sehen, gleichgültig mit welchem Programm Sie arbeiten, aktiviert sich der Bildschirmschoner nach Ablauf der von Ihnen einge-
stellten Zeit problemlos und schützt somit Ihren Monitor vor Beschä-
digungen durch den Elektronenstrahl. Sie können es auch in die AU-
TOEXEC-Datei einbinden. Dadurch müssen Sie das Programm nicht
jedesmal "von Hand" aufrufen. Wenn Sie MS- bzw. DR-DOS 5.0 oder
höher auf Ihrem Rechner installiert haben, können Sie den Schoner
auch in den High-Memory-Bereich laden. Das können Sie folgendermaßen tun:

Für MS-DOS: LOADHIGH [Laufwerk:][Pfad] SCHONER [Parameter]

Für DR-DOS: HILOAD [Laufwerk:][Pfad] SCHONER [Parameter]

Wir werden uns später noch mit einem anderen TSR-Programm für
die VGA-Karte beschäftigen, nämlich mit dem Snapshot-Programm
für die 256-Farben-Modi. Deshalb war es sehr sinnvoll, sich die Routinen zur TSR-Programmierung etwas genauer vor Augen zu führen.
Um das Snapshot-Programm zu schreiben, werden wir sie, wenn auch

in etwas veränderter Form, nochmal brauchen. Zuvor möchte ich Ihnen jedoch eine Unit zum Laden und Speichern von PCX-Bildern mit 256 Farben vorstellen. Wir werden diese Unit für das Snapshot-Programm und den Fraktalgenerator brauchen.

6 PCX-Bilder mit 256 Farben

Das PCX-Format gehört neben dem GIF-Format zu den am meisten verbreiteten Grafikformaten auf dem PC. Heute findet man kaum noch ein Malprogramm, das nicht dieses Format verwenden würde. Auch zahlreiche Free- und Shareware-Utilities benutzen das PCX-Format. Da es so bekannt ist und von so vielen Programmen unterstützt wird, lohnt sich dafür ein eigenes Kapitel, in dem Sie unter anderem erfahren, wie die Dateien dieses Formats intern aufgebaut sind und wie man in Turbo Pascal das PCX-Format für eigene Programme verwenden kann. Dabei werden wir uns auf die 256-Farben-Modi der VGA-Karte konzentrieren, da diese Betriebsarten im Zusammenhang mit weiteren Programmen, etwa dem Snapshot-Programm, das Sie im nächsten Kapitel kennenlernen werden, stehen. Die Routinen zum Laden und Speichern von PCX-Bildern werde ich Ihnen wieder in Form einer Turbo-Pascal-Unit vorstellen. Am Ende dieses Kapitels finden Sie wie immer ein kleines Beispielprogramm, das zeigt, wie einfach und komfortabel man eine kleine Slideshow in Pascal mit Hilfe der PCX-Unit und der Unit für den Modus 19 realisieren kann.

6.1 Allgemeines zum PCX-Format

Das PCX-Format ist eines der allerersten Bildformate auf dem PC. Es wurde von dem amerikanischen Software-Haus ZSoft entwickelt, das in Deutschland vor allem durch das Zeichenprogramm PC-Paintbrush bekannt geworden ist. Dieser Software-Hersteller hat ein Komprimierungsverfahren entwickelt, das nicht wie viele andere Packverfahren mit komplizierten Zeigerstrukturen arbeitet, sondern sehr einfach zu handhaben und dabei sehr effizient ist. Dies ist hauptsächlich der Grund für den großen Erfolg des PCX-Formats.

Um deutlich zu machen, wie wichtig es ist, einen Packalgorithmus zu verwenden, genügt das folgende Beispiel: Während für die Speicherung eines kompletten Bildes im Textmodus mit 80x25 Zeichen eine Datei mit der Größe von 4000 Bytes ausreicht, benötigt man zur unkomprimierten Speicherung der Bilddaten im 256-Farben-Modus mit der Auflösung von 640x480 Punkten schon 307200 Bytes, da man in einem Grafikmodus mit 256 Farben bekanntlich 8 Bits, also ein Byte zur Darstellung eines Punktes braucht. Wenn man die Bytes in Kilobytes umrechnet, kommt man auf einen Speicherplatzverbrauch von rund 300 KB. Und das ist schon sehr viel, wenn Sie bedenken, daß eine normale 5,25-Zoll-Diskette (keine HD-Diskette) eine Speicherkapazität von 360 KB hat. Selbst auf eine HD-Diskette mit 1.2 MB könnten nur vier solcher Bilder gespeichert werden.

Kommen wir jedoch zurück zu dem PCX-Format. Außer der Tatsache, daß die Dateien dieses Formats, wie Sie später noch sehen werden, sehr einfach aufgebaut sind, gibt es auch keinerlei Probleme mit dem Lesen der gespeicherten Bilder. Denn die PCX-Bilder werden (zumindest bisher) nur mit einer Standard-Komprimierungsmethode verschlüsselt, unabhängig davon, wie viele Farben für das Bild verwendet wurden und in welcher Auflösung es vorliegt. Dank dieser Komprimierung kann die Dateigröße für ein Bild, je nachdem wie kompliziert es aufgebaut ist, um 20 bis etwa 80 Prozent reduziert werden.

Das PCX-Format ermöglicht bisher die Speicherung von Bildern mit höchstens 256 Farben. Aller Wahrscheinlichkeit nach wird sich jedoch in dieser Richtung im Zuge der neuen HiColor-VGA-Karten mit 32.768 Farben einiges ändern.

Einiges, was ich in diesem kurzen Abschnitt angesprochen habe, werde ich im nächsten Unterkapitel weiter vertiefen. Die Informationen aus dem folgenden Unterkapitel sind nämlich für die Realisierung der schon zu Beginn des Kapitels erwähnten PCX-Unit unentbehrlich.

6.2 Interner Aufbau der PCX-Dateien und Komprimierungsverfahren

Als erstes möchte ich in diesem Abschnitt den internen Aufbau der Dateien des hier behandelten PCX-Formats im Hinblick auf die 256-Farben-Bilder näher erläutern. Wie sonst bei Dateien jeglicher Formate üblich, steht auch bei diesem Format am Anfang der Dateikopf, der sogenannte PCX-Datei-Header. Dieser hat eine Gesamtlänge von 128 Bytes. In dem Dateikopf werden alle Informationen festgehalten, die zu einer korrekten Darstellung des Bildes erforderlich sind, aber auch solche wie Kennung der PCX-Datei und Versionsnummer des Formats.

Bei der Speicherung von Bildern mit 256 Farben wird außer dem Header auch noch ein Block mit der 256-Farben-Palette erzeugt. Dieser steht jedoch nicht am Anfang der PCX-Datei, sondern wird einfach dem Dateiende angefügt. Kenntlich gemacht wird dieser Block durch den Bytewert 12, der vor den eigentlichen Palettendaten zu finden sein muß.

In dem PCX-Header sind nicht alle Felder belegt. Viele davon wurden einfach aus dem Grunde reserviert, daß an der Weiterentwicklung des Formats nicht allzu oft, aber immerhin gearbeitet wird. Diese werden einfach mit dem Wert Null gefüllt. Welche Informationen in dem Header einer PCX-Datei enthalten und welche Felder leer sind, entnehmen Sie bitte der folgenden Tabelle:

PCX-Datei-Header		
Variablen-name	**Typ**	**Beschreibung**
Kennung	Byte	Kennungsbyte, für PCX-Dateien immer 10
Version	Byte	Versionsnummer des PCX-Formats: 5 = Version 3.0 mit 256-Farben-Palette
Kodierung	Byte	Art der Kodierung: 1 = Standard-Kodierung (RLE-Komprimierung)
Bits_Pixel	Byte	Anzahl Bits zur Darstellung eines Pixels 8 = 256-Farben-Bild
x_Start	Word	x-Koordinate der linken oberen Bildecke
y_Start	Word	y-Koordinate der linken oberen Bildecke
x_Ende	Word	x-Koordinate der rechten unteren Bildecke
y_Ende	Word	y-Koordinate der rechten unteren Bildecke
x_Aufl	Word	horizontale Bildschirmauflösung
y_Aufl	Word	vertikale Bildschirmauflösung
Palette	48 Bytes	16-Farben-Palette, bei einem 256-Farben-Bild ohne Bedeutung
Reserviert	Byte	zur Zeit noch nicht belegt
Anz_Ebenen	Byte	Anzahl der Farbebenen: 1 = 256-Farben-Bild
Bytes_Zeile	Word	Anzahl Bytes der unkomprimierten Bildschirmzeile
Paletten_Typ	Word	Art der Palette: 1 = Farbbild
Dummy	58 Bytes	zur Zeit noch nicht belegt

In dieser Tabelle wurden die gleichen Namen für die Header-Variablen verwendet wie später in der Unit.

Dem Dateikopf folgen nun die verschlüsselten Bilddaten. Diese werden mit der sogenannten RLE-Komprimierungsmethode (run length encoding) kodiert. Die Frage ist jetzt, wie die Daten entschlüsselt werden und was es mit dem RLE-Packverfahren eigentlich auf sich hat.

Zuerst wird das erste Byte gelesen, das unmittelbar hinter dem Header steht. Bei diesem Byte wird geprüft, ob die zwei obersten Bits, also das sechste und siebte Bit, gesetzt sind. Ist das der Fall, so wird der Wert, der sich aus den unteren 6 Bits ergibt, als Wiederholungsfaktor für das folgende darzustellende Byte, also für den Bildpunkt oder genauer gesagt die Punktfarbe, gedeutet. Ansonsten handelt es sich um einen normalen Farbwert. Wenn zum Beispiel alle 8 Bits des "Count-Byte" gesetzt sind, hat der Faktor den Wert 63.

Damit ein Bildpunkt nicht als Wiederholungsfaktor gedeutet werden kann, darf der zugehörige Farbwert nicht größer als 191 sein. Was ist aber mit den Punkten, deren Farbwerte größer oder gleich dem Wert 192 sind, was bei 256 Farben gut möglich ist? In diesem Fall droht der Packalgorithmus uneffektiv zu werden. Und tatsächlich ist es so. Vor Datenbytes, die größer oder gleich 192 sind, muß ein Wiederholungsfaktor von eins gesetzt werden. Dies hat zur Folge, daß im ungünstigsten Fall die Datei um etwa 25 Prozent größer wird als die Größe der unkomprimierten Bilddaten.

Rein theoretisch belegen nur ein Viertel aller möglichen Werte die beiden obersten Bits 6 und 7. Das ist aber nur im Idealfall so. Genauso gut kann es sein, daß keiner der Werte diese Bits belegt. Nichts desto trotz ist es in den meisten Fällen so, daß die Bilddatei um einiges schrumpft im Vergleich mit der Größe der unkomprimierten Daten.

Zu dem gerade besprochenen Komprimierungsverfahren möchte ich ein Beispiel geben. Es sei eine Folge von Bytes gegeben, wie sie in dem oberen Teil der Abbildung 16 dargestellt ist. Die sich nach dem RLE-Packverfahren ergebende Bytefolge sehen Sie in dem unteren Teil der Abbildung. An diesem kleinen Beispiel ist es leicht zu erkennen, daß hier der Algorithmus relativ effektiv ist.

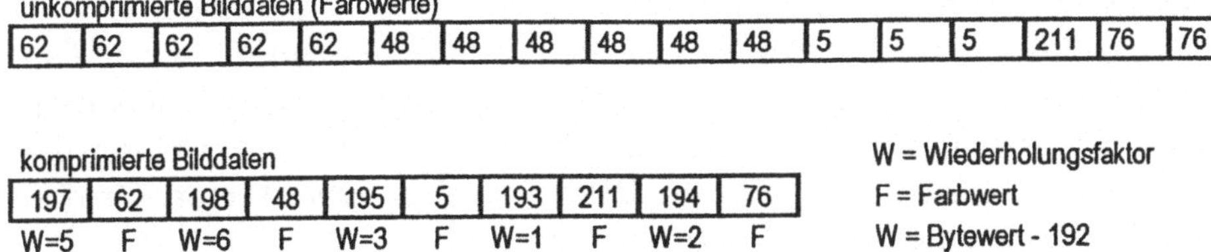

Abb. 6-1: *Vergleich der unkomprimierten und komprimierten Bilddaten beim PCX-Format (RLE-Komprimierungsverfahren)*

Einiges ist noch in Hinsicht auf das Einlesen der Bilddaten vom Bildschirmspeicher zu sagen. Die Daten werden nämlich beginnend in der linken oberen Bildecke zeilenweise eingelesen. Wenn das Ende einer Bildschirmzeile erreicht ist, werden der Wiederholungsfaktor und Farbwert gespeichert, unabhängig davon, welchen Stand dieser Faktor inzwischen hat. Auf diese Weise gehen die meisten, jedoch nicht alle Programme vor. Bei einigen wenigen, insbesondere neueren Programmen, wird der Wiederholungsfaktor, ohne zu prüfen, ob das Ende der aktuellen Bildschirmzeile erreicht wurde, solange erhöht, bis er den Wert 63 erreicht oder sich der Farbwert ändert oder dieser die beiden obersten Bits belegt.

In der Unit *PCX_256*, die ich im nächsten Abschnitt vorstellen werde, habe ich die erste Methode gewählt, weil viele Zeichenprogramme die mit der zweiten Methode erzeugten PCX-Bilder nicht korrekt darstellen konnten.

Soviel zu der Packmethode. Wie vorhin schon angedeutet, befindet sich bei einem 256-Farben-Bild nach den komprimierten Bilddaten noch der Palettenblock am Ende der PCX-Datei. Dieser ist 256x3=768 Bytes lang (plus ein Kennungsbyte für die Palette), weil die 256 DAC-Register, wie Sie wissen, sich jeweils aus drei 6-Bit-Registern für den RGB-Block zusammensetzen. Die 256-Farben-Palette wird nun so abgespeichert, daß die Werte für die RGB-Anteile durch eine Bitmanipulation um zwei Positionen nach links geschoben werden. Das heißt, daß zum Beispiel ein Byte mit dem Wert 31 nach dem "Schieben" den Wert 124 hat. Das "Linnksschieben" um zwei Positionen ist also nichts anderes als eine Multiplikation mit dem Faktor 4. Entsprechend müssen beim Laden eines Bildes die Werte für die RGB-Anteile um zwei Positionen nach rechts geschoben werden, damit die Palette gesetzt werden kann.

Und damit ist eigentlich alles gesagt und erläutert, was für die Erstellung einer PCX-Unit für die 256-Farben-Bilder gebraucht wird. Das folgende Unterkapitel ist gewissermaßen eine Fortsetzung des Super-VGA-Blocks aus diesem Buch, da die PCX-Unit auf die Routinen der Super-VGA-Unit zurückgreift, um Bilder in den erweiterten Grafikmodi laden und speichern zu können.

6.3   PCX-Unit

Die in diesem Abschnitt vorgestellte Unit ermöglicht es, ganze PCX-Bilder als auch einzelne Bildausschnitte zu laden und zu speichern. Weil sie nur zwei Routinen zur Verfügung stellt, ist hier ein Gliederungsschema überflüssig.

Die Unit basiert auf der im Kapitel 4 vorgestellten Super-VGA-Unit. Die aus dem Kapitel 3 bekannte Unit zur Unterstützung des VGA-Modus 19 wird hier nicht benutzt, da viele Routinen daraus die gleichen Namen tragen wie die Routinen aus der Super-VGA-Unit, was zwangsläufig zum Überschreiben der betroffenen Programmteile führen würde. Doch sind die Routinen für den Speicherzugriff im Modus 19 (Setzen und Lesen der Punktfarbe) meistens sehr kurz und deshalb schnell mit einer Programmzeile zu ersetzen.

Die Prozeduren zum Laden und Speichern von PCX-Bildern erkennen automatisch den zu setzenden bzw. gesetzten VGA-Modus, so daß von seiten des Benutzers nur der verwendete Super-VGA-Chipsatz in die entsprechende Routine als Parameter übergeben werden muß. Fehler, die sei es bei der Moduserkennung, sei es beim Zugriff auf den Datenträger oder sonst noch auftreten können, werden ebenfalls von der aufgerufenen Routine erkannt und als numerischer Wert an das Programm weitergeleitet. Innerhalb des Programms kann nach Abarbeitung der Routine abgefragt werden, ob ein Fehler aufgetreten ist und eine entsprechende Reaktion darauf, z.B. Programmabbruch, programmiert werden. Die möglichen Codes für die Fehler finden Sie im Quelltext der Unit.

Bevor ich zu der Erläuterung des Implementationsteils der Unit übergehe, möchte ich Ihnen den Deklarationsteil vorstellen, der im Vergleich mit anderen Units hier relativ kurz ist.

```
{ Dateiname : PCX_256.PAS                    }
{ Autor     : Arthur Burda                   }
{ Compiler  : Turbo Pascal 5.0 und höher }

{ PCX_256 - eine Unit zum Laden und Speichern von PCX-Bildern }
{           und Bildausschnitten mit 256 Farben              }

UNIT PCX_256;

{$D-}                          { keine Informationen des Debuggers }
{$I-}                                      { keine I/O-Prüfung }
{$S-}                              { keine Prüfung des Stacks }

{ Interface-Teil }

INTERFACE

USES Dos, SVGA;               { DOS- und Super-VGA-Unit einbinden }

{ dieser Typ ist modulextern, d.h. andere Programme }
{ können auf ihn zurückgreifen                       }

TYPE SVGA_Chipsatz_Typ = (ATI_Alt, ATI_Neu, ChipsTech, Genoa,
                          Oak, Paradise, Trident, Tseng_ET3000,
                          Tseng_ET4000, VESA, Video7, Zymos);

{ Deklaration von Routinen }

PROCEDURE PCX_Bild_laden(Dateiname : PathStr;
          Chipsatz : SVGA_Chipsatz_Typ; VAR Fehlercode : Byte);

PROCEDURE PCX_Bild_speichern(x1, y1, x2, y2 : Word;
          Dateiname : PathStr; Chipsatz : SVGA_Chipsatz_Typ;
          VAR Fehlercode : Byte);
```

Im Implementationsteil sind der Typ, der den PCX-Datei-Header
nachbildet, und die entsprechende Variable deklariert. Sie wurden
deshalb modulintern deklariert, damit keine Veränderungen von aus-
sen an dem PCX-Dateikopf vorgenommen werden können. Zu erwähnen ist auch die Variable *PCX_File*, die die PCX-Datei als untypisiert
definiert. Das bedeutet, daß ein Datensatz in dieser Datei kein spezielles Format hat und damit nicht aus einer Komponentenliste eines
Typs besteht, sondern frei wählbar ist. Diese Art der Datei wurde
deshalb gewählt, weil die PCX-Datei von der Struktur her nicht ein-
heitlich ist. Zum einen kann man den Header als einen Datensatz ansehen, zum anderen sind die Bildschirmzeilen eines Bildes, die mit
dem zeilenweisen Algorithmus (siehe Abschnitt 6.2) gespeichert werden, ihrerseits auch wieder einzelne Datensätze.

Einer kurzen Bemerkung bedarf auch die Variable *Puffer*, die als ein großes Bytefeld deklariert wurde. In diesem Puffer wird ein Datenblock zwischengespeichert. Denn es würde sonst zu lange dauern, wenn man die Bilddaten und die zugehörigen Wiederholungsfaktoren einzeln Byte für Byte vom Datenträger lesen oder darauf schreiben würde. Durch Verwendung eines internen Puffers erreicht man eine Geschwindigkeitssteigerung um ein Vielfaches.

Die übrigen Variablen, die im Implementationsteil deklariert wurden, sind selbsterklärend und bedürfen deshalb keiner besonderen Erläuterung.

```
{ Implementationsteil }

IMPLEMENTATION

{ diese Konstanten, Typen und Variablen sind modulintern, }
{ d.h. andere Programme können auf sie nicht zurückgreifen }

CONST Video = $A000;                        { Anfang des Video-RAM }

TYPE { dieser Typ bildet den PCX-Datei-Header nach }

     PCX_Header_Typ = RECORD
         Kennung : Byte;              { Kennungsbyte, für PCX immer 10 }

         { Versionsnummer des PCX-Formats, 5 für Version 3.0 }
         { mit Palette                                       }

         Version : Byte;

         { Art der Kodierung, 1 für Standardkodierung }

         Kodierung : Byte;

         Bits_Pixel : Byte;          { Anz. Bits pro Pixel, hier 8 }
         x_Start    : Word;{x-Koord. der linken oberen Bildecke }
         y_Start    : Word;{y-Koord. der linken oberen Bildecke }
         x_Ende     : Word;{x-Koord. d. rechten unter. Bildecke }
         y_Ende     : Word;{y-Koord. d. rechten unter. Bildecke }
         x_Aufl     : Word;      { horizontale Bildschirmauflösung }
         y_Aufl     : Word;      { vertikale Bildschirmauflösung }

         { 16-Farben-Palette, bei einem 256-Farben-Bild }
         { unbedeutend                                  }

         Palette : ARRAY[17..64] OF Byte;

         Reserviert : Byte;{ zur Zeit noch nicht belegt, also 0 }
         Anz_Ebenen : Byte;{ Anz. der Farbebenen, in dem Fall 1 }
```

```
          { Anzahl Bytes der unkomprimierten Bildschirmzeile }

          Bytes_Zeile : Word;

          Paletten_Typ : Word; { Art der Palette, 1 für Farbbild }
          Dummy        : ARRAY[71..128] OF Byte;  { nicht belegt }
       END;

VAR Regs        : Registers;                  { Prozessor-Register }
    PCX_Header : PCX_Header_Typ;              { PCX-Datei-Header }
    PCX_Datei  : File;{ PCX-Datei als untyp. Datei definieren }

    { 4 KB großer Puffer zur schnellen Zwischenspeicherung }
    { der komprimierten Bilddaten                          }

    Puffer : ARRAY[1..4096] OF Byte;

    DAC_Palette  : DAC_Block;                 { 256-Farben-Palette }
    lauf1, lauf2 : Integer;                      { Zählvariablen }
```

Nun kommen wir zu der Implementation von Routinen. Als erstes finden Sie im Listing der Unit eine einfache Hilfsprozedur, die zwei Word-Variablen vertauscht.

```
{ Implementation von Routinen }

PROCEDURE Word_vertauschen(VAR a, b : Word);

VAR hilf : Word;

BEGIN
  hilf := a;
  a := b;
  b := hilf;
END;
```

Vorhin habe ich von der Fehlererkennung innerhalb der Routinen zum Laden und Speichern von PCX-Bildern gesprochen. An dieser Stelle habe ich einen Text in das Listing eingefügt, in dem die Codes für diese Fehler kurz kommentiert sind.

```
{ Diese Fehlercodes gelten für PCX_Bild_laden und      }
{ PCX_Bild_speichern.                                  }
{                                                      }
{ Fehlercodes: 0 = kein Fehler                         }
{              1 = Datei nicht gefunden                }
{              2 = Datei läßt sich nicht öffnen        }
{              3 = Lesefehler                          }
{              4 = Schreibfehler                       }
{              5 = keine standardkodierte PCX-Datei mit }
{                  256-Farben-Palette                  }
```

```
{                  6 = Bildschirmauflösung nicht identifiziert }
{                  7 = 256-Farben-Palette nicht gefunden       }
{                  8 = 256-Farben-Modus nicht identifiziert     }
```

Die jetzt folgende Prozedur PCX_Bild_laden ist so lang, daß ich sie in drei kleinere quasi Unterprozeduren unterteilen mußte. Aus Gründen der Übersichtlichkeit werde ich jedoch zunächst die Hauptroutine erläutern. In dieser Prozedur wurden zwei typisierte Konstanten und zwei Variablen deklariert. Die erste typisierte Konstante dient zur Speicherung der aktuellen Position innerhalb der Datei. In Verbindung mit der Dateigröße, die als Variable deklariert wurde, kann schnell das Ende des Blocks mit den Bilddaten und zugleich der Anfang der Palette erkannt werden, weil die Größe des Palettenblocks bekannt ist (siehe Abschnitt 6.2). Dadurch kann es nicht passieren, daß die Daten, die zu der Palette gehören, als Bilddaten falsch interpretiert werden.

Im Zusammenhang mit dem internen Puffer benötigt man zum einen seine Größe und zum anderen die aktuelle Anzahl der Bytes, die sich in diesem Puffer befinden.

Der Deklaration von Konstanten und Variablen folgen die drei Unterprozeduren, von denen ich vorhin gesprochen habe:

Bild_initialisieren, Bilddaten_lesen und *Bild_laden_und_anzeigen.*

Die Hauptroutine zu *PCX_Bild_laden* beginnt mit dem Öffnen der Datei zum Lesen. Wird dabei kein Fehler registriert, so existiert die Datei und kann gelesen werden. Zuerst wird jedoch die Dateigröße bestimmt und in der entsprechenden Variablen gespeichert. Danach wird der Header eingelesen. Zunächst einmal muß geprüft werden, ob es sich überhaupt um eine PCX-Datei mit komprimierten Bilddaten und 256-Farben-Palette handelt. Dies erkennt man an festen Werten, die im Header zu finden sein müssen, unter anderem an der Kennung und Versionsnummer. Bei erfolgreicher Prüfung wird das Bild initialisiert und schließlich auf dem Bildschirm angezeigt. Am Ende der Prozedur wird die Datei geschlossen.

```
PROCEDURE PCX_Bild_laden(Dateiname : PathStr;
           Chipsatz : SVGA_Chipsatz_Typ; VAR Fehlercode : Byte);

CONST { aktuelle Position innerhalb der PCX-Datei }

    Datei_Pos : LongInt = 0;

    Max_Bytes : Word = 4096;   { max. Anzahl Bytes im Puffer }
```

```pascal
VAR Datei_Groesse : LongInt;              { Größe der PCX-Datei }
    Anz_Bytes     : Word;                 { Anzahl Bytes im Puffer }

PROCEDURE Bild_initialisieren;
...

PROCEDURE Bilddaten_lesen;
...

PROCEDURE Bild_laden_und_anzeigen;
...

{ PCX_Bild_laden }

BEGIN
  Fehlercode := 0;

  { Datei zum Lesen öffnen }

  Assign(PCX_Datei, Dateiname);
  Reset(PCX_Datei, 1);

  { prüfen, ob die Datei mit dem angegebenen Namen überhaupt }
  { existiert                                                 }

  IF IOResult <> 0 THEN
     Fehlercode := 1                           { Fehler registrieren }
  ELSE         { kein Fehler entdeckt, also existiert die Datei }

    BEGIN
      { Dateigröße bestimmen }

      Datei_Groesse := FileSize(PCX_Datei);

      { PCX-Datei-Header lesen }

      BlockRead(PCX_Datei, PCX_Header, SizeOf(PCX_Header));

      { Prüfung auf evtl. Fehler beim Lesevorgang }

      IF IOResult <> 0 THEN
         Fehlercode := 3                        { Fehler registrieren }
      ELSE                                      { kein Fehler liegt vor }

        WITH PCX_Header DO

            {Handelt es sich überhaupt um eine standardkodierte }
            {PCX-Bilddatei mit 256-Farben-Palette?              }

            IF (Kennung <> 10)
            OR (Version <> 5)
            OR (Kodierung <> 1)
            OR (Bits_Pixel <> 8)
            OR (Anz_Ebenen <> 1) THEN
```

```
              Fehlercode := 5                    { nein, also Fehler }
       ELSE   { ja, Bild initialisieren, laden und anzeigen }
          BEGIN
            Bild_initialisieren;
            IF Fehlercode = 0 THEN
              BEGIN
                Datei_Pos := 128;
                Bild_laden_und_anzeigen;
              END;
          END;

      Close(PCX_Datei);                           { Datei schließen }
    END;
  END;
```

Nun müssen die Unterprozeduren auch einmal erläutert werden. Beginnen wir mit *Bild_initialisieren*. Nachdem sich der Header im Speicher befindet, kann auch die Bildschirmauflösung abgefragt werden. Daran wird erkannt, welcher Grafikmodus (Modus 19 oder ein Super-VGA-Modus) initialisiert werden muß. Paßt die Bildschirmauflösung zu keinem der Modi, so wird ein Fehler registriert. Beim Setzen eines Super-VGA-Modus muß zusätzlich überprüft werden, ob zu dieser Zeit nicht vielleicht schon einer dieser Modi aktiv ist. Wenn ein anderer oder auch der gleiche erweiterte Grafikmodus entdeckt wird, muß dieser zunächst einmal deinstalliert werden, um einen neuen Modus zu setzen.

Ist die Sache mit dem Setzen des Modus erledigt, so wird an das Ende der Datei gesprungen, um dort nach der Palette zu suchen. Wird der Bytewert 12 gefunden, so wird es angenommen, daß es sich um die gesuchte Palette handelt. Diese wird in den Puffer geladen und aktiviert. Danach erfolgt wieder ein Sprung an den Dateianfang, genauer gesagt zu der Position 128 (Ende der Header-Daten).

```
PROCEDURE Bild_initialisieren;

VAR SVGA_Modus : SVGA_Modi;

BEGIN
  WITH PCX_Header DO

      { Videomodus in Abhängigkeit von der Bildschirmauflösung }
      { setzen                                                 }

      IF (x_Aufl = 320) AND (y_Aufl = 200) THEN
        BEGIN
```

```pascal
        Regs.AX := 19;                        { Modusnummer 19 wählen }
        Intr($10, Regs);                      { BIOS-Interrupt aufrufen }
      END
  ELSE  { Vielleicht handelt es sich um ein Super-VGA-Bild? }
    BEGIN
      CASE Chipsatz OF
        ATI_Alt        : CASE x_Aufl OF
                          640 : CASE y_Aufl OF
                                  400 : SVGA_Modus :=
                                        ATI_Alt_640x400x256;
                                  480 : SVGA_Modus :=
                                        ATI_Alt_640x480x256
                                ELSE
                                  Fehlercode := 6;
                                END;
                          800 : IF y_Aufl = 600 THEN
                                  SVGA_Modus :=
                                  ATI_Alt_800x600x256
                                ELSE
                                  Fehlercode := 6
                        ELSE
                          Fehlercode := 6;
                        END;
        ATI_Neu        : CASE x_Aufl OF
                          640  : CASE y_Aufl OF
                                  400 : SVGA_Modus :=
                                        ATI_Neu_640x400x256;
                                  480 : SVGA_Modus :=
                                        ATI_Neu_640x480x256
                                ELSE
                                  Fehlercode := 6;
                                END;
                          800  : IF y_Aufl = 600 THEN
                                  SVGA_Modus :=
                                  ATI_Neu_800x600x256
                                ELSE
                                  Fehlercode := 6;
                          1024 : IF y_Aufl = 768 THEN
                                  SVGA_Modus :=
                                  ATI_Neu_1024x768x256
                                ELSE
                                  Fehlercode := 6
                        ELSE
                          Fehlercode := 6;
                        END;
        ChipsTech      : CASE x_Aufl OF
                          640 : CASE y_Aufl OF
                                  400 : SVGA_Modus :=
                                        ChipsTech_640x400x256;
                                  480 : SVGA_Modus :=
                                        ChipsTech_640x480x256
                                ELSE
                                  Fehlercode := 6;
                                END;
```

```
                            800 : IF y_Aufl = 600 THEN
                                     SVGA_Modus :=
                                     ChipsTech_800x600x256
                                  ELSE
                                     Fehlercode := 6
                          ELSE
                            Fehlercode := 6;
                       END;
        Genoa        : CASE x_Aufl OF
                          640 : IF y_Aufl = 480 THEN
                                   SVGA_Modus :=
                                   Genoa_640x480x256
                                ELSE
                                   Fehlercode := 6;
                          800 : IF y_Aufl = 600 THEN
                                   SVGA_Modus :=
                                   Genoa_800x600x256
                                ELSE
                                   Fehlercode := 6
                          ELSE
                            Fehlercode := 6;
                       END;
        Oak          : CASE x_Aufl OF
                          640 : IF y_Aufl = 480 THEN
                                   SVGA_Modus := Oak_640x480x256
                                ELSE
                                   Fehlercode := 6;
                          800 : IF y_Aufl = 600 THEN
                                   SVGA_Modus := Oak_800x600x256
                                ELSE
                                   Fehlercode := 6
                          ELSE
                            Fehlercode := 6;
                       END;
        Paradise     : CASE x_Aufl OF
                          640 : CASE y_Aufl OF
                                   400 : SVGA_Modus :=
                                          Paradise_640x400x256;
                                   480 : SVGA_Modus :=
                                          Paradise_640x480x256
                                ELSE
                                   Fehlercode := 6;
                                END;
                          800 : IF y_Aufl = 600 THEN
                                   SVGA_Modus :=
                                   Paradise_800x600x256
                                ELSE
                                   Fehlercode := 6
                          ELSE
                            Fehlercode := 6;
                       END;
        Trident      : CASE x_Aufl OF
                          640 : CASE y_Aufl OF
                                   400 : SVGA_Modus :=
```

```
                                  Trident_640x400x256;
                       480 : SVGA_Modus :=
                                  Trident_640x480x256
                       ELSE
                         Fehlercode := 6;
                     END;
                800  : IF y_Aufl = 600 THEN
                       SVGA_Modus :=
                       Trident_800x600x256
                       ELSE
                         Fehlercode := 6;
                1024 : IF y_Aufl = 768 THEN
                       SVGA_Modus :=
                       Trident_1024x768x256
                       ELSE
                         Fehlercode := 6
                ELSE
                  Fehlercode := 6;
              END;
Tseng_ET3000 : CASE x_Aufl OF
                640  : CASE y_Aufl OF
                       350 : SVGA_Modus :=
                           Tseng_ET3000_640x350x256;
                       480 : SVGA_Modus :=
                           Tseng_ET3000_640x480x256
                       ELSE
                         Fehlercode := 6;
                     END;
                800  : IF y_Aufl = 600 THEN
                       SVGA_Modus :=
                       Tseng_ET3000_800x600x256
                       ELSE
                       Fehlercode := 6
                ELSE
                  Fehlercode := 6;
              END;
Tseng_ET4000 : CASE x_Aufl OF
                640  : CASE y_Aufl OF
                       350 : SVGA_Modus :=
                           Tseng_ET4000_640x350x256;
                       480 : SVGA_Modus :=
                            Tseng_ET4000_640x480x256
                       ELSE
                         Fehlercode := 6;
                     END;
                800  : IF y_Aufl = 600 THEN
                       SVGA_Modus :=
                       Tseng_ET4000_800x600x256
                       ELSE
                         Fehlercode := 6;
                1024 : IF y_Aufl = 768 THEN
                       SVGA_Modus :=
                       Tseng_ET4000_1024x768x256
                       ELSE
```

```
                                    Fehlercode := 6
                      ELSE
                        Fehlercode := 6;
                    END;
   VESA           : CASE x_Aufl OF
                      640  : CASE y_Aufl OF
                              400 : SVGA_Modus :=
                                      VESA_640x400x256;
                              480 : SVGA_Modus :=
                                      VESA_640x480x256
                            ELSE
                              Fehlercode := 6;
                          END;
                      800  : IF y_Aufl = 600 THEN
                               SVGA_Modus :=
                               VESA_800x600x256
                             ELSE
                               Fehlercode := 6;
                      1024 : IF y_Aufl = 768 THEN
                               SVGA_Modus :=
                               VESA_1024x768x256
                             ELSE
                               Fehlercode := 6
                    ELSE
                      Fehlercode := 6;
                  END;
   Video7         : CASE x_Aufl OF
                      640 : CASE y_Aufl OF
                              400 : SVGA_Modus :=
                                      Video7_640x400x256;
                              480 : SVGA_Modus :=
                                      Video7_640x480x256
                            ELSE
                              Fehlercode := 6;
                          END;
                      800 : IF y_Aufl = 600 THEN
                              SVGA_Modus :=
                              Video7_800x600x256
                            ELSE
                              Fehlercode := 6
                    ELSE
                      Fehlercode := 6;
                  END;
   Zymos          : CASE x_Aufl OF
                      640 : CASE y_Aufl OF
                              400 : SVGA_Modus :=
                                      Zymos_640x400x256;
                              480 : SVGA_Modus :=
                                      Zymos_640x480x256
                            ELSE
                              Fehlercode := 6;
                          END;
                      800 : IF y_Aufl = 600 THEN
                              SVGA_Modus :=
```

```
                                Zymos_800x600x256
                            ELSE
                                Fehlercode := 6
                        ELSE
                            Fehlercode := 6;
                    END;
        END;


        { wenn kein Fehler, dann Super-VGA-Modus setzen }

        IF Fehlercode = 0 THEN
          BEGIN
             { wenn ein Super-VGA-Modus aktiv, dann diesen }
             { zuerst deaktivieren, bevor ein neuer Modus   }
             { gesetzt wird                                  }

             IF Aktiver_Modus <> Kein_SVGA_Modus THEN
               Alten_Modus_setzen(TRUE);

             SVGA_Modus_setzen(SVGA_Modus, TRUE);
          END;
      END;

{ wenn kein Fehler, dann prüfen, ob die 256-Farben-Palette}
{ am Ende der PCX-Datei zu finden ist, ggf. Palette setzen}
{ sonst Fehler registrieren                               }

IF Fehlercode = 0 THEN
  BEGIN
     { Sprung ans Dateiende }

     Seek(PCX_Datei, Datei_Groesse-769);

     { Daten in Puffer lesen }

     BlockRead(PCX_Datei, Puffer, 769);

     { Prüfung auf evtl. Fehler beim Lesevorgang }

     IF IOResult <> 0 THEN
        Fehlercode := 3                    { Fehler registrieren }
     ELSE

        IF Puffer[1] = 12 THEN       { 256-Farben-Palette da? }
          BEGIN                              { ja, Palette setzen }
             lauf1 := 2;
             FOR lauf2 := 0 TO 255 DO
               BEGIN
                  DAC_Palette[lauf2,rot]:= Puffer[lauf1] SHR 2;
                  DAC_Palette[lauf2, gruen] :=
                  Puffer[lauf1+1] SHR 2;
                  DAC_Palette[lauf2, blau] :=
                  Puffer[lauf1+2] SHR 2;
                  Inc(lauf1, 3)
```

```
                    END;
              DAC_Block_setzen(0, 256, DAC_Palette);
              Seek(PCX_Datei, 128);{Sprung an den Dateianfang }
          END
        ELSE                  { 256-Farben-Palette nicht gefunden }
          Fehlercode := 7;               { Fehler registrieren }
      END;
  END;
```

Die Routine *Bilddaten_lesen* hat die Aufgaben, die Anzahl der zu lesenden Bytes zu ermitteln, die Daten in den Puffer zu übertragen und die Position innerhalb der Datei zu aktualisieren.

```
PROCEDURE Bilddaten_lesen;

BEGIN
  { Größe des zu lesenden Datenblocks >= Puffergröße? }

  IF Datei_Pos <= Datei_Groesse-Max_Bytes-769 THEN
    Anz_Bytes := Max_Bytes                                  { ja }
  ELSE      { Größe des zu lesenden Datenblocks < Puffergröße }
    Anz_Bytes := Datei_Groesse-Datei_Pos-769;

  { wenn Blockgröße <> 0, dann Datenblock in Puffer lesen, }
  { auf evtl. Lesefehler prüfen und Position innerhalb der }
  { PCX-Datei aktualisieren                                }

  IF Anz_Bytes <> 0 THEN
    BEGIN
      BlockRead(PCX_Datei, Puffer, Anz_Bytes);
      IF IOResult <> 0 THEN
        Fehlercode := 3                    { Fehler registrieren }
      ELSE
        Inc(Datei_Pos, Anz_Bytes);   { Position aktualisieren }
    END;
  END;
```

Die Prozedur *Bild_laden_und_anzeigen* prüft zunächst einmal, ob die Eckkoordinaten für das Bild richtig gesetzt sind. Wenn das nicht der Fall ist (wenn zum Beispiel die x-Anfangskoordinate größer als die x-Endkoordinate ist) werden eine bzw. mehrere Korrekturen gemacht. Danach wird mit der schrittweisen Entschlüsselung der Bilddaten aus der PCX-Datei und der Darstellung des Bildes auf dem Monitor begonnen. Dabei wird es angenommen, daß ein Wiederholungsfaktor von Null praktisch nie vorkommen kann, weshalb auch die Überprüfung, ob das eingelesene Byte größer oder gleich dem Wert 193 ist.

```pascal
PROCEDURE Bild_laden_und_anzeigen;

VAR x, y   : Word;                        { aktuelle Punktkoordinaten }
    Faktor : Byte;   { Wiederholungsfaktor für einen Bildpunkt }
    Farbe  : Byte;                                     { Punktfarbe }

BEGIN
  WITH PCX_Header DO
    BEGIN
        { prüfen, ob die Eckkoordinaten für das Bild richtig  }
        { gesetzt sind, wenn nicht, dann Korrektur(en) durch- }
        { führen                                              }

        IF x_Start > x_Ende THEN
          Word_vertauschen(x_Start, x_Ende);
        IF y_Start > y_Ende THEN
          Word_vertauschen(y_Start, y_Ende);
        IF x_Ende > x_Aufl-1 THEN
          x_Ende := x_Aufl-1;
        IF y_Ende > y_Aufl-1 THEN
          y_Ende := y_Aufl-1;

        { Anfangskoordinaten setzen }

        x := x_Start;
        y := y_Start;

        {solange wiederholen, bis keine Bilddaten mehr zu lesen }
        {sind oder Lesefehler aufgetreten ist                   }

        REPEAT
          Bilddaten_lesen;

          {wenn kein Fehler und noch kein Ende des Datenblocks, }
          {dann weitermachen                                    }

          IF (Fehlercode = 0) AND (Anz_Bytes <> 0) THEN
            BEGIN
              lauf1 := 1;

              { solange wiederholen, bis der letzte Farbwert  }
              { im Puffer erreicht wurde oder Lesefehler auf- }
              { getreten ist                                  }

              REPEAT
                IF Puffer[lauf1] >= 193 THEN    { "Count-Byte?" }
                  IF lauf1 <= Anz_Bytes-1 THEN {ja, Pufferende? }
                    BEGIN                  { noch kein Pufferende }
                      Faktor := Puffer[lauf1]-192;
                      Farbe  := Puffer[lauf1+1];
                      Inc(lauf1, 2);{Pufferzähler aktualisieren }
                    END
                  ELSE  { Pufferende wurde schon erreicht, Wie- }
                    BEGIN {derholungsfaktor ist das letzte Byte }
```

```
                    Faktor := Puffer[lauf1]-192;

                    {Farbwert kann nicht mehr gelesen werden, }
                    {also neuen Datenblock lesen              }

                    Bilddaten_lesen;

                    {wenn kein Fehler und kein Ende des Daten-}
                    {blocks, dann Farbe lesen und Pufferzähler}
                    {auf 2 setzen                             }

                    IF (Fehlercode=0) AND (Anz_Bytes <> 0) THEN
                      BEGIN
                        Farbe := Puffer[1];
                        lauf1 := 2;
                      END;
                  END
              ELSE {kein Wiederholungsfaktor, sondern Farbwert}
                BEGIN
                  Faktor := 1;      { Wiederholungsfaktor ist 1 }
                  Farbe := Puffer[lauf1];
                  Inc(lauf1);      { Pufferzähler aktualisieren }
                END;

              { wenn kein Fehler und kein Ende des Daten-  }
              { blocks, dann Punkte setzen und Koordinaten }
              { aktualisieren                              }

              IF (Fehlercode = 0) AND (Anz_Bytes <> 0) THEN
                FOR lauf2 := 1 TO Faktor DO
                  BEGIN
                    IF (x_Aufl = 320) AND (y_Aufl = 200) THEN
                      Mem[Video:320*y+x] := Farbe
                    ELSE
                      Punkt_setzen(x, y, Farbe);
                    IF x = x_Ende THEN{rechter Rand erreicht? }
                      BEGIN                             { ja }
                        x := x_Start;{ zurück zum linken Rand }
                        Inc(y);               { eine Zeile tiefer }
                      END
                    ELSE {nein,Zeilenende noch nicht erreicht }
                      Inc(x);        { x-Koordinate um 1 erhöhen }
                  END
            UNTIL (lauf1 > Anz_Bytes) OR (Fehlercode <> 0);
          END
      UNTIL (Datei_Pos=Datei_Groesse-769) OR (Fehlercode <> 0);
    END;
  END;
```

Damit ist die Prozedur zum Laden eines PCX-Bildes fertig. Nun
kommen wir zu der zweiten Routine, die für das Speichern verantwortlich ist. Diese besteht ebenfalls aus drei untergeordneten Proze-

duren, die ich später beschreiben werde. Im Gegensatz zu der Laderoutine wird in der Prozedur zum Speichern nur eine einzige Variable deklariert: *Anz_Bytes*. Sie wissen bereits, wozu sie benötigt wird.

Am Anfang der Hauptroutine wird der PCX-Datei-Header erstellt. Wie in der vorigen Routine wird es auch in dieser immer wieder auf einen möglichen Fehler geprüft, um bei dessen Auftreten den Schreibvorgang zu stoppen und die Prozedur mit einem Fehlercode, der ungleich Null ist, zu beenden. Nur im Falle, wenn kein Fehler vorgekommen ist, wird weitergemacht. So wird nach erfolgreichem Erstellen des Headers die PCX-Bilddatei zum Schreiben geöffnet. Ist dieser Vorgang korrekt abgelaufen, so kann der Header in dieser Datei gespeichert werden. Danach wird die Unterprozedur aufgerufen, mit Hilfe derer die Bilddaten und die Palette kodiert und ebenfalls auf Datenträger abgespeichert werden. Und das ist schon fast alles, was zu tun war, um eine komplette PCX-Datei zu erstellen. Das letzte, was immerhin noch erledigt werden muß, ist das Schließen der Datei. Bei einem eventuellen Fehler ist es zwar nicht dringend notwendig, aber in jedem Falle ratsam, die fehlerhafte Datei vom Datenträger wieder zu entfernen. Nach der Prozedur *PCX_Datei_speichern* wird die Unit mit dem Schlüsselwort *END* beendet. Es bedeutet jedoch nicht, daß dieser Abschnitt auch schon zu Ende ist. Schließlich warten noch die Unterprozeduren auf ihre kurze Erläuterung. Dazu aber gleich mehr.

```
PROCEDURE PCX_Bild_speichern(x1, y1, x2, y2 : Word;
        Dateiname : PathStr; Chipsatz : SVGA_Chipsatz_Typ;
        VAR Fehlercode : Byte);

VAR Anz_Bytes : Word;                    { Anzahl Bytes im Puffer }

PROCEDURE PCX_Header_erstellen;
...

PROCEDURE Datenblock_schreiben;
...

PROCEDURE Bilddaten_und_Palette_speichern;
...

{ PCX_Bild_speichern }

BEGIN
  Fehlercode := 0;
  PCX_Header_erstellen;

  { wenn kein Fehler, dann weitermachen }
```

```pascal
      IF Fehlercode = 0 THEN
        BEGIN
          { Datei zum Schreiben öffnen }

          Assign(PCX_Datei, Dateiname);
          Rewrite(PCX_Datei, 1);

          { prüfen, ob die Datei geöffnet wurde }

          IF IOResult <> 0 THEN
            Fehlercode := 2                        { Fehler registrieren }
          ELSE

            BEGIN
              { PCX-Datei-Header speichern }

              BlockWrite(PCX_Datei, PCX_Header, SizeOf(PCX_Header));

              { Prüfung auf evtl. Fehler beim Schreibvorgang }

              IF IOResult <> 0 THEN
                Fehlercode := 4                    { Fehler registrieren }
              ELSE
                Bilddaten_und_Palette_speichern;

              Close(PCX_Datei);                        { Datei schließen }

              { wenn Fehler, dann Datei löschen }

              IF Fehlercode <> 0 THEN
                Erase(PCX_Datei);
            END;
        END;
    END;

  { Ende der Unit }

  END.
```

In der Prozedur *PCX_Header_erstellen* wird zunächst einmal das ganze Header-Feld mit lauter Nullen gefüllt. Ist das getan, so können die konstanten Werte für das zu speichernde PCX-Bild mit 256 Farben gesetzt werden. Dazu gehören die Dateikennung, Versionsnummer, Art der Kodierung usw. Danach beginnt das Auslesen der Nummer des aktiven Videomodus. Für das weitere Vorgehen ist es nämlich entscheidend, ob einer der unterstützten Grafikmodi aktiv ist. Wird ein solcher Modus nicht erkannt, so muß sich die Routine leider mit einem Fehlercode verabschieden, der ungleich Null ist. Die Moduserkennung ist nur beim VESA-Standard nicht möglich. Der VESA-Treiber schaut nämlich intern nach, welche Moduskonstanten für die jeweilige Grafikkarte definiert wurden, um einen erweiterten Grafikmodus mit diesen Konstanten zu setzen. Und da sie bekanntlich von dem verwendeten Chipsatz abhängen, kann bei so vielen hier unterstützten Chipsätzen keine Entscheidung getroffen werden, welcher Modus nun der richtige sei.

Die Routine *PCX_Header_erstellen* setzt außer den für ein 256-Farben-Bild festen PCX-Header-Werten auch noch die horizontale und vertikale Bildschirmauflösung, die Eckkoordinaten für das Bild, die als Parameter in die Prozedur übergeben wurden, und die Anzahl der Bytes der unkomprimierten Bildschirmzeile, also anders gesagt die x-Länge des Bildes.

```
PROCEDURE PCX_Header_erstellen;

CONST Zeichenbreite = 8;

VAR Modus            : Byte;              { aktiver Videomodus }
    Anzahl_Spalten : Byte;
    Zeichenhoehe     : Byte;
    Anzahl_Zeilen  : Byte;

BEGIN
  { alle Felder mit dem Wert 0 füllen }

  FillChar(PCX_Header, SizeOf(PCX_Header), 0);

  WITH PCX_Header DO
    BEGIN
      {konstante Werte für ein PCX-Bild mit 256 Farben setzen }

      Kennung := 10;              { Kennungsbyte für PCX setzen }
      Version := 5;{Wert 5 steht für die Ver. 3.0 mit Palette }
      Kodierung := 1;                   { PCX-Standardkodierung }
      Bits_Pixel := 8;        { 8 Bits stellen einen Punkt dar }
      Anz_Ebenen := 1;{ein 256-Farben-Bild hat eine Farbebene }
      Paletten_Typ := 1;              { Wert 1 steht für Farbbild }

      { 256-Farben-Modus identifizieren, dazu den Bytewert an }
      { der Adresse 40h:49h im BIOS-Datensegment lesen         }

      Modus := Mem[$40:$49];
      IF Modus = 19 THEN                     { Modus 19 aktiv? }
        BEGIN                                            { ja }
          x_Aufl := 320;
          y_Aufl := 200;
        END
      ELSE {Vielleicht handelt es sich um ein Super-VGA-Bild? }
        BEGIN
```

```pascal
CASE Chipsatz OF
  ATI_Alt      : IF NOT (Modus IN [$61..$63]) THEN
                    Fehlercode := 8;
  ATI_Neu      : IF NOT (Modus IN [$61..$64]) THEN
                    Fehlercode := 8;
  ChipsTech  : IF NOT (Modus IN [$78, $79, $7B]) THEN
                    Fehlercode := 8;
  Genoa        : IF NOT (Modus IN [$5C, $5E]) THEN
                    Fehlercode := 8;
  Oak          : IF NOT (Modus IN [$53, $54]) THEN
                    Fehlercode := 8;
  Paradise   : IF NOT (Modus IN [$5C, $5E, $5F]) THEN
                    Fehlercode := 8;
  Trident    : IF NOT (Modus IN [$5C..$5E, $62]) THEN
                    Fehlercode := 8;
  Tseng_ET3000: IF NOT (Modus IN [$2D, $2E, $30]) THEN
                    Fehlercode := 8;
  Tseng_ET4000: IF NOT (Modus IN [$2D,
                    $2E, $30, $38]) THEN
                    Fehlercode := 8;
  VESA         : BEGIN
                    {VESA schaut immer nach, welche  }
                    {Moduskonstanten beim verwende-  }
                    {ten Chipsatz (z.B. Tseng ET-    }
                    {4000) definiert wurden und ini- }
                    {tialisiert einen Super-VGA-Mo-  }
                    {dus mit diesen Konstanten. Da   }
                    {diese bei verschiedenen Chip-   }
                    {sätzen unterschiedlich sind,    }
                    {ist hier der aktive Super-VGA-  }
                    {Modus nicht feststellbar.       }
                 END;
  Video7       : BEGIN
                    {Beim Video7-Chipsatz sieht die  }
                    {Erkennung eines erweiterten Mo- }
                    {dus etwas anders aus.           }

                    Regs.AX := $6F04;
                    Intr($10, Regs);
                    Modus := Regs.AL;
                    IF NOT (Modus IN [$66,
                        $67, $69]) THEN
                      Fehlercode := 8;
                 END;
  Zymos        : IF NOT (Modus IN [$5C..$5E]) THEN
                    Fehlercode := 8;
END;

{ wenn kein Fehler, dann Felder x_Aufl und y_Aufl }
{ für das Super-VGA-Bild setzen                   }

IF Fehlercode = 0 THEN
  BEGIN
    Anzahl_Spalten := Mem[$40:$4A];
```

```
                    x_Aufl := Zeichenbreite*Anzahl_Spalten;
                    IF x_Aufl = 800 THEN
                      y_Aufl := 600
                    ELSE
                      BEGIN
                        Anzahl_Zeilen := Mem[$40:$84]+1;
                        Zeichenhoehe := Mem[$40:$85];
                        y_Aufl := Zeichenhoehe*Anzahl_Zeilen;
                      END;
                END;
            END;

        { wenn kein Fehler, dann prüfen, ob die Eckkoordinaten  }
        { für das Bild in den zulässigen Wertebereichen liegen, }
        { ggf. Korrektur(en) durchführen, ansonsten das Feld    }
        { Bytes_Zeile setzen                                    }

        IF Fehlercode = 0 THEN
          BEGIN
            IF x1 > x2 THEN
              Word_vertauschen(x1, x2);
            IF y1 > y2 THEN
              Word_vertauschen(y1, y2);
            IF x2 > x_Aufl-1 THEN
              x2 := x_Aufl-1;
            IF y2 > y_Aufl-1 THEN
              y2 := y_Aufl-1;
            x_Start := x1;
            y_Start := y1;
            x_Ende := x2;
            y_Ende := y2;
            Bytes_Zeile := x_Ende-x_Start+1;
          END;
      END;
  END;
END;
```

Zu der nächsten Prozedur ist nicht allzu viel zu sagen, denn sie hat
nur eine einzige Aufgabe: das Schreiben eines Datenblocks auf Diskette oder Platte mit Fehlerüberprüfung. Diese Routine ist so kurz, daß
man sie auch in einer einzigen Zeile hinschreiben könnte.

```
PROCEDURE Datenblock_schreiben;

BEGIN
  BlockWrite(PCX_Datei, Puffer, Anz_Bytes);

  { Prüfung auf evtl. Schreibfehler }

  IF IOResult <> 0 THEN
    Fehlercode := 4;                            { Fehler registrieren }
END;
```

In der dritten Prozedur *Bilddaten_und_Palette_speichern* werden, wie der Name schon sagt, die zwei wichtigsten Aufgaben beim Speichern von PCX-Bildern erledigt. Zur Speicherung der Bilddaten wird der zeilenweise Algorithmus verwendet, den ich im Abschnitt über den internen Aufbau der PCX-Dateien und das Komprimierungsverfahren kurz erläutert habe. Dadurch wird die Bilddatei zwar um einige Bytes größer, es gibt aber keine Probleme später bei der Darstellung des Bildes. Wie es sich bei den Tests herausgestellt hat, lesen die meisten Programme, die das PCX-Format unterstützen, eine komplette Bildschirmzeile jeweils neu ein. Deshalb muß auch bei der Speicherung der Bilddaten darauf geachtet werden, daß das Zeilenende immer erkannt und die komplette Bildschirmzeile sozusagen als ein zusammenhängender Block gespeichert wird.

Wurden alle Zeilen eines Bildes bzw. Bildausschnitts von oben nach unten ausgelesen, so können die Inhalte der 256 DAC-Register in einem Zug abgefragt, in den Puffer übertragen und die Palette abgespeichert werden. Dabei müssen die Werte für die einzelnen RGB-Anteile, wie am Anfang des Kapitels erwähnt, um zwei Positionen nach links geschoben werden. Wahrscheinlich hat diese Vorgehensweise ihren Nutzen darin, daß die Palettendaten nicht als Bilddaten interpretiert werden.

```
PROCEDURE Bilddaten_und_Palette_speichern;

VAR x, y    : Word;                       { aktuelle Punktkoordinaten }
    Faktor : Byte;   { Wiederholungsfaktor für einen Bildpunkt }
    Farbe  : Byte;        { Farbwert des wiederholten Punktes }

    { Punktfarbe an der aktuellen Bildschirmposition }

    Akt_Farbe : Byte;

BEGIN
  y := y1;                          { y-Anfangskoordinate setzen }

  { solange wiederholen, bis die rechte untere Bildecke }
  { erreicht wurde oder Schreibfehler aufgetreten ist   }

  REPEAT
    lauf1 := 1;       { Anfangswert für den Pufferzähler setzen }

    { Anfangswert für den Wiederholungsfaktor ist 0 }

    Faktor := 0;

    { Punktfarbe in der linken oberen Bildecke lesen }
```

```pascal
WITH PCX_Header DO
  IF (x_Aufl = 320) AND (y_Aufl = 200) THEN
    Farbe := Mem[Video:320*y+1]
  ELSE
    Farbe := Punktfarbe(1, y);

{ eine Bildschirmzeile durchlaufen }

FOR x := x1 TO x2 DO
  BEGIN
    {Punktfarbe an der aktuellen Bildschirmposition lesen }

    WITH PCX_Header DO
      IF (x_Aufl = 320) AND (y_Aufl = 200) THEN
        Akt_Farbe := Mem[Video:320*y+x]
      ELSE
        Akt_Farbe := Punktfarbe(x, y);

    IF (Faktor = 63)
    OR (Farbe <> Akt_Farbe)
    OR (x = x2) THEN
      BEGIN
        IF (Faktor > 1)
        OR ((Faktor = 1) AND (Farbe >= 192)) THEN
          BEGIN
            { Wiederholungsfaktor und Farbwert im Puffer }
            { speichern                                  }

            Puffer[lauf1]   := Faktor+192;
            Puffer[lauf1+1] := Farbe;

            Inc(lauf1, 2);   { Pufferzähler aktualisieren }
          END
        ELSE
          IF (Faktor = 1) AND (Farbe < 192) THEN
            BEGIN
              Puffer[lauf1] := Farbe;{ Farbwert speichern }
              Inc(lauf1);    { Pufferzähler aktualisieren }
            END;
        Faktor := 1;
        Farbe := Akt_Farbe;        { Farbwert aktualisieren }
      END
    ELSE
      Inc(Faktor);        { Wiederholungsfaktor um 1 erhöhen }
  END;

IF (Faktor > 1)
OR ((Faktor = 1) AND (Farbe >= 192)) THEN
  BEGIN
    {Wiederholungsfaktor und Farbwert im Puffer speichern }

    Puffer[lauf1]   := Faktor+192;
    Puffer[lauf1+1] := Farbe;
```

```
                Inc(lauf1, 2);                { Pufferzähler aktualisieren }
            END
          ELSE
            IF (Faktor = 1) AND (Farbe < 192) THEN
              BEGIN
                Puffer[lauf1] := Farbe;             { Farbwert speichern }
                Inc(lauf1);                { Pufferzähler aktualisieren }
              END;

        Anz_Bytes := lauf1-1;
        Datenblock_schreiben;

        { wenn kein Fehler, dann eine Zeile tiefer }

        IF Fehlercode = 0 THEN
          Inc(y)
      UNTIL (y > y2) OR (Fehlercode <> 0);

      { wenn kein Fehler, dann 256-Farben-Palette auslesen }
      { und speichern                                      }

      IF Fehlercode = 0 THEN
        BEGIN
          Puffer[1] := 12;             { Anfang der Palette markieren }
          DAC_Block_lesen(0, 256, DAC_Palette);
          lauf1 := 2;
          FOR lauf2 := 0 TO 255 DO
            BEGIN
              Puffer[lauf1]   := DAC_Palette[lauf2, rot] SHL 2;
              Puffer[lauf1+1] := DAC_Palette[lauf2, gruen] SHL 2;
              Puffer[lauf1+2] := DAC_Palette[lauf2, blau] SHL 2;
              Inc(lauf1, 3);
            END;
          Anz_Bytes := lauf1-1;
          Datenblock_schreiben;
        END;
    END;
```

Und nun sind wir fertig. Die PCX-Unit hat ihren großen Nutzen darin,
daß sie immer dann eingesetzt werden kann, wenn Sie Ihre unter
Turbo Pascal erstellten Grafiken auch in kommerziellen Programmen,
etwa PC-Paintbrush oder Deluxe Paint, nutzen wollen. Die Routine
zum Speichern von PCX-Bildern erspart Ihnen die Arbeit, ein Snapshot-Programm zu laden und damit den Bildschirm mit der Grafik,
die Sie in einem kommerziell genutzten Format gespeichert haben
wollen, zu "fotografieren". Ein großer Vorteil der PCX-Unit besteht
auch darin, daß sie die hochauflösenden Super-VGA-Modi voll unterstützt. Kurz und bündig gesagt, ist diese Unit einfach eine Grafik-

Schnittstelle zwischen Turbo Pascal und den anderen Software-Programmen im Bereich Grafik und Bildverarbeitung.

Aber nicht nur der Weg von Pascal nach Deluxe Paint ist möglich, sondern auch umgekehrt. Schließlich haben wir die Routine zum Laden von PCX-Grafiken nicht umsonst programmiert. Denn es kommt sehr häufig vor, daß Sie einige Bilder, die Sie mit einem Zeichenprogramm erstellt oder eingescannt haben, gern zu einer Slideshow zusammenstellen möchten. Dazu fehlt Ihnen aber das richtige Programm, womit Sie es machen könnten. Von jetzt an ist es kein Problem mehr. Denn Sie können Ihre eigenen Slideshows schon mit einigen wenigen Programmzeilen kreieren. Wenn Sie dabei auch schöne Effekte erzielen wollen, brauchen Sie dazu außer der PCX-Unit auch noch die *Unit MODUS_19* oder die Super-VGA-Unit. Und auch ich kann nicht leugnen, daß ich einige meiner Slideshows mit Hilfe dieser Grafikbibliotheken erstellt habe. Und nun wissen Sie, was Sie im nächsten und gleichzeitig auch letzten Abschnitt dieses Kapitels erwartet - eine Slideshow, die zeigt, daß sich die Erstellung nicht nur der PCX-Unit, sondern auch der Unit *MODUS_19* in jedem Falle gelohnt hat.

6.4 Slideshow mit PCX-Bildern in 256 Farben

Das folgende Programm brauche ich nicht großartig zu beschreiben, weil es so einfach und übersichtlich aufgebaut ist, daß es selbsterklärend ist. Kurz sage ich nur, daß in der Slideshow zwei Effekte zum Einsatz kommen. Zum einen ist es ein Puzzle-Effekt, bei dem der Bildschirm in acht gleich große Rechtecke unterteilt wird, die im bzw. gegen den Uhrzeigensinn wie Puzzles geschoben werden. Über die Richtung entscheidet hier der Zufall. Beim zweiten Effekt handelt es sich um einen Rolleffekt, bei dem das Bild nach oben bzw. nach unten gerollt wird und somit aus der Bildschirmfläche allmählich verschwindet. Auch in diesem Fall entscheidet der Zufall über die Rollrichtung.

Und nun das Listing des Programms:

```
{ Dateiname : SLIDESHO.PAS               }
{ Autor     : Arthur Burda               }
{ Compiler  : Turbo Pascal 5.0 und höher }
```

```pascal
{ SLIDESHO - eine Slideshow mit PCX-Bildern in 256 Farben }

PROGRAM Slideshow;

{$D-}                              { keine Informationen des Debuggers }
{$I-}                                         { keine I/O-Prüfung }
{$S-}                                   { keine Prüfung des Stacks }

USES Crt, MODUS_19, PCX_256;                   { Units einbinden }

CONST hellgrau_auf_schwarz = 7;

      ESCAPE = #27;

VAR lauf1, lauf2 : Byte;                       { Zählvariablen }

PROCEDURE Slideshow_zeigen;

VAR Chipsatz    : SVGA_Chipsatz_Typ;
    Fehlercode : Byte;
    Puffer     : Pointer;

BEGIN
  lauf1 := 1;

  { Slideshow solange wiederholen, bis ESCAPE gedrückt wurde }

  REPEAT
    { Bilder in Abhängigkeit von lauf1 laden }

    CASE lauf1 OF
      1 : PCX_Bild_laden('FROSCH.PCX', Chipsatz, Fehlercode);
      2 : PCX_Bild_laden('BALLONE.PCX', Chipsatz, Fehlercode);
      3 : PCX_Bild_laden('MAUS.PCX', Chipsatz, Fehlercode);
      4 : PCX_Bild_laden('ERDE.PCX', Chipsatz, Fehlercode);
    END;

    { wenn kein Fehler, dann weiter }

    IF Fehlercode = 0 THEN
      BEGIN
        IF Random(2) = 0 THEN
          IF Random(2) = 0 THEN

            { Puzzle-Effekt im Uhrzeigersinn zeigen }

            FOR lauf2 := 1 TO 8 DO
              BEGIN
                In_Puffer_kopieren(0, 0, 79, 99,
                80, 100, Puffer);
                Bereich_kopieren(0, 100, 79, 199, 0, 0);
                Bereich_kopieren(80, 100, 159, 199, 0, 100);
                Bereich_kopieren(160, 100, 239, 199, 80, 100);
                Bereich_kopieren(240, 100, 319, 199, 160, 100);
```

```pascal
            Bereich_kopieren(240, 0, 319, 99, 240, 100);
            Bereich_kopieren(160, 0, 239, 99, 240, 0);
            Bereich_kopieren(80, 0, 159, 99, 160, 0);
            In_VRAM_kopieren(80, 0, 80, 100, Puffer);
            Delay(500);          { 500 Millisekunden warten }
          END
        ELSE

          { Puzzle-Effekt gegen den Uhrzeigersinn zeigen }

          FOR lauf2 := 1 TO 8 DO
            BEGIN
              In_Puffer_kopieren(0, 0, 79, 99,
              80, 100, Puffer);
              Bereich_kopieren(80, 0, 159, 99, 0, 0);
              Bereich_kopieren(160, 0, 239, 99, 80, 0);
              Bereich_kopieren(240, 0, 319, 99, 160, 0);
              Bereich_kopieren(240, 100, 319, 199, 240, 0);
              Bereich_kopieren(160, 100, 239, 199, 240, 100);
              Bereich_kopieren(80, 100, 159, 199, 160, 100);
              Bereich_kopieren(0, 100, 79, 199, 80, 100);
              In_VRAM_kopieren(0, 100, 80, 100, Puffer);
              Delay(500);          { 500 Millisekunden warten }
            END
        ELSE

        IF Random(2) = 0 THEN

          { Rolleffekt von oben nach unten zeigen }

          FOR lauf2 := 1 TO 50 DO
            BEGIN
              Bereich_kopieren(0, 0, 319, 195, 0, 4);
              Bereich_loeschen(0, 0, 319, 3);
            END
        ELSE

          { Rolleffekt von unten nach oben zeigen }

          FOR lauf2 := 1 TO 50 DO
            BEGIN
              Bereich_kopieren(0, 4, 319, 199, 0, 0);
              Bereich_loeschen(0, 196, 319, 199);
            END;

      IF lauf1 = 4 THEN
        lauf1 := 1
      ELSE
        Inc(lauf1);
    END
  ELSE
```

```pascal
            { Fehler entdeckt, Slideshow mit der entsprechenden }
            { Fehlermeldung beenden                              }

            BEGIN
             Alten_Modus_setzen(TRUE);
             WriteLn('Die Slideshow wurde mit Fehler Nr', Fehlercode,
              ' (Unit PCX_256) beendet.');
              Halt;
            END
      UNTIL KeyPressed AND (ReadKey = ESCAPE);
END;


{ Hauptprogramm }

BEGIN
  TextAttr := hellgrau_auf_schwarz;
  ClrScr;                                        { Bildschirm löschen }

  { Kopfzeile schreiben }

  GotoXY(2, 1);
  Write('SLIDESHO - eine Slideshow mit PCX-Bildern ');
  Write('in 256 Farben');
  GotoXY(61, 1); Write('Autor: Arthur Burda');

  { Linie ziehen }

  FOR lauf1 := 1 TO 80 DO
    BEGIN
      GotoXY(lauf1, 2); Write(#196);
    END;

  { Infotext ausgeben }

  GotoXY(1, 4);
  Write('Drücken Sie eine Taste,um die Slideshow zu starten ');
  WriteLn('oder ESCAPE, um es');
  WriteLn('zu beenden.');

  { auf Taste warten, bei ESCAPE beenden, sonst Slideshow }
  { starten                                               }

  REPEAT
  UNTIL KeyPressed;
  IF ReadKey <> ESCAPE THEN
    BEGIN
      Randomize;         { Zufallszahlengenerator initialisieren }
      Modus_19_setzen(TRUE);
      Slideshow_zeigen;
    END;

  Alten_Modus_setzen(TRUE);
END.
```

7 Snapshot-Programm und Slideshow-Maker

Unter dem Titel dieses Kapitels verbergen sich zwei größere Programmierprojekte, die wir im Zusammenhang mit den Units aus früheren Kapiteln angehen wollen. Das erste ist das mehrmals angekündigte Snapshot-Programm, das Bilder in 256 Farben per Tastendruck fotografiert und sie in PCX-Dateien speichert, das zweite ein Programm zur Erstellung und Präsentation von hochwertigen Slideshows, auch in der Super-VGA-Qualität. Wie einfach sich diese Projekte realisieren lassen und wie komfortabel man die beiden Programme gestalten kann, sehen Sie im folgenden.

7.1 Als erstes kommt das Snapshot-Programm

Dieses Programm versteht sich quasi als ein "Bilderdieb". Im Gegensatz zu dem Bildschirmschoner, den Sie aus dem Kapitel 5 bereits kennen, muß der Benutzer dieses Programm aktivieren, wenn es sich resident im Speicher befindet. Das ganze geschieht, wie schon in der Einleitung zu diesem Kapitel angedeutet, einfach per Tastendruck. Dabei kann der Benutzer sogar die Tastenkombination, durch die die sogenannte Snapshot-Routine aktiviert werden soll, aus einer Palette von 30 verschiedenen Tastenkombinationen wählen. Und er kann auch den Pfad, also das Verzeichnis, in dem die Bilddateien gespeichert werden sollen, selbst vorgeben. Damit auch Super-VGA-Bilder fotografiert werden können, muß noch der Name des Chipsatzes, auf dem die VGA-Karte basiert, mit angegeben werden.

Sicherlich könnte man zu all diesen Optionen eine schöne Bildschirmmaske mit komfortablen Auswahlmenüs entwerfen, die dem Benutzer eine viel leichtere Bedienung ermöglichen würden. Dies wäre jedoch in diesem Zusammenhang zu aufwendig und würde zuviel Speicherplatz in Anspruch nehmen. Zwar etwas weniger komfortabel, dafür aber speicherplatzsparender, geht es, wenn die Parameter des Programms in der Kommandozeile, die vom DOS zur Verfügung gestellt wird, angegeben werden. Dies hat, wie wir am Beispiel des Bildschirmschoners gesehen haben, noch einen anderen großen Vorteil im Gegensatz zu den Auswahlmenüs: das Programm läßt sich in die AU-TOEXEC-Datei aufnehmen und wird dadurch immer beim Start des Rechners automatisch im Speicher installiert, ohne daß sich der Benutzer darum kümmern muß.

Nun aber konkret zur Sache. Im folgenden möchte ich Ihnen kurz beschreiben, wie die Aufrufmaske des Programms aussieht. Wie gesagt werden hier drei Parameter in das Programm übergeben, die aber nicht unbedingt angegeben werden müssen, weil man sich auch der Voreinstellungen bedienen kann. Dazu aber etwas später. Zunächst einmal die Aufrufmaske:

```
SNAP_256 [/C:cc] [/P:pp] [/T:tt]
```

/C:cc   Hier wird der Super-VGA-Chipsatz angegeben. Es stehen folgende Auswahlmöglichkeiten zur Verfügung: ATI_ALT, ATI_NEU, CHIPSTECH, GENOA, OAK, PARADISE, TRIDENT, TSENG_ET3000, TSENG_ET4000, VESA, VIDEO7, ZYMOS.

/P:pp   Hier erfolgt die Pfad-Angabe für die PCX-Dateien. Wenn ein falscher Pfad angegeben wurde, meldet das Programm einen Fehler und installiert sich nicht im Speicher, so daß keine späteren Komplikationen möglich sind.

/T:tt   Durch diesen Parameter wird die Tastenkombination zur Aktivierung der Snapshot-Routine, der sogenannte Hotkey, gewählt. Es werden jeweils die Funktionstasten mit den drei Steuertasten SHIFT, CTRL und ALT kombiniert.

Wer nicht soviel tippen will, kann das Programm auch ohne Parameter aufrufen. Es wird dann mit den Voreinstellungen für die drei angesprochenen Parameter geladen. Allerdings sollte man darauf achten, daß es zu Fehlern kommen kann, wenn der voreingestellte Chipsatz der falsche ist.

Voreinstellungen:

cc = TSENG_ET4000
pp = beim Aktivieren der Snapshot-Routine aktueller Pfad
tt = CTRL-F9

Für den Chipsatz Tseng ET-4000 habe ich mich entschieden, weil dieser Chip zu den Grundbausteinen der meisten Super-VGA-Karten gehört. Die Tastenkombination CTRL-F9 habe ich hier ohne besonderen Grund als Voreinstellung gewählt.

Das Snapshot-Programm wird beim zweiten Aufruf ohne Parameterangabe vom Speicher entfernt. Diese Funktion ist hier sogar wichtiger als bei dem Bildschirmschoner. Denn man braucht dieses Programm nicht immer, sondern nur dann, wenn zum Beispiel Bilder für eine Grafikpräsentation zusammengestellt werden sollen. Auch das Aktualisieren der Parameter in der bereits installierten Programmkopie ist hier von Bedeutung. Denn es kommt häufig vor, daß beispielsweise die Tastenkombination geändert werden muß.

Vom Speicherplatzverbrauch her hält sich das Snapshot-Programm noch in akzeptablem Rahmen, da es etwa 23 KB Speicherplatz für die Installation benötigt. Zum Vergleich ist zu erwähnen, daß viele kommerzielle Programme dieser Art meistens wesentlich mehr Speicherplatz in Anspruch nehmen.

Das Programm erkennt automatisch sogenannte Laufzeitfehler. Ein solcher Fehler ist zum Beispiel ein Schreib- bzw. Lesefehler. Werden derartige Fehler vom Programm erkannt, so ertönt ein Piepton. Wird zum Beispiel ein 256-Farben-Modus nicht erkannt, so ertönt ein sehr kurzer Piepton (50 Millisekunden). Wird dagegen das Bild korrekt auf Datenträger gespeichert, so sind drei Pieptöne unterschiedlicher Frequenz hintereinander zu hören. Es wurde hier bewußt auf eine Ausgabe der Fehlermeldung auf dem Bildschirm verzichtet, um die Maske des aktuell laufenden Programms nicht zu zerstören.

Es soll darauf geachtet werden, daß die Tastenkombination zum Aufruf der Snapshot-Routine nicht permanent gedrückt wird, weil sonst der Absturz des Systems nicht ganz auszuschließen ist. Besonders "gefährlich" kann es sein, wenn ein Laufzeitfehler vorgekommen ist und die Tastenkombination mehrmals ununterbrochen gedrückt wird.

Bevor ich mit der Erläuterung des Programmlistings beginne, möchte ich erwähnen, daß die Namen der Bilddateien sich aus dem "Stamm" BILD, der Nummer der jeweiligen Bilddatei und natürlich der Erweiterung .PCX zusammensetzen. Die Anzahl der zu speichernden Bilder ist physikalisch begrenzt, und zwar auf maximal 9999 Bilder. Der Grund dafür liegt darin, daß der Bilddateizähler nach dem Speichern immer um eins erhöht wird und der Dateiname aus maximal 12 Zeichen inklusive Erweiterung bestehen kann.

Und nun können wir zum Listing des Programms übergehen. Einige Routinen, aus denen sich dieses Programm zusammensetzt, kennen Sie bereits aus dem Kapitel 5. Sie stimmen jedoch nicht alle haargenau mit den entsprechenden gleichnamigen Routinen aus dem genannten Kapitel überein, da hier nicht zwei, sondern nur eine Interrupt-Routine umgeleitet wird. Es sind jedoch nur Kleinigkeiten, auf die ich später zu sprechen kommen werde. Jetzt möchte ich Ihnen den Anfang des Programmlistings vorstellen. Da Sie ja wissen, was am Anfang eines TSR-Programms zu tun ist, brauche ich an dieser Stelle keine Erläuterung zu geben.

```pascal
{ Dateiname : SNAP_256.PAS                 }
{ Autor     : Arthur Burda                 }
{ Compiler  : Turbo Pascal 5.0 und höher   }

{SNAP_256 - ein Snapshot-Programm für die 256-Farben-Modi der }
{           VGA-Karte (Modus 19 und die erweiterten Super-VGA-}
{           Modi), fotografiert Bildschirme und speichert sie }
{           in PCX-Dateien ab                                 }

PROGRAM Snapshot_VGA_256;

{$D-}                          { keine Informationen des Debuggers }
{$I-}                                     { keine I/O-Prüfung }
{$S-}                              { keine Prüfung des Stacks }
{$M 1024,0,0}                       { 1 KB Stack, kein Heap }

USES Crt, Dos, PCX_256;    { CRT-, DOS- und PCX-Unit einbinden }

TYPE String9  = String[9];
     String12 = String[12];

CONST Snap_256 : String = 'SNAP_256';        { Programm-Kennung }

      { Codes für die möglichen Tastenkombinationen zum }
      { Aktivieren der Snapshot-Routine                 }

         SHIFT_F1  = 21504;
         SHIFT_F2  = 21760;
         SHIFT_F3  = 22016;
         SHIFT_F4  = 22272;
         SHIFT_F5  = 22528;
         SHIFT_F6  = 22784;
         SHIFT_F7  = 23040;
         SHIFT_F8  = 23296;
         SHIFT_F9  = 23552;
         SHIFT_F10 = 23808;
```

```pascal
            CTRL_F1   = 24064;
            CTRL_F2   = 24320;
            CTRL_F3   = 24576;
            CTRL_F4   = 24832;
            CTRL_F5   = 25088;
            CTRL_F6   = 25344;
            CTRL_F7   = 25600;
            CTRL_F8   = 25856;
            CTRL_F9   = 26112;
            CTRL_F10  = 26368;
            ALT_F1    = 26624;
            ALT_F2    = 26880;
            ALT_F3    = 27136;
            ALT_F4    = 27392;
            ALT_F5    = 27648;
            ALT_F6    = 27904;
            ALT_F7    = 28160;
            ALT_F8    = 28416;
            ALT_F9    = 28672;
            ALT_F10   = 28928;

TYPE Hotkey_Typ = SHIFT_F1..ALT_F10;

CONST { Voreinstellungen }

        Chipsatz : SVGA_Chipsatz_Typ = TSENG_ET4000;
        Pfad       : PathStr         = '';
        Hotkey     : Hotkey_Typ      = CTRL_F9;

        Parameter_Ok : Boolean = TRUE; {Flag für Parameter o.k. }

        Bilddatei_Nr : Word = 1;            { Nummer der Bilddatei }

VAR Regs : Registers;                       { Prozessor-Register }

    { Zeiger auf die alte Routine des Hardware-Tastatur- }
    { Interrupts                                         }

    Int09_Alt : Pointer;

    { Zeiger auf die aktuelle Routine des Interrupts 09h }

    Akt_Int09 : Pointer;
```

Die erste Prozedur im Programmlisting hat die Aufgabe, die Hilfestellung bei Angabe des Fragezeichens als Parameter auf dem Bildschirm anzuzeigen. Sie sieht folgendermaßen aus:

```
    PROCEDURE Hilfe;

    BEGIN
      WriteLn;
      Write('SNAP_256 - ein Snapshot-Programm für die ');
      WriteLn('256-Farben-Modi der VGA-Karte,');
      Write('             fotografiert Bildschirme und speichert ');
      WriteLn('sie in PCX-Dateien ab');
      WriteLn;
      WriteLn('Autor: Arthur Burda');
      WriteLn;
      WriteLn('Aufruf: SNAP_256 [/C:cc] [/P:pp] [/T:tt]');
      WriteLn;
      WriteLn('Optionen: /C:cc    Super-VGA-Chipsatz');
      Write('                  cc = ATI_ALT, ATI_NEU, CHIPSTECH, ');
      WriteLn('GENOA, OAK, PARADISE,');
      Write('                          TRIDENT, TSENG_ET3000, ');
      WriteLn('TSENG_ET4000, VESA, VIDEO7,');
      WriteLn('                          ZYMOS');
      WriteLn('           /P:pp    Pfad für die PCX-Bilddateien');
      Write('           /T:tt    Tastenkombination zum Aktivieren ');
      WriteLn('der Snapshot-Routine');
      Write('                  tt = SHIFT-F1..SHIFT-F10, ');
      WriteLn('CTRL-F1..CTRL-F10, ');
      WriteLn('                          ALT-F1..ALT-F10');
      WriteLn;
      WriteLn('Voreinstellungen: cc = TSENG_ET4000');
      Write('                  pp = beim Aktivieren der ');
      WriteLn('Snapshot-Routine aktueller Pfad');
      WriteLn('                  tt = CTRL-F9');
    END;
```

Die nächste Prozedur heißt *Auswerten_und_initialisieren*. Wie der
Name schon sagt, ist sie für die Auswertung der Parameter aus der
Kommandozeile zuständig. In dieser Routine wird eine syntaktische
Prüfung der Parameter durchgeführt und eventuell eine Fehlermel-
dung ausgegeben. Zusätzlich wird bei Pfad-Angabe geprüft, ob das
Verzeichnis tatsächlich existiert. Dies läßt sich relativ einfach fest-
stellen, indem man versucht, in dem angegebenen Verzeichnis eine
Testdatei zu öffnen. Wird diese Datei tatsächlich geöffnet, so ist der
Pfad auch richtig. Andernfalls muß ein Fehler gemeldet werden.

```
    PROCEDURE Auswerten_und_initialisieren;

    VAR S              : ARRAY[1..3] OF String; { Parameter-Strings }
        Teil_Str       : String;                      { Teil-String }
        lauf1, lauf2   : Byte;                     { Zählvariablen }
        Test_Datei     : File;
```

```pascal
PROCEDURE Fehlermeldung;

BEGIN
  WriteLn;
  WriteLn('Fehler: '+ParamStr(lauf1));
  Parameter_Ok := FALSE;
END;


BEGIN
  { Wurden Parameter in der DOS-Kommandozeile angegeben? }

  IF ParamCount <> 0 THEN

    { ja, Parameter prüfen und auswerten }

    IF (ParamCount = 1) AND (ParamStr(1) = '/?') THEN
      BEGIN
        Hilfe;                                    { Hilfe anzeigen }
        Parameter_Ok := FALSE;
      END
    ELSE
      IF ParamCount IN [1..3] THEN {Parameterzahl zw.1 und 3? }
        BEGIN                              { ja, weitermachen }
          { Parameter in Hilfsvariablen kopieren, dabei in  }
          { Großbuchstaben zwecks Vereinfachung der Prüfung }
          { umwandeln                                       }

          FOR lauf1 := 1 TO ParamCount DO
            BEGIN
              S[lauf1] := ParamStr(lauf1);
              FOR lauf2 := 1 TO Length(S[lauf1]) DO
                S[lauf1][lauf2] := UpCase(S[lauf1][lauf2]);
            END;

          { Prüfung der Parameter }

          lauf1 := 1;
          REPEAT
            { Teil-String liefern }

            Teil_Str := Copy(S[lauf1], 1, 3);

            IF Teil_Str = '/C:' THEN  { Chipsatz-Angabe gef.? }
              BEGIN                       { ja, Syntax prüfen }
                { Teil-String liefern }

                Teil_Str := Copy(S[lauf1], 4,
                            Length(S[lauf1])-3);

                {prüfen, ob der String mit einer der möglichen}
                {Angaben für diesen Parameter übereinstimmt,  }
                {ggf. Voreinstellung ändern, sonst Fehlermel- }
                {dung ausgeben                                }
```

```pascal
            IF Teil_Str <> 'TSENG_ET4000' THEN
              BEGIN
                IF Teil_Str = 'ATI_ALT' THEN
                  Chipsatz := ATI_ALT;
                IF Teil_Str = 'ATI_NEU' THEN
                  Chipsatz := ATI_NEU;
                IF Teil_Str = 'CHIPSTECH' THEN
                  Chipsatz := CHIPSTECH;
                IF Teil_Str = 'GENOA' THEN
                  Chipsatz := GENOA;
                IF Teil_Str = 'OAK' THEN
                  Chipsatz := OAK;
                IF Teil_Str = 'PARADISE' THEN
                  Chipsatz := PARADISE;
                IF Teil_Str = 'TRIDENT' THEN
                  Chipsatz := TRIDENT;
                IF Teil_Str = 'TSENG_ET3000' THEN
                  Chipsatz := TSENG_ET3000;
                IF Teil_Str = 'VESA' THEN
                  Chipsatz := VESA;
                IF Teil_Str = 'VIDEO7' THEN
                  Chipsatz := VIDEO7;
                IF Teil_Str = 'ZYMOS' THEN
                  Chipsatz := ZYMOS;

                { wenn die Voreinstellung nicht über- }
                { schrieben wurde, dann ist der Chip- }
                { satz-Parameter nicht richtig        }

                IF Chipsatz = TSENG_ET4000 THEN
                  Fehlermeldung;
              END;
          END
    ELSE
      IF Teil_Str = '/P:' THEN {Pfad-Angabe gefunden? }
        BEGIN                                      { ja }
          { Teil-String liefern }

          Teil_Str := Copy(S[lauf1], 4,
                      Length(S[lauf1])-3);

          { prüfen, ob das angegebene Verzeichnis   }
          { existiert, indem man versucht, dort ei- }
          { ne Datei zu öffnen (bei erfolgreicher   }
          { Prüfung Voreinstellung überschreiben,   }
          { sonst Fehlermeldung ausgeben)           }

          IF Teil_Str <> '' THEN
            BEGIN
              Assign(Test_Datei, Teil_Str+'\$$$$$$$$');
              Rewrite(Test_Datei);
              IF IOResult = 0 THEN
                BEGIN
                  Close(Test_Datei);{ Datei schließen }
```

```pascal
                  Erase(Test_Datei);   { Datei löschen }
                  Pfad := Teil_Str;
                END
              ELSE
                Fehlermeldung;
          END;
      END
    ELSE
      IF Teil_Str = '/T:' THEN {Hotkey-Angabe gef.? }
        BEGIN                       { ja, Syntax prüfen }
          { Teil-String liefern }

          Teil_Str := Copy(S[lauf1], 4,
                       Length(S[lauf1])-3);

          {prüfen, ob der String mit einer der mög- }
          {lichen Angaben für diesen Parameter über-}
          {einstimmt, ggf. Voreinstellung ändern,   }
          {sonst Fehlermeldung ausgeben             }

          IF Teil_Str <> 'CTRL-F9' THEN
            BEGIN
              IF Teil_Str = 'SHIFT-F1' THEN
                Hotkey := SHIFT_F1;
              IF Teil_Str = 'SHIFT-F2' THEN
                Hotkey := SHIFT_F2;
              IF Teil_Str = 'SHIFT-F3' THEN
                Hotkey := SHIFT_F3;
              IF Teil_Str = 'SHIFT-F4' THEN
                Hotkey := SHIFT_F4;
              IF Teil_Str = 'SHIFT-F5' THEN
                Hotkey := SHIFT_F5;
              IF Teil_Str = 'SHIFT-F6' THEN
                Hotkey := SHIFT_F6;
              IF Teil_Str = 'SHIFT-F7' THEN
                Hotkey := SHIFT_F7;
              IF Teil_Str = 'SHIFT-F8' THEN
                Hotkey := SHIFT_F8;
              IF Teil_Str = 'SHIFT-F9' THEN
                Hotkey := SHIFT_F9;
              IF Teil_Str = 'SHIFT-F10' THEN
                Hotkey := SHIFT_F10;
              IF Teil_Str = 'CTRL-F1' THEN
                Hotkey := CTRL_F1;
              IF Teil_Str = 'CTRL-F2' THEN
                Hotkey := CTRL_F2;
              IF Teil_Str = 'CTRL-F3' THEN
                Hotkey := CTRL_F3;
              IF Teil_Str = 'CTRL-F4' THEN
                Hotkey := CTRL_F4;
              IF Teil_Str = 'CTRL-F5' THEN
                Hotkey := CTRL_F5;
              IF Teil_Str = 'CTRL-F6' THEN
                Hotkey := CTRL_F6;
```

```pascal
                         IF Teil_Str = 'CTRL-F7' THEN
                           Hotkey := CTRL_F7;
                         IF Teil_Str = 'CTRL-F8' THEN
                           Hotkey := CTRL_F8;
                         IF Teil_Str = 'CTRL-F10' THEN
                           Hotkey := CTRL_F10;
                         IF Teil_Str = 'ALT-F1' THEN
                           Hotkey := ALT_F1;
                         IF Teil_Str = 'ALT-F2' THEN
                           Hotkey := ALT_F2;
                         IF Teil_Str = 'ALT-F3' THEN
                           Hotkey := ALT_F3;
                         IF Teil_Str = 'ALT-F4' THEN
                           Hotkey := ALT_F4;
                         IF Teil_Str = 'ALT-F5' THEN
                           Hotkey := ALT_F5;
                         IF Teil_Str = 'ALT-F6' THEN
                           Hotkey := ALT_F6;
                         IF Teil_Str = 'ALT-F7' THEN
                           Hotkey := ALT_F7;
                         IF Teil_Str = 'ALT-F8' THEN
                           Hotkey := ALT_F8;
                         IF Teil_Str = 'ALT-F9' THEN
                           Hotkey := ALT_F9;
                         IF Teil_Str = 'ALT-F10' THEN
                           Hotkey := ALT_F10;

                         { wenn die Voreinstellung nicht über- }
                         { schrieben wurde, dann ist der Hot-   }
                         { key-Parameter nicht richtig          }

                         IF Hotkey = CTRL_F9 THEN
                           Fehlermeldung;
                       END;
                  END
              ELSE   { keine der drei möglichen Angaben gef. }
                  Fehlermeldung;        { Fehlermeldung ausgeben }
            Inc(lauf1)             { Parameterzähler um 1 erhöhen }
          UNTIL (lauf1 > ParamCount) OR NOT Parameter_Ok;
        END
      ELSE                               { Zahl der Parameter > 3 }
        BEGIN                            { Fehlermeldung ausgeben }
          WriteLn;
          WriteLn('Fehler: Zu viele Parameter angegeben');
          Parameter_Ok := FALSE;
        END;

  { wenn Parameter nicht in Ordnung, dann auf Hilfe hinweisen }

  IF NOT Parameter_Ok THEN
    BEGIN
      WriteLn;
      WriteLn('Hilfe mit SNAP_256 /?');
    END;
END;
```

Jetzt kommt eine triviale Prozedur zum Erzeugen eines Pieptons. Sie basiert auf den Routinen, die die Standardunit Crt zur Verfügung stellt.

```
PROCEDURE Piepton(Hz : Word; ms : Word);

BEGIN
   Sound(Hz);              { Ton mit der Frequenz Hz erzeugen }
   Delay(ms);               { um den Wert von ms verzögern }
   NoSound;                        { Ende des Pieptons }
END;
```

Die Routine zum Löschen des Tastaturpuffers, die als nächstes im Programmlisting zu finden ist, wurde bereits im Kapitel über den Bildschirmschoner vorgestellt.

Und nun kommen wir zu der eigentlichen Snapshot-Routine, die innerhalb der Routine des hier umgeleiteten Hardware-Tastatur-Interrupts aufgerufen wird. Zunächst einmal wird geprüft, ob die Nummer der aktuellen Bilddatei größer als die Zahl 9999 ist. Nur wenn das nicht der Fall ist, wird die Datei erzeugt (sonst würde der Dateiname aus mehr als 12 Zeichen bestehen, was DOS nicht verwalten kann). Um das Bild korrekt abzuspeichern, müssen die horizontale und vertikale Bildschirmauflösung und daraus die Koordinaten der rechten unteren Bildecke ermittelt werden. Bei einem Fehler wird der Schreibvorgang abgebrochen und es ertönt ein Piepton. Ist alles fehlerfrei verlaufen, so ertönen, wie anfangs schon erwähnt, drei Pieptöne hintereinander.

```
PROCEDURE Bildschirm_fotografieren;

CONST Zeichenbreite = 8;

VAR hilf, Dateiname : String;
    Anzahl_Spalten  : Byte;
    Zeichenhoehe    : Byte;
    Anzahl_Zeilen   : Byte;

    { Koordinaten der rechten unteren Bildecke }

    x_Ende, y_Ende : Word;

    Fehlercode : Byte;
```

```pascal
BEGIN
  IF Bilddatei_Nr > 9999 THEN        { Nummer der Datei > 9999? }
    Piepton(600, 300)        { ja, keine Bilder mehr speichern }
  ELSE                { Nummer der Datei <= 9999, also speichern }
    BEGIN
      { num. Wert in einen String umwandeln }

      Str(Bilddatei_Nr, hilf);

      Dateiname := 'BILD.PCX';

      { Dateinamen um die Nummer der Bilddatei erweitern }

      Insert(hilf, Dateiname, 5);

      { Koordinaten der rechten unteren Bildecke hängen von }
      { der jeweiligen Bildschirmauflösung ab.              }

      Anzahl_Spalten := Mem[$40:$4A];
      x_Ende := Zeichenbreite*Anzahl_Spalten-1;
      IF x_Ende = 799 THEN
        y_Ende := 599
      ELSE
        BEGIN
          Anzahl_Zeilen := Mem[$40:$84]+1;
          Zeichenhoehe := Mem[$40:$85];
          y_Ende := Zeichenhoehe*Anzahl_Zeilen-1;
        END;

      IF Pfad = '' THEN
        PCX_Bild_speichern(0, 0, x_Ende, y_Ende, Dateiname,
        Chipsatz, Fehlercode)
      ELSE
        PCX_Bild_speichern(0, 0, x_Ende, y_Ende,
        Pfad+'\'+Dateiname, Chipsatz, Fehlercode);

      IF Fehlercode <> 0 THEN           { Fehler aufgetreten? }
        IF Fehlercode = 8 THEN       { ja, Modus nicht erkannt? }
          Piepton(600, 50)              { ja, also ein Piepton }
        ELSE                 { ein anderer Fehler ist aufgetreten }
          Piepton(600, 300)             { auch ein Piepton }
      ELSE                             { kein Fehler liegt vor }
        BEGIN
          { Nummer der Bilddatei um 1 erhöhen }

          Inc(Bilddatei_Nr);

          { Drei Pieptöne hintereinander bedeuten, daß das   }
          { Speichern des Bildes erfolgreich beendet wurde.  }

          Piepton(400, 100);
          Piepton(500, 100);
          Piepton(600, 100);
        END;
    END;
END;
```

Die umgeleitete Routine des Hardware-Tastatur-Interrupts sieht hier anders aus als bei dem Bildschirmschoner. Zunächst wird die alte Interrupt-Routine aufgerufen. Drückt der Benutzer irgendeine Taste, so kann dies mittels der Funktion *KeyPressed* aus der Standardunit *Crt* festgestellt werden. Der Tastaturcode wird in einem solchen Fall mit Hilfe der Funktion 01h des Software-Tastatur-Interrupts abgefangen. Handelt es sich um die richtige Tastenkombination, so kann die Snapshot-Routine aufgerufen werden. Bevor das aber geschieht, werden der Tastaturpuffer gelöscht und der alte Handler des Hardware-Tastatur-Interrupts vorläufig installiert, um zu verhindern, daß die Snapshot-Routine ein zweites Mal aufgerufen wird, während sie aktiv ist. Denn das würde das System zum Absturz bringen infolge der Überschneidung der Interrupt-Routinen. Wurde das Bild gespeichert, so kann der Vektor des umgeleiteten Interrupts wieder gesetzt werden.

```
PROCEDURE Int09_Neu; INTERRUPT;

BEGIN
  { alte Interrupt-Routine aufrufen }

  { PUSHF ; Flags sichern }

  INLINE($9C/

  { CALL FAR [Int09_Alt] ; Routine aufrufen }

      $FF/$1E/Int09_Alt);

  { wenn ein Signal von der Tastatur registriert wurde, dann }
  { prüfen, ob es die Tastenkombination zum Aufruf der Snap- }
  { shot-Routine war und ggf. diese Routine aufrufen         }

  IF KeyPressed THEN
    BEGIN
      { mit Hilfe der Funktion 01h des Interrupts 16h fest- }
      { stellen, ob die richtige Tastenkombination gedrückt }
      { wurde                                               }

      Regs.AH := $01;                   { Funktionsnummer setzen }
      Intr($16, Regs); { Software-Tastatur-Interrupt aufrufen }
      IF Regs.AX = Hotkey THEN                  { Hotkey gedrückt? }
        BEGIN                                            { ja }
          Tastaturpuffer_loeschen;

        {Zeiger auf die aktuelle Interrupt-Routine ermitteln }
```

```pascal
      GetIntVec($09, Akt_Int09);

      { alten Interrupt-Handler vorläufig installieren, }
      { um zu verhindern, daß diese Routine und damit    }
      { auch die Snapshot-Routine ein zweites Mal auf-   }
      { gerufen wird                                      }

      SetIntVec($09, Int09_Alt);

      Bildschirm_fotografieren;{Snapshot-Routine aufrufen }

      { umgeleitete (vor dem Aufruf der Snapshot-Routine }
      { aktuelle) Interrupt-Routine wieder installieren  }

      SetIntVec($09, Akt_Int09);
    END;
  END;
END;
```

Im Zusammenhang mit dieser Routine muß ich Sie darauf aufmerksam machen, daß das Fotografieren eines Bildes nur dann funktioniert, wenn das Anwenderprogramm, von dem das Bild stammt, den HardwareTastatur-Interrupt nicht überschreibt, was bei manchen Applikationen und Spielen leider der Fall ist.

Die Funktionen *Z_Var_liefern* und *PSP_Segment* sind die nächsten Routinen im Programmlisting. Ihre Form hat sich gegenüber den entsprechenden Routinen aus dem Bildschirmschoner in keinster Weise geändert, weshalb ich sie Ihnen an dieser Stelle nicht nochmal vorzustellen brauche.

Wir können direkt zu der Installationsroutine des Snapshot-Programms übergehen. Diese ist hier relativ kurz. Sie liefert den alten Vektor des Hardware-Tastatur-Interrupts zurück, leitet diesen Interrupt-Handler auf die eigene Routine um, setzt die Original-Interrupt-Vektoren des Systems und installiert das Programm resident im Speicher.

```pascal
PROCEDURE Installieren;

BEGIN
  { Zeiger auf die alte Routine des Hardware-Tastatur- }
  { Interrupts ermitteln                                }

  GetIntVec($09, Int09_Alt);

  { Interrupt-Handler auf eigene Routine umleiten }

  SetIntVec($09, @Int09_Neu);
```

```
    { Original-Interrupt-Vektoren des Systems setzen }

    SetIntVec($00, SaveInt00);
    SetIntVec($1B, SaveInt1B);

    Keep(0);           { Programm beenden und resident installieren }
  END;
```

Die Routine zum Deinstallieren des Programms stimmt nicht exakt
mit der entsprechenden Routine aus dem Bildschirmschoner überein.
Da in dem Snapshot-Programm nur eine einzige Interrupt-Routine
umgeleitet wurde, braucht man in der folgenden Deinstallationsroutine nur den Zeiger auf diese eine Interrupt-Routine zu ermitteln, um
feststellen zu können, ob ein anderes TSR-Programm über dem hier
behandelten Programm liegt. Da hier der Timer-Interrupt unberührt
bleibt, muß beim Entfernen des Programms vom Speicher nur die alte
Routine des Hardware-Tastatur-Interrupts installiert werden, um den
alten Zustand, der vor der Programminstallation aktuell war, wieder-
herzustellen. Um diese beiden Kleinigkeiten unterscheidet sich die
Deinstallationsroutine von der gleichnamigen Routine aus dem Bildschirmschoner.

```
    FUNCTION Deinstallieren(PSP_Seg : Word) : Boolean;

    TYPE {dieser Typ bildet den Programm-Segment-Präfix (PSP) nach}

        PSP = RECORD
          { diese Felder sind hier unbedeutend }

          Dummy : ARRAY[0..43] OF Byte;

          Env_Seg : Word; {Segment-Adresse des Environment-Blocks}
        END;

        Z_PSP = ^PSP;                          { Zeiger auf den PSP }
        ZZ    = ^Pointer;                 { Zeiger auf einen Zeiger }

    BEGIN
      { Zeiger auf die aktuelle Routine des Interrupts 09h }
      { ermitteln                                          }

      GetIntVec($09, Akt_Int09);

      { prüfen, ob die Interrupt-Routine nicht von einem anderen   }
      { TSR-Programm überschrieben wurde (wenn nicht, alte Inter-  }
      { rupt-Routine installieren, Environment-Block und RAM-Spei-}
      { cher mit Hilfe der DOS-Funktion 49h freigeben)            }
```

```pascal
IF Akt_Int09 = Z_Var_liefern(@Int09_Neu, PSP_Seg) THEN
  BEGIN
    { alte Interrupt-Routine wieder installieren }

    SetIntVec($09, ZZ(Z_Var_liefern(@Int09_Alt, PSP_Seg))^);

    { Environment-Block des Programms freigeben }

    Regs.AH := $49;                    { DOS-Funktion aufrufen }

    { Segment-Adresse des Speicherbereiches ermitteln und }
    { in ES-Reg. laden                                     }

    Regs.ES := Z_PSP(Ptr(PSP_Seg, 0))^.Env_Seg;

    MsDos(Regs);              { DOS-Interrupt-Routine aufrufen }

    { allokierten RAM-Speicher freigeben }

    Regs.AH := $49;                    { DOS-Funktion aufrufen }

    { Segment-Adresse des allokierten Speicherbereiches }
    { ermitteln und in ES-Reg. laden                    }

    Regs.ES := PSP_Seg;

    MsDos(Regs);                        { DOS-Routine aufrufen }

    Deinstallieren := TRUE;
  END
ELSE
  Deinstallieren := FALSE;
END;
```

Die letzte Routine im Programmlisting ist die Funktion zur Identifizierung der VGA-Karte. Im Kapitel 5 habe ich sie ausführlich erläutert.

Das Hauptprogramm hat den gleichen Aufbau wie das des Bildschirmschoners. Als erstes wird die Parameterauswertung erledigt. Wenn die VGA-Karte vorhanden und alles korrekt verlaufen ist, können die Installationsprüfungen beginnen. Sie wissen bereits, was in diesem Zusammenhang zu tun ist, um das Programm resident zu laden oder vom Speicher zu entfernen oder aber die Parameter zu aktualisieren.

```pascal
{ Hauptprogramm }

TYPE { Zeiger-Typen }

    Z_SVGA_Chipsatz_Typ = ^SVGA_Chipsatz_Typ;
    Z_PathStr           = ^PathStr;
    Z_Hotkey_Typ        = ^Hotkey_Typ;

VAR PSP_Seg : Word;                      { Segment-Adresse des PSP }

BEGIN
  Auswerten_und_initialisieren;

  { wenn VGA-Karte vorhanden und Parameter o.k., dann weiter- }
  { machen                                                    }

  IF VGA_vorhanden THEN
    IF Parameter_Ok THEN
      BEGIN
        { feststellen, ob das Snapshot-Programm noch nicht }
        { installiert wurde, ggf. resident installieren,   }
        { sonst vom Speicher entfernen oder Parameter ak-  }
        { tualisieren                                      }

        { PSP-Segment-Adresse abfragen }

        PSP_Seg := PSP_Segment(Snap_256);
        IF PSP_Seg = 0 THEN { Programm noch nicht installiert?}
          BEGIN                    { nein, resident installieren }
            WriteLn;
            Write('Snapshot-Programm wurde speicherresident ');
            WriteLn('installiert.');
            Write('Erneuter Aufruf ohne Parameter entfernt ');
            WriteLn('das Programm vom Speicher.');
           Write('Sind Parameter angegeben, so werden diese ');
            WriteLn('in die bereits installierte');
            WriteLn('Programmkopie übertragen.');
            Installieren;
          END
        ELSE                       { Programm bereits installiert }

          { Parameter angegeben? }

          IF ParamCount = 0 THEN

              { nein, Programm deinstalliert? }

              IF Deinstallieren(PSP_Seg) THEN

                  { ja, Meldung ausgeben }

                BEGIN
                  WriteLn;
                  Write('Snapshot-Programm wurde vom Speicher ');
```

```pascal
            WriteLn('entfernt.');
          END

      { Programm nicht vom Speicher entfernt }
      { Interrupt-Routine wurde umgeleitet   }

      ELSE
        BEGIN
          WriteLn;
          Write('Die Interrupt-Routine 09h wurde von ');
          Write('einem anderen ');
          WriteLn('TSR-Programm umgeleitet.');
          Write('Snapshot-Programm wurde nicht ');
          WriteLn('deinstalliert.');
          Write('Entfernen Sie zuerst das andere ');
          WrteLn('Programm vom Speicher!');
        END

    { Parameter wurden angegeben }

    ELSE
      BEGIN
        { Parameter aktualisieren, d.h. in die bereits }
        { installierte Programmkopie übertragen         }

        INLINE($FA);             { CLI ; Interrupts sperren }
        Z_SVGA_Chipsatz_Typ(Z_Var_liefern(@Chipsatz,
        PSP_Seg))^ := Chipsatz;
        Z_PathStr(Z_Var_liefern(@Pfad,PSP_Seg))^ := Pfad;
        Z_Hotkey_Typ(Z_Var_liefern(@Hotkey,
        PSP_Seg))^ := Hotkey;
        INLINE($FB); { STI ; Interrupts wieder erlauben }

        { Meldung ausgeben }

        WriteLn;
        WriteLn('Parameter wurden aktualisiert.');
        Write('Snapshot-Programm wurde nicht neu ');
        WriteLn('installiert.');
      END;
    END
  ELSE
  ELSE       { keine VGA-Karte vorhanden, Fehlermeldung ausgeben }
    BEGIN
      WriteLn;
      WriteLn('VGA-Karte nicht vorhanden.');
      WriteLn('Snapshot-Programm wurde nicht installiert.');
    END;
END.
```

Nun probieren Sie das Snapshot-Programm einmal aus. Rufen Sie dazu die Datei SNAP_256.EXE auf. Falls Sie auch Super-VGA-Bilder "knipsen" wollen, denken Sie daran, daß dazu die Angabe des Chipsatzes notwendig ist.

Mit dem Snapshot-Programm können Sie auch Grafiken aus bekannten Spielen fotografieren, z.B. Monkey Island in der VGA-Version. Allerdings ist es nicht damit getan, daß Sie diese Bilder fotografieren, ohne einmal eine Slideshow damit erstellen zu können. Aus diesem Grunde will ich Ihnen im nächsten Abschnitt dieses Kapitels ein Programm an die Hand geben, mit dem Sie nicht nur die "geraubten" Bilder mit verschiedenen Effekten versehen, sondern sie auch verändern können. Es kommt nämlich sehr häufig vor, daß Sie eine Grafik haben, die noch etwas änderungsbedürftig ist, weil Sie zum Beispiel nicht den richtigen Farbton hat, der zu Ihrer Show passen würde. Bevor wir uns jedoch mit dem Slideshow-Maker begnügen, wünsche ich Ihnen viel Spaß mit dem Snapshot-Programm. Ich hoffe, daß es Ihnen gefallen wird.

7.2 SHOW_256 - der Slideshow-Maker

Das folgende Programm habe ich in zwei Betriebsmodi unterteilt. Der erste Modus ist der Anzeigemodus. Damit können Sie professionelle Slideshows mit zahlreichen Effekten erstellen. Der zweite Modus ist der sogenannte Bearbeitungsmodus. Sie können ihn immer dann wählen, wenn Sie ein Bild bearbeiten möchten. Das Programm zur Erstellung von Slideshows stellt Ihnen zahlreiche Optionen zur Verfügung, mit denen Sie sich beispielsweise ein Bild in ganz anderen Farbtönen anzeigen lassen können. Sie können auch das Bild einige Zeilen nach oben oder nach unten verschieben. Dabei werden Sie sehen, daß die Bedienung des Programms sehr leicht ist. Alle Optionen können Sie nämlich durch Drücken einer dafür bestimmten Taste aufrufen. Und auf Wunsch können Sie sich auch die Tastenbelegung einmal anzeigen lassen.

Die angesprochenen Optionen werde ich später ausführlich beschreiben. Nun will ich Ihnen die Aufrufmaske des Programms mit all darin vorkommenden Parametern etwas näher erläutern. Sie sieht folgendermaßen aus:

```
SHOW_256 [/D:dd] [/C:cc] [/M:mm] [/E:ee] [/V:vv]
```

/D:dd   Dieser Parameter enthält den Namen der PCX-Bilddatei inklusive Laufwerk- und Pfad-Angabe. Die Erweiterung des Dateinamens .PCX muß mit angegeben werden.

/C:cc   Für die Super-VGA-Bilder muß der Chipsatz angegeben werden. Sie können den sich in Ihrer Grafikkarte befindlichen Chipsatz aus 12 verschiedenen Chipsätzen, die ich schon am Beispiel des Snapshot-Programms aufgezählt habe, wählen.

/M:mm   Dieser Parameter legt den Betriebsmodus fest. Wie vorhin schon erwähnt, können Sie zwischen dem Anzeige- und dem Bearbeitungsmodus wählen. Sollten Sie das erste wählen, so muß hinter dem Doppelpunkt das Wort AN-ZEIGE stehen. Der Bearbeitungsmodus wird durch das Wort BEARBEITUNG signalisiert.

/E:ee   Hier wird der Effekt angegeben. Dabei gilt die Angabe nur für den Anzeigemodus, also wenn Sie eine fertige Slide-show erstellen wollen. Die Auswahlmöglichkeiten für den Effekt Parameter sind folgende:
KEIN,
ROLLEN_OBEN,
ROLLEN_UNTEN,
ROLLEN_RECHTS,
ROLLEN_LINKS,
SPIEGELN_OBEN,
SPIEGELN_UNTEN,
SPIEGELN_RECHTS,
SPIEGELN_LINKS,
UMKLAPPEN_X,
UMKLAPPEN_Y
GRAUSTUFEN,
PUZZLE_RECHTS,
PUZZLE_LINKS,
VERDUNKELN,
ERHELLEN.

Für die Super-VGA-Bilder gelten nur Effekte:
KEIN,

GRAUSTUFEN,

VERDUNKELN und ERHELLEN.

PUZZLE_RECHTS ist eine andere Bezeichnung für den Puzzle-Effekt im Uhrzeigersinn. PUZZLE_LINKS ist der umgekehrte Effekt.

/V:vv   Für den Anzeigemodus kann außer dem Effekt auch noch die Verzögerungszeit angegeben werden. Dabei liegt der Werte bereich zwischen 0 und 10000. Werte, die größer als 10000 sind, sind hier nicht sinnvoll.

Auch in diesem Fall werden Voreinstellungen benutzt, falls Sie nicht alle Parameter angeben.

Voreinstellungen:

```
dd  = FROSCH.PCX
cc  = TSENG_ET4000
mm = ANZEIGE
ee  = KEIN
vv  = 0
```

Nun glaube ich, daß diese Informationen für den Anfang ausreichen und möchte an dieser Stelle mit dem Listing des Programms beginnen.

Zunächst einmal ein paar Worte zur Einstellung der Größe von Stack und Heap. Wie in einem TSR-Programm empfiehlt es sich hier (in TSR-Programmen war das sogar notwendig!) Speicherplatz für den Stack und Heap zu reservieren. Und zwar aus dem Grunde, daß zur Laufzeit des Programms Bilddaten in zwei internen Puffern zwischengespeichert werden, um zum Beispiel das Original-Bild im Modus 19 wiederherstellen zu können, nachdem es durch den Benutzer verändert wurde. Für den Stack ist es ausreichend, 4 KB Speicherplatz zu reservieren. Die maximale Größe des Heap wird dagegen auf 128 KB eingestellt.

Soviel zum Stack und Heap. Die Deklaration von Konstanten, Typen und Variablen ist im Listing ausführlich kommentiert.

```
{ Dateiname : SHOW_256.PAS                 }
{ Autor     : Arthur Burda                 }
{ Compiler  : Turbo Pascal 5.0 und höher }

{ SHOW_256 - ein Programm zur Erstellung von Slideshows }
```

```pascal
{              bestehend aus PCX-Bildern mit 256 Farben    }

PROGRAM Show_VGA_256;

{$D-}                           { keine Informationen des Debuggers }
{$I-}                                       { keine I/O-Prüfung }
{$S-}                                 { keine Prüfung des Stacks }
{$M 4096,131072,131072}              { 4 KB Stack, 128 KB Heap }

USES Crt, Dos, MODUS_19, PCX_256, SVGA;       { Units einbinden }

CONST { Voreinstellungen }

        Dateiname      : PathStr              = 'FROSCH.PCX';
        Chipsatz       : SVGA_Chipsatz_Typ = TSENG_ET4000;
        Betriebsmodus  : String[11]          = 'ANZEIGE';
        Effekt         : String[15]          = 'KEIN';
        Verzoegerung   : Word                = 0;

        Parameter_Ok : Boolean = TRUE;{ Flag für Parameter o.k. }

        Bilddatei_Nr : Word = 1;              { Nummer der Bilddatei }

        Video = $A000;                        { Anfang des Video-RAM }

        { Zeichenattribute }

        hellgrau_auf_schwarz = 7;
        schwarz_auf_hellgrau = 112;

        { Tastaturcodes }

        ESCAPE  = #27;
        F1      = #315;
        F2      = #316;
        F3      = #317;
        F4      = #318;
        F5      = #319;
        F6      = #320;
        F7      = #321;
        F8      = #322;
        F9      = #323;
        F10     = #324;
        OBEN    = #328;
        LINKS   = #331;
        RECHTS  = #333;
        UNTEN   = #336;

VAR Regs : Registers;                         { Prozessor-Register }

    { momentan aktive 256-Farben-Palette }

    Akt_DAC_Palette : DAC_Block;
```

```
    Orig_DAC_Palette : DAC_Block;        { Original-DAC-Palette }
    Puffer1, Puffer2 : Pointer;{ Puffer zum Zwischenspeichern }
    Bild_im_Modus_19 : Boolean;     { Flag für Bild im Modus 19 }
    SVGA_Modus       : SVGA_Modi;{erweiterter Super-VGA-Modus }

    { Zählvariablen }

    lauf1, lauf2, lauf3 : Byte;
```

Da die Parameter des Programms ähnlich wie bei dem Snapshot-Programm in der Kommandozeile angegeben werden, muß man dem Benutzer auch die Möglichkeit geben, die Hilfestellung durch Angabe von /? anzufordern. Hier ist die entsprechende Prozedur dazu:

```
PROCEDURE Hilfe;

BEGIN
  WriteLn;
  Write('SHOW_256-ein Programm zur Erstellung von Slideshows');
  WriteLn('bestehend aus PCX-');
  WriteLn('          Bildern mit 256 Farben');
  WriteLn;
  WriteLn('Autor: Arthur Burda');
  WriteLn;
  Write('Aufruf: SHOW_256 [/D:dd] [/C:cc] [/M:mm] [/E:ee] ');
  WriteLn('[/V:vv]');
  WriteLn;
  Write('Optionen: /D:dd    Dateiname der PCX-Bilddatei ');
  WriteLn('inklusive Laufwerks- und');
  WriteLn('                  Pfadangabe');
  WriteLn('          /C:cc    Super-VGA-Chipsatz');
  Write('                  cc = ATI_ALT,ATI_NEU,CHIPSTECH, ');
  WriteLn('GENOA, OAK, PARADISE,');
  Write('                       TRIDENT, TSENG_ET3000, ');
  WriteLn('TSENG_ET4000, VESA, VIDEO7,');
  WriteLn('                       ZYMOS');
  WriteLn('          /M:mm    Betriebsmodus');
  WriteLn('                  mm = ANZEIGE, BEARBEITUNG');
  Write('          /E:ee    Effekt (nur Anzeigemodus, außer ');
  WriteLn('KEIN, GRAUSTUFEN, VERDUN-');
  Write('                  KELN und ERHELLEN nur für Bilder ');
  WriteLn('im Modus 19)');
  Write('                  ee = KEIN, ROLLEN_OBEN, ');
  WriteLn('ROLLEN_UNTEN, ROLLEN_RECHTS,');
  Write('                       ROLLEN_LINKS, SPIEGELN_OBEN, ');
  WriteLn('SPIEGELN_UNTEN,');
  Write('                       SPIEGELN_RECHTS, ');
  WriteLn('SPIEGELN_LINKS, UMKLAPPEN_X,');
  Write('                       UMKLAPPEN_Y, GRAUSTUFEN, ');
  WriteLn('PUZZLE_RECHTS, PUZZLE_LINKS,');
  WriteLn('                       VERDUNKELN, ERHELLEN');
  WriteLn;
```

```
      Write('Beliebige Taste drücken ...');
      REPEAT
      UNTIL KeyPressed;
      WriteLn;
      WriteLn;
      Write('              /V:vv      Verzögerungszeit in ms (nur ');
      WriteLn('Anzeigemodus)');
      WriteLn('                        vv = 0..10000');
      WriteLn;
      WriteLn('Voreinstellungen: dd = FROSCH.PCX');
      WriteLn('                  cc = TSENG_ET4000');
      WriteLn('                  mm = ANZEIGE');
      WriteLn('                  ee = KEIN');
      WriteLn('                  vv = 0');
      WriteLn;
      Write('Hinweis:Im Bearbeitungsmodus wird beim Drücken von ');
      WriteLn('F1 die Tastenbelegung');
      WriteLn('         angezeigt.');
    END;
```

Wie immer in Verbindung mit Parametern, kommt auch in diesem
Fall die Prozedur *Auswerten_und_initialisieren* vor:

```
    PROCEDURE Auswerten_und_initialisieren;

    VAR S         : ARRAY[1..5] OF String;      { Parameter-Strings }
        Teil_Str  : String;                          { Teil-String }
        Num_Wert  : Integer;                    { numerischer Wert }

        { Code nach der Umwandlung in einen numerischen Wert }

        Code : Integer;

    PROCEDURE Fehlermeldung;

    BEGIN
      WriteLn;
      WriteLn('Fehler: '+ParamStr(lauf1));
      Parameter_Ok := FALSE;
    END;

    BEGIN
      { Wurden Parameter in der DOS-Kommandozeile angegeben? }

      IF ParamCount <> 0 THEN

        { ja, Parameter auswerten, dabei die syntaktische }
        { Korrektheit prüfen                              }

        IF (ParamCount = 1) AND (ParamStr(1) = '/?') THEN
          BEGIN
            Hilfe;                                  { Hilfe anzeigen }
            Parameter_Ok := FALSE;
          END
```

```pascal
ELSE
  IF ParamCount IN [1..5] THEN {Parameterzahl zw. 1 u. 5? }
    BEGIN                             { ja, weitermachen }
      { Parameter in Hilfsvariablen kopieren, dabei in  }
      { Großbuchstaben zwecks Vereinfachung der syntak-  }
      { tischen Prüfung umwandeln                        }

      FOR lauf1 := 1 TO ParamCount DO
        BEGIN
          S[lauf1] := ParamStr(lauf1);
          FOR lauf2 := 1 TO Length(S[lauf1]) DO
            S[lauf1][lauf2] := UpCase(S[lauf1][lauf2]);
        END;

      { syntaktische Prüfung }

      lauf1 := 1;
      REPEAT
        { Teil-String liefern }

        Teil_Str := Copy(S[lauf1], 1, 3);

        IF Teil_Str = '/D:' THEN    {Datei-Angabe gefunden? }
          Dateiname := Copy(S[lauf1], 4,                { ja }
                       Length(S[lauf1])-3)
        ELSE
          IF Teil_Str = '/C:' THEN{ Chipsatz-Angabe gef.? }
            BEGIN                        { ja, Syntax prüfen }
              { Teil-String liefern }

              Teil_Str := Copy(S[lauf1], 4,
                          Length(S[lauf1])-3);

              {prüfen, ob der String mit einer der mögli- }
              {chen Angaben für diesen Parameter überein- }
              {stimmt, ggf. Voreinstellung ändern, sonst  }
              {Fehlermeldung ausgeben                     }

              IF Teil_Str <> 'TSENG_ET4000' THEN
                BEGIN
                  IF Teil_Str = 'ATI_ALT' THEN
                    Chipsatz := ATI_ALT;
                  IF Teil_Str = 'ATI_NEU' THEN
                    Chipsatz := ATI_NEU;
                  IF Teil_Str = 'CHIPSTECH' THEN
                    Chipsatz := CHIPSTECH;
                  IF Teil_Str = 'GENOA' THEN
                    Chipsatz := GENOA;
                  IF Teil_Str = 'OAK' THEN
                    Chipsatz := OAK;
                  IF Teil_Str = 'PARADISE' THEN
                    Chipsatz := PARADISE;
                  IF Teil_Str = 'TRIDENT' THEN
                    Chipsatz := TRIDENT;
```

```
              IF Teil_Str = 'TSENG_ET3000' THEN
                Chipsatz := TSENG_ET3000;
              IF Teil_Str = 'VESA' THEN
                Chipsatz := VESA;
              IF Teil_Str = 'VIDEO7' THEN
                Chipsatz := VIDEO7;
              IF Teil_Str = 'ZYMOS' THEN
                Chipsatz := ZYMOS;

              { wenn die Voreinstellung nicht über- }
              { schrieben wurde, dann ist der Chip-  }
              { satz-Parameter nicht richtig         }

              IF Chipsatz = TSENG_ET4000 THEN
                 Fehlermeldung;
            END;
       END
   ELSE

     { Betriebsmodus-Angabe gefunden? }

     IF Teil_Str = '/M:' THEN
       BEGIN                         { ja, Syntax prüfen }
         { Teil-String liefern }

         Teil_Str := Copy(S[lauf1], 4,
                     Length(S[lauf1])-3);

         { prüfen, ob der String mit einer der  }
         { möglichen Angaben für diesen Parame- }
         { ter übereinstimmt, ggf. Voreinstel-  }
         { lung ändern, sonst Fehlermeldung aus- }
         { geben                                }

         IF (Teil_Str = 'ANZEIGE')
         OR (Teil_Str = 'BEARBEITUNG') THEN
           Betriebsmodus := Teil_Str
         ELSE
           Fehlermeldung;
       END
   ELSE

     { Effekt-Angabe gefunden? }

     IF Teil_Str = '/E:' THEN
       BEGIN                         { ja, Syntax prüfen }
         { Teil-String liefern }

         Teil_Str := Copy(S[lauf1], 4,
                     Length(S[lauf1])-3);

         { prüfen, ob der String mit einer der  }
         { möglichen Angaben für diesen Parame- }
         { ter übereinstimmt, ggf. Voreinstel-  }
         { lung ändern, sonst Fehlermeldung aus- }
         { geben                                }
```

```pascal
                    IF (Teil_Str = 'KEIN')
                    OR (Teil_Str = 'ROLLEN_OBEN')
                    OR (Teil_Str = 'ROLLEN_UNTEN')
                    OR (Teil_Str = 'ROLLEN_RECHTS')
                    OR (Teil_Str = 'ROLLEN_LINKS')
                    OR (Teil_Str = 'SPIEGELN_OBEN')
                    OR (Teil_Str = 'SPIEGELN_UNTEN')
                    OR (Teil_Str = 'SPIEGELN_RECHTS')
                    OR (Teil_Str = 'SPIEGELN_LINKS')
                    OR (Teil_Str = 'UMKLAPPEN_X')
                    OR (Teil_Str = 'UMKLAPPEN_Y')
                    OR (Teil_Str = 'GRAUSTUFEN')
                    OR (Teil_Str = 'PUZZLE_RECHTS')
                    OR (Teil_Str = 'PUZZLE_LINKS')
                    OR (Teil_Str = 'VERDUNKELN')
                    OR (Teil_Str = 'ERHELLEN') THEN
                       Effekt := Teil_Str
                    ELSE
                       Fehlermeldung;
                 END
              ELSE

                 { Verzögerungszeit-Angabe? }

                 IF Teil_Str = '/V:' THEN
                    BEGIN { ja, Syntax und Werteber. prüfen }
                       { Teil-String liefern }

                       Teil_Str := Copy(S[lauf1], 4,
                                   Length(S[lauf1])-3);

                       { String in einen numerischen Wert }
                       { umwandeln                         }

                       Val(Teil_Str, Num_Wert, Code);

                       {prüfen, ob ein numerischer Wert an- }
                       {gegeben wurde und dieser im vorgege- }
                       {benen Wertebereich liegt, ggf. Vor-  }
                       {einstellung ändern, sonst Fehlermel- }
                       {dung ausgeben                        }

                       IF (Code = 0)
                       AND ((Num_Wert >= 0)
                       AND (Num_Wert <= 10000)) THEN
                          Verzoegerung := Num_Wert
                       ELSE
                          Fehlermeldung;
                    END
                 ELSE  { keine der fünf mögl. Angaben gef. }
                    Fehlermeldung; { Fehlermeldung ausgeben }
       Inc(lauf1)           { Parameterzähler um 1 erhöhen }
    UNTIL (lauf1 > ParamCount) OR NOT Parameter_Ok;
 END
```

```
        ELSE                        { Zahl der Parameter > 6 }
          BEGIN                     { Fehlermeldung ausgeben }
            WriteLn;
            WriteLn('Fehler: Zu viele Parameter angegeben');
            Parameter_Ok := FALSE;
          END;

    { wenn Parameter nicht in Ordnung, dann auf Hilfe hinweisen }

  IF NOT Parameter_Ok THEN
    BEGIN
      WriteLn;
      WriteLn('Hilfe mit SHOW_256 /?');
    END;
END;
```

Die zwei nächsten Routinen im Listing des behandelten Programms
beziehen sich auf den Videomodus. Im Grunde kennen Sie diese Routinen bereits aus anderen Kapiteln. Die erste Routine initialisiert den
im Parameterform übergebenen Videomodus. Dabei kann wahlweise
der Inhalt des Video-RAM gelöscht oder beibehalten werden. Diese
Option ist sehr nützlich, wenn beispielsweise zwischen dem Text- und
Grafikmodus umgeschaltet werden soll. Mit Hilfe der zweiten Routine
kann der zur Zeit aktive Videomodus abgefragt werden. Sie wird später benutzt, um den Modus 19 zu erkennen.

```
PROCEDURE Videomodus_setzen(Modus : Byte;
          VRAM_loeschen : Boolean);

BEGIN
  IF NOT VRAM_loeschen THEN
    Inc(Modus, 128);
  Regs.AH := $0;                    { Funktion des BIOS aufrufen }
  Regs.AL := Modus;        { Nummer des zu setzenden Videomodus }
  Intr($10, Regs);                  { BIOS-Interrupt aufrufen }
END;

FUNCTION Videomodus : Byte;

BEGIN
  Regs.AH := $0F;                   { BIOS-Funktion aufrufen }
  Intr($10, Regs);                  { BIOS-Interrupt aufrufen }
  Videomodus := Regs.AL;{ Nummer des akt. Videomodus auslesen }
END;
```

Als nächstes kommen die Routinen, die für die verschiedenen Effekte wie "Rollen" oder "Puzzle" verantwortlich sind. Es sind insgesamt acht Routinen. Die letzten beiden Prozeduren sind für das Erhöhen bzw. Erniedrigen der RGB-Anteile der DAC-Palette zuständig. Die beiden Effekte sind nur im Bearbeitungsmodus verfügbar, weil sie für fertige Slideshows nicht so sinnvoll sind. Wenn Sie sie trotzdem in Ihren eigenen Grafikpräsentationen verwenden möchten, steht Ihnen natürlich nichts im Wege. Sie brauchen nur die entsprechenden Routinen zu modifizieren und schon können Sie auch von diesen Effekten Gebrauch machen.

```
{ Effekte }

PROCEDURE Rollen_oben;

BEGIN
  { Rollen von unten nach oben }

  Bereich_kopieren(0, 4, 319, 199, 0, 0);
  Bereich_loeschen(0, 196, 319, 199);
  Delay(Verzoegerung);
END;

PROCEDURE Rollen_unten;

BEGIN
  { Rollen von oben nach unten }

  Bereich_kopieren(0, 0, 319, 195, 0, 4);
  Bereich_loeschen(0, 0, 319, 3);
  Delay(Verzoegerung);
END;

PROCEDURE Rollen_rechts;

BEGIN
  { Rollen von links nach rechts }

  Bereich_kopieren(0, 0, 315, 199, 4, 0);
  Bereich_loeschen(0, 0, 3, 199);
  Delay(Verzoegerung);
END;

PROCEDURE Rollen_links;

BEGIN
  { Rollen von rechts nach links }

  Bereich_kopieren(4, 0, 319, 199, 0, 0);
  Bereich_loeschen(316, 0, 319, 199);
```

```pascal
      Delay(Verzoegerung);
END;

PROCEDURE Puzzle_rechts;

VAR Puffer : Pointer;

BEGIN
  { Puzzle-Effekt im Uhrzeigersinn (nach rechts) }

  In_Puffer_kopieren(0, 0, 79, 99, 80, 100, Puffer);
  Bereich_kopieren(0, 100, 79, 199, 0, 0);
  Bereich_kopieren(80, 100, 159, 199, 0, 100);
  Bereich_kopieren(160, 100, 239, 199, 80, 100);
  Bereich_kopieren(240, 100, 319, 199, 160, 100);
  Bereich_kopieren(240, 0, 319, 99, 240, 100);
  Bereich_kopieren(160, 0, 239, 99, 240, 0);
  Bereich_kopieren(80, 0, 159, 99, 160, 0);
  In_VRAM_kopieren(80, 0, 80, 100, Puffer);
  Delay(Verzoegerung);
END;

PROCEDURE Puzzle_links;

VAR Puffer : Pointer;

BEGIN
  { Puzzle-Effekt gegen den Uhrzeigersinn (nach links) }

  In_Puffer_kopieren(0, 0, 79, 99, 80, 100, Puffer);
  Bereich_kopieren(80, 0, 159, 99, 0, 0);
  Bereich_kopieren(160, 0, 239, 99, 80, 0);
  Bereich_kopieren(240, 0, 319, 99, 160, 0);
  Bereich_kopieren(240, 100, 319, 199, 240, 0);
  Bereich_kopieren(160, 100, 239, 199, 240, 100);
  Bereich_kopieren(80, 100, 159, 199, 160, 100);
  Bereich_kopieren(0, 100, 79, 199, 80, 100);
  In_VRAM_kopieren(0, 100, 80, 100, Puffer);
  Delay(Verzoegerung);
END;

PROCEDURE Verdunkeln;

BEGIN
  FOR lauf2 := 1 TO 255 DO
    FOR lauf3 := rot TO blau DO
      IF Akt_DAC_Palette[lauf2, lauf3] > 0 THEN
        Dec(Akt_DAC_Palette[lauf2, lauf3]);
  DAC_Block_setzen(1, 255, Akt_DAC_Palette);
  Delay(Verzoegerung);
END;
```

```pascal
   PROCEDURE Erhellen;

BEGIN
   FOR lauf2 := 1 TO 255 DO
      FOR lauf3 := rot TO blau DO
         IF Akt_DAC_Palette[lauf2, lauf3] < 63 THEN
            Inc(Akt_DAC_Palette[lauf2, lauf3]);
   DAC_Block_setzen(1, 255, Akt_DAC_Palette);
   Delay(Verzoegerung);
END;

PROCEDURE RGB_erhoehen(Anteil : Byte);

BEGIN
   FOR lauf1 := 0 TO 255 DO
      IF Akt_DAC_Palette[lauf1, Anteil] < 63 THEN
         Inc(Akt_DAC_Palette[lauf1, Anteil]);
   DAC_Block_setzen(1, 255, Akt_DAC_Palette);
END;

PROCEDURE RGB_erniedrigen(Anteil : Byte);

BEGIN
   FOR lauf1 := 0 TO 255 DO
      IF Akt_DAC_Palette[lauf1, Anteil] > 0 THEN
         Dec(Akt_DAC_Palette[lauf1, Anteil]);
   DAC_Block_setzen(1, 255, Akt_DAC_Palette);
END;
```

Die Prozedur zum Erzeugen eines Pieptons beliebiger Frequenz und Dauer kennen Sie schon aus dem vorigen Abschnitt.

Nun kommen wir zu den zwei wichtigsten Prozeduren des Programms. Sie sind verantwortlich für das Anzeigen und Bearbeiten einer Grafik. Die erste der beiden Routinen heißt *Bild_nur_anzeigen*. Sie wird aufgerufen, wenn der Anzeigemodus gewählt wurde. Zunächst wird das Bild geladen und auf dem Bildschirm dargestellt. Wenn dabei kein Fehler aufgetreten ist, wird der gewählte Effekt gezeigt, wobei bei Super-VGA-Bildern nur 4 statt 16 Effekte zur Verfügung stehen. Dies ergibt sich daraus, daß die Programmierung der Super-VGA-Modi relativ aufwendig ist.

```pascal
   PROCEDURE Bild_nur_anzeigen;

   VAR Fehlercode : Byte;

   BEGIN
      PCX_Bild_laden(Dateiname, Chipsatz, Fehlercode);
```

```pascal
  { prüfen, ob ein Fehler aufgetreten ist, ggf. Fehlermeldung }
  { ausgeben und Programm beenden, sonst weitermachen         }

IF Fehlercode <> 0 THEN
   BEGIN
     { Textmodus mit 80x25 Zeichen setzen }

     Videomodus_setzen(3, TRUE);

     WriteLn('Das Programm wurde mit Fehler Nr.', Fehlercode,
     ' (Unit PCX_256) abgebrochen.');
     Halt;                                   { Programm beenden }
   END
ELSE                                     { kein Fehler liegt vor }

   BEGIN
     DAC_Block_lesen(0, 256, Akt_DAC_Palette);

     { prüfen, ob ein Super-VGA-Modus aktiv ist und einer  }
     { der für diesen Modus nicht vorgesehenen Effekte ge- }
     { wählt wurde, ggf. Effekt auf "KEIN" ändern          }

     IF Aktiver_Modus <> 0 THEN
        IF (Effekt = 'ROLLEN_OBEN')
        OR (Effekt = 'ROLLEN_UNTEN')
        OR (Effekt = 'ROLLEN_RECHTS')
        OR (Effekt = 'ROLLEN_LINKS')
        OR (Effekt = 'SPIEGELN_OBEN')
        OR (Effekt = 'SPIEGELN_UNTEN')
        OR (Effekt = 'SPIEGELN_RECHTS')
        OR (Effekt = 'SPIEGELN_LINKS')
        OR (Effekt = 'UMKLAPPEN_X')
        OR (Effekt = 'UMKLAPPEN_Y')
        OR (Effekt = 'PUZZLE_RECHTS')
        OR (Effekt = 'PUZZLE_LINKS') THEN
          Effekt := 'KEIN';

     { Effekte für Modus 19 und erweiterte Super-VGA-Modi }

     IF Effekt = 'KEIN' THEN
       Delay(Verzoegerung)
     ELSE
       IF Effekt = 'GRAUSTUFEN' THEN
         BEGIN
           Graustufen(0, 256, Akt_DAC_Palette);
           Delay(Verzoegerung);
         END
       ELSE
         IF Effekt = 'VERDUNKELN' THEN
           FOR lauf1 := 1 TO 64 DO
             Verdunkeln
         ELSE
           IF Effekt = 'ERHELLEN' THEN
             FOR lauf1 := 1 TO 64 DO
               Erhellen
```

```
                { ein anderer Effekt (nur für Modus 19) wurde }
                { gewählt                                     }

        ELSE
          IF Videomodus = 19 THEN          { Modus 19 aktiv? }
            BEGIN                                        { ja }
              { Effekte für Modus 19 }

              IF Effekt = 'ROLLEN_OBEN' THEN
                FOR lauf1 := 1 TO 50 DO
                  Rollen_oben;
              IF Effekt = 'ROLLEN_UNTEN' THEN
                FOR lauf1 := 1 TO 50 DO
                  Rollen_unten;
              IF Effekt = 'ROLLEN_RECHTS' THEN
                FOR lauf1 := 1 TO 80 DO
                  Rollen_rechts;
              IF Effekt = 'ROLLEN_LINKS' THEN
                FOR lauf1 := 1 TO 80 DO
                  Rollen_links;
              IF Effekt = 'SPIEGELN_OBEN' THEN
                BEGIN
                  Bereich_spiegeln(0, 0, 319, 199,
                  oberer_Teil);
                  Delay(Verzoegerung);
                END;
              IF Effekt = 'SPIEGELN_UNTEN' THEN
                BEGIN
                  Bereich_spiegeln(0, 0, 319, 199,
                  unterer_Teil);
                  Delay(Verzoegerung);
                END;
              IF Effekt = 'SPIEGELN_RECHTS' THEN
                BEGIN
                  Bereich_spiegeln(0, 0, 319, 199,
                  rechter_Teil);
                  Delay(Verzoegerung);
                END;
              IF Effekt = 'SPIEGELN_LINKS' THEN
                BEGIN
                  Bereich_spiegeln(0, 0, 319, 199,
                  linker_Teil);
                  Delay(Verzoegerung);
                END;
              IF Effekt = 'UMKLAPPEN_X' THEN
                BEGIN
                  Bereich_umklappen(0, 0, 319, 199,
                  horizontal);
                  Delay(Verzoegerung);
                END;
              IF Effekt = 'UMKLAPPEN_Y' THEN
                BEGIN
                  Bereich_umklappen(0, 0, 319, 199,
                  vertikal);
```

```
                        Delay(Verzoegerung);
                   END;
               IF Effekt = 'PUZZLE_RECHTS' THEN
                  FOR laufl := 1 TO 8 DO
                    Puzzle_rechts;
               IF Effekt = 'PUZZLE_LINKS' THEN
                  FOR laufl := 1 TO 8 DO
                    Puzzle_links;
               END;
         END;
   END;
```

Wurde der Bearbeitungsmodus gewählt, so wird die zweite Prozedur *Bild_anzeigen_und_bearbeiten* aufgerufen. Zum Bearbeiten eines Bildes stehen folgende Optionen zur Verfügung, die jeweils beim Drükken der dafür vorgesehenen Taste aktiviert werden:

F1   Anzeigen der Tastenbelegung. Beim Aufruf dieser Option wird der Textmodus eingeschaltet. Da das Video-RAM nicht gelöscht wird, gehen die Bilddaten auch nicht verloren. Allerdings müssen die ersten 40 KB des Videospeichers im Puffer gesichert werden. Ebenfalls die 256-Farben-Palette muß man speichern, da beim Umschalten in den Textmodus die Standard-Palette geladen wird. Bei der Anzeige der Tastenbelegung werden die Optionen, die nur im Modus 19 verfügbar sind, durch Fußnoten gekennzeichnet.

F2   Speichern des Bildes. Durch Aufruf dieser Option können maximal 9999 Bilder auf Diskette oder Festplatte gespeichert werden. Die PCX-Bilddateien werden im aktuellen Pfad angelegt und tragen die Namen NEU_1.PCX, NEU_2.PCX usw. Tritt irgendein Fehler auf, so wird das Programm beendet und der Fehlercode auf dem Bildschirm angezeigt. Der erfolgreich abgeschlossene Schreibvorgang wird hingegen durch drei aufeinanderfolgende Pieptöne signalisiert.

F3   Durch Drücken dieser Taste wird die obere Hälfte des Bildes an der horizontalen Achse gespiegelt, die durch die Mitte des Bildes verläuft (nur Modus 19).

F4   Spiegeln der unteren Bildhälfte an der horizontalen Achse in der Bildmitte (nur Modus 19).

`F5`	Durch Aufruf dieser Option wird der rechte Teil des Bildes an der vertikalen Achse in der Bildmitte gespiegelt (nur Modus 19).
`F6`	Spiegeln der linken Hälfte des Bildes an der vertikalen Ach se in der Bildmitte (nur Modus 19).
`F7`	Horizontales Umklappen des Bildes, d.h. die Grafik wird "auf den Kopf" gestellt (nur Modus 19).
`F8`	Vertikales Umklappen des Bildes (auch nur Modus 19).
`F9`	Puzzle-Effekt im Uhrzeigersinn, d.h. in Rechtsrichtung (nur Modus 19). Hier werden die acht Bildteile bei jedem Drücken der Taste nicht wie sonst bei dem gleichen Effekt im Anzeigemodus um acht, sondern nur um eine Position nach rechts verschoben.
`F10`	Puzzle-Effekt gegen den Uhrzeigersinn, d.h. in Linksrich tung (ebenfalls nur Modus 19).
`→``←``↑``↓`	Durch Drücken einer der Pfeiltasten wird das Bild in die entsprechende Richtung gerollt (nur Modus 19). Der Teil, der über den Bildschirmrand hinweggerollt wird, wird ab geschnitten. Das ist aber nicht weiter schlimm, weil man das Original-Bild wiederherstellen kann, was die folgende Option tut.

O/o   Durch die Wahl dieser Option wird, wie gerade er- wähnt, das Original-Bild wiederhergestellt (Modus 19). Außerdem wird die Original-DAC-Palette ge- setzt (gilt auch für Super-VGA Bilder).

P/p   Durch Drücken einer der beiden Tasten wird die Op- tion zur Wiederherstellung der Original-DAC-Palet- te gewählt. Der Bildschirminhalt bleibt dabei unan- getastet.

U/u   Umwandeln von Farben in Grauwerte.

V/v   Durch die Wahl dieser Option wird das Bild verdun- kelt. Die einzelnen RGB-Werte der DAC-Palette werden dabei um eins erniedrigt.

E/e   Erhellen des Bildes durch Erhöhen der RGB-Werte um eins.

> R/G/B Durch Drücken einer der drei Tasten wird der entsprechende Farbanteil (Rot-, Grün- oder Blauanteil) der 256-Farben-Palette um eins erhöht.

> r/g/b   Erniedrigen eines Farbanteils um eins.

Nun wissen Sie praktisch alles über den Bearbeitungsmodus. Jetzt fehlt nur noch das Listing der Prozedur *Bild_anzeigen_und_bearbeiten*. Diese Routine sieht folgendermaßen aus:

```
PROCEDURE Bild_anzeigen_und_bearbeiten;

VAR hilf, Dat_Name : String;
    Fehlercode     : Byte;
    Taste          : Char;

BEGIN
  PCX_Bild_laden(Dateiname, Chipsatz, Fehlercode);

  { prüfen, ob ein Fehler aufgetreten ist, ggf. Fehlermeldung }
  { ausgeben und Programm beenden, sonst weitermachen         }

  IF Fehlercode <> 0 THEN
    BEGIN
      { Textmodus mit 80x25 Zeichen setzen }

      Videomodus_setzen(3, TRUE);

      WriteLn('Das Programm wurde mit Fehler Nr.', Fehlercode,
      ' (Unit PCX_256) abgebrochen.');
      Halt;                                  { Programm beenden }
    END
  ELSE                                    { kein Fehler liegt vor }

    BEGIN
      Bild_im_Modus_19 := (Videomodus = 19);
      IF NOT Bild_im_Modus_19 THEN
        SVGA_Modus := Aktiver_Modus;

      { Original-DAC-Palette lesen und gleich der aktiven }
      { Palette setzen                                    }

      DAC_Block_lesen(0, 256, Orig_DAC_Palette);
      Akt_DAC_Palette := Orig_DAC_Palette;

      GetMem(Puffer1, 64000);{ 64 KB auf dem Heap reservieren }

      { erste Seite des Video-RAM im Puffer speichern }

      Move(Mem[Video:$0], Puffer1^, 64000);
```

```pascal
{ Bild bearbeiten }

REPEAT
  Taste := ReadKey;
  IF Taste = #0 THEN
    BEGIN
      Taste := ReadKey;
      CASE Taste OF
        F1     : BEGIN
                   { 40 KB Daten aus dem Video-RAM in }
                   { Puffer kopieren                   }

                   GetMem(Puffer2, 40000);
                   Move(Mem[Video:$0], Puffer2^, 40000);

                   { Textmodus mit 80x25 Zeichen ein- }
                   { schalten, ohne den Videospeicher }
                   { zu löschen                       }

                   IF Bild_im_Modus_19 THEN
                     Videomodus_setzen(3, FALSE)
                   ELSE
                     BEGIN
                       Alten_Modus_setzen(FALSE);
                       Videomodus_setzen(3, FALSE);
                     END;

                   ClrScr;          { Bildschirm löschen }

                   { Kopfzeile schreiben }

                   GotoXY(6, 1);
                   Write('SHOW_256 - Tastenbelegung ');
                   Write('(Bearbeitungsmodus)');
                   GotoXY(57, 1);
                   Write('Autor: Arthur Burda');

                   { Linien zeichnen }

                   FOR lauf1 := 1 TO 80 DO
                     BEGIN
                       GotoXY(lauf1, 2); Write(#196);
                       GotoXY(lauf1, 24); Write(#196);
                     END;

                   { Tastenbelegung anzeigen }

                   TextAttr := schwarz_auf_hellgrau;
                   GotoXY(6, 3); Write('F1 ');
                   GotoXY(6, 5); Write('F2 ');
                   GotoXY(6, 7); Write('F3 ');
                   GotoXY(6, 9); Write('F4 ');
                   GotoXY(6, 11); Write('F5 ');
                   GotoXY(6, 13); Write('F6 ');
```

```
    GotoXY(6, 15); Write('F7 ');
    GotoXY(6, 17); Write('F8 ');
    GotoXY(6, 19); Write('F9 ');
    GotoXY(6, 21); Write('F10');
    GotoXY(6, 23); Write('ESC');
  GotoXY(55, 3); Write(#24#25#26#27, ' ');
    GotoXY(55, 5); Write('O/o  ');
    GotoXY(55, 9); Write('P/p  ');
    GotoXY(55, 12); Write('U/u  ');
    GotoXY(55, 14); Write('V/v  ');
    GotoXY(55, 16); Write('E/e  ');
    GotoXY(55, 18); Write('R/G/B');
    GotoXY(55, 20); Write('r/g/b');
    GotoXY(31, 25); Write('ESC');
    TextAttr := hellgrau_auf_schwarz;
    GotoXY(11, 3);
    Write('Tastenbelegung anzeigen');
  GotoXY(11, 5); Write('Bild speichern ');
    Write('(Dateiname: NEU_1.PCX usw.)');
    GotoXY(11, 7);
    Write('¹ obere Bildhälfte spiegeln');
    GotoXY(11, 9);
    Write('¹ untere Bildhälfte spiegeln');
    GotoXY(11, 11);
    Write('¹ rechte Bildhälfte spiegeln');
    GotoXY(11, 13);
    Write('¹ linke Bildhälfte spiegeln');
    GotoXY(11, 15);
    Write('¹ Bild horizontal umklappen');
    GotoXY(11, 17);
    Write('¹ Bild vertikal umklappen');
    GotoXY(11, 19);
    Write('¹ Puzzle-Effekt im ');
    Write('Uhrzeigersinn');
    GotoXY(11, 21);
    Write('¹ Puzzle-Effekt gegen den ');
    Write('Uhrzeigersinn');
    GotoXY(11, 23);
    Write('SHOW_256 beenden');
    GotoXY(62, 3); Write('¹ Bild rollen');
    GotoXY(62, 5); Write('Original-Bild');
    GotoXY(62, 6); Write('und -Palette');
    GotoXY(62, 7);
    Write('wiederherstellen');
    GotoXY(62, 9);
    Write('Original-Palette');
    GotoXY(62, 10);
    Write('wiederherstellen');
    GotoXY(62, 12);
    Write('Graustufen setzen');
    GotoXY(62, 14);
    Write('Bild verdunkeln');
   GotoXY(62, 16); Write('Bild erhellen');
    GotoXY(62, 18);
```

```
                    Write('RGB-Anteile erhöhen');
                    GotoXY(62, 20); Write('RGB-Anteile');
                    GotoXY(62, 21); Write('erniedrigen');
                    GotoXY(55, 23);
                    Write('¹ gilt nur für Modus 19');
                    GotoXY(36, 25);
                    Write('Zurück zum Bild');

                    REPEAT
                    UNTIL ReadKey = ESCAPE;

                  { Grafikmodus wieder einschalten, ohne }
                  { den Videospeicher zu löschen         }

                    IF Bild_im_Modus_19 THEN
                      Videomodus_setzen(19, FALSE)
                    ELSE
                     SVGA_Modus_setzen(SVGA_Modus, FALSE);

                    DAC_Block_setzen(0, 256,
                    Akt_DAC_Palette);

                    { Daten aus dem Puffer in Video-RAM }
                    { kopieren                          }

                    Move(Puffer2^, Mem[Video:$0], 40000);
                    FreeMem(Puffer2, 40000);
                  END;
        F2      : IF Bilddatei_Nr > 9999 THEN
                    Piepton(600, 300)
                  ELSE
                  BEGIN
                    { num. Wert in einen String }
                    { umwandeln                 }

                    Str(Bilddatei_Nr, hilf);

                    Dat_Name := 'NEU_.PCX';

                    { Dateinamen um die Nummer der Bild- }
                    { datei erweitern                    }

                    Insert(hilf, Dat_Name, 5);

                    IF Bild_im_Modus_19 THEN
                      PCX_Bild_speichern(0, 0, 319, 199,
                      Dat_Name, Chipsatz, Fehlercode)
                    ELSE
                      PCX_Bild_speichern(0, 0,
                      Horizontale_Aufl-1,
                      Vertikale_Aufl-1, Dat_Name,
                      Chipsatz, Fehlercode);
```

```
              IF Fehlercode <> 0 THEN     { Fehler? }
                 BEGIN                            { ja }
                    { Textmodus mit 80x25 Zeichen }
                    { setzen                       }

                    Videomodus_setzen(3, TRUE);

                    Write('Das Programm wurde mit ');
                    WriteLn('Fehler Nr.', Fehlercode,
                    ' (Unit PCX_256) abgebrochen.');
                    Halt;          { Programm beenden }
                 END
               ELSE        { kein Fehler liegt vor }
                 BEGIN
                    {Nummer der Bilddatei um 1 er- }
                    {höhen                         }

                    Inc(Bilddatei_Nr);

                    { Drei Pieptöne hintereinander }
                    { bedeuten, daß das Speichern  }
                    { des Bildes erfolgreich been- }
                    { det wurde.                   }

                    Piepton(400, 100);
                    Piepton(500, 100);
                    Piepton(600, 100);
                 END;
               END;
    F3      : IF Bild_im_Modus_19 THEN
                 Bereich_spiegeln(0, 0, 319, 199,
                 oberer_Teil);
    F4      : IF Bild_im_Modus_19 THEN
                 Bereich_spiegeln(0, 0, 319, 199,
                 unterer_Teil);
    F5      : IF Bild_im_Modus_19 THEN
                 Bereich_spiegeln(0, 0, 319, 199,
                 rechter_Teil);
    F6      : IF Bild_im_Modus_19 THEN
                 Bereich_spiegeln(0, 0, 319, 199,
                 linker_Teil);
    F7      : IF Bild_im_Modus_19 THEN
                 Bereich_umklappen(0, 0, 319, 199,
                 horizontal);
    F8      : IF Bild_im_Modus_19 THEN
                 Bereich_umklappen(0, 0, 319, 199,
                 vertikal);
    F9      : IF Bild_im_Modus_19 THEN
                 Puzzle_rechts;
    F10     : IF Bild_im_Modus_19 THEN
                 Puzzle_links;
    OBEN    : IF Bild_im_modus_19 THEN
                 Rollen_oben;
    UNTEN   : IF Bild_im_Modus_19 THEN
```

```
                               Rollen_unten;
               RECHTS : IF Bild_im_Modus_19 THEN
                               Rollen_rechts;
               LINKS  : IF Bild_im_Modus_19 THEN
                               Rollen_links;
           END;
         END
       ELSE
         CASE Taste OF
           'O', 'o' : BEGIN
                        { Original-Bild wiederherstellen }

                        IF Bild_im_Modus_19 THEN
                         Move(Puffer1^, Mem[Video:$0], 64000);

                        { Original-DAC-Palette wiederher- }
                        { stellen und gleich der aktiven  }
                        { Palette setzen                  }

                        DAC_Block_setzen(0, 256,
                        Orig_DAC_Palette);
                        Akt_DAC_Palette := Orig_DAC_Palette;
                      END;
           'P', 'p' : BEGIN
                        { Original-DAC-Palette wiederher- }
                        { stellen und gleich der aktiven  }
                        { Palette setzen                  }

                        DAC_Block_setzen(0, 256,
                        Orig_DAC_Palette);
                        Akt_DAC_Palette := Orig_DAC_Palette;
                      END;
           'U', 'u' : Graustufen(0, 256, Akt_DAC_Palette);
           'V', 'v' : Verdunkeln;
           'E', 'e' : Erhellen;
           'R'      : RGB_erhoehen(rot);
           'G'      : RGB_erhoehen(gruen);
           'B'      : RGB_erhoehen(blau);
           'r'      : RGB_erniedrigen(rot);
           'g'      : RGB_erniedrigen(gruen);
           'b'      : RGB_erniedrigen(blau);
         END
    UNTIL Taste = ESCAPE;

    { 64 KB Speicher auf dem Heap freigeben }

    FreeMem(Puffer1, 64000);
  END;
END;
```

Sollten Sie bei der Wahl des Bearbeitungsmodus auch den Effekt oder
die Verzögerungszeit angeben, so werden diese Parameter ignoriert.

Die Funktion *VGA_vorhanden* ist die letzte Routine im Listing des Slideshow-Makers. Das Hauptprogramm ist kurz und bündig. Es besteht im großen und ganzen aus dem Aufruf der Routine zum Auswerten und Initialisieren der Parameter und den Aufrufen der beiden Hauptprozeduren des Programms *Bild_nur_anzeigen* und *Bild_anzeigen_und_bearbeiten*.

```
{ Hauptprogramm }

BEGIN
  Auswerten_und_initialisieren;

    { wenn Parameter o.k. und VGA-Karte vorhanden, dann weiter- }
    { machen                                                    }

    IF Parameter_Ok AND VGA_vorhanden THEN
      BEGIN
        IF Betriebsmodus = 'ANZEIGE' THEN
          Bild_nur_anzeigen
        ELSE
          Bild_anzeigen_und_bearbeiten;

        { Textmodus mit 80x25 Zeichen setzen }

        Videomodus_setzen(3, TRUE);
      END;
  END.
```

Und nun, nachdem ich Ihnen (fast) den kompletten Quelltext des Slideshow-Makers vorgestellt habe, bleibt mir nichts anderes mehr übrig, als Sie einfach zum Lesen des nächsten Kapitels einzuladen. Den Slideshow-Maker können Sie selbstverständlich erweitern und ergänzen. Ob Sie es überhaupt und wenn ja, wie Sie es dann machen wollen, ist Ihnen überlassen. Sie können zum Beispiel noch mehr Effekte programmieren oder den Bearbeitungsmodus noch komfortabler gestalten oder aber das Programm durch Ihre eigene Idee verbessern. Da ich gerade das nächste Kapitel angesprochen habe, möchte ich Ihnen an dieser Stelle verraten, daß es sich dort um den Fraktalgenerator handeln wird. Was Fraktale sind und was man damit alles anstellen kann, erfahren Sie bereits, wenn Sie einfach die nächste Seite des Buches aufschlagen. Ich wünsche Ihnen jetzt schon viel Vergnügen beim weiteren Lesen.

8 Die Wunderwelt der Fraktale

Als Computerfan haben Sie sicherlich den Begriff "Fraktale" schon einmal gehört. Und gewiß haben Sie auch die eine oder die andere Computergrafik gesehen, die man ihrem Aussehen und ihren Strukturen entsprechend schlicht und einfach als chaotische Kunst bezeichnen kann. Und tatsächlich hat diese Art von Grafik etwas mit Chaos zu tun. Ferner interessiert man sich jedoch dafür, wie solche Grafiken entstehen und womit sie außer Chaos sonst noch zu tun haben können. Auf diese und auch auf viele andere Fragen, die man im Zusammenhang mit Fraktalen stellen kann, werden Sie die Antwort im Laufe dieses Kapitels finden. Zunächst einmal werden wir uns mit der grundlegenden Frage, was Fraktale eigentlich sind und was sie darstellen, genauer beschäftigen. Und auch etwas Mathematik wird später notwendig sein, um diese faszinierenden Objekte berechnen und auf dem Bildschirm anzeigen zu können. Und schließlich werde ich Ihnen zwei Programme zum Zeichnen von Fraktalen (auch in den hochauflösenden Super-VGA-Modi), von deren Formschönheit und Farbenvielfalt Sie begeistert sein werden, vorstellen.

8.1 Allgemeines zu Fraktalen?

Zunächst muß die Frage, was Fraktale überhaupt sind, geklärt werden. Um darauf eine Antwort zu geben, muß man den Begriff der Dimension, der auf den griechischen Mathematiker Euklid (um 300 v. Chr.) zurückzuführen ist, in Betracht ziehen. Dieser Gelehrte hat nämlich ein Weltbild geschaffen, das bis heute seine Gültigkeit hat: Punkte haben keine Ausdehnung, also auch keine Dimension. Linien sind Objekte der Dimension Eins, weil sie eine Ausdehnung aufweisen, nämlich ihre Länge. Flächen werden durch Länge und Breite charakterisiert, sie haben die Dimension Zwei. Und schließlich Körper sind dreidimensional, da sie zusätzlich noch eine Höhe haben.

Das sind Beispiele für Objekte ganzzahliger Dimensionen. In der Welt der Fraktale hat man fast immer mit gebrochenen Dimensionen zu tun. Und auch das Wort "fraktal" übersetzt aus dem Lateinischen heißt soviel wie "gebrochen". Diese neue Form des Begriffes der Dimension schuf der Mathematiker Felix Hausdorff (1868-1942). Der

Schöpfer der fraktalen Geometrie Benoit B. Mandelbrot übernahm diesen Begriff und baute ihn noch weiter aus.

Nun wissen Sie, daß Fraktale keine ganzzahlige Dimensionalität aufweisen. Sie sind keine Abbilder der Wirklichkeit, sondern grafische Darstellungen von mathematischen Formeln, zu denen wir in den weiteren Abschnitten dieses Kapitels kommen werden. Der bekannteste Vertreter der fraktalen Gattung ist das Apfelmännchen, das zu der sogenannten Mandelbrot-Menge gehört. In der Abbildung 8-1 ist solch ein Apfelmännchen dargestellt.

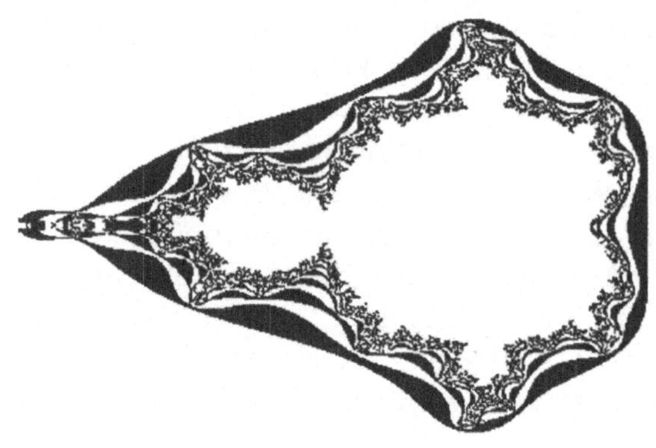

Abb. 8-1:   Apfelmännchen - der bekannteste Vertreter der Fraktale

Die fraktale Geometrie, eng verbunden mit der Chaostheorie, offenbaren, daß unser Bild von der Welt nur eine oft zu grobe Idealisierung darstellt. So sagte der vorhin schon erwähnte Mandelbrot folgendes: "Wolken sind keine Kugeln, Berge keine Kegel, Küstenlinien keine Kreise und weder ist Rinde glatt, noch bewegt sich ein Blitzstrahl in gerader Linie." Durch diese Worte übte er eine Kritik an der idealisierten Weltsicht aus und brachte zugleich zum Ausdruck, daß die Realität fraktal ist. Und auch Ihnen wird das schnell klar, wenn Sie zum Beispiel in einem Flugzeug sitzen und sich die Landschaft von oben anschauen. Von den Bergen bis zu den Tälern werden sie darin fraktale Strukturen identifizieren können, die Sie aus zahlreichen Bildern kennen. Aber nicht nur die irdische Landschaft, sondern auch das ganze Universum ist fraktal. Sogar Schneeflocken weisen fraktale Strukturen auf, wenn man sie unter der Lupe betrachtet.

Konzentrieren wir uns jetzt etwas auf das Apfelmännchen. Wenn Sie sich die Strukturen dieses Objektes genauer anschauen, werden Sie feststellen, daß diese eine gewisse "Selbstähnlichkeit" miteinander aufweisen. Gleichgültig, wie stark Sie hier die Vergrößerung wählen, erkennen Sie immer wieder die bekannten Strukturen. So sehen Sie innerhalb des Apfelmännchens kleinere Apfelmännchen, quasi Kindstrukturen. Und auch Symmetrie ist bei dem Apfelmann unschwer zu erkennen. Man kann sich in der Mitte eine horizontale Achse vorstellen, an der die obere Hälfte des Objektes in der unteren spiegelverkehrt abgebildet ist.

Verschiedene Fraktale sind sich nicht ähnlich. Vielmehr sind sie sehr vielfältig. In den Abbildungen 8-2 bis 8-5 sind verschiedene Typen von fraktalen Objekten dargestellt. So sehen Sie zum Beispiel in der Abbildung 8-2 eine Struktur, die sehr stark an Zellen erinnert. In der Abbildung 8-3 ist eine mehr oder weniger baumartige Struktur dargestellt. Die Objekte in den Abbildungen 8-4 und 8-5 sind Fraktale, die nach dem sogenannten Lindenmayer-System gezeichnet wurden (heute kurz L-System genannt).

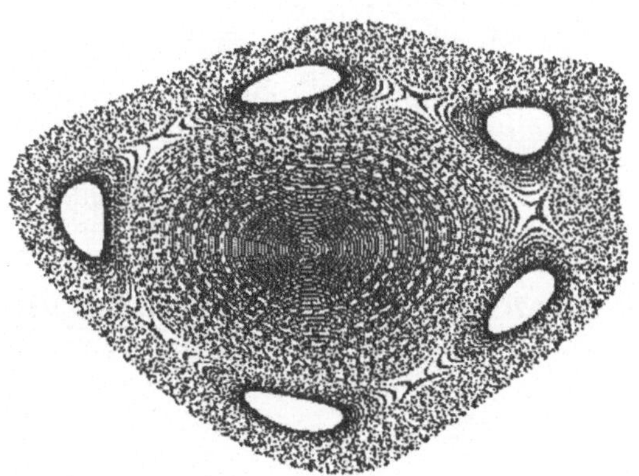

Abb. 8-2:   *Zelluläre Struktur des Kamtorus*

Abb. 8-3:   *Diffusion; ähnelt den Ästen eines Baumes*

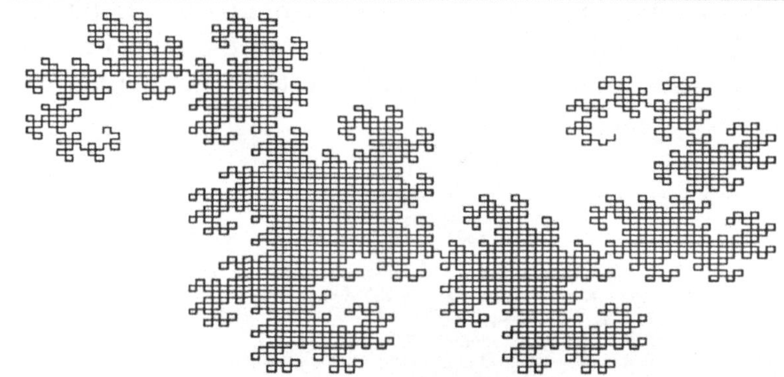

Abb. 8-4:   *Drachenkurve nach dem Lindenmayer-System*

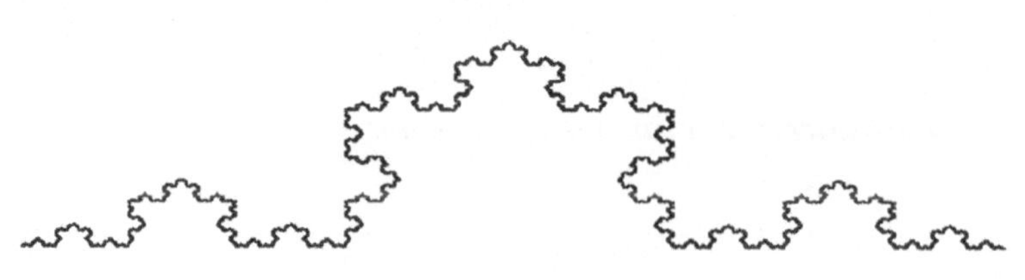

Abb. 8-5:   *Koch-Kurve nach dem Lindenmayer-System*

Zum Abschluß dieses Unterkapitels noch einige Sätze über die Verwendung von Fraktalen. Nicht nur die Formschönheit sorgte für den "Erfolg" dieser Objekte, sondern auch die Eignung, in der Wissenschaft genutzt zu werden. So untersuchten Wissenschaftler mit fraktalen Formeln, unter Berücksichtigung der Umwelteinflüsse, das Zusammenspiel von Ordnung und Chaos beim Bevölkerungswachstum. Einige Funktionen, die sich hervorragend als Fraktale darstellen lassen, beschreiben zum Beispiel sehr gut das Populationswachstum von Bakterien. Überdies gibt es noch unzählige andere Beispiele, bei denen der Einsatz von Fraktalen hilfreich und auch sinnvoll ist.

8.2　Komplexe Zahlen als Basis für die Berechnung von Fraktalen

Im vorigen Abschnitt habe ich erwähnt, daß Fraktale verschiedene mathematische Formeln grafisch darstellen. Um solche farbigen Muster, die einen Zusammenhang miteinander aufweisen, mit Hilfe des Computers zu erhalten, ist ein Grundwissen über sogenannte komplexe Zahlen notwendig. Auch wenn Sie diesen Begriff noch nie zuvor gehört haben, sollten Sie sich nicht durch die dazu notwendige Mathematik von dem so faszinierenden Thema wie Fraktalgrafik abhalten lassen. Vielmehr können Sie in diesem Zusammenhang einige Dinge dazulernen oder die alten Kenntnisse auf diesem Gebiet auffrischen. Ich werde im folgenden so behutsam wie möglich an dieses Thema herangehen, so daß auch diejenigen unter Ihnen, die dieses Stoffgebiet noch nicht kennen, schnell den Einstieg finden.

Jeder, der sich näher mit Zahlen beschäftigt, weiß, daß es eine Oberklasse gibt, die sich reele Zahlen nennt. Dazu gehören zunächst einmal sogennante natürliche Zahlen, die uns im Alltag als positive ganze Zahlen wie 1, 2, 3 usw. begegnen. Daneben existieren aber auch ganze Zahlen, die sowohl negativ als auch positiv sein können, und Brüche, wie zum Beispiel $1/2$. Die zweite Zahlengruppe nennt sich rationale Zahlen. Und schließlich gibt es auch irrationale Zahlen, wie beispielsweise Wurzel aus 2. Wenn Sie diese Zahl in den Taschenrechner eintippen, erhalten Sie einen Dezimalbruch, der unendlich viele Nachkommastellen hat. All die angesprochenen Zahlenarten haben eines gemeinsam: Sie lassen sich auf einer in gleich große Einheiten unterteilten Geraden mit Null als Ursprung genau lokalisieren.

Überall auf dieser Geraden sind reele Zahlen zu finden, es gibt also keine Sprünge oder Lücken.

Mit diesen Zahlen kommen die meisten Menschen beim Durchführen nicht nur einfacher, sondern auch komplexer Rechenoperationen aus. Einige Schwierigkeiten bekommt man aber durchaus, wenn man zum Beispiel die Wurzel aus -1 ziehen soll. Oder anders herum würde man fragen: Welche Zahl ergibt mit sich selbst multipliziert -1?

Hier helfen die reelen Zahlen nicht weiter, um dieses Problem zu lösen. Die Mathematiker sind also gefragt, etwas neues zu erfinden, nämlich eine Zahlenmenge, zu der auch die Wurzel aus -1 gehören würde. Man nennt diese Zahlen imaginär, weil sie sich nicht auf der Geraden der reelen Zahlen lokalisieren lassen. Und die Wurzel aus -1 nennt man imaginäre Einheit und bezeichnet sie einfach mit i. Und ab sofort gelten auch im Bereich der imaginären Zahlen die Grundrechenoperationen. Die Zahl, die sich zum Beispiel aus der Multiplikation von i und dem Faktor 4 ergibt, heißt 4i.

Jetzt kann man sich sogar eine eigene Zahlengerade vorstellen, auf der die imaginären Zahlen abgetragen werden. Die Zahl 4i liegt dann vier Einheiten weit vom Ursprung 0i entfernt. Was ist aber, wenn eine reele zu einer imaginären Zahl addiert werden soll? Welche Form hat dann die neue Zahl? Auch das ist einfach. Will man beispielsweise eine Addition von 6 und 2i durchführen, so hat die neue Zahl die Form 6+2i. Sie setzt sich aus dem reelen Teil 6 und dem imaginären Teil 2i zusammen.

Verallgemeinern wir das etwas. Nennen wir den reelen Teil der neuen Zahl, die sich nun eine komplexe Zahl nennt, a und den imaginären Teil bi (der Zusatz i steht für imaginär). Eine komplexe Zahl besteht nun aus dem Zahlenpaar (a, bi) und es gilt: $(a, bi) = a + bi$.

Zur anschaulichen Darstellung der komplexen Zahlen reicht nicht mehr eine einzige Zahlengerade aus. Es muß eine zweite her. Dadurch entsteht ein Koordinatensystem mit einer reelen und einer imaginären Achse, von denen eine Ebene aufgespannt wird (siehe Abbildung 8-6). Dabei ist die reele Achse nach rechts orientiert und die imaginäre nach oben. Der Ursprung des Koordinatensystems ist die komplexe Zahl (0,0i).

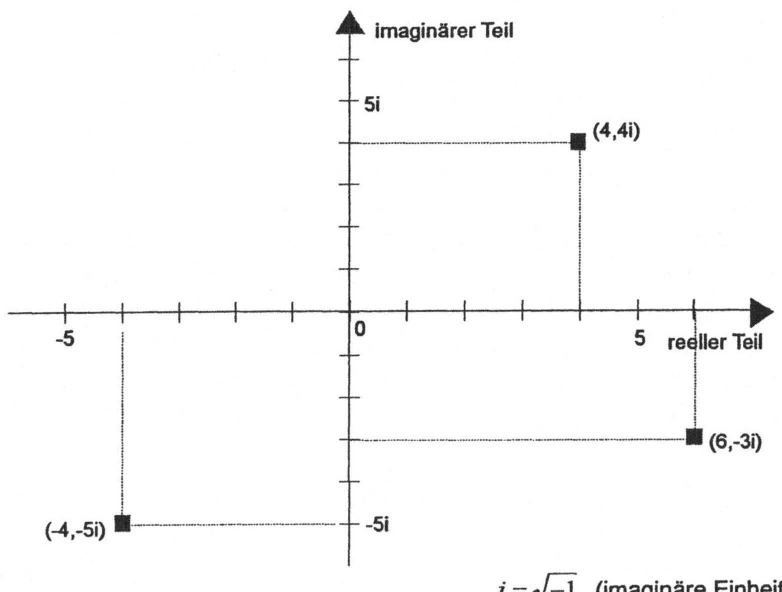

$$i = \sqrt{-1} \quad \text{(imaginäre Einheit)}$$

Abb. 8-6:　　*Ebene der komplexen Zahlen*

Und noch ist nicht alles im Zusammenhang mit komplexen Zahlen geklärt. Wir wissen noch nicht, welchen Zahlenwert eine komplexe Zahl *z* hat. Die Lösung dieses Problems ist jedoch einfach: Dieser Wert entspricht genauso wie bei reelen Zahlen der Entfernung der Zahl vom Ursprung des Koordinatensystems. Nennen wir diese Entfernung einfach *c*. Und weil die komplexen Zahlen in einer Ebene liegen, errechnet sich *c* nach dem Satz des Pythagoras:

Beispiel:

$$z=6+8i \quad \Rightarrow$$

$$a=6, \; b=8, \quad \Rightarrow$$

$$c^2=6^2+8^2=36+64=100 \qquad \Rightarrow$$

$$c=10$$

Nun fragen Sie sich wahrscheinlich, was das ganze mit unserem eigentlichen Thema, mit Fraktalen zu tun hat. Die Antwort auf diese Frage lautet: Die Erzeugung der meisten Fraktale folgt einem allgemeinen und zugleich sehr einfachen Algorithmus, der durch eine Rechenvorschrift aus komplexen Zahlen beschrieben wird. Bei dieser

Vorschrift handelt es sich um eine sogenannte Iterationsfunktion. Die einzelnen Werte dieser Funktion werden berechnet, indem ein erzielter Wert immer als Ausgangswert für die Berechnung des nächsten Wertes verwendet wird (sog. Rekursion). Dieses Rechenverfahren kann solange wiederholt werden, bis eine vorgegebene Anzahl der Iterationen abgearbeitet ist. Der Algorithmus wird auf alle Punkte angewendet, aus denen sich später eine komplette Grafik, die quasi ein Ausschnitt aus der Ebene der komplexen Zahlen ist, zusammensetzen soll. Die Farbwerte der Bildpunkte kann man am einfachsten bestimmen, indem man sie entweder der Anzahl der ausgeführten Iterationszyklen oder dem Quadrat der Entfernung vom Ursprung (c^2) gleichsetzt, falls eine bestimmte Schranke nicht überschritten wurde, z.B. der Wert 255.

Nun wissen Sie, was komplexe Zahlen mit unseren fraktalen Objekten, um die es in diesem Kapitel geht, zu tun haben. Im nächsten Unterkapitel werden wir uns mit einer konkreten Iterationsfunktion beschäftigen. Es wird eine Formel sein, die die Mandelbrot-Menge, deren Abbild das uns schon bekannte Apfelmännchen ist, beschreibt.

8.3   Die Mandelbrot-Menge

Die Abbilder dieser Menge gibt es in allen möglichen Variationen. Sie ähneln jedoch alle in unterschiedlich starkem Maße dem bekannten Apfelmännchen. Im folgenden wollen wir uns mit der Gleichung, durch die diese Menge beschrieben wird, etwas näher befassen. Später werde ich Ihnen ein kurzes Pascal-Programm vorstellen, das diese Fraktalgrafik zeichnet.

Bei der Mandelbrot-Menge handelt es sich um eine einfache quadratische Gleichung der Form

$$Z(k+1) = Z(k)^2 + C,$$

wobei Z und C komplexe Zahlen und k die Nummer der Iteration sind. Wählt man einen Anfangswert Z(0) und einen Wert für C, so kann man sofort den Wert für Z(1) berechnen. Weiterhin kann mit Hilfe des Wertes von Z(1) der Wert für Z(2) berechnet werden usw.

Im folgenden wollen wir einige Testberechnungen mit Hilfe dieser Gleichung durchführen. Zunächst beschränken wir uns jedoch nur auf den Bereich der reelen Zahlen, um den Unterschied in der Berechnung mit diesen und später mit den komplexen Zahlen zu sehen.

Es seien Z(0)=0 und C=1 gegeben. Die ersten sechs Rechenschritte sehen folgendermaßen aus:

$$Z(1) = 0^2+1 \quad = 0+1 \quad = 1$$

$$Z(2) = 1^2+1 \quad = 1+1 \quad = 2$$

$$Z(3) = 2^2+1 \quad = 4+1 \quad = 5$$

$$Z(4) = 5^2+1 \quad = 25+1 = 26$$

$$Z(5) = 26^2+1 \quad = 676+1= 677$$

$$Z(6) = 677^2+1 = 458329+1 = 458330$$

Sie sehen hier, daß die Werte von Z immer schneller über alle Grenzen wachsen. Diese Iteration hat einen Attraktor (Anziehungspunkt), den man hier sinvoll "Unendlich" nennen kann.

Bevor wir die Berechnung mit komplexen Zahlen durchführen, müssen wir Z und C in ihre reelen und imaginären Teile zerlegen. Diese nennen wir x und yi sowie p und qi. Somit gilt jetzt für Z und C:

$$Z = x+yi$$

$$C = p+qi$$

Unsere Gleichung läßt sich jetzt etwas ausführlicher darstellen (Parameter k und mal-Zeichen wurden hier einfachheithalber vernachlässigt):

$$Z = (x+yi)^2+p+qi$$

$$Z = x^2+2xyi-y^2+p+qi$$

$$Z = x^2-y^2+p+2xyi+qi$$

Ab jetzt werden die einzelnen Iterationszyklen gleichzeitig für den reelen Teil x und den imaginären Teil yi ausgeführt. Für diese beiden Teile gilt:

$$x \ = x^2-y^2+p$$

$$yi = 2xyi+qi$$

Nun kommen wir zu dem Zahlenbeispiel. Es seien Z(0)=0+0i (x=0, y=0) und C=0+1i (p=0, q=1) gegeben. Die ersten sechs Rechenschritte sehen wie folgt aus (c^2 ist das Quadrat der Entfernung einer komplexen Zahl Z(k) vom Ursprung des Koordinatensystems):

Z(1) = 0+1i (x=0, y=1, $c^2=0^2+1^2$ =0+1=1)

Z(2) = -1+1i (x=-1, y=1, $c^2=(-1)^2+1^2=1+1=2$)

Z(3) = 0-1i (x=0, y=-1, $c^2=0^2+(-1)^2=0+1=1$)

Z(4) = -1+1i (x=-1, y=1, $c^2=(-1)^2+1^2=1+1=2$)

Z(5) = 0-1i (x=0, y=-1, $c^2=0^2+(-1)^2=0+1=1$)

Z(6) = -1+1i (x=-1, y=1, $c^2=(-1)^2+1^2=1+1=2$)

Bei diesem Beispiel ist das Verhalten von c^2 recht merkwürdig. Das Quadrat der Entfernung vom Ursprung nimmt abwechselnd immer wieder die Werte 1 und 2 an. Würde man jedoch den Parameter C verändern, so würde man feststellen, daß die Werte von c^2 genauso wie bei der Berechnung mit reelen Zahlen in vielen Fällen über alle Grenzen wachsen. Dies ist zum Beispiel bei C=-1+1i der Fall.

Für die Fraktalgrafik ergeben sich in Abhängigkeit von c^2, also in Abhängigkeit von x^2 und y^2, unterschiedliche Farbmuster. Das Apfelmännchen bilden alle Zahlen C(p,qi), die nicht über alle Grenzen wachsen. Je nachdem, wie viele Iterationszyklen ausgeführt werden, ist die Struktur seiner seltsamen Figur, die sich etwa im Bereich von p=-2,5 bis p=+0,5 und q=-1,5 bis q=+1,5 für den Parameter C(p,qi) befindet, unterschiedlich fein.

Und nun kommen wir zu dem Programm, das eine grafische Darstellung der Mandelbrot-Menge ermöglicht. Schon sieben Iterationszyklen reichen völlig aus, um das Apfelmännchen einigermaßen gut darstellen zu können. Entsprechend mehr Iterationen kann der Pascal-Compiler mit diesem Algorithmus nicht mehr verkraften und außerdem würde das zuviel Rechenzeit in Anspruch nehmen. Bei unserem zweiten Fraktalprogramm werden wir einen etwas anderen Algorithmus verwenden, mit dem sich wesentlich mehr Iterationen ausführen lassen.

Das Abbild der Mandelbrot-Menge wird im Modus 19 dargestellt. Auf einem PC-AT mit 10 MHz ohne Coprozessor dauert es ca. 20 Minuten, bis die Grafik komplett auf dem Bildschirm zu sehen ist. Verwendet man bei solchen heutzutage langsamen Rechnern einen Coprozessor, so macht sich die Beschleunigung des Rechenvorgangs besonders stark bemerkbar. Für Rechner ohne Coprozessor haben die Entwickler von Turbo Pascal einen Emulationsmodus vorgesehen, von dem auch in unserem Programm Gebrauch gemacht wird.

Zu bemerken ist noch, daß nicht das ganze fraktale Objekt, sondern nur eine Hälfte, und zwar die obere, berechnet werden muß, um es komplett darstellen zu können. Die untere Hälfte kann aufgrund der Achsensymmetrie dieses Fraktals schnell gezeichnet werden, indem die obere Hälfte in ihr spiegelverkehrt abgebildet wird.

Im Programm MANDEL wurde die Formel für den Paremeter Z etwas geändert: Z = 0,9x+yi. Demnach liegt das Apfelmännchen etwa im Bereich von p=-3,2 bis p=+1,0 und q=-1,5 bis q=+1,2 für den Parameter C(p,qi). Die Schranke, bei deren Nichtüberschreitung der Farbwert des zu setzenden Bildpunktes dem Quadrat der Entfernung vom Ursprung gleichgesetzt wird, wird auf den Wert 99 gesetzt. Falls sie überschritten wird, trägt der Punkt die Farbnummer 20 (Hintergrundfarbe). Um eine hohe Genauigkeit bei der Berechnung zu erreichen, wird der erweiterte IEEE Real-Datentyp Double benutzt.

Das Programmlisting ist etwas länger als 100 Zeilen und sieht so aus:

```
{ Dateiname : MANDEL.PAS                     }
{ Autor     : Arthur Burda                   }
{ Compiler  : Turbo Pascal 5.0 und höher }

{ MANDEL - ein kleines Beispielprogramm, das die Mandelbrot- }
{          Menge berechnet und sie schrittweise auf dem Bild- }
{          schirm anzeigt                                     }

PROGRAM Mandelbrot_Menge;

{$D-}                        { keine Informationen des Debuggers }
{$E+}                              { Coprozessor-Emulation }
{$I-}                                   { keine I/O-Prüfung }
{$N+}                     { vier neue IEEE Real-Datentypen }
{$R-}                            { keine Bereichsprüfung }
{$S-}                          { keine Prüfung des Stacks }

USES Crt, MODUS_19;                          { Units einbinden }

PROCEDURE Berechnen_und_anzeigen;

CONST p : Real = -3.2;      { reeler Teil der komplexen Zahl C }
      q : Real = -1.4; { imaginärer Teil der komplexen Zahl C }
```

```
VAR { reeler und imaginärer Teil der komplexen Zahl Z }

    x, y : Double;

    lauf : Byte;                                    { Zählvariable }

PROCEDURE x_und_y_berechnen;

CONST Anz_Iter = 7;                            { 7 Iterationszyklen }

VAR Iteration    : Byte;                      { Nummer der Iteration }
    hilf1, hilf2 : Double;

BEGIN
  x := 0;
  y := 0;
  FOR Iteration := 1 TO Anz_Iter DO
    BEGIN
      { Berechnungsformel: Z(k+1) = Z(k)²+C, mit Z = x+yi }
      {                          und C = p+qi             }

      hilf1 := Sqr(0.81*x)-Sqr(y)+p;
      hilf2 := 1.8*x*y+q;
      x := hilf1;
      y := hilf2;
    END;
END;


{ Berechnen_und_anzeigen }

CONST ESCAPE = #27;

VAR Akt_x, Akt_y : Integer;        { aktuelle Punktkoordinaten }
    Farbe        : Byte;
    Taste        : Char;

BEGIN
  { in der linken oberen Bildschirmecke beginnen }

  Akt_x := 0;
  Akt_y := 0;

  {solange wiederholen, bis die Hälfte des Fraktals gezeichnet}
  { ist oder ESCAPE gedrückt wurde                            }

  REPEAT
    IF KeyPressed THEN
      Taste := ReadKey;

    x_und_y_berechnen;

    { Farbe in Abhängigkeit von x und y ermitteln und Punkt }
    { setzen                                                }
```

```pascal
      IF Sqr(x)+Sqr(y) < 100 THEN
        Farbe := Round(Sqr(x)+Sqr(y))
      ELSE
        Farbe := 20;
      Punkt_setzen(Akt_x, Akt_y, Farbe);

      { Punktkoordinaten sowie Parameter p und q aktualisieren }

      IF Akt_x = x_Aufl-1 THEN
        BEGIN
          Akt_x := 0;
          Inc(Akt_y);
          p := -3.2;
          q := q+0.014;
        END
      ELSE
        BEGIN
          Inc(Akt_x);
          p := p+0.013;
        END
    UNTIL (Akt_y = y_Aufl DIV 2+1) OR (Taste = ESCAPE);

    IF Taste = ESCAPE THEN
      BEGIN
       Alten_Modus_setzen(TRUE);
       Write('Berechnung der Mandelbrot-Menge wurde durch den ');
       WriteLn('Benutzer abgebrochen.');
       Halt;                                    { Programm beenden }
      END
    ELSE

      BEGIN
        {obere Hälfte der Grafik in der unteren spiegelverkehrt }
        {abbilden                                               }

        FOR lauf := y_Aufl DIV 2 DOWNTO 0 DO
          Bereich_kopieren(0, lauf, x_Aufl-1, lauf, 0,
          y_Aufl-lauf);

        { auf Drücken einer beliebigen Taste warten }

        REPEAT
        UNTIL KeyPressed;
      END;
  END;

{ Hauptprogramm }

BEGIN
  Modus_19_setzen(TRUE);
  Berechnen_und_anzeigen;
  Alten_Modus_setzen(TRUE);
END.
```

Falls Ihnen das Warten doch zu lang ist, können Sie sich das fertige
Fraktalbild, das in der Datei MANDEL.PCX gespeichert ist, mit Hilfe
des Programms SHOW_256 ansehen. Auch in der Abbildung 8-7 ist es
dargestellt, jedoch nicht in Farbe.

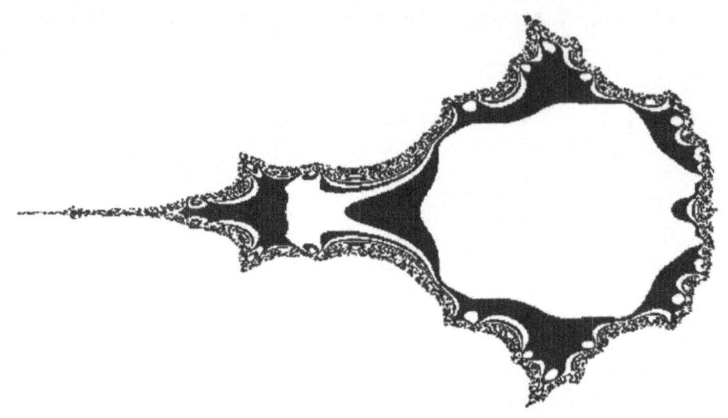

*Abb. 8-7:   Abbild der Mandelbrot-Menge, erzeugt mit dem Programm
              MANDEL*

Damit geht dieser Abschnitt zu Ende. Im nächsten Unterkapitel werde ich Ihnen einen Fraktalgenerator vorstellen, der auf einer ganz anderen Methode zur Berechnung von Fraktalen, nämlich auf dem Newtonschen Verfahren zur Berechnung von Nullstellen mathematischer
Funktionen basiert.

Hinweis: Newton, Sir Isaac (1643-1727) - englischer Physiker, Mathematiker
                 und Astronom. Er war einer der größten Naturforscher in der Ge-
                 schichte und beschäftigte sich unter anderem mit mathematischen
                 Funktionen und Gesetzen der klassischen Phy sik.

8.4   Fraktalgenerator nach Newton

Wie schon am Ende des vorigen Unterkapitels angedeutet, geht es in
diesem längsten und zugleich letzten Abschnitt dieses Kapitels um ein
etwas anderes Verfahren zur Erzeugung von fraktalen Strukturen als
das von dem Apfelmännchen bekannte. Wir werden nämlich mathematische Funktionen, die sich aus den Sinus- und Cosinus-Funktio-
nen sowie aus der Exponentialfunktion und vielen anderen zusammensetzen, verwenden, um die so faszinierenden Farbmuster auf dem

Bildschirm zu zaubern. Und auch die Farbengenerierung wird hier etwas anders sein als bei der Darstellung der Mandelbrot-Menge. Dazu aber später mehr Details.

Das Newtonsche Verfahren zur Nullstellenbestimmung ist eine bisher wenig beachtete Rechenvorschrift. Und etwas gemeinsames mit der Vorschrift für die Berechnung des Apfelmännchens hat sie doch: Die Iterationszyklen werden auch in diesem Fall in der komplexen Zahlenebene ausgeführt.

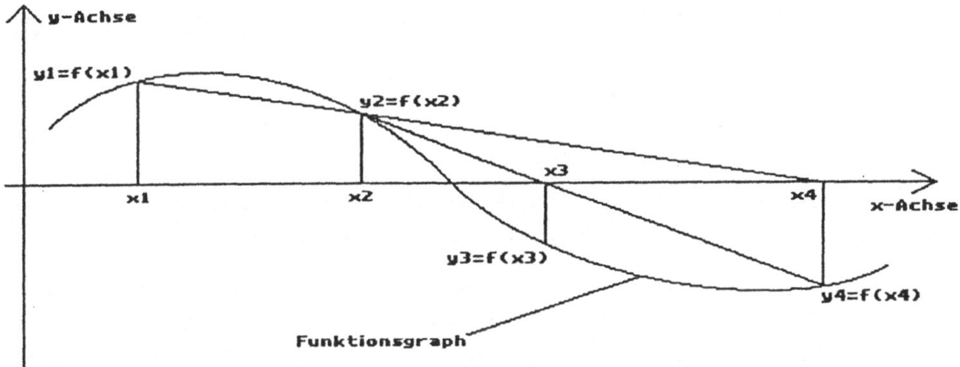

Abb. 8-8:   Nullstellenfindung nach dem Newtonschen Verfahren

Kommen wir aber zurück zum Newton-Verfahren. Um das Prinzip dieser Methode etwas zu verdeutlichen, nehmen wir die Abbildung 8-8 zur Hilfe. Dort sehen Sie einen Ausschnitt aus dem Graphen irgendeiner Funktion $f(x)$, deren Vorschrift an dieser Stelle unwichtig ist. Der Graph dieser Funktion schneidet die x-Achse an einer uns unbekannten Stelle, die sich Nullstelle nennt.

Um den Schnittpunkt des Graphen mit der x-Achse, also unsere Nullstelle zu bestimmen, müssen zwei Stellen $x1$ und $x2$ und die zugehörigen Funktionswerte $y1=f(x1)$ und $y2=f(x2)$ aus dem Wertebereich der Funktion bekannt sein. Nun wird durch die beiden Punkte $(x1,y2)$ und $(x2,y2)$ eine Gerade gelegt. Diese schneidet die x-Achse an der Stelle $x3$, falls die Funktionswerte $y1$ und $y2$ ungleich sind. Um $x3$ zu bestimmen, bedient man sich der folgenden rekursiven Formel:

$$x(k+1) = x(k-1) - \frac{x(k-1)-x(k)}{y(k-1)-y(k)} \cdot y(k-1)$$

Ist $x3$ bekannt, so kann der zugehörige Funktionswert $y3$ aus der Funktionsvorschrift bestimmt werden. Nun kennt man insgesamt drei Punkte, die zu dem Funktionsgraphen gehören, und kann eine neue Gerade durch $(x2,y2)$ und $(x3,y3)$ legen. Falls $y2$ und $y3$ ungleich sind, schneidet diese Gerade wieder die x-Achse an der Stelle, die der Folge entsprechend $x4$ genannt wird. Davon wird wiederum der Funktionswert $y4$ berechnet.

Die Iterationszyklen werden nun solange ausgeführt, bis der Funktionswert $y(k)$ nur um einen bestimmten Betrag, der vom Benutzer vorgegeben wird, von Null abweicht. Ist das der Fall, so ist auch die gesuchte Nullstelle gefunden. Je kleiner der erwähnte Betrag ist, desto feiner sind die Strukturen des Fraktals. In erster Linie hängt aber die Feinheit dieser Strukturen davon ab, wie viele Iterationen maximal ausgeführt werden. Das gibt wiederum der Benutzer vor.

Jetzt wird man sich die Frage stellen, wo denn unsere komplexe Zahlenebene bleibt. Diese wird über $x1$ und $x2$ aufgespannt und die Berechnung der Nullstelle für einen bestimmten Bereich dieser Ebene, ähnlich wie beim Apfelmännchen, durchgeführt. Zu jedem Zahlenpaar $(x1,x2)$ gehört eine bestimmte Anzahl von Iterationszyklen, die ausgeführt werden müssen, bis die gesuchte Nullstelle endlich gefunden wird. Vorausgesetzt natürlich, daß der Betrag, also die Abweichung des Funktionswertes $y(k)$ von Null, konstant bleibt. Um Farbmuster zu erhalten, wird hier die Anzahl der Iterationen und nicht das Quadrat der Entfernung vom Ursprung der Zahlenebene (wie bei der Mandelbrot-Menge) in Farbwerte umgewandelt. Wie das genau vonstatten geht, werde ich noch später erläutern.

Das beschriebene Newtonsche Verfahren läßt sich mit jeder Funktion ausführen, die mindestens eine Nullstelle aufweist. Insofern hat man hier nicht nur ein breites Experimentierfeld, sondern kann dem Benutzer des Fraktalprogramms, mit dem wir uns gleich konkret beschäftigen werden, eine recht breite Palette von Funktionen zur Auswahl stellen.

Die fraktalen Objekte, die das Ergebnis der Berechnungen mit dem Newton-Verfahren sind, weisen ebenso wie die Mandelbrot-Fraktale die schon im ersten Abschnitt dieses Kapitels erwähnte "Selbstähnlichkeit" der Strukturen auf. Sie sind jedoch im Gegensatz zu vielen bekannten Fraktalen nicht achsensymmetrisch. Vielmehr sind es Strukturen, bei denen ein gleitender Übergang von Regelmässigkeit und Ordnung in Bereiche, in denen Chaos herrscht, zu erkennen ist. Schon eine geringfügige Änderung eines Anfangswertes der Iteration hat stark erkennbare Folgen im Bild. Die Strukturen werden dann bunter und um so chaotischer. In der Abbildung 8-9 ist ein fraktales Objekt dargestellt, das mit dem Fraktalprogramm aus diesem Abschnitt erzeugt wurde. Dieses Bild befindet sich in VGA-Qualität auf der beiliegenden Diskette (Datei NFRAKTAL.PCX).

Abb. 8-9:   *Fraktal nach dem Newtonschen Verfahren zur Berechnung von Nullstellen mathematischer Funktionen, erzeugt mit dem Programm NFRAKTAL*

Mit dem Fraktalprogramm, das ich Ihnen nun vorstellen möchte, haben Sie die Möglichkeit, Tausende solcher Fraktale berechnen und darstellen zu lassen. Auf Wunsch kann auch eine PCX-Datei erzeugt werden und Sie können die Bilder uneingeschränkt in anderen Grafikprogrammen verwenden. Der Rechenvorgang läßt sich durch Drükken von ESCAPE abbrechen. Falls in Ihrem System ein Coprozessor vorhanden ist, wird dieser vom Programm voll unterstützt. Dadurch lassen sich die Grafiken viel schneller als sonst berechnen. Und auch eine hohe Rechengenauigkeit wird gewährleistet, indem die Variablen des erweiterten Datentyps Double für die Berechnung von Fraktalen benutzt werden.

Der Fraktalgenerator zeichnet sich durch Unterstützung zweier Betriebsmodi aus: Normal- und Testmodus. Im Normalmodus wird der ganze Bildschirm zur Darstellung der Grafik genutzt. Im Testmodus haben Sie die Möglichkeit durch eine verkleinerte Darstellung (80x60 Punkte) das Aussehen der Fraktalgrafik gewissermaßen zu testen, indem Sie zum Beispiel die Parameter für die Berechnung ändern. Diese Funktion des Programms ist sehr nützlich, weil sie dem Benutzer erlaubt, sich vor der endgültigen Berechnung im Normalmodus für eine bestimmte Parametereinstellung zu entscheiden, um dadurch gute Ergebnisse im Bild zu erzielen. Denn Sie müssen bedenken, daß die komplette Berechnung des Fraktals je nach Grafikmodus und Geschwindigkeit des Computers sogar bis zu mehreren Stunden dauern kann. Daher ist es sinnvoll, vorher einen Test zu machen.

Kommen wir nun zu dem Kopf des Programms. Er sieht folgendermaßen aus:

```
{ Dateiname : NFRAKTAL.PAS                 }
{ Autor     : Arthur Burda                 }
{ Compiler  : Turbo Pascal 5.0 und höher   }

{ NFRAKTAL - ein Fraktalgenerator nach dem Newtonschen Ver- }
{            fahren zur Berechnung von Nullstellen mathema-  }
{            tischer Funktionen                              }

PROGRAM Fraktalgenerator_nach_Newton;

{$D-}                    { keine Informationen des Debuggers }
{$E+}                          { Coprozessor-Emulation }
{$I-}                            { keine I/O-Prüfung }
{$N+}                      { vier neue Real-Datentypen }
{$R-}                         { keine Bereichsprüfung }
{$S-}                        { keine Prüfung des Stacks }

USES Crt, Dos, PCX_256, SVGA;              { Units einbinden }

CONST hellgrau_auf_schwarz = 7;

      ESCAPE = #27;

VAR Regs  : Registers;              { Prozessor-Register }
    Taste : Char;
    lauf  : Byte;                      { Zählvariable }
```

Die Prozeduren *Piepton* und *SVGA_Chipsatz_lesen*, die direkt dem Deklarationsteil folgen, kennen Sie schon aus früheren Programmen.

Nun kommt die Prozedur, in der die Eingabe des Benutzers in Hinsicht auf den Grafikmodus, der für die Darstellung des Fraktals verwendet werden soll, entgegengenommen wird. Zur Auswahl stehen der Modus 19 und die erweiterten 256-Farben-Modi der Super-VGAs. Jedoch nicht alle hochauflösenden Grafikmodi sind verfügbar. Das hängt, wie Sie wissen, von dem verwendeten Chipsatz ab. Sollten Sie einen falschen Grafikmodus wählen, so wird das automatisch vom Programm erkannt und es wird ein Fehler in Form eines Pieptons gemeldet. In einem solchen Fall haben Sie die Möglichkeit, den Grafikmodus nochmal zu wählen. Die Prozedur liefert einen Bytewert in der Variablen *Grafikmodus_Nr* zurück, der jedoch nicht die Nummer des zu setzenden Modus ist, sondern nur ein vereinbarter Wert. So wird zum Beispiel bei der Wahl des Modus 19 (320x200x256) eine Null zurückgeliefert usw. Außer diesem Wert liefert die Prozedur zusätzlich die x- und y-Auflösung für den gewählten Grafikmodus zurück.

```
PROCEDURE Grafikmodus_lesen(Chipsatz : SVGA_Chipsatz_Typ;
            VAR Grafikmodus_Nr : Byte; VAR x_Aufl, y_Aufl : Word);

VAR Fehler : Boolean;

BEGIN
   WriteLn('Grafikmodi:  [0] 320x200x256');
   WriteLn('             [1] 640x350x256');
   WriteLn('             [2] 640x400x256');
   WriteLn('             [3] 640x480x256');
   WriteLn('             [4] 800x600x256');
   WriteLn('             [5] 1024x768x256');
   WriteLn;
   Write('Auswahl: ');

   { Eingabe entgegennehmen }

   REPEAT
     Taste := UpCase(ReadKey);

     { überprüfen, ob der Modus bei dem vorher gewählten Chip- }
     { satz verfügbar ist, evtl. Fehlermeldung durch kurzen    }
     { Piepton signalisieren                                   }

     IF ((Chipsatz = ATI_Alt) AND (Taste IN ['1', '5']))
     OR ((Chipsatz = ATI_Neu) AND (Taste = '1'))
     OR ((Chipsatz = ChipsTech) AND (Taste IN ['1', '5']))
     OR ((Chipsatz = Genoa) AND (Taste IN ['1', '2', '5']))
     OR ((Chipsatz = Oak) AND (Taste IN ['1', '2', '5']))
     OR ((Chipsatz = Paradise) AND (Taste IN ['1', '5']))
     OR ((Chipsatz = Trident) AND (Taste = '1'))
     OR ((Chipsatz = Tseng_ET3000) AND (Taste IN ['2', '5']))
     OR ((Chipsatz = Tseng_ET4000) AND (Taste = '2'))
```

```
        OR ((Chipsatz = VESA) AND (Taste = '1'))
        OR ((Chipsatz = Video7) AND (Taste IN ['1', '5']))
        OR ((Chipsatz = Zymos) AND (Taste IN ['1', '5'])) THEN
          BEGIN
            Fehler := TRUE;
            Piepton(600, 300);
          END
        ELSE
          Fehler := FALSE
      UNTIL (Taste IN ['0'..'5']) AND NOT Fehler;

      WriteLn(Taste);

      CASE Taste OF
        '0' : BEGIN
                Grafikmodus_Nr := 0;
                x_Aufl := 320;
                y_Aufl := 200;
              END;
        '1' : BEGIN
                Grafikmodus_Nr := 1;
                x_Aufl := 640;
                y_Aufl := 350;
              END;
        '2' : BEGIN
                Grafikmodus_Nr := 2;
                x_Aufl := 640;
                y_Aufl := 400;
              END;
        '3' : BEGIN
                Grafikmodus_Nr := 3;
                x_Aufl := 640;
                y_Aufl := 480;
              END;
        '4' : BEGIN
                Grafikmodus_Nr := 4;
                x_Aufl := 800;
                y_Aufl := 600;
              END;
        '5' : BEGIN
                Grafikmodus_Nr := 5;
                x_Aufl := 1024;
                y_Aufl := 768;
              END;
      END;
    END;
```

Der Fraktalgenerator stellt 10 Funktionen zur Auswahl, auf die das Newtonsche Verfahren angewendet wird. Die Routine *Fkt_Nr* ist dafür zuständig, die Wahl des Benutzers in Hinsicht auf die Funktion zu registrieren und einen Bytewert, der der Nummer der gewählten Funktion gleich ist, als Ergebnis zurückzuliefern. In die Terme der

einzelnen Funktionen wurden zusätzlich die Parameter p und q eingebaut, die der Benutzer manipulieren kann. Dazu kommen wir jedoch erst bei der Erläuterung des Hauptprogramms.

```pascal
FUNCTION Fkt_Nr : Byte;

BEGIN
  WriteLn('Funktionen: [0] f(x) = sin(x)*q-p*x+2');
  WriteLn('            [1] f(x) = sin(x)*p+q*x+2');
  WriteLn('            [2] f(x) = cos(x)*q+p*x+2');
  WriteLn('            [3] f(x) = x²*q-p*x+2');
  WriteLn('            [4] f(x) = exp(x)*p-q*x+1');
  WriteLn('            [5] f(x) = x^3*p-sin(x*q)-2');
  WriteLn('            [6] f(x) = cos(x*q)+p*x');
  WriteLn('            [7] f(x) = |cos(x)|*p-x*q+2');
  WriteLn('            [8] f(x) = sin(e*x)+q*x-p');
  WriteLn('            [9] f(x) = |sin(x)|*q+x*p+x-1');
  WriteLn;
  Write('Auswahl: ');

  { Eingabe entgegennehmen }

  REPEAT
    Taste := ReadKey;
  UNTIL Taste IN ['0'..'9'];

  WriteLn(Taste);
  Fkt_Nr := Ord(Taste)-48;
END;
```

Die Prozedur zum Setzen des Videomodus mittels der BIOS-Funktion
ist Ihnen auch schon aus zahlreichen anderen Programmen bekannt.

Und nun kommen wir zu der Routine, die den Grafikmodus in Abhängigkeit von dem Super-VGA-Chipsatz initialisiert. Der Modus 19 und
die erweiterten Super-VGA-Modi werden dabei separat behandelt.

```pascal
PROCEDURE Grafikmodus_setzen(Chipsatz : SVGA_Chipsatz_Typ;
            Grafikmodus_Nr : Byte; Testmodus : Boolean);

BEGIN
  IF (Grafikmodus_Nr=0) OR Testmodus THEN{ Modus 19 setzen? }
    Videomodus_setzen(19)                                { ja }
  ELSE          { nein, ein Super-VGA-Modus wird initialisiert }
    CASE Chipsatz OF
      ATI_Alt     : CASE Grafikmodus_Nr OF
                      2 : SVGA_Modus_setzen(ATI_Alt_640x400x256,
                            TRUE);
                      3 : SVGA_Modus_setzen(ATI_Alt_640x480x256,
                            TRUE);
                      4 : SVGA_Modus_setzen(ATI_Alt_800x600x256,
```

```
                                      TRUE);
                         END;
ATI_Neu         : CASE Grafikmodus_Nr OF
                 2 : SVGA_Modus_setzen(ATI_Neu_640x400x256,
                         TRUE);
                 3 : SVGA_Modus_setzen(ATI_Neu_640x480x256,
                         TRUE);
                 4 : SVGA_Modus_setzen(ATI_Neu_800x600x256,
                         TRUE);
                   5 : SVGA_Modus_setzen(
                         ATI_Neu_1024x768x256, TRUE);
                 END;
ChipsTech       : CASE Grafikmodus_Nr OF
                   2 : SVGA_Modus_setzen(
                         ChipsTech_640x400x256, TRUE);
                   3 : SVGA_Modus_setzen(
                         ChipsTech_640x480x256, TRUE);
                   4 : SVGA_Modus_setzen(
                         ChipsTech_800x600x256, TRUE);
                 END;
Genoa           : CASE Grafikmodus_Nr OF
                 3 : SVGA_Modus_setzen(Genoa_640x480x256,
                         TRUE);
                  4 : SVGA_Modus_setzen(Genoa_800x600x256,
                         TRUE);
                 END;
Oak             : CASE Grafikmodus_Nr OF
                   3 : SVGA_Modus_setzen(Oak_640x480x256,
                         TRUE);
                   4 : SVGA_Modus_setzen(Oak_800x600x256,
                         TRUE);
                 END;
Paradise        : CASE Grafikmodus_Nr OF
                   2 : SVGA_Modus_setzen(
                         Paradise_640x400x256, TRUE);
                   3 : SVGA_Modus_setzen(
                         Paradise_640x480x256, TRUE);
                   4 : SVGA_Modus_setzen(
                         Paradise_800x600x256, TRUE);
                 END;
Trident         : CASE Grafikmodus_Nr OF
                 2 : SVGA_Modus_setzen(Trident_640x400x256,
                         TRUE);
                 3 : SVGA_Modus_setzen(Trident_640x480x256,
                         TRUE);
                 4 : SVGA_Modus_setzen(Trident_800x600x256,
                         TRUE);
                   5 : SVGA_Modus_setzen(
                         Trident_1024x768x256, TRUE);
                 END;
Tseng_ET3000    : CASE Grafikmodus_Nr OF
                   1 : SVGA_Modus_setzen(
                         Tseng_ET3000_640x350x256, TRUE);
                   3 : SVGA_Modus_setzen(
```

```
                                    Tseng_ET3000_640x480x256, TRUE);
                             4 : SVGA_Modus_setzen(
                                    Tseng_ET3000_800x600x256, TRUE);
                      END;
         Tseng_ET4000 : CASE Grafikmodus_Nr OF
                             1 : SVGA_Modus_setzen(
                                    Tseng_ET4000_640x350x256, TRUE);
                             3 : SVGA_Modus_setzen(
                                    Tseng_ET4000_640x480x256, TRUE);
                             4 : SVGA_Modus_setzen(
                                    Tseng_ET4000_800x600x256, TRUE);
                             5 : SVGA_Modus_setzen(
                                    Tseng_ET4000_1024x768x256, TRUE);
                      END;
         VESA         : CASE Grafikmodus_Nr OF
                             2 : SVGA_Modus_setzen(VESA_640x400x256,
                                    TRUE);
                             3 : SVGA_Modus_setzen(VESA_640x480x256,
                                    TRUE);
                             4 : SVGA_Modus_setzen(VESA_800x600x256,
                                    TRUE);
                             5 : SVGA_Modus_setzen(VESA_1024x768x256,
                                    TRUE);
                      END;
         Video7       : CASE Grafikmodus_Nr OF
                             2 : SVGA_Modus_setzen(Video7_640x400x256,
                                    TRUE);
                             3 : SVGA_Modus_setzen(Video7_640x480x256,
                                    TRUE);
                             4 : SVGA_Modus_setzen(Video7_800x600x256,
                                    TRUE);
                      END;
         Zymos        : CASE Grafikmodus_Nr OF
                             2 : SVGA_Modus_setzen(Zymos_640x400x256,
                                    TRUE);
                             3 : SVGA_Modus_setzen(Zymos_640x480x256,
                                    TRUE);
                             4 : SVGA_Modus_setzen(Zymos_800x600x256,
                                    TRUE);
                      END;
      END;
   END;
```

Die Prozedur *Fraktal_berechnen_und_anzeigen* ist die wichtigste Routine des Programms, welche das Zeichnen der Fraktalgrafik organisiert. Sie besteht aus zwei weiteren ineinander verschachtelten Funktionen *Anz_Iter* und *Fkt_Wert*. Dabei ist die Funktion *Fkt_Wert* eine untergeordnete Routine zu *Anz_Iter*. Sie hat die Aufgabe, den Funktionswert zu berechnen und ihn an die übergeordnete Routine, also an *Anz_Iter* weiterzuleiten. *Anz_Iter* ist der Kern der Fraktalberechnung.

Diese Funktion gibt bei den übergebenen Startwerten die Anzahl der
Iterationszyklen zurück, die zur Farbengenerierung benötigt werden.
Intern besteht diese Routine aus einer Schleife, die beendet wird,
wenn eine bestimmte Abweichung des Funktionswertes von Null
(Variable Max) oder die höchste zulässige Anzahl der Iterationen
(Variable *Max_Iter*) erreicht werden.

Bevor ich Ihnen die Prozedur zur Fraktalberechnung vorstelle, möchte ich noch einige Bemerkungen zu der Farbengenerierung machen.
Die Farben errechnen sich aus der Anzahl der Iterationszyklen, die
wiederum nach der Formel

$$Anz\_Iter = lauf/(Max\_Iter/256+1)$$

berechnet werden, wobei hier eine ganzzahlige Division durchgeführt
wird. Eigentlich ist es nicht ganz richtig, wenn man bei *Anz_Iter* von
der Zahl der Iterationen spricht. Denn die Variable *lauf* ist die richtige Zahl der Iterationszyklen. Die Berechnung, die nach der obigen
Formel durchgeführt wird, hat ihren Nutzen darin, daß *Anz_Iter*, also
der spätere Farbwert niemals größer sein kann als die Zahl der verfügbaren Farben. Denn *lauf* und *Max_Iter* können höchstens den Wert
1000 (höchste zulässige Anzahl der Iterationszyklen) haben. In diesem
extremsten Fall hat die Farbe des zu setzenden Punktes den Wert
250.

Und nun das Listing der Prozedur zur Fraktalberechnung:

```
PROCEDURE Fraktal_berechnen_und_anzeigen(x_Aufl, y_Aufl : Word;
         Fkt : Byte; Testmodus : Boolean; Max : Double;
         Max_Iter : Word; p, q : Double; VAR abgebrochen :
         Boolean);

FUNCTION Anz_Iter(xe, ye, pe, qe : Double) : Byte;

FUNCTION Fkt_Wert(x : Double) : Double;

BEGIN
  CASE Fkt OF
    0 : Fkt_Wert := Sin(x)*q-p*x+2;
    1 : Fkt_Wert := Sin(x)*p+q*x+2;
    2 : Fkt_Wert := Cos(x)*q+p*x+2;
    3 : Fkt_Wert := Sqr(x)*q-p*x+2;
    4 : Fkt_Wert := Exp(x)*p-q*x+1;
    5 : Fkt_Wert := Sqr(x)*x*p-Sin(x*q)-2;
    6 : Fkt_Wert := Cos(x*q)+p*x;
    7 : Fkt_Wert := Abs(Cos(x))*p-x*q+2;
    8 : Fkt_Wert := Sin(Exp(1)*x)+q*x-p;
    9 : Fkt_Wert := Abs(Sin(x))*q+x*p+x-1;
```

```pascal
    END;
  END;

  { Anz_Iter }

  VAR hilf, x1, x2, y1, y2 : Double;

  BEGIN
    IF xe = ye THEN
      Anz_Iter := Max_Iter DIV (Max_Iter DIV 256+1)
    ELSE
      BEGIN
        { Anfangswerte bestimmen }

        x1 := xe;
        y1 := Fkt_Wert(x1);
        x2 := ye;
        y2 := Fkt_Wert(x2);
        lauf := 0;

        { Anzahl der Iterationszyklen berechnen }

        REPEAT
          hilf := y1-y2;
          IF hilf = 0 THEN
            BEGIN
              Anz_Iter := Max_Iter DIV (Max_Iter DIV 256+1);
              Exit;                              { Routine verlassen }
            END;
          hilf := hilf/(x1-x2);
          x2 := x1;
          y2 := y1;
          x1 := x1-y1/hilf;
          y1 := Fkt_Wert(x1);
          Inc(lauf)
        UNTIL (Abs(y1) < Max) OR (lauf = Max_Iter);
        Anz_Iter := lauf DIV (Max_Iter DIV 256+1);
      END;
  END;

  { Fraktal_berechnen_und_anzeigen }

  CONST Video = $A000;                          { Anfang des Video-RAM }

  VAR x_End, y_End : Word;{ Koord. der rechten unteren Bildecke }
      dx, dy       : Double;
      xe, ye       : Double;
      Akt_x, Akt_y : Integer;        { aktuelle Punktkoordinaten }
      Farbe        : Byte;

  BEGIN
    abgebrochen := FALSE;
    IF Testmodus THEN                                   { Testmodus? }
      BEGIN           { ja, Fraktalgrafik verkleinert darstellen }
```

```pascal
        x_End := 79;
        y_End := 59;
      END
  ELSE {Normalmodus, Fraktalgrafik in voller Größe darstellen }
    BEGIN
      x_End := x_Aufl-1;
      y_End := y_Aufl-1;
    END;

  dx := 10/(x_End-1);
  dy := 10/(y_End-1);
  ye := 5;
  Akt_y := 0;

  {solange wiederholen, bis die Grafik fertig ist oder ESCAPE }
  {gedrückt wurde                                             }

  REPEAT
    Akt_x := 0;
    xe := -5;
    REPEAT
      Farbe := Anz_Iter(xe, ye, p, q);
      IF (x_Aufl = 320) AND (y_Aufl = 200) THEN
        Mem[Video:320*Akt_y+Akt_x] := Farbe
      ELSE
        Punkt_setzen(Akt_x, Akt_y, Farbe);
      xe := xe+dx;
      Inc(Akt_x);
      IF KeyPressed THEN
        Taste := ReadKey
    UNTIL (Akt_x > x_End) OR (Taste = ESCAPE);
    ye := ye-dy;
    Inc(Akt_y)
  UNTIL (Akt_y > y_End) OR (Taste = ESCAPE);
  IF Taste = ESCAPE THEN
    abgebrochen := TRUE;
END;
```

Als letztes kommt wie immer das Hauptprogramm. Der erste Teil ist
die Erstellung einer kleinen Bildschirmmaske. Danach werden die
verschiedenen Parameter für die Berechnung abgefragt. Einer besonderen Beachtung bedürfen in diesem Zusammenhang die beiden Parameter p und q, die ich schon einmal in Verbindung mit der Funktion
Fkt_Nr erwähnt habe. Durch verschiedene Einstellungen dieser Parameter lassen sich nämlich sehr beeindruckende Resultate erzielen.
Schon eine kleine Änderung bewirkt, daß eine ganz andere Fraktalgrafik entsteht. Und das ist auch klar, wenn Sie sich die Terme der
Funktionen ansehen, bei denen die Nullstellenbestimmung durchgeführt wird. Die beiden Konstanten beeinflussen nämlich die Funktio-

nen in starkem Maße. Der Wertebereich für die Einstellung dieser Parameter liegt zwischen -10 und 10. Die Tests haben ergeben, daß dieser Bereich am sinnvollsten ist. Zum weiteren Experimentieren können Sie trotzdem Werte verwenden, die außerhalb dieses Bereiches liegen.

Ist die Berechnung abgeschlossen, so wird das durch drei Pieptöne signalisiert. Falls angegeben, wird das Bild vorher in einer PCX-Datei gespeichert. Um das Programm zu beenden, müssen Sie eine beliebige Taste drücken.

```
{ Hauptprogramm }

VAR Chipsatz          : SVGA_Chipsatz_Typ;
    Grafikmodus_Nr : Byte;
    x_Aufl, y_Aufl : Word;
    Fkt               : Byte;
    Testmodus         : Boolean;
    Dateiname         : PathStr;
    Max               : Double;                { "Abbruchparameter" }
    Max_Iter          : Word; { max. Anzahl der Iterationszyklen }
    p, q              : Double;
    abgebrochen       : Boolean;{Flag für Berechnung abgebrochen }
    Fehlercode        : Byte;

BEGIN
  TextAttr := hellgrau_auf_schwarz;
  ClrScr;                                      { Bildschirm löschen }

  { Kopfzeile schreiben }

  GotoXY(8, 1);
  Write('NFRAKTAL - Fraktalgenerator nach Newton');
  GotoXY(55, 1); Write('Autor: Arthur Burda');

  { Linie ziehen }

  FOR lauf := 1 TO 80 DO
    BEGIN
      GotoXY(lauf, 2); Write(#196);
    END;
  WriteLn;

  { Parameter abfragen }

  SVGA_Chipsatz_lesen(Chipsatz);
  WriteLn;
  Grafikmodus_lesen(Chipsatz, Grafikmodus_Nr, x_Aufl, y_Aufl);
  WriteLn;
  Fkt := Fkt_Nr;
  WriteLn;
```

```pascal
Write('Fraktalgrafik im Normal- oder Testmodus berechnen ');
Write('und anzeigen (n/t)? ');
REPEAT
  Taste := ReadKey
UNTIL Taste IN ['n', 'N', 't', 'T'];
WriteLn(Taste);
Testmodus := (Taste IN ['t', 'T']);
WriteLn;
Dateiname := '';
IF NOT Testmodus THEN
  BEGIN
    Write('Soll die Grafik nach der Berechnung gespeichert ');
    Write('werden (j/n)? ');
    REPEAT
      Taste := ReadKey
    UNTIL Taste IN ['j', 'J', 'n', 'N'];
    WriteLn(Taste);
    IF Taste IN ['j', 'J'] THEN
      BEGIN
        WriteLn;
        Write('Verzeichnis und Dateiname der PCX-Bilddatei:');
        REPEAT
          ReadLn(Dateiname)
        UNTIL Dateiname <> '';
      END;
    WriteLn;
  END;
Write('Parameter Max (1E-10..1): ');
ReadLn(Max);
WriteLn;
Write('Maximale Anzahl der Iterationszyklen (1..1000): ');
ReadLn(Max_Iter);
WriteLn;
Write('Parameter p (-10..10): ');
ReadLn(p);
WriteLn;
Write('Parameter q (-10..10): ');
ReadLn(q);

Grafikmodus_setzen(Chipsatz, Grafikmodus_Nr, Testmodus);
Fraktal_berechnen_und_anzeigen(x_Aufl, y_Aufl, Fkt,Testmodus,
Max, Max_Iter, p, q, abgebrochen);

IF abgebrochen THEN              { Berechnung wurde abgebrochen? }
  BEGIN                                                  { ja }
    { Textmodus mit 80x25 Zeichen setzen }

    Videomodus_setzen(3);

    Write('Fraktalberechnung wurde durch den Benutzer ');
    WriteLn('abgebrochen.');
    Halt;                                     { Programm beenden }
  END
ELSE                        { Fraktalberechnung normal beendet }
```

```pascal
BEGIN
  IF Dateiname <> '' THEN
    BEGIN
      { Grafik in PCX-Datei speichern }

      PCX_Bild_speichern(0, 0, x_Aufl-1, y_Aufl-1, Dateiname,
      Chipsatz, Fehlercode);

        { wenn ein Fehler vorliegt, dann Fehlermeldung }
        { ausgeben und das Programm beenden            }

      IF Fehlercode <> 0 THEN
        BEGIN
          { Textmodus mit 80x25 Zeichen setzen }

          Videomodus_setzen(3);

          WriteLn('Das Programm wurde mit Fehler Nr.',
          Fehlercode, ' (Unit PCX_256) abgebrochen.');
          Halt;                          { Programm beenden }
        END;
    END;

  Piepton(400, 100);
  Piepton(500, 100);
  Piepton(600, 100);
  END;

  { auf Drücken einer beliebigen Taste warten }

  REPEAT
  UNTIL KeyPressed;

  Videomodus_setzen(3);   { Textmodus mit 80x25 Zeichen setzen }
END.
```

Damit haben wir ein Werkzeug zur Erzeugung von Fraktalgrafiken geschaffen. Sie als Benutzer dieses Programms können es erweitern, indem Sie zum Beispiel neue Konstanten neben p und q einführen oder die Liste der Funktionen weiter ausbauen. Sie werden beim Experimentieren immer wieder neue Motive erhalten, die sicherlich auch sehr interessant sein werden. Auf jeden Fall steht Ihnen eine ganze Reihe von Möglichkeiten zur Verfügung. Kurz gesagt, der Phantasie sind kaum Grenzen gesetzt.

Und im nächsten Kapitel dieses Buches erwartet Sie wieder ein interessantes Thema, nämlich Echtzeit-Animation mit der VGA-Karte. Diese Art von Animation ist besonders in den letzten Jahren so populär geworden, da die Leistung der Hardware im Bereich der Videokarten sehr gestiegen ist. Sie werden sehen, daß sich auch mit einer ganz normalen VGA-Karte beeindruckende Ergebnisse erzielen lassen.

9 Echtzeit-Animation im Modus 19

In der Computerwelt gibt es viele Formen von Animationen. Mal sieht man einen Zeichentrickfilm auf dem Monitor, mal eine räumliche Drehung eines Körpers, z.B. eines Würfels. Dabei scheint in Verbindung mit der VGA-Karte die erste Variante interessanter zu sein. Und viele Versuche, so etwas zu programmieren, mußten scheitern, da die Animation nicht mit angemessener Geschwindigkeit lief. Erst die Weiterentwicklung und ständige Verbesserung der Hardware in puncto Geschwindigkeit sorgte für gute Ergebnisse. Autodesk Animator, ein professionelles und sehr leistungsfähiges Programm zur Erstellung von Animationen, liefert einen Beweis dafür. Und auch wir werden in diesem kurzen Kapitel versuchen, eine sogenannte Echtzeit-Animation im Modus 19 zu programmieren. Dazu werde ich Ihnen im folgenden Abschnitt eine Unit vorstellen, die sich einfacher, aber zugleich sehr geschickter Methoden bedient, um die gewünschten Resultate zu erreichen. In einem Beispielprogramm werden wir dann das aus dem vorigen Kapitel bekannte Apfelmännchen zum Leben erwecken. Und Sie werden sehen: Es ist kinderleicht, so etwas zu realisieren.

9.1 Unit ANIMATOR

Bevor wir uns konkret mit der Unit ANIMATOR beschäftigen, müssen wir uns darüber im Klaren sein, was eine Echtzeit-Animation ist. Im Gegensatz zur räumlichen Drehung als Beispiel werden bei dieser Form von Animation die einzelnen Bewegungsabläufe, also die Bilder, die zu einer Sequenz zusammengefaßt werden, nicht mit mathematischen Formeln berechnet, sondern vom Datenträger in Echtzeit nacheinander geladen. Dies ist mit einem Film, bei dem etwa 50 Bilder pro Sekunde gezeigt werden, gut zu vergleichen. Durch einen schnellen Wechsel der einzelnen Bilder nacheinander ergibt sich eine flüssige Bewegung.

Um das auf einem Computer mit angemessener Ablaufgeschwindigkeit zu realisieren, ist ein direkter Zugriff auf das Video-RAM notwendig, um die Bilddaten in einem Zug an die entsprechenden Speicheradressen zu kopieren. Das ist in den Super-VGA-Modi aufgrund der relativ komplizierten Speicherverwaltung schwierig. Deshalb ist es am einfachsten, den Modus 19 zu diesem Zweck zu verwenden. Um keine Zeit durch die Entkomprimierung der Bilddaten zu verlieren, werden wir keine PCX-Dateien, sondern einfache Bilddateien ohne Header und mit unkomprimierten Daten verwenden.

Aber nicht nur ein schneller Bildschirmzugriff reicht, um optimale Ergebnisse zu erzielen. In unserem Fall, in dem die Bilder vom Datenträger in Echtzeit nacheinander geladen werden sollen, ist es auch entscheidend, daß das Laufwerk schnell auf Daten zugreifen kann. Bisher eignen sich dafür nur die Festplatten und virtuellen Laufwerke, wie die sogenannte RAM-Disk. Bei den Diskettenlaufwerken funktioniert es nicht, da sie um ein Vielfaches langsamer als die Festplatten sind. Hinzu kommt, daß die Disketten nicht so große Speicherkapazität wie die Platten haben.

In Hinsicht auf den Typ der VGA-Karte ist nicht viel zu sagen. Da wir den Modus 19 für die Animation verwenden werden, reicht sogar ein Standard-VGA-Adapter völlig aus.

Zur guter Letzt muß man erwähnen, daß relativ schnelle Animationen auch auf einem langsamen 10-MHz-AT möglich sind. Auf solchen Rechnern können in einer Sekunde etwa 10-20 Bilder (je nach Systemkonfiguration) angezeigt werden. Dagegen auf Computern mit einem 486-Prozessor (25 MHz) können 100 und mehr Bilder pro Sekunde geladen werden.

Und nun zu der Unit. Sie stellt sechs verschiedene Routinen zur Verfügung. Die Einzelheiten dazu entnehmen Sie am besten dem Gliederungsschema.

Gliederungsschema der Unit ANIMATOR:

a)   Einstellungen des Compilers

Interface-Teil:

b)   Einbinden von Units: Crt, Dos und MODUS_19

c)   Deklaration von modulexternen Typen (Dateinamen der DAC-Palette und des Bildes, Typ für die Bildfolge mit maximal 100 Elementen)

d)   Deklaration von Routinen:

- ↝   Laden und Speichern von DAC-Paletten
- ↝   Laden und Speichern von Bildern
- ↝   Initialisieren der Bildsequenz
- ↝   Abspielen der Bildsequenz

Implementationsteil:

e)   Deklaration von modulinternen Konstanten (Größe der DAC-Palette, Größe des Bildes, Anfangsadresse des Video-RAM) und Variablen (untypisierte Datei)

f)   Implementation von Routinen

g)   Ende der Unit

Wie Sie sehen, ist diese Unit relativ kurz. Die einzelnen Routinen sind sehr einfach gestaltet und trotzdem komfortabel. Den Beweis dafür wird das Beispielprogramm liefern, das ich Ihnen im nächsten Unterkapitel vorstellen werde.

Und jetzt beginne ich mit der Erläuterung des Listings der Unit. Am Anfang werden wie gewohnt die Compiler-Schalter zur Erzeugung von Informationen des Debuggers, Ein-/Ausgabe-Prüfung, sowie Bereichs- und Stackprüfung auf "aus" gestellt. Außer den Standardunits *Crt* und *Dos* wird noch die Unit *MODUS_19* benötigt.

Nun zu den modulexternen Typen. Der Typ *Dateinamen* ist ein RecordTyp, der die Namen der Paletten- und Bilddatei als Komponenten beinhaltet. *Sequenz_Typ* ist ein Typ, der aus 100 Komponenten des Typs *Dateinamen* besteht. Dadurch kann eine Bildsequenz auch aus höchstens 100 Elementen bestehen. Jedem Bild aus dieser Sequenz kann eine eigene DAC-Palette zugeordnet werden, die beim Ausführen der Animation zusammen mit den Bilddaten geladen und gesetzt wird. Mit dem Abspielen der Bildsequenz werden wir uns später beschäftigen.

Das Listing des Interface-Teils sieht nun folgendermaßen aus:

```
{ Dateiname : ANIMATOR.PAS              }
{ Autor     : Arthur Burda              }
{ Compiler  : Turbo Pascal 5.0 und höher }
```

```
{ ANIMATOR - eine Unit zur Erstellung von Animationen im VGA- }
{           Modus 19 mit Nacheinanderladen von einzelnen Bil-}
{           dern einer Sequenz in Echtzeit                    }

UNIT ANIMATOR;

{$D-}                           { keine Informationen des Debuggers }
{$I-}                                        { keine I/O-Prüfung }
{$R-}                                      { keine Bereichsprüfung }
{$S-}                                    { keine Prüfung des Stacks }

{ Interface-Teil }

INTERFACE

USES Crt, Dos, MODUS_19;                          { Units einbinden }

{ diese Typen sind modulextern }

TYPE Dateinamen = RECORD
        Paletten_Datei, Bild_Datei : PathStr;
     END;

     Sequenz_Typ = ARRAY[1..100] OF Dateinamen;

{ Deklaration von Routinen }

PROCEDURE DAC_Palette_laden(Dateiname : PathStr;
        VAR Fehlercode : Byte);
PROCEDURE DAC_Palette_speichern(Dateiname : PathStr;
        VAR Fehlercode : Byte);

PROCEDURE Bild_laden(Dateiname:PathStr; VAR Fehlercode : Byte);
PROCEDURE Bild_speichern(Dateiname : PathStr;
        VAR Fehlercode : Byte);

PROCEDURE Sequenz_initialisieren(VAR Sequenz : Sequenz_Typ);
PROCEDURE Sequenz_abspielen(Sequenz : Sequenz_Typ;
        Anz_Bilder : Byte; Verzoegerung : Byte;
        VAR Fehlercode : Byte);
```

Im Implementationsteil werden zunächst die Konstanten für die Grösse der DAC-Palette (768 Bytes) und des Bildes (64000 Bytes) definiert. Der Anfang des Video-RAM ist wie bei jedem anderen VGA-Grafikmodus an der Segment-Adresse A000h.

Die Variable Datei wird als untypisiert definiert, damit sie sowohl beim Laden und Speichern von DAC-Paletten als auch Bildern benutzt werden kann.

```
{ Implementationsteil }

IMPLEMENTATION

{ modulinterne Konstanten und Variablen }

CONST DAC_Pal_Groesse = 768;            { Größe der DAC-Palette }
      Bild_Groesse    = 64000;          { Bildgröße im Modus 19 }

      Video = $A000;                       { Anfang des Video-RAM }

VAR Datei : File;                            { untypisierte Datei }
```

Die erste Routine in der Unit *ANIMATOR* ist eine Funktion, die feststellt, ob der Modus 19 aktiv ist. Sie ist eine Hilfsroutine, die später in den Prozeduren zum Laden und Speichern von Bildern verwendet wird. Zum Auslesen des aktiven Videomodus wird hier nicht die BIOS-Routine, sondern der Bytewert an der Adresse 40h:49h im BIOS-Datensegment benutzt. Diese Methode ist viel schneller gegenüber dem alternativen Aufruf des BIOS-Interrupts.

```
{ Implementation von Routinen }

FUNCTION Modus_19_aktiv : Boolean;

BEGIN
  { anhand des Bytewertes an der Adresse 40h:49h (BIOS-Daten- }
  { segment) feststellen, ob der Modus 19 aktiv ist           }

  Modus_19_aktiv := (Mem[$40:$49] = 19);
END;
```

Wie in den Units *MODUS_19*, *SVGA* und *PCX_256* werden auch hier Fehlerkonstanten definiert, mit denen die Variable Fehlercode bei Auftreten des entsprechenden Fehlers belegt wird. Dadurch können Sie als Programmierer diesen Fehler intern in Ihren Programmen abfangen, damit die Ausführung der Applikation nicht abgebrochen, sondern eine Fehlermeldung ausgegeben werden kann oder eine andere Reaktion darauf erfolgen kann.

```
{ Fehlercodes: 0 = kein Fehler                      }
{              1 = Modus 19 nicht identifiziert }
{              2 = Datei nicht gefunden             }
{              3 = Datei läßt sich nicht öffnen }
{              4 = Lesefehler                       }
{              5 = Schreibfehler                    }
```

Und nun kommen wir zu den Routinen zum Laden und Speichern von
DAC-Paletten. Sie sind in ihrer Einfachheit und Kompaktheit kaum
zu übertreffen. Hier sind die Listings der beiden Prozeduren:

```
PROCEDURE DAC_Palette_laden(Dateiname : PathStr;
          VAR Fehlercode : Byte);

VAR DAC_Palette : DAC_Block;

BEGIN
  Fehlercode := 0;

  { Palettendatei zum Lesen öffnen }

  Assign(Datei, Dateiname);
  Reset(Datei, 1);

  { prüfen, ob ein Fehler aufgetreten ist, ggf. Fehler re- }
  { gistrieren, ansonsten DAC-Palette laden und setzen      }

  IF IOResult <> 0 THEN
    Fehlercode := 2
  ELSE                                  { kein Fehler liegt vor }

    BEGIN
      BlockRead(Datei, DAC_Palette, DAC_Pal_Groesse);

      { prüfen, ob ein Lesefehler aufgetreten ist und ggf.   }
      { diesen Fehler registrieren, ansonsten Palette setzen }

      IF IOResult <> 0 THEN
        Fehlercode := 4
      ELSE
        DAC_Block_setzen(0, 256, DAC_Palette);

      Close(Datei);                { Palettendatei schließen }
    END;
END;

PROCEDURE DAC_Palette_speichern(Dateiname : PathStr;
          VAR Fehlercode : Byte);

VAR DAC_Palette : DAC_Block;

BEGIN
  Fehlercode := 0;

  { Palettendatei zum Schreiben öffnen }

  Assign(Datei, Dateiname);
  Rewrite(Datei, 1);
```

```
  { prüfen, ob ein Fehler aufgetreten ist, ggf. Fehler }
  { registrieren, ansonsten DAC-Palette auslesen und   }
  { in der Datei speichern                             }

IF IOResult <> 0 THEN
   Fehlercode := 3
ELSE                                  { kein Fehler aufgetreten }

   BEGIN
     DAC_Block_lesen(0, 256, DAC_Palette);
     BlockWrite(Datei, DAC_Palette, DAC_Pal_Groesse);

     { prüfen, ob ein Schreibfehler aufgetreten ist, ggf.  }
     { die Variable Fehlercode mit dem entsprechenden Wert }
     { belegen                                             }

     IF IOResult <> 0 THEN
        Fehlercode := 5;

     Close(Datei);                            { Datei schließen }
   END;
END;
```

Der nächste Block, der zu erledigen ist, sind die Prozeduren zum Laden und Speichern von Bildern. Auch sie sind sehr einfach und übersichtlich aufgebaut. Zum direkten Zugriff auf den Videospeicher wird das Pascal-Kommando *Mem[Segment:Offset]* benutzt.

```
PROCEDURE Bild_laden(Dateiname : PathStr; VAR Fehlercode : Byte);

  BEGIN
    Fehlercode := 0;

    {Bild laden und anzeigen nur dann, wenn Modus 19 aktiv ist, }
    {ansonsten Fehler registrieren                             }

    IF Modus_19_aktiv THEN
       BEGIN
         { Bilddatei (keine PCX-Datei) zum Lesen öffnen }

         Assign(Datei, Dateiname);
         Reset(Datei, 1);

         { prüfen, ob ein Fehler aufgetreten ist, ggf. Fehler  }
         { registrieren, ansonsten Bilddaten direkt ins Video- }
         { RAM in einem einzigen Zug übertragen                }

         IF IOResult <> 0 THEN
            Fehlercode := 2
         ELSE                             { kein Fehler liegt vor }
```

```pascal
              BEGIN
                BlockRead(Datei, Mem[Video:$0], Bild_Groesse);

                { auf einen evtl. Lesefehler prüfen und ggf. die  }
                { Variable Fehlercode mit dem entsprechenden Wert }
                { belegen                                         }

                IF IOResult <> 0 THEN
                  Fehlercode := 4;

                Close(Datei);                        { Datei schließen }
              END;
          END
      ELSE                                      { Modus 19 nicht aktiv }
        Fehlercode := 1;
    END;

    PROCEDURE Bild_speichern(Dateiname : PathStr;
            VAR Fehlercode : Byte);

    BEGIN
      Fehlercode := 0;

      { Bild nur dann speichern, wenn der Modus 19 aktiv ist, }
      { ansonsten Fehler registrieren                         }

      IF Modus_19_aktiv THEN
        BEGIN
          { Bilddatei (keine PCX-Datei) zum Schreiben öffnen }

          Assign(Datei, Dateiname);
          Rewrite(Datei, 1);

          { auf einen evtl. Fehler beim Öffnen der Datei prüfen, }
          { ggf. diesen Fehler registrieren, sonst Bilddaten di- }
          { rekt aus dem Video-RAM in einem einzigen Zug lesen   }
          { und in der Datei speichern                           }
          IF IOResult <> 0 THEN
            Fehlercode := 3
          ELSE                                    { kein Fehler erkannt }

            BEGIN
              BlockWrite(Datei, Mem[Video:$0], Bild_Groesse);

              {prüfen, ob ein Schreibfehler aufgetreten ist, ggf. }
              {die Variable Fehlercode mit dem entsprechenden Wert}
              {belegen                                            }

              IF IOResult <> 0 THEN
                Fehlercode := 5;

              Close(Datei);                        { Datei schließen }
            END;
        END
      ELSE                                      { Modus 19 nicht aktiv }
        Fehlercode := 1;
    END;
```

Die folgende Routine hat die Aufgabe, die Bildsequenz zu initialisieren. Darunter ist das Füllen der Komponenten *Paletten_Datei* und *Bild_Datei* der Variablen *Sequenz* mit Leerstrings zu verstehen. Dies kann in einer FOR-DO-Schleife schnell gemacht werden.

```
PROCEDURE Sequenz_initialisieren(VAR Sequenz : Sequenz_Typ);

VAR lauf : Byte;                                    { Zählvariable }

BEGIN
  FOR lauf := 1 TO 100 DO
    WITH Sequenz[lauf] DO
      BEGIN
        Paletten_Datei := '';
        Bild_Datei := '';
      END;
END;
```

Die letzte Routine in der Unit ANIMATOR ist die Prozedur zum Abspielen der Bildsequenz. Zunächst prüft die Routine, ob die angegebene Anzahl der Bilder kleiner oder gleich 100 ist. Ist das der Fall, so werden die einzelnen Bilder in einer REPEAT-UNTIL-Schleife nacheinander geladen und angezeigt. Die DAC-Palette wird nur dann geladen und aktiviert, wenn die Komponente *Paletten_Datei* der Variablen *Sequenz* einen Dateinamen enthält. Tritt während der Ausführung der Animation ein Fehler auf, so ist das ein Abbruchkriterium für die Schleife. Mit der Variablen *Verzoegerung* wird das Nacheinanderladen der Bilder um die angegebene Zeit verzögert. Bei besonders schnellen Rechnern kann eine Verlangsamung der Ausführung in manchen Fällen sogar erforderlich sein.

Anschließend wird die Unit mit der Anweisung *END* beendet. Ein Initialisierungsteil ist hier nicht notwendig.

```
PROCEDURE Sequenz_abspielen(Sequenz : Sequenz_Typ;
           Anz_Bilder : Byte; Verzoegerung : Byte;
           VAR Fehlercode : Byte);

VAR lauf : Byte;                                    { Zählvariable }

BEGIN
  {Bildsequenz nur dann abspielen, wenn die Anzahl der Bilder }
  {nicht größer als 100 ist (Feldvariable Sequenz hat nur 100 }
  {Elemente!)                                                 }

  IF Anz_Bilder <= 100 THEN
    BEGIN
      lauf := 1;
```

```
            { solange wiederholen, bis alle Bilder gezeigt wurden }
            { oder ein Fehler aufgetreten ist                     }

            REPEAT
              WITH Sequenz[lauf] DO
                BEGIN
                  IF Paletten_Datei <> '' THEN
                    DAC_Palette_laden(Paletten_Datei, Fehlercode);
                  IF (Bild_Datei <> '') AND (Fehlercode = 0) THEN
                    Bild_laden(Bild_Datei, Fehlercode);
                  Delay(Verzoegerung);                    { verzögern }
                END;
                Inc(lauf)                       { Zähler um 1 erhöhen }
            UNTIL (lauf > Anz_Bilder) OR (Fehlercode <> 0);
          END;
      END;


      { Ende der Unit }

      END.
```

Damit haben Sie ein komfortables Werkzeug zur Erstellung von Echt-
zeit-Animationen in der Hand. Die Voraussetzung für den schnellen
Bildwechsel ist, wie zu Beginn des Abschnitts erwähnt, die Benutzung
einer Festplatte oder einer RAM-Disk. Um noch mehr Performance
herauszuholen und damit die Ablaufgeschwindigkeit der Animation
zu erhöhen, können Sie zusätzlich Cache-Programme für die Festplatte benutzen. Das MS-DOS stellt beispielsweise ab der Version 4.0
standardmäßig das Cache-Programm SMARTDRIVE zur Verfügung,
das Sie in die Konfigurationsdatei CONFIG.SYS mit Angabe von Parametern (z.B. Puffergröße) aufnehmen können. Darüber hinaus gibt
es heutzutage eine ganze Reihe von anderen Cache-Programmen, die
teilweise auch als Free- oder Shareware vertrieben werden.

Hinweis: Ein Cache-Programm reserviert einen Pufferspeicher zur Zwichen-
           speicherung von häufig benutzten Daten. Das Festplattenlaufwerk
           muß deshalb nicht jedesmal auf eine bzw. mehrere Dateien zugrei-
           fen, um die Daten in den Hauptspeicher zu laden. Diese werden,
           falls vorhanden, aus dem Pufferspeicher gelesen.

Und zum Schluß dieses Abschnitts, möchte ich Sie darauf hinweisen,
daß sie auch PCX-Bilder laden und anschließend mit der Prozedur aus
der Unit *ANIMATOR* speichern können, um auf diese Weise Bilddateien für die Animation zu erzeugen. Das kann zum Beispiel so aussehen:

```
PCX_Bild_laden('C:\BILDER\BILD1.PCX', Tseng_ET4000, Fehlercode);
Bild_speichern('C:\ANIMATION\BILD1.ANI', Fehlercode);
DAC_Palette_speichern('C:\ANIMATION\PALETTE.ANI', Fehlercode);
```

9.2 Animation mit Apfelmännchen

In diesem Abschnitt möchte ich Ihnen ein Beispielprogramm für die Unit *ANIMATOR* vorstellen. In der Einleitung zu diesem Kapitel habe ich angedeutet, daß es sich dabei um eine Animation mit dem Apfelmännchen als Hauptdarsteller handeln wird. Dazu habe ich sechs verschiedene Bilder erstellt, die sich geringfügig voneinander unterscheiden. Beim Zusammenkoppeln dieser Grafiken entsteht jedoch eine flüssige Bewegung und man hat den Eindruck, als wäre das Apfelmännchen lebendig.

Im folgenden möchte ich all die Formeln zusammenstellen, die ich bei der Berechnung der sechs Fraktalgrafiken benutzt habe. Die Anfangswerte für die Teile p und q des Parameters C waren dabei konstant.

Allgemeine Formel: $Z(k+1) = Z(k)^2 + C$

Parameter Z:

Bild 1: $Z = 0.90x + yi$

Bild 2: $Z = 0.91x + y1$

Bild 3: $Z = 0.92x + yi$

Bild 4: $Z = 0.93x + y1$

Bild 5: $Z = 0.94x + yi$

Bild 6: $Z = 0.95x + y1$

Parameter C:

Anfangswert für p: -3,2

Anfangswert für q: -1,4

Da der Speicherplatz auf der diesem Buch beiliegenden Diskette naturgemäß begrenzt ist, kann ich Ihnen nicht mehr als diese sechs Bilder zur Verfügung stellen. Sie können die Bildfolge jedoch beliebig ergänzen, indem Sie weitere Grafiken mit dem entsprechend modifizierten Programm MANDEL berechnen lassen. Oder aber, Sie stellen eine eigene Animation zusammen. Dabei steht es Ihnen frei, welches Motiv Sie wählen und mit welchem Grafikprogramm Sie es bearbeiten.

Und nun zum Animationsprogramm. Sie finden es auf der Diskette im Quelltext in der Datei ANIMATIO.PAS und direkt ausführbar in der Datei ANIMATIO.EXE. Bevor Sie es starten und austesten, müssen Sie das Programm selbst sowie die Palettendatei PALETTE.ANI und die Bilddateien BILD*.ANI auf die Festplatte kopieren, damit es nicht zu langsam von der Diskette läuft. Wenn Sie das getan haben und anschließend das Programm starten, haben Sie die Möglichkeit, die Verzögerungszeit in Millisekunden im Wertebereich zwischen 0 und 255 anzugeben, damit die Animation auf besonders schnellen Computern nicht allzu schnell läuft.

Das Listing des Animationsprogramms ist so übersichtlich und einfach aufgebaut, daß ich es nicht zu erläutern brauche. Es sieht folgendermaßen aus:

```
{ Dateiname : ANIMATIO.PAS                    }
{ Autor      : Arthur Burda                   }
{ Compiler   : Turbo Pascal 5.0 und höher }


{ANIMATIO - eine Echtzeit-Animation mit Apfelmännchen im VGA- }
{            Modus 19                                          }

PROGRAM Apfelmaennchen_Animation;

{$D-}                         { keine Informationen des Debuggers }
{$I-}                              { keine I/O-Prüfung }
{$S-}                         { keine Prüfung des Stacks }

USES ANIMATOR, Crt, MODUS_19;      { benötigte Units einbinden }

CONST hellgrau_auf_schwarz = 7;

      Anz_Bilder = 10;


VAR Verzoegerung : Byte;
    Sequenz      : Sequenz_Typ;                    { Bildsequenz }
    lauf         : Byte;                           { Zählvariable }


PROCEDURE Apfelmaennchen_bewegen;

VAR Fehlercode : Byte;

BEGIN
  REPEAT
```

```
      Sequenz_abspielen(Sequenz, Anz_Bilder, Verzoegerung,
      Fehlercode);

      { prüfen, ob irgendein Fehler aufgetreten ist, ggf. das }
      { Programm mit Fehlermeldung beenden                    }

      IF Fehlercode <> 0 THEN
        BEGIN
         Alten_Modus_setzen(TRUE);
         WriteLn('Die Animation wurde mit Fehler Nr', Fehlercode,
         ' (Unit ANIMATOR) abgebrochen.');
          Halt;                                { Programm beenden }
        END
   UNTIL KeyPressed;
END;

{ Hauptprogramm }

BEGIN
  TextAttr := hellgrau_auf_schwarz;
  ClrScr;                                { Bildschirm löschen }

  { Kopfzeile schreiben }

  GotoXY(5, 1);
  Write('ANIMATIO - Echtzeit-Animation mit Apfelmännchen');
  GotoXY(58, 1); Write('Autor: Arthur Burda');

  { Linie ziehen }

  FOR lauf := 1 TO 80 DO
    BEGIN
      GotoXY(lauf, 2); Write(#196);
    END;

  { Infotext ausgeben }

  GotoXY(1, 4);
  Write('Bevor Sie dieses Programm starten, kopieren Sie es ');
  WriteLn('zusammen mit der Paletten-');
  Write('datei PALETTE.ANI und den Bilddateien BILD*.ANI am ');
  WriteLn('besten auf Ihre Festplatte,');
  WriteLn('damit es mit angemessener Geschwindigkeit läuft!');
 Write('Falls Sie das noch nicht getan haben,können Sie das ');
  WriteLn('Programm jetzt mit CTRL-');
  WriteLn('BREAK (STRG-PAUSE) abbrechen.');
  WriteLn;

  { Parameter abfragen }
```

```
Write('Verzögerungszeit in ms (0..255): ');
ReadLn(Verzoegerung);

{ Bildsequenz erstellen }

Sequenz_initialisieren(Sequenz);
Sequenz[1].Paletten_Datei := 'PALETTE.ANI';
Sequenz[1].Bild_Datei := 'BILD1.ANI';
Sequenz[2].Bild_Datei := 'BILD2.ANI';
Sequenz[3].Bild_Datei := 'BILD3.ANI';
Sequenz[4].Bild_Datei := 'BILD4.ANI';
Sequenz[5].Bild_Datei := 'BILD5.ANI';
Sequenz[6].Bild_Datei := 'BILD6.ANI';
Sequenz[7].Bild_Datei := 'BILD5.ANI';
Sequenz[8].Bild_Datei := 'BILD4.ANI';
Sequenz[9].Bild_Datei := 'BILD3.ANI';
Sequenz[10].Bild_Datei := 'BILD2.ANI';

{ Animation starten }

Modus_19_setzen(TRUE);
Apfelmaennchen_bewegen;

Alten_Modus_setzen(TRUE);
END.
```

Zum Abschluß möchte ich ankündigen, daß es im nächsten und zugleich letzten Kapitel dieses Buches "VGA-Know-How" unter anderem um die Programmierung der HiColor-Modi beim Tseng ET-4000 Chip, sowie das sogenannte Smooth-Scrolling und die Realisierung neuer, standardmäßig nicht verfügbarer Grafikmodi geht. Insgesamt also eine ganze Reihe von Tricks rund um VGA, die vielen Programmierern bisher verborgen blieben.

10 VGA-Know-How

In diesem Kapitel werden die Highlights der VGA-Programmierung vorgestellt. Dabei wird der VGA-Adapter überwiegend hardwarenah programmiert. Das bedeutet, daß die Karte durch Manipulation der internen Register, deren Übersicht Sie im Anhang B finden, in bestimmte Zustände versetzt werden kann. So kann man zum Beispiel durch komplette Umprogrammierung der Register des CRTC (Cathode Ray Tube Controller) einen neuen Grafikmodus einschalten, der normalerweise nicht verfügbar ist. Auch das hardwaremäßige Smooth-Scrolling läßt sich nur durch direkte Zugriffe auf Portadressen der Grafikkarte realisieren.

Man kann hier zahlreiche Beispiele nennen, bei denen sich die direkte Programmierung lohnt. Und nicht umsonst habe ich im zweiten Kapitel dieses Buches einen Vergleich mit der Methode über das VGA-BIOS gemacht: Entscheidender Vorteil der hardwarenahen Programmierung ist die so oft in diesem Zusammenhang angesprochene Ausführungsgeschwindigkeit. An dieser Stelle möchte ich das noch einmal ganz deutlich betonen.

Der erste Abschnitt dieses Kapitels beschäftigt sich zwar nicht so intensiv mit den VGA-Registern, jedoch mit einem nicht weniger interessanten Thema, nämlich mit den sogenannten HiColor-Modi beim so verbreiteten Super-VGA-Chip wie Tseng ET-4000 mit dem erweiterten Digital/Analog-Konverter.

10.1 HiColor-Modi beim Tseng ET-4000 Chip mit Extended DAC

Unter dieser Überschrift verbergen sich zwei Betriebsarten des Tseng ET-4000 Chips (mit Sierra DAC SC11486 und 1 MB Videospeicher), bei denen es möglich ist, 32.678 Farben auf einmal auf dem Bildschirm darzustellen. Im Kapitel "Einführung" habe ich Ihnen die grundlegenden Informationen über die Speicherverwaltung in diesen Betriebsarten gegeben. In diesem Abschnitt werden wir das ausnutzen, um eine Unit namens HICOLOR zu implementieren. Diese ergänzt die Grafikbibliothek, die schon aus dem Modul zur Unterstützung des Modus 19 sowie der Super-VGA-Unit besteht.

Während man in diversen Fachzeitschriften viel über die Programmierung der Standard- und auch der Super-VGA-Modi erfahren kann, sind Artikel über die HiColor-Modi relativ selten zu finden. Der Grund dafür mag in der Tatsache liegen, daß die HiColor-Karten erst vor etwa einem Jahr (gemeint ist das Jahr 1991) auf den Markt gekommen sind und deshalb die neuen Betriebsarten noch nicht in dem Maße "erforscht" sind, wie das bei den normalen Super-VGA-Modi der Fall ist.

Nun möchte ich auf die Einzelheiten in der Speicherverwaltung der HiColor-Modi eingehen. Aus dem ersten Kapitel wissen Sie, daß diesen Betriebsarten nicht eine byteweise, sondern eine wortweise Struktur des Video-RAM zugrunde liegt. Das heißt zugleich, daß ein Bildpunkt durch 16 Bits dargestellt wird. Genauer gesagt, sind es nur 15 Bits, da das höchste Bit unbenutzt bleibt. Diese Situation wurde im Kapitel 1 in der Abbildung 1-4 dargestellt, falls Sie sich noch daran erinnern. Die einzelnen RGB-Anteile sind so angeordnet, daß die untersten 5 Bits für Rot, die nächsten 5 für Grün und schließlich die Bits 10 bis 14 für Blau stehen. Dadurch können die Werte für einen Farbanteil nicht wie sonst zwischen 0 und 63, sondern zwischen 0 und 31 variieren.

Der Videospeicher ist in den HiColor-Modi in sechzehn Segmente, sogenannte Bänke der Größe 64 KByte unterteilt. Je nach Auflösung werden jedoch nicht alle dieser Bänke benötigt. Diese Speicherunterteilung verursacht auf Anhieb einige Probleme, wenn es beispielsweise darum geht, einen Bildpunkt zu setzen bzw. zu lesen. Wird nämlich die 64-KByte-Grenze überschritten, so muß die Bank gewechselt werden. Wie das im einzelnen vonstatten geht, erzähle ich Ihnen zum späteren Zeitpunkt. Ansonsten läßt sich der Videospeicher in den HiColor-Betriebsarten relativ einfach adressieren.

In Hinsicht auf die Farbpalette ist zu sagen, daß in den HiColorModi im Gegensatz zu den normalen 256-Farben-Modi nur eine Palette existiert, die nicht verändert wird. Aus diesem Grund unterscheiden sich die Grafiken in den HiColor-Betriebsarten nicht so stark von denen in den 256-Farben-Modi, bei denen eine eigene Palette zusammengestellt werden kann. Dennoch muß man ganz klar zugeben, daß die Farbverläufe in den 32K-Farben-Modi wesentlich sanfter sind als in den normalen 256-Farben-Betriebsarten. Das werden Sie später in einem Beispielprogramm sehen können.

Und nun zu der Unit HICOLOR. Im großen und ganzen ist sie vom Aufbau her mit den Units *MODUS_19* und *SVGA* vergleichbar. Ein Gliederungsschema ist jedoch trotzdem angebracht:

Gliederungsschema der Unit HICOLOR:

a)   Compilereinstellungen

Interface-Teil:

b)   Einbinden der Standardunits Crt und Dos

c)   Deklaration von modulexternen Konstanten (zwei HiColor-Modi mit den Auflösungen von 640x480 und 800x600 Punkten) und Typen (HiColor-Modi, Richtungstyp 1, Richtungstyp 2, Teilbereichstyp, Typen im Zusammenhang mit den ladbaren Zeichensätzen)

d)   Deklaration von Prozeduren und Funktionen:

   ↪ Setzen und Abfragen von Modi (Setzen eines HiColor-Modus, Setzen des alten Modus, Abfragen des aktiven Modus)

   ↪ Abfragen der horizontalen und vertikalen Bildschirmauflösung

   ↪ Umrechnen der HiColor-RGB-Anteile in einen Farbwert, Setzen und Lesen von Bildpunkten

   ↪ Zeichnen von geometrischen Figuren (Ellipse, Kreis, Linie, Rechteck)

   ↪ Füllen, Löschen, Kopieren, Rollen, Spiegeln und Umklappen von Bildschirmbereichen, sowie Prozeduren zur Verwaltung des Puffers zum Zwischenspeichern

   ↪ Laden von Zeichensätzen, Ausgabe von einzelnen Zeichen und Texten

Implementationsteil:

e)   Deklaration von modulinternen Konstanten (alter Modus, aktiver Modus - typisierte Konstanten, Anfangsadresse des Video-RAM normale Konstante) und Variablen (Prozessor-Register, aktueller Zeichensatz)

f)   Implementation von Routinen

g)   Initialisierung der Unit

Viele dieser Routinen (z.B. Zeichnen von geometrischen Figuren) kennen Sie schon aus den Kapiteln 3 und 4. Deshalb werde ich im Verlauf dieses Kapitels nicht mehr darauf eingehen.

Den Anfang des Listings der Unit, also auch den Interface-Teil, brauche ich nicht zu erläutern. Sie können alles dem obigen Schema entnehmen.

```
{ Dateiname : HICOLOR.PAS                  }
{ Autor     : Arthur Burda                 }
{ Compiler  : Turbo Pascal 5.0 und höher   }

{ HICOLOR - eine Unit zur Unterstützung der HiColor-Modi  }
{           (640x480 und 800x600 Punkte in 32.768 Farben) }
{           beim Tseng ET-4000 Chip mit Sierra DAC SC11486 }
{           und 1 MB Videospeicher                         }

UNIT HICOLOR;

{$D-}                          { keine Informationen des Debuggers }
{$I-}                                      { keine I/O-Prüfung }
{$S-}                                  { keine Prüfung des Stacks }

{ Interface-Teil }

INTERFACE

USES Crt, Dos;          { Turbo-Pascal-Standardunits einbinden }

{ modulexterne Konstanten und Typen }

CONST Kein_HiColor_Modus = 0;

      { HiColor-Modi }

      HiColor_640x480 = 1;
      HiColor_800x600 = 2;

TYPE HiColor_Modi = HiColor_640x480..HiColor_800x600;

      Richtungs_Typ1   = (oben, unten, links, rechts);
      Richtungs_Typ2   = (horizontal, vertikal);
      Teilbereichs_Typ = (oberer_Teil, unterer_Teil,
                          linker_Teil, rechter_Teil);

      String_80       = String[80];
      Bit_Muster_Typ  = ARRAY[0..7] OF Byte;
      Zeichensatz_Typ = ARRAY[0..255] OF Bit_Muster_Typ;
```

```
{ Deklaration von Routinen }

PROCEDURE HiColor_Modus_setzen(Modus : HiColor_Modi);
PROCEDURE Alten_Modus_setzen;
FUNCTION Aktiver_Modus : Byte;

FUNCTION Horizontale_Aufl : Word;
FUNCTION Vertikale_Aufl : Word;

FUNCTION HC_RGB_in_Farbe_umrechnen(Rotanteil, Gruenanteil,
         Blauanteil : Byte) : Word;
PROCEDURE Punkt_setzen(x, y : Integer; Farbe : Word);
FUNCTION Punktfarbe(x, y : Integer) : Word;

PROCEDURE Ellipse_zeichnen(x, y : Integer; x_Radius,
          y_Radius : Word; Farbe : Word);
PROCEDURE Kreis_zeichnen(x, y : Integer; Radius : Word;
          Farbe : Word);
PROCEDURE Linie_zeichnen(x1, y1, x2,y2 : Integer; Farbe: Word);
PROCEDURE Rechteck_zeichnen(x1, y1, x2, y2 : Integer;
          Farbe : Word);

PROCEDURE Bereich_fuellen(x1, y1, x2, y2 : Integer;
          Farbe : Word);
PROCEDURE Bereich_loeschen(x1, y1, x2, y2 : Integer);
PROCEDURE In_Puffer_kopieren(x1, y1,x2, y2 : Integer; x_Laenge,
          y_Laenge : LongInt; VAR Puffer : Pointer);
PROCEDURE In_VRAM_kopieren(x, y : Integer; x_Laenge,
          y_Laenge : LongInt; Puffer : Pointer);
PROCEDURE Bereich_kopieren(Alt_x1,Alt_y1,Alt_x2, Alt_y2, Neu_x,
          Neu_y : Integer);
PROCEDURE Bereich_rollen(x1, y1, x2, y2 : Integer;
          Richtung : Richtungs_Typ1; Verzoegerung : Byte);
PROCEDURE Bereich_spiegeln(x1, y1, x2, y2 : Integer;
          Teilbereich : Teilbereichs_Typ);
PROCEDURE Bereich_umklappen(x1, y1, x2, y2 : Integer;
          Richtung : Richtungs_Typ2);

PROCEDURE Standard_Zeichensatz_laden;
PROCEDURE Zeichensatz_laden(Dateiname : PathStr;
          VAR Fehlercode : Byte);
PROCEDURE Zeichen_ausgeben(x, y : Integer; Anzahl : Word;
          Zeichen : Char; Farbe : Word);
PROCEDURE Text_ausgeben(x, y : Integer; s : String_80;
          Farbe : Word);
```

Wir kommen jetzt zum Implementationsteil. Am Anfang werden die internen Hilfskonstanten und Variablen deklariert, um schnell auf bestimmte Informationen (z.B. aktiver Modus) zugreifen zu können.

```
{ Implementationsteil }

IMPLEMENTATION

{ modulinterne Konstanten und Variablen }

CONST Alter_Modus : Byte = 0;
      Akt_Modus   : Byte = Kein_HiColor_Modus;

      Video = $A000;                        { Anfang des Video-RAM }

VAR Regs          : Registers;              { Prozessor-Register }
    Zeichensatz : Zeichensatz_Typ;
```

Bei der ersten Routine, die die Unit zur Verfügung stellt, wollen wir ein wenig verweilen. Und zwar handelt es sich um die Aktivierung eines der beiden HiColor-Modi. Dazu wird nicht die BIOS-Funktion 00h, sondern die folgende Register-Sequenz aufgerufen:

AX = 10F0h (Kennung zum Umschalten in den HiColor-Modus)
BH = 00h

BL = Nummer des 256-Farben-Modus mit der gleichen
     Bildschirmauflösung:

2Eh : 640x480 Punkte
30h : 800x600 Punkte

Die Kennung zum Umschalten in den HiColor-Modus, die in das AX-Register geladen wird, ist notwendig, weil die Entwickler der hier behandelten Tseng-HiColor-Karte das BIOS zwar erweitert haben, jedoch nicht einfach um neue Moduskonstanten, sondern um einen separaten Einsprung in den BIOS-Verteiler. Wird die Kennung vom BIOS registriert, so erfolgt ein Sprung in einen Teil der BIOS-Routine, der insbesondere für die Umschaltung des Sierra DAC in den HiColorModus zuständig ist.

In das BL-Register wird die Nummer des 256-Farben-Modus mit der gleichen Auflösung wie die des zu aktivierenden HiColor-Modus geladen. Soll zum Beispiel der Modus mit der Auflösung von 640x480 Punkten initialisiert werden, so muß beim Tseng ET-4000 Chip der

Wert 2Eh in das BL-Register geladen werden. Entsprechend ist auch beim 800x600-Punkte-Modus vorzugehen.

Sind alle vier Register gesetzt, so wird wie immer der BIOS-Interrupt aufgerufen.

Die Routine *HiColor_Modus_setzen* erledigt zusätzlich noch die Aufgabe, daß sie die Nummer des vor der Umschaltung in den 32K-FarbenModus aktiven Videomodus in der typisierten Konstante *Alter_Modus* speichert. Diese Vorgehensweise kennen Sie bereits aus den Units *MODUS_19* und *SVGA*. Ganz zum Schluß wird noch die Nummer der initialisierten HiColor-Betriebsart in der typisierten Konstante *Akt_Modus* gespeichert.

```pascal
{ Implementation von Routinen }

PROCEDURE HiColor_Modus_setzen(Modus : HiColor_Modi);

BEGIN
  { prüfen, ob ein HiColor-Modus bereits aktiv ist (wenn ja, }
  { ist der Wert von Akt_Modus gleich der Nummer dieses Mo-  }
  { dus, sonst Akt_Modus = Kein_HiColor_Modus)              }

  IF Akt_Modus = Kein_HiColor_Modus THEN
    BEGIN
      { alten Modus merken }

      Regs.AH := $0F;
      Intr($10, Regs);
      Alter_Modus := Regs.AL;

      { HiColor-Modus einschalten }

      WITH Regs DO
        BEGIN
          { Kennung zum Umschalten in den HiColor-Modus }

          AX := $10F0

          BH := $00;
          CASE Modus OF
            HiColor_640x480 : BL := $2E;        { 640x480 Punkte }
            HiColor_800x600 : BL := $30;        { 800x600 Punkte }
          END;
          Intr($10, Regs);                 { BIOS-Interrupt aufrufen }
        END;

      Akt_Modus := Modus;
    END;
END;
```

Die Routinen zum Setzen des alten und Lesen des aktiven Modus sehen ähnlich wie in den Units aus früheren Kapiteln aus:

```
PROCEDURE Alten_Modus_setzen;

BEGIN
  { alten Modus nur dann setzen, wenn ein HiColor-Modus }
  { aktiv ist                                           }

  IF Akt_Modus IN [HiColor_640x480, HiColor_800x600] THEN
    BEGIN
      Regs.AH := $00;                  { Nummer der BIOS-Funktion }
      Regs.AL := Alter_Modus;           { Nummer des alten Modus }
      Intr($10, Regs);                 { Interrupt-Routine aufrufen }

      { interne Variablen initialisieren }

      Alter_Modus := 0;
      Akt_Modus := Kein_HiColor_Modus;
    END;
END;

FUNCTION Aktiver_Modus : Byte;

BEGIN
  Aktiver_Modus := Akt_Modus;
END;
```

Um die horizontale bzw. vertikale Bildschirmauflösung zu ermitteln,
wird der aktive Modus abgefragt.

```
FUNCTION Horizontale_Aufl : Word;

BEGIN
  {horizontale Auflösung in Abhängigkeit von dem aktiven Modus }
  {ermitteln                                                   }

  CASE Akt_Modus OF
    Kein_HiColor_Modus : Horizontale_Aufl := 0;
    HiColor_640x480    : Horizontale_Aufl := 640;
    HiColor_800x600    : Horizontale_Aufl := 800;
  END;
END;

FUNCTION Vertikale_Aufl : Word;

BEGIN
  { vertikale Auflösung in Abhängigkeit von dem aktiven Modus }
  { ermitteln                                                 }

  CASE Akt_Modus OF
    Kein_HiColor_Modus : Vertikale_Aufl := 0;
```

```
        HiColor_640x480      : Vertikale_Aufl := 480;
        HiColor_800x600      : Vertikale_Aufl := 600;
     END;
  END;
```

Nun kommen wir zum nächsten Block, der die Routinen zum Umrechnen der HiColor-RGB-Anteile in einen Farbwert, sowie zum Setzen und Lesen von Bildpunkten enthält.

In der Funktion *HC_RGB_in_Farbe_umrechnen* wird zunächst die Gültigkeit der RGB-Werte überprüft. Falls diese außerhalb des zulässigen Bereiches liegen, werden entsprechende Korrekturen durchgeführt. Dadurch lassen sich Fehler bei der anschließenden Umsetzung in einen Farbwert vermeiden. Die einzelnen RGB-Werte werden auf ihre richtigen Positionen innerhalb des 16 Bit langen Farbwertes mittels des SHL-Operators (Linksschieben eines Wertes um eine bestimmte Anzahl Bits) gebracht.

```
FUNCTION HC_RGB_in_Farbe_umrechnen(Rotanteil, Gruenanteil,
        Blauanteil : Byte) : Word;

BEGIN
  { prüfen, ob die Werte für die HiColor-RGB-Anteile im }
  { zulässigen Wertebereich liegen, evtl. Korrektur(en) }
  { durchführen                                         }

  IF Rotanteil > 31 THEN
    Rotanteil := 31;
  IF Gruenanteil > 31 THEN
    Gruenanteil := 31;
  IF Blauanteil > 31 THEN
    Blauanteil := 31;

  { HiColor-RGB-Anteile in einen Farbwert umrechnen }

  HC_RGB_in_Farbe_umrechnen := (Rotanteil SHL 10)+
                               (Gruenanteil SHL 5)+Blauanteil;
END;
```

Zum Setzen eines Bildpunktes wird zunächst der Index dieses Punktes relativ zum Anfang des Video-RAM errechnet. Weiterhin wird die Nummer der zu setzenden Speicher-Bank bestimmt, indem der Wert in der Variablen *Index* durch den Wert 10000h dividiert wird. Die Bank wird gesetzt, indem ihre Nummer in das Segment Select Register an der Portadresse 3CDh und zwar in die unteren vier Bits (Write Segment Pointer) eingetragen wird. Vor dem eigentlichen Setzen des Punktes mittels des Pascal-Befehls *MemW[Segment:Offset]*

wird der Segment-Index, also die Adresse der zu dem Punkt gehören-
den Speicherstelle innerhalb des 64-KByte-Segments berechnet und
zwar aus dem vorher errechneten Index mittels der AND-Verknüp-
fung mit dem Wert FFFFh.

```
PROCEDURE Punkt_setzen(x, y : Integer; Farbe : Word);

VAR Index      : LongInt;       { Index des zu setzenden Punktes }
    Bank_Nr    : Byte;                              { Banknummer }
    Seg_Index  : Word;      { Index innerhalb des 64-KByte-Blocks }

BEGIN
  Index := 2*(Horizontale_Aufl*y+x);          { Index berechnen }
  Bank_Nr := Index DIV $10000;           { Banknummer berechnen }

  { Banknummer in das Select Segment Register (Write Segment }
  { Pointer) schreiben                                       }

  Port[$3CD] := Bank_Nr;

  Seg_Index := Index AND $FFFF;       { Segment-Index berechnen }
  MemW[Video:Seg_Index] := Farbe;              { Punkt setzen }
END;
```

Um die Farbe eines Punktes auszulesen, ist ähnlich vorzugehen, jedoch mit dem Unterschied, daß die Nummer der Speicher-Bank nicht
in die unteren vier, sondern in die oberen vier Bits des Segment Select
Registers eingetragen wird. Diese Bits stellen den sogenannten Read
Segment Pointer dar.

```
FUNCTION Punktfarbe(x, y : Integer) : Word;

VAR { Index des Punktes, dessen Farbe gelesen wird }

    Index : LongInt;

    Bank_Nr    : Byte;                              { Banknummer }
    Seg_Index  : Word;      { Index innerhalb des 64-KByte-Blocks }

BEGIN
  Index := 2*(Horizontale_Aufl*y+x);          { Index berechnen }
  Bank_Nr := Index DIV $10000;           { Banknummer berechnen }

  { Banknummer in das Select Segment Register (Read Segment }
  { Pointer) schreiben                                      }

  Port[$3CD] := Bank_Nr SHL 4;

  Seg_Index := Index AND $FFFF;       { Segment-Index berechnen }
  Punktfarbe := MemW[Video:Seg_Index];       { Punktfarbe lesen }
END;
```

Man muß noch vollständigkeitshalber erwähnen, daß die Farbe hier als ein Datenwort definiert ist und die Werte zwischen 0 und 32.768 annehmen kann.

Nach der Funktion zum Lesen der Punktfarbe kommt der Block mit den Routinen zum Zeichnen von geometrischen Figuren.

Desweiteren steht die Programmierung der Routine zum Füllen von Bildschirmbereichen bevor. Damit das mit besonders hoher Geschwindigkeit erfolgen kann, müssen die Daten nicht einzeln, sondern in Blöcken in den Videospeicher geschrieben werden. Um das wiederum zu realisieren, ist die Implementierung einer Hilfsroutine notwendig, die das Video-RAM im aktuellen Segment mit einer Anzahl Datenworts ab einer bestimmten Speicheradresse füllt.

Aus Geschwindigkeitsgründen bietet sich hier direkt die Programmierung in Maschinensprache an, was mit einigen kurzen INLINE-Sequenzen erledigt werden kann. Zuerst muß jedoch der Zeiger auf die erste zu füllende Speicherstelle ermittelt werden. Ist das einmal getan, so kann die Komponente dieses Zeigers in das Registerpaar ES:DI übertragen werden. Weiterhin muß der Wert, mit dem die Speicherstellen im aktuellen Segment des Video-RAM beschrieben werden sollen, in das AX-Register geladen werden. Danach wird der Füllvorgang mittels der Assembler-Befehle *CLD* und *REP STOSW* wiederholt und zwar soviel mal, wie in der Variablen *Anz_Worts* angegeben.

```
PROCEDURE VRAM_fuellen(Offset, Anz_Worts, Wert : Word);

VAR { Zeiger auf die erste zu füllende Speicherstelle }

    Adr : Pointer;

BEGIN
   {Anz_Worts im aktuellen Segment des Video-RAM beginnend mit }
   {der Speicheradresse Adr (Relativ-Adresse Offset) mit dem    }
   {angegebenen Wert füllen                                     }

   Adr := Ptr(Video, Offset);                  { Zeiger ermitteln }

   { LES DI,[Adr] ; Zeiger auf die erste zu füllende Speicher- }
   {                stelle nach ES:DI kopieren                  }

   INLINE($C4/$7E/<Adr/

   { MOV CX,[Anz_Worts] ; Anz_Worts in CX-Reg. laden }
```

```
            $8B/$4E/<Anz_Worts/

            $8B/$46/<Wert/ { MOV AX,[Wert] ;Wert in AX-Reg. laden}
            $FC/           { CLD           ; aufwärts zählen      }
            $F3/$AB);      { REP STOSW     ; Speicherber. füllen }
      END;
```

Nun kann die Prozedur zum Füllen von Bildschirmbereichen implementiert werden. Dazu wird der zu füllende Ausschnitt in einzelne Grafikzeilen unterteilt, die in einer FOR-DO-Schleife durchlaufen werden. Ein Problem entsteht aber, wenn sich innerhalb einer solchen Zeile die 64-KByte-Grenze befindet, was dem Wechsel der aktuellen Speicher-Bank gleichzusetzen ist. Deshalb muß vor dem Füllen einer Zeile überprüft werden, ob sich diese ganz oder nur teilweise innerhalb des aktuellen 64-KByte-Segments befindet. Trifft das erste zu, so wird die Zeile in einem Zug mittels der Routine *VRAM_fuellen* mit der angegebenen Farbe gefüllt. Im zweiten Fall erfolgt das Füllen zunächst nur bis zur Blockgrenze, danach ist die Bank zu wechseln und der Rest wird bis zum Ende der Zeile mit der angegebenen Farbe gefüllt. Je nachdem, wie groß der zu füllende Bildschirmausschnitt ist, kann der Wechsel der Bank auch mehrmals erforderlich sein.

Um Fehler beim Füllvorgang zu vermeiden, wird zu Beginn der Prozedur geprüft, ob die Eckkoordinaten des Ausschnitts richtig angegeben sind, d.h. $x1 <= x2$ und $y1 <= y2$. Trifft das nicht zu, so müssen die falsch angegebenen Koordinaten vertauscht werden.

```
    PROCEDURE Bereich_fuellen(x1, y1, x2, y2 : Integer;
            Farbe : Word);

    VAR x_Laenge : Word;          { x-Länge des Bildschirmbereiches }
        lauf     : Integer;                       { Zählvariable }
        Index    : LongInt;{Index der Speicherstelle im Video-RAM }

        { Offset-Adresse der Speicherstelle im Video-RAM }

        Offset : Word;

        Bank_Nr : Byte;                              { Banknummer }

    BEGIN
       { prüfen, ob die Koordinaten vertauscht }
       { werden müssen und ggf. vertauschen    }

       IF x1 > x2 THEN
         Integer_vertauschen(x1, x2);
       IF y1 > y2 THEN
         Integer_vertauschen(y1, y2);
```

```
      x_Laenge := x2-x1+1;        { x-Länge des Rechtecks ermitteln }

      { Bildschirmbereich zeilenweise füllen }

      FOR lauf := y1 TO y2 DO
        BEGIN
          { Offset-Adresse und Banknummer aus dem Index berechnen }

          Index  := 2*(Horizontale_Aufl*lauf+x1);
          Offset := Index AND $FFFF;
          Bank_Nr := Index DIV $10000;

          { Banknummer in das Select Segment Register (Write }
          { Segment Pointer) schreiben                       }

          Port[$3CD] := Bank_Nr;

          { Befindet sich die 64-KByte-Grenze innerhalb der }
          { aktuellen Zeile?                                }

          IF Offset > $10000-(2*x_Laenge) THEN
            BEGIN                                        { ja }
              { Restbereich bis zur Blockgrenze mit Farbe füllen }

              VRAM_fuellen(Offset, ($10000-Offset) DIV 2, Farbe);

              Inc(Bank_Nr);             { Banknummer um 1 erhöhen }

              { neue Banknummer in das Select Segment Register }
              { (Write Segment Pointer) schreiben             }

              Port[$3CD] := Bank_Nr;

              { Teilbereich bis zum Ende der aktuellen Zeile im }
              { neuen 64-KByte-Block mit Farbe füllen           }

              VRAM_fuellen(0, (Offset+(2*x_Laenge)-$FFFF) DIV 2,
              Farbe);
            END
          ELSE                { Zeile innerhalb des 64-KByte-Segments }

            { ganze Zeile mit Farbe füllen }

            VRAM_fuellen(Offset, x_Laenge, Farbe);
      END;
  END;
```

Ein Bildschirmbereich wird gelöscht, indem er mit dem Farbwert 0
gefüllt wird. Die entsprechende Prozedur, die diesen Zweck erfüllt,
sieht folgendermaßen aus:

```
PROCEDURE Bereich_loeschen(x1, y1, x2, y2 : Integer);

BEGIN
  { Bereich durch Füllen mit der Farbnummer 0 löschen }

  Bereich_fuellen(x1, y1, x2, y2, 0);
END;
```

In den Prozeduren *In_Puffer_kopieren* und *In_VRAM_kopieren* wird
ähnlich wie in der Routine *Bereich_fuellen* vorgegangen. Zum schnellen Zwischenspeichern der Daten dient hier der Befehl *Move(Quelle,
Ziel, Größe des zu kopierenden Bereiches)*. Der Datentransfer erfolgt
nur dann, wenn die Größe der zu kopierenden Daten die 64-KByte-
Grenze nicht überschreitet. Das hängt damit zusammen, daß maximal
64 KByte großer Speicherblock für eine Puffervariable auf dem Heap
reserviert werden kann.

Die beiden Prozeduren sehen nun so aus:

```
PROCEDURE In_Puffer_kopieren(x1, y1, x2, y2 : Integer; x_Laenge,
          y_Laenge : LongInt; VAR Puffer : Pointer);

VAR lauf  : Integer;                                 { Zählvariable }
    Index : LongInt;   { Index der Speicherstelle im Video-RAM }

    { Offset-Adresse der Speicherstelle im Video-RAM }

    Offset : Word;

    Bank_Nr : Byte;                                   { Banknummer }

BEGIN
  { Bildschirmausschnitt nur dann in den Puffer kopieren, }
  { wenn dessen Speicherplatzbedarf kleiner als 64 KByte  }
  { ist                                                   }

  IF 2*x_Laenge*y_Laenge < $10000 THEN
    BEGIN
      { prüfen, ob die Koordinaten vertauscht }
      { werden müssen und ggf. vertauschen     }

      IF x1 > x2 THEN
        Integer_vertauschen(x1, x2);
      IF y1 > y2 THEN
        Integer_vertauschen(y1, y2);

      { Speicherplatz für den Puffer reservieren }

      GetMem(Puffer, 2*x_Laenge*y_Laenge);
```

```pascal
      {Bildschirmausschnitt zeilenweise in den Puffer kopieren }

    FOR lauf := y1 TO y2 DO
       BEGIN
         { Offset-Adresse und Banknummer aus dem Index }
         { berechnen                                    }

         Index  := 2*(Horizontale_Aufl*lauf+x1);
         Offset := Index AND $FFFF;
         Bank_Nr := Index DIV $10000;

         { Banknummer in das Select Segment Register (Read }
         { Segment Pointer) schreiben                       }

         Port[$3CD] := Bank_Nr SHL 4;

         { Befindet sich die 64-KByte-Grenze innerhalb }
         { der aktuellen Zeile?                        }

         IF Offset > $10000-(2*x_Laenge) THEN
            BEGIN                                       { ja }
              { Restbereich bis zur Blockgrenze kopieren }

            Move(Mem[Video:Offset], Mem[Seg(Puffer^):
            Ofs(Puffer^)+2*x_Laenge*(lauf-y1)], $10000-Offset);

              Inc(Bank_Nr);            { Banknummer um 1 erhöhen }

              {neue Banknummer in das Select Segment Register }
              {(Read Segment Pointer) schreiben               }

              Port[$3CD] := Bank_Nr SHL 4;

              { Teilbereich bis zum Ende der aktuellen Zeile }
              { im neuen 64-KByte-Block kopieren             }

            Move(Mem[Video:$0], Mem[Seg(Puffer^):Ofs(Puffer^)+
            2*x_Laenge*(lauf-y1)+$10000-Offset], Offset+
            (2*x_Laenge)-$FFFF);
            END
          ELSE         { Zeile innerhalb des 64-KByte-Segments }

            { ganze Zeile in den Puffer übertragen }

            Move(Mem[Video:Offset], Mem[Seg(Puffer^):
            Ofs(Puffer^)+2*x_Laenge*(lauf-y1)], 2*x_Laenge);
       END;
     END;
END;


PROCEDURE In_VRAM_kopieren(x, y : Integer; x_Laenge,
        y_Laenge : LongInt; Puffer : Pointer);

VAR lauf  : Integer;                            { Zählvariable }
```

```
   Index : LongInt;    { Index der Speicherstelle im Video-RAM }

   { Offset-Adresse der Speicherstelle im Video-RAM }

   Offset : Word;

   Bank_Nr : Byte;                                      { Banknummer }
BEGIN
  { Inhalt des Puffers nur dann in das Video-RAM zurück-    }
  { kopieren, wenn die Größe des Speichers, der auf dem     }
  { Heap freigegeben wird, die 64-KByte-Grenze nicht über-  }
  { schreitet                                               }

  IF 2*x_Laenge*y_Laenge < $10000 THEN
    BEGIN
      { Inhalt des Puffers zeilenweise in das Video-RAM }
      { zurückkopieren                                  }

      FOR lauf := y TO y+y_Laenge-1 DO
        BEGIN
          { Offset-Adresse und Banknummer aus dem Index }
          { berechnen                                   }

          Index := 2*(Horizontale_Aufl*lauf+x);
          Offset := Index AND $FFFF;
          Bank_Nr := Index DIV $10000;

          { Banknummer in das Select Segment Register (Write }
          { Segment Pointer) schreiben                       }

          Port[$3CD] := Bank_Nr;

          { Befindet sich die 64-KByte-Grenze innerhalb }
          { der aktuellen Zeile?                        }

          IF Offset > $10000-(2*x_Laenge) THEN
            BEGIN                                      { ja }
              { Restbereich bis zur Blockgrenze mit Daten }
              { aus dem Puffer füllen                     }

              Move(Mem[Seg(Puffer^):Ofs(Puffer^)+
              2*x_Laenge*(lauf-y)], Mem[Video:Offset],
              $10000-Offset);

              Inc(Bank_Nr);          { Banknummer um 1 erhöhen }

              {neue Banknummer in das Select Segment Register }
              {(Write Segment Pointer) schreiben              }

              Port[$3CD] := Bank_Nr;

              {Teilbereich bis zum Ende der aktuellen Zeile   }
              {im neuen 64-KByte-Block mit Daten aus dem Puf- }
              {fer füllen                                     }
```

```
                  Move(Mem[Seg(Puffer^):Ofs(Puffer^)+
                  2*x_Laenge*(lauf-y)+ $10000-Offset],
                  Mem[Video:$0], Offset+(2*x_Laenge)-$FFFF);
           END
        ELSE              { Zeile innerhalb des 64-KByte-Segments }

           { ganze Zeile mit Daten aus dem Puffer füllen }

           Move(Mem[Seg(Puffer^):Ofs(Puffer^)+
           2*x_Laenge*(lauf-y)], Mem[Video:Offset],
           2*x_Laenge);
        END;

     { Speicherplatz freigeben }

     FreeMem(Puffer, 2*x_Laenge*y_Laenge);
   END;
 END;
```

Die übrigen Routinen, sowohl aus diesem als auch aus dem nächsten
Block (Laden von Zeichensätzen, Ausgabe von Zeichen und Texten),
kennen Sie bereits. Für sie wurde nämlich eine einheitliche Struktur
geschaffen, deren größter Vorteil ist, daß die Routinen unabhängig
von der Speicherverwaltung in dem jeweiligen Grafikmodus korrekt
arbeiten, da sie auf den Grundroutinen der jeweiligen Unit basieren.
Dementsprechend brauchen Sie nur das Grundgerüst einer neuen
Unit zu schreiben und schon stehen Ihnen die anderen Grafikfunktionen wie Zeichnen von geometrischen Figuren usw. zur Verfügung. Sie
müssen nur die entsprechenden Routinen mit der Kopierfunktion eines Texteditors in den Quelltext des neuen Grafikmoduls kopieren.
Kurz und bündig gesagt: Diese Routinen sind wie ein Treiber, den
man in einer bereits vorhandenen Grafikbibliothek installieren muß,
um ihn zu benutzen.

Den kompletten Quelltext der Unit finden Sie übrigens in der Datei
HICOLOR.PAS.

Die vorgestellte Unit können Sie benutzen, um zum Beispiel Fraktalgrafiken damit zu erstellen. Fraktale eignen sich nämlich besonders
für die Darstellung in einem HiColor-Modus. Damit können Sie viel
bessere Resultate erzielen als mit einem normalen SuperVGA-Modus.
Voraussetzung ist jedoch eine Karte mit dem Tseng ET4000 Chip mit
Sierra DAC.

Damit Sie die Farbenpracht auch einmal sehen, möchte ich Ihnen im
folgenden ein Beispielprogramm präsentieren, bei dem die Unit

HICOLOR benutzt wird. Dazu werden 4-mal 32 Rechtecke jedesmal mit einer anderen Farbanordnung gezeichnet. In jedem dieser Rechtecke werden 32x32=1024 verschiedene Farben gezeigt. Zusätzlich werden Farbschattierungen dargestellt, z.B. von Rot nach Grün. Nachdem die 32.768-Farben-Palette auf dem Bildschirm dargestellt wurde, wird ein Effekt gezeigt, z.B. horizontales Umklappen des Bildschirms. Danach kann der Benutzer eine beliebige Taste drücken, damit eine andere Farbanordnung in den Rechtecken gezeigt wird. Zur Darstellung werden 3-mal der 640x480-Punkte-Modus und einmal der 800x600Punkte-Modus verwendet.

Bei so vielen Farben können Sie die einzelnen Farbnuancen nicht mehr voneinander unterscheiden. Es entsteht der Eindruck, als würden die Farben quasi ineinander überfließen, was schon bei 256 Farben sehr gut erreicht werden kann.

Und nun möchte ich Ihnen das Listing des Beispielprogramms vorstellen. Es sieht folgendermaßen aus:

```pascal
{ Dateiname : HC_DEMO.PAS                    }
{ Autor     : Arthur Burda                   }
{ Compiler  : Turbo Pascal 5.0 und höher }

{ HC_DEMO - ein Demoprogramm für die Unit HICOLOR }

PROGRAM HiColor_Demo;

{$D-}                        { keine Informationen des Debuggers }
{$I-}                                     { keine I/O-Prüfung }
{$S-}                             { keine Prüfung des Stacks }

USES Crt, HICOLOR;                          { Units einbinden }

CONST hellgrau_auf_schwarz = 7;

VAR Taste           : Char;
    x1, y1, x2, y2 : Integer;{ Eckkoordinaten eines Bereiches }
    R, G, B        : Byte;                    { Farbanteile }
    Farbe          : Word;                      { Farbwert }
    lauf           : Integer;               { Zählvariable }

PROCEDURE Alle_32678_Farben_zeigen_1;

BEGIN
  { Farbrechtecke zeichnen }

  FOR R := 0 TO 31 DO
    FOR G := 0 TO 31 DO
      FOR B := 0 TO 31 DO
```

```
          BEGIN
            x1 := 2*G+64*(R DIV 4)+60;
            y1 := 3*B+96*(R-4*(R DIV 4))+20;
            x2 := 2*G+64*(R DIV 4)+61;
            y2 := 3*B+96*(R-4*(R DIV 4))+22;
            Farbe := HC_RGB_in_Farbe_umrechnen(R, G, B);
            Bereich_fuellen(x1, y1, x2, y2, Farbe);
          END;

  Text_ausgeben(80, 430,
  'HiColor-Modus 2Eh,Auflösung 640x480 Punkte in 32768 Farben',
  32767);
  Text_ausgeben(80, 442, 'Beliebige Taste drücken ...', 32767);
  Taste := ReadKey;          { auf eine beliebige Taste warten }
  Bereich_umklappen(1, 1, Horizontale_Aufl-2, Vertikale_Aufl-2,
  vertikal);
  Taste := ReadKey;
END;


PROCEDURE Alle_32678_Farben_zeigen_2;


BEGIN
  Bereich_loeschen(1, 1, Horizontale_Aufl-2, Vertikale_Aufl-2);

  { Farbrechtecke zeichnen }

  FOR G := 0 TO 31 DO
    FOR R := 0 TO 31 DO
      FOR B := 0 TO 31 DO
        BEGIN
          x1 := 2*R+64*(G DIV 4)+60;
          y1 := 3*B+96*(G-4*(G DIV 4))+20;
          x2 := 2*R+64*(G DIV 4)+61;
          y2 := 3*B+96*(G-4*(G DIV 4))+22;
          Farbe := HC_RGB_in_Farbe_umrechnen(R, G, B);
          Bereich_fuellen(x1, y1, x2, y2, Farbe);
        END;

  Text_ausgeben(80, 430,
  'HiColor-Modus 2Eh,Auflösung 640x480 Punkte in 32768 Farben',
  32767);
  Text_ausgeben(80, 442, 'Beliebige Taste drücken ...', 32767);
  Taste := ReadKey;          { auf eine beliebige Taste warten }
  Bereich_spiegeln(1, 1, Horizontale_Aufl-2, Vertikale_Aufl-2,
  unterer_Teil);
  Taste := ReadKey;
END;

PROCEDURE Alle_32678_Farben_zeigen_3;


BEGIN
  Bereich_loeschen(1, 1, Horizontale_Aufl-2, Vertikale_Aufl-2);
```

```
    { Farbrechtecke zeichnen }

    FOR B := 0 TO 31 DO
      FOR R := 0 TO 31 DO
        FOR G := 0 TO 31 DO
          BEGIN
            x1 := 2*R+64*(B DIV 4)+60;
            y1 := 3*G+96*(B-4*(B DIV 4))+20;
            x2 := 2*R+64*(B DIV 4)+61;
            y2 := 3*G+96*(B-4*(B DIV 4))+22;
            Farbe := HC_RGB_in_Farbe_umrechnen(R, G, B);
            Bereich_fuellen(x1, y1, x2, y2, Farbe);
          END;

    Text_ausgeben(80, 430,
    'HiColor-Modus 2Eh,Auflösung 640x480 Punkte in 32768 Farben',
    32767);
    Text_ausgeben(80, 442, 'Beliebige Taste drücken ...', 32767);
    Taste := ReadKey;          { auf eine beliebige Taste warten }
    Bereich_kopieren(60, 320, 250, 460, 100, 100);
    Taste := ReadKey;
END;

PROCEDURE Alle_32678_Farben_zeigen_4;

BEGIN
  { Farbrechtecke zeichnen }

  FOR R := 31 DOWNTO 0 DO
    FOR B := 0 TO 31 DO
      FOR G := 0 TO 31 DO
        BEGIN
          x1 := 2*B+64*(R DIV 4)+140;
          y1 := 3*G+96*(R-4*(R DIV 4))+60;
          x2 := 2*B+64*(R DIV 4)+141;
          y2 := 3*G+96*(R-4*(R DIV 4))+62;
          Farbe := HC_RGB_in_Farbe_umrechnen(R, G, B);
          Bereich_fuellen(x1, y1, x2, y2, Farbe);
        END;

  Text_ausgeben(160, 510,
  'HiColor-Modus 30h,Auflösung 800x600 Punkte in 32768 Farben',
  32767);
  Text_ausgeben(160, 522,'Beliebige Taste drücken ...', 32767);
  Taste := ReadKey;          { auf eine beliebige Taste warten }
  lauf := 0;
  REPEAT
    Bereich_rollen(140, 510, 660, 517, rechts, 0);
    Inc(lauf)
  UNTIL (lauf > 520) OR KeyPressed;
  IF NOT KeyPressed THEN
    Taste := ReadKey;
END;
```

```pascal
{ Hauptprogramm }

BEGIN
  TextAttr := hellgrau_auf_schwarz;
  ClrScr;                                    { Bildschirm löschen }

  { Kopfzeile schreiben }

  GotoXY(6, 1);
  Write('HC_DEMO - Demoprogramm für die Unit HICOLOR');
  GotoXY(57, 1); Write('Autor: Arthur Burda');

  { Linie ziehen }

  FOR lauf := 1 TO 80 DO
    BEGIN
      GotoXY(lauf, 2); Write(#196);
    END;

  { Infotext ausgeben }

  GotoXY(1, 4);
  Write('Um dieses Programm auszuführen, ist ein ');
  WriteLn('Super-VGA-Adapter mit Tseng ET-4000');
  Write('Chipsatz und Sierra DAC SC11486, sowie 1 MB ');
  WriteLn('Videospeicher erforderlich.');
  WriteLn;
  Write('Falls diese Voraussetzungen erfüllt sind, drücken ');
  WriteLn('Sie eine beliebige Taste,');
  Write('um die Demo zu starten. Ansonsten können Sie das ');
  WriteLn('Programm jetzt mit CTRL-');
  WriteLn('BREAK (STRG-PAUSE) abbrechen.');

  Taste := ReadKey;          { auf eine beliebige Taste warten }

  { Demo starten }

  HiColor_Modus_setzen(HiColor_640x480);
  Rechteck_zeichnen(0, 0, Horizontale_Aufl-1, Vertikale_Aufl-1,
  32767);
  Alle_32678_Farben_zeigen_1;
  Alle_32678_Farben_zeigen_2;
  Alle_32678_Farben_zeigen_3;
  Alten_Modus_setzen;
  HiColor_Modus_setzen(HiColor_800x600);
  Rechteck_zeichnen(0, 0, Horizontale_Aufl-1, Vertikale_Aufl-1,
  32767);
  Alle_32678_Farben_zeigen_4;

  Alten_Modus_setzen;
END.
```

10.2 Bildschirm-Splitting und Smooth-Scrolling

Im folgenden werden wir uns sehr intensiv mit der Programmierung der internen VGA-Register beschäftigen. Dabei werde ich mich aus Kompatibilitätsgründen nur auf diejenigen Register beschränken, die auf allen VGA-Adaptern verfügbar sind. Insgesamt werde ich Ihnen in diesem Abschnitt zwei Beispielprogramme vorstellen, die die Arbeit mit den VGA-Registern demonstrieren.

Als erstes soll eine Teilung des Bildschirms, ein sogenanntes Bildschirm-Splitting und darauf aufbauend ein softiges Rollen der Split-Zeilen realisiert werden. Und das sowohl im Text als auch im Grafikmodus.

Unter Bildschirm-Splitting kann man sich einen aufgeteilten Bildschirm vorstellen, dessen oberer Teil um einige Rasterzeilen nach unten versetzt ist. Die beiden Teile sind gleich, was den Inhalt betrifft. Man kann sich das auch als zwei Kopien des gleichen Bildschirms vorstellen, von denen die eine um einige Zeilen nach unten verschoben ist. Nun werden Sie sich fragen, wie daraus ein "weiches" Rollen der Split-Zeilen, also der einen Bildschirmkopie entstehen soll. Es ist ganz einfach. Das softige Rollen der Split-Zeilen entsteht dadurch, daß man mit der Aufteilung des Bildschirms zum Beispiel in der obersten Rasterzeile anfängt (zu diesem Zeitpunkt sieht man noch keine Teilung) und sich dann immer wieder um eine Rasterzeile nach unten weiterbewegt. Dadurch ruft man den Eindruck einer flüssigen Bewegung der einen Bildschirmkopie nach unten hervor.

Dies wird solange wiederholt, bis der untere Bildschirmrand erreicht wird. Danach kann man die Bewegung nach oben ausführen, indem man die Nummer der Split-Zeile immer wieder um 1 erniedrigt, bis der obere Rand des Bildschirms erreicht ist. War beim Erreichen der obersten Rasterzeile der Textmodus aktiv, so kann beim nächsten Rollen nach unten der Grafikmodus eingeschaltet und der Effekt beispielsweise mit einem PCX-Bild, das vom Datenträger geladen wird, gezeigt werden. Danach wird wieder der Textmodus eingeschaltet und so weiter, bis der Benutzer irgendwann einmal eine Taste drückt. Ist das der Fall, so werden die VGA-Register auf ihre Standardwerte gesetzt und das Programm beendet.

Testet man das beschriebene Verfahren in der Praxis, so stellt man fest, daß das Rollen mit relativ starken Ruck- und Flackereffekten auf dem Bildschirm zu sehen ist. Dies hängt damit zusammen, daß hier keine "Abstimmung" mit dem vertikalen Rücklauf des Kathodenstrahls von der unteren rechten zur oberen linken Ecke getroffen wurde. Dieser Strahlrücklauf ist erforderlich, um das Bild wieder aufzubauen, da es sonst vom Monitor verschwinden würde. Während dieser Phase wird der Bildschirm für eine vom Auge nicht wahrnehmbare Zeit dunkel geschaltet. Man kann das zum Setzen der SplitZeile ausnutzen. Auf diese Weise können keine Ruck- und Flackereffekte mehr entstehen, denn die Verschiebung des Bildes um eine Rasterzeile erfolgt schließlich nicht mehr während der Bildaufbauphase.

Die Kopplung mit dem Rücklauf des Kathodenstrahls hat auch einen anderen großen Vorteil: Die Rollgeschwindigkeit ist von dem Typ des Rechners unabhängig. Denn der Neuaufbau des Bildes erfolgt immer mit der gleichen Frequenz, gleichgültig, ob es sich um einen AT mit dem 80286-Prozessor oder um einen schnellen 486-Rechner handelt. Im Programm, das ich Ihnen nachfolgend vorstellen werde, wird zusätzlich die Möglichkeit zur Einstellung der Rollgeschwindigkeit gegeben sein. Programmiertechnisch wird das dann durch den Befehl *Delay(Wartezeit)* realisiert, den die Pascal-Standardunit *Crt* zur Verfügung stellt.

Doch möchte ich jetzt dazu kommen, Ihnen eine Erläuterung zu geben, bei welchen Registern des VGA-Controllers eine Manipulation des Inhalts durchzuführen ist, um eine Bildschirmteilung zu erreichen. Allgemein ist für alle Aufgaben, die mit dem Bildaufbau irgendetwas zu tun haben, der sogennante CRTC (Cathode Ray Tube Controller) verantwortlich, dessen Funktionsweise ich im Kapitel 1 näher beschrieben habe. Die einzelnen Register spricht man an, indem man zunächst die Nummer des Registers auf dem Index-Port oder anders auf dem Index-Register ausgibt. Danach kann man auf den Inhalt des angesprochenen Registers über den Daten-Port (Daten-Register) zugreifen. Bei dem CRTC liegt der Index-Register in Verbindung mit einem Monochrommonitor an der Adresse 3B4h, in Verbindung mit einem Farbmonitor an der Adresse 3D4h. Entsprechend liegt das Daten-Register an der um eine Nummer höheren Adresse, also 3B5h bzw. 3D5h.

Um den Bildschirm an einer bestimmten Rasterzeile zu teilen, wird zunächst das sogenannte Line Compare Register über den Index-Port des CRTC indiziert, das achte Bit der Split-Zeile gelöscht und alles im CRTC-Daten-Register abgelegt. Danach wird die Registermanipulation bei dem Overflow Register fortgesetzt. Die unteren 8 Bits der Split-Zeile werden nun gelöscht, um 8 Bits nach rechts, weiterhin um 4 Bits nach links geschoben, mit dem Inhalt des CRTC Daten-Registers, bei dem das vierte Bit gelöscht wird, mittels des Operators OR verknüpft und schließlich wird alles wieder auf dem CRTC-Daten-Port ausgegeben. Der letzte Arbeitsgang ist nach der Selektion des Maximale Scan Line Registers das Löschen der unteren 9 Bits der Split-Zeile, das Rechtsschieben um 9 Bits, danach das Linksschieben um 6 Bits, das OR-Verknüpfen mit dem aktuellen Inhalt des CRTC-Daten-Registers, bei dem das sechste Bit gelöscht wird, und schließlich das Ablegen im Daten-Register. Insgesamt also eine recht intensive Registermanipulation zur Erreichung unseres Ziels.

Bei allen Schritten wird jedoch der Wert der Variablen *Split_Zeile*, die in die Prozedur zur Teilung des Bildschirms übergeben wird, nicht verändert.

Um den Zeitpunkt zu erwischen, zu dem die vertikale Synchronisation mit dem Kathodenstrahl beginnt, werden in einer separaten Prozedur, die diesen Zweck erfüllt, zwei Schleifen eingesetzt. Zuerst wird solange gewartet, bis das sogenannte Display Enable Flag im CRTC-Status-Register (Portadresse 3BAh bzw. 3DAh) gelöscht ist. Danach beginnt das Warten, bis das Vertical Sync Flag gesetzt ist, also mit anderen Worten die Synchronisation aktiv ist. Durch diese Schleifenkombination wird eine Garantie dafür gegeben, daß es sich wirklich um den Anfang und nicht um das Ende der vertikalen Synchronisation handelt.

Bevor die Register 0 bis 7 des CRTC beschrieben werden können, muß der dort vorhandene Schreibschutz durch Löschen des Protection Bit (Bit 7) im Vertikal Retrace End Register entfernt werden. Ferner müssen vor den Registeroperationen die Portadressen für den CRTC in Abhängigkeit vom verwendeten Monitor gesetzt werden.

Mit dem Listing des Programms zur Teilung des Bildschirms und zum Rollen der Split-Zeilen will ich den ersten Teil dieses Unterkapitels abschließen.

```
{ Dateiname : SPLIT.PAS                   }
{ Autor     : Arthur Burda                }
{ Compiler  : Turbo Pascal 5.0 und höher  }
```

```pascal
{ SPLIT - ein Programm, das Bildschirm-Spliting und softiges }
{          Rollen der Split-Zeilen im Text- und Grafikmodus   }
{          demonstriert                                       }

PROGRAM Bildschirm_Spliting;

{$D-}                           { keine Informationen des Debuggers }
{$I-}                                     { keine I/O-Prüfung }
{$R-}                                  { keine Bereichsprüfung }
{$S-}                               { keine Prüfung des Stacks }

USES Crt, Dos, PCX_256;                          { Units einbinden }

CONST hellgrau_auf_schwarz = 7;

      { VGA-Register }

      { Portadressen bei Benutzung eines Monochrommonitors }

      CRTC_Index_Mono  = $3B4;              { CRTC-Index-Register }
      CRTC_Data_Mono   = $3B5;              { CRTC-Daten-Register }
      CRTC_Status_Mono = $3BA;              { CRTC-Status-Register }

      { Portadressen bei Benutzung eines Farbmonitors }

      CRTC_Index_Farbe  = $3D4;
      CRTC_Data_Farbe   = $3D5;
      CRTC_Status_Farbe = $3DA;

      { Index-Register des CRTC (Cathode Ray Tube Controller) }

      Overflow      = $07;                 { Overflow Register }
      Max_Scan_Line = $09;          { Maximale Scan Line Register }
      Vert_Retr_End = $11;       { Vertical Retrace End Register }
      Line_Compare  = $18;              { Line Compare Register }

      { Flags für die vertikale Synchronisation mit dem }
      { Kathodenstrahl                                  }

      Display_Enable = $01;               { Display Enable Flag }
      Vert_Sync      = $08;               { Vertical Sync Flag }

      { 400 Rasterzeilen im 80x25-Textmodus }

      Anz_Rasterzeilen = 400;

VAR CRTC_Index   : Word;
    CRTC_Data    : Word;
    CRTC_Status  : Word;
    Verzoegerung : Byte;
    lauf         : Integer;                          { Zählvariable }

{$IFDEF VER60}                   { nur für Turbo Pascal Version 6.0 }
```

```pascal
PROCEDURE Auf_Vert_Sync_warten; ASSEMBLER;

ASM
    MOV  DX,CRTC_Status          { CRTC-Status-Register nach DX }
@1: IN   AL,DX          { Inhalt des CRTC-Status-Registers lesen }
    TEST AL,Display_Enable       { Display Enable Flag gesetzt? }
    JNZ  @1{ja, wiederholen, bis Display Enable Flag gelöscht }
@2: IN   AL,DX {Inhalt des CRTC-Status-Reg. noch einmal lesen }
    TEST AL,Vert_Sync            { vertikale Synchronisation aktiv? }
    JZ   @2                 { nein, wiederholen, bis sie aktiv ist }
END;

{$ELSE}                      { für alle anderen Compiler-Versionen }

PROCEDURE Auf_Vert_Sync_warten;

BEGIN
  { warten, bis Display Enable Flag gelöscht ist }

  REPEAT
  UNTIL Port[CRTC_Status] AND Display_Enable = 0;

  { warten, bis die vertikale Synchronisation aktiv ist, }
  { also der Strahlrücklauf begonnen hat                  }

  REPEAT
  UNTIL Port[CRTC_Status] AND Vert_Sync = Vert_Sync;
END;

{$ENDIF}

PROCEDURE Bildschirm_spliten(Split_Zeile : Word);

BEGIN
  Auf_Vert_Sync_warten;

  { Line Compare Register selektieren }

  Port[CRTC_Index] := Line_Compare;

  { Bit 8 von Split_Zeile löschen und im CRTC-Daten-Register }
  { ablegen                                                  }

  Port[CRTC_Data] := Split_Zeile AND NOT $100;

  Port[CRTC_Index] := Overflow;  { Overflow Register anwählen }

  { untere 8 Bits von Split_Zeile löschen, um 8 Bits nach   }
  { rechts, danach um 4 Bits nach links schieben, mit dem   }
  { Inhalt des CRTC-Daten-Registers, bei dem Bit 4 gelöscht }
  { wird, verknüpfen und alles wiederum im CRTC-Daten-Re-   }
  { gister ablegen                                          }
```

```pascal
    Port[CRTC_Data] := (((Split_Zeile AND NOT $FF) SHR 8) SHL 4)
                        OR (Port[CRTC_Data] AND NOT $10);

    { Maximale Scan Line Register anwählen }

    Port[CRTC_Index] := Max_Scan_Line;

    { untere 9 Bits von Split_Zeile löschen, um 9 Bits nach   }
    { rechts, danach um 6 Bits nach links schieben, mit dem   }
    { Inhalt des CRTC-Daten-Registers, bei dem Bit 6 gelöscht }
    { wird, verknüpfen und alles wiederum im CRTC-Daten-Re-   }
    { gister ablegen                                          }

    Port[CRTC_Data] := (((Split_Zeile AND NOT $1FF) SHR 9) SHL 6)
                        OR (Port[CRTC_Data] AND NOT $40);
END;

PROCEDURE Spliting_aufheben;

BEGIN
  { Bildschirm-Spliting durch Setzen der Split-Zeile auf 0 }
  { aufheben                                               }

  Bildschirm_spliten(0);
END;

PROCEDURE Bildschirm_fuellen;

BEGIN
  { Bildschirm mit lauter gleichen Strings füllen }

  FOR lauf := 1 TO 25 DO
    BEGIN
      GotoXY(1, lauf);
      Write('.......... Bildschirm-Spliting und softiges ');
      Write('Rollen der Split-Zeilen ..........');
    END;
END;

PROCEDURE Split_Zeilen_nach_unten_rollen;

BEGIN
  {Rollefekt durch Erhöhen der Nummer der Split-Zeile erzielen}

  FOR lauf := 0 TO Anz_Rasterzeilen-1 DO
    BEGIN
      Bildschirm_spliten(lauf);
      Delay(Verzoegerung);                              { verzögern }
    END;
END;
```

```pascal
PROCEDURE Split_Zeilen_nach_oben_rollen;

BEGIN
  { Rolleffekt durch Erniedrigen der Nummer der Split-Zeile }
  { erzielen                                                }

  FOR lauf := Anz_Rasterzeilen-1 DOWNTO 0 DO
    BEGIN
      Bildschirm_spliten(lauf);
      Delay(Verzoegerung);                              { verzögern }
    END;
END;


FUNCTION Farbmonitor : Boolean;

VAR Regs : Registers;                           { Prozessor-Register }

BEGIN
  WITH Regs DO
    BEGIN
      AH := $1A;                            { BIOS-Funktion aufrufen }
      AL := $00;            { Bildschirm-Kombinationscode lesen }
      Intr($10, Regs);                     { BIOS-Interrupt aufrufen }
      Farbmonitor := ((AL = $1A) AND (BL IN [$08, $0A, $0C]));
    END;
END;


{ Hauptprogramm }

VAR Chipsatz    : SVGA_Chipsatz_Typ;{ beim Modus 19 irrelevant }
    Fehlercode : Byte;

BEGIN
  TextMode(CO80);    { Textmodus mit 80x25 Zeichen einschalten }
  TextAttr := hellgrau_auf_schwarz;

  { Kopfzeile schreiben }

  GotoXY(2, 1);
  Write('Bildschirm-Spliting und softiges Rollen der ');
  Write('Split-Zeilen');
  GotoXY(61, 1); Write('Autor: Arthur Burda');

  { Linie ziehen }

  FOR lauf := 1 TO 80 DO
    BEGIN
      GotoXY(lauf, 2); Write(#196);
    END;

  { Parameter abfragen }

  GotoXY(1, 4); Write('Verzögerungszeit in ms (0..255): ');
  ReadLn(Verzoegerung);
```

```pascal
{ Portadressen in Abhängigkeit vom Typ des benutzten }
{ Monitors setzen                                    }

IF Farbmonitor THEN
  BEGIN
    CRTC_Index  := CRTC_Index_Farbe;
    CRTC_Data   := CRTC_Data_Farbe;
    CRTC_Status := CRTC_Status_Farbe;
  END
ELSE
  BEGIN
    CRTC_Index  := CRTC_Index_Mono;
    CRTC_Data   := CRTC_Data_Mono;
    CRTC_Status := CRTC_Status_Mono;
  END;

{ Schreibschutz der CRTC-Register mit den Indizes 0 bis 7 }
{ durch Löschen des Protection Bit 7 im Vertical Retrace  }
{ End Register entfernen                                  }

{ Vertical Retrace End Reg. anwählen }

Port[CRTC_Index] := Vert_Retr_End;

{ Bit 7 löschen }

Port[CRTC_Data] := Port[CRTC_Data] AND NOT $80;

{ Demo starten }

ClrScr;                                  { Bildschirm löschen }
Bildschirm_fuellen;

{ solange wiederholen, bis eine Taste gedrückt wird }

REPEAT
  { Demo im Textmodus }

  Split_Zeilen_nach_unten_rollen;
  IF NOT KeyPressed THEN
    Split_Zeilen_nach_oben_rollen;

  { Demo im Grafikmodus 19 }

  IF NOT KeyPressed THEN
    BEGIN
      PCX_Bild_laden('FROSCH.PCX', Chipsatz, Fehlercode);

      {prüfen, ob ein Fehler registriert wurde, ggf. alten  }
      {Zustand der VGA-Register wiederherstellen, Textmodus }
      {einschalten und Programm mit der entsprechenden Feh-  }
      {lermeldung abbrechen                                 }
```

```
            IF Fehlercode <> 0 THEN
              BEGIN
                Spliting_aufheben;

                { CRTC-Register mit den Indizes 0 bis 7 durch }
                { Setzen des Protection Bit 7 im Vertical Re- }
                { trace End Register schreibschützen          }

                { Vertical Retrace End Register anwählen }

                Port[CRTC_Index] := Vert_Retr_End;

                { Bit 7 setzen }

                Port[CRTC_Data] := Port[CRTC_Data] OR $80;

                TextMode(CO80);
                WriteLn('Das Programm wurde mit Fehler Nr.',
                Fehlercode, ' (Unit PCX_256) abgebrochen.');
                Halt;
              END;
          END;
        IF NOT KeyPressed THEN
          Split_Zeilen_nach_unten_rollen;
        IF NOT KeyPressed THEN
          Split_Zeilen_nach_oben_rollen;

        { wieder Textmodus einschalten }

        IF NOT KeyPressed THEN
          BEGIN
            TextMode(CO80);
            Bildschirm_fuellen;
          END
      UNTIL KeyPressed;

      Spliting_aufheben;

      { CRTC-Register mit den Indizes 0 bis 7 durch Setzen  }
      { des Protection Bit 7 im Vertical Retrace End Regis- }
      { ter schreibschützen                                 }

      { Vertical Retrace End Reg. anwählen }

      Port[CRTC_Index] := Vert_Retr_End;

      Port[CRTC_Data] := Port[CRTC_Data] OR $80;    { Bit 7 setzen }

      TextMode(CO80);    { Textmodus mit 80x25 Zeichen einschalten }
    END.
```

Im folgenden möchte ich Ihnen ein zweites Programm vorstellen, in dem auch ein softiges Bildschirmrollen demonstriert wird und zwar in

alle vier Richtungen. Man nennt das Smooth-Scrolling. Im Gegensatz zum vorigen Programm basiert dieses Rollen nicht auf der Bildschirmteilung, sondern auf einer etwas anderen Methode, die ich im weiteren Verlauf dieses Abschnitts explizit beschreiben werde.

Aus diversen Anwenderprogrammen kennen Sie das normale "harte" Bildschirmrollen. Ziehen wir dazu das einfachste Beispiel, nämlich die DOS-Oberfläche in Betracht. Wenn sich der Cursor in der untersten Zeile des Bildschirms befindet und Sie beispielsweise RETURN drükken, wird das Verschieben der Textzeilen nach oben sichtbar. Die oberste Zeile verschwindet dabei vollständig vom Bildschirm, aus der zweiten Zeile wird die erste, aus der dritten die zweite usw., bis schließlich die unterste Zeile zur vorletzten wird. Am unteren Bildschirmrand wird eine neue Textzeile eingefügt. Dieses "harte" Rollen der Textzeilen ist ruckartig und unharmonisch. An dieser Stelle wäre man mit einem "weichen" Rollen des Bildschirminhalts viel besser bedient.

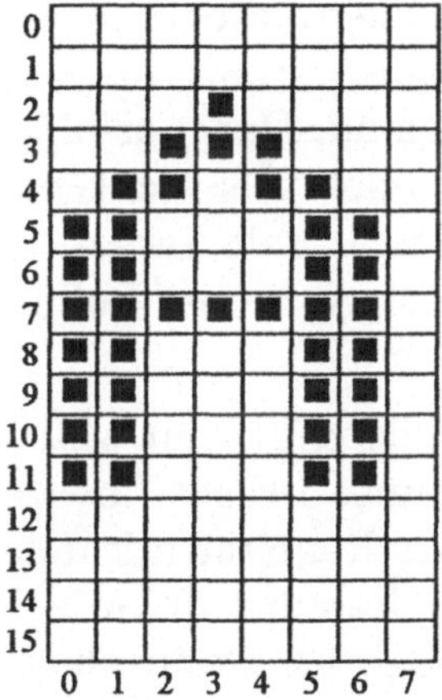

*Abb. 10-1:   Zeichenmatrix des Buchstaben "A" (8*16)*

In der Abbildung 10-1 sehen Sie den Buchstaben "A" vergrößert dargestellt. Das Zeichen besteht aus einer Matrix von 8x16 Punkten. Diese Abbildung soll Ihnen helfen, sich das Smooth-Scrolling besser vorzustellen. Es soll nun ein softiges Rollen nach oben stattfinden. Beim ersten Schritt des Rollens wird die oberste Rasterzeile der obersten Textzeile aus dem Bildschirm herausgerollt. Beim zweiten Schritt wird die Grafikkarte veranlaßt, den Bildaufbau mit der zweiten Zeile der Zeichenmatrix zu starten, beim dritten Schritt mit der dritten Zeile usw., bis alle Rasterzeilen der Textzeile 0 vollständig aus dem Bildschirm "herausgewandert" sind.

Nachdem das geschehen ist, kann das Anzeigen von Zeichen wieder mit der Rasterzeile 0 beginnen. Dadurch ergibt sich jedoch ein "harter" Sprung nach unten. Wenn aber alle Textzeilen des Bildschirms den gleichen Inhalt haben, wird dieser Sprung nicht sichtbar, sondern es ergibt sich der Eindruck eines fließenden Übergangs. Haben die Textzeilen nicht den gleichen Inhalt, so muß genau an der Stelle, an der die oberste Textzeile vollständig aus dem Bildschirm verschwindet, das Umkopieren des Bildschirmspeichers stattfinden. Die zur Zeit nicht sichtbare Bildschirmzeile 0 muß dabei in die unterste kopiert werden und der übrige Teil des Bildschirms wird um eine Textzeile nach oben verschoben. Um den fließenden Übergang zu bewahren, muß dieser Kopiervorgang besonders schnell erfolgen.

Beim vertikalen Rollen nach unten startet die VGA-Karte den Bildaufbau zunächst mit der untersten Zeile der Zeichenmatrix, also mit der Zeile 15. Danach wird die Rasterzeile 14 in den Bildschirm hineingerollt, weiterhin die Zeile 13 usw., bis alle Rasterzeilen der Textzeile 0 vollständig zu sehen sind. Dann erfolgt ein "harter" Sprung zu der Rasterzeile 15, der hier ebenfalls nicht zu sehen ist, wenn alle 25 Bildschirmzeilen den gleichen Inhalt haben. Ist das nicht der Fall, so muß der Bildschirmspeicher wie beim Rollen nach oben umkopiert werden.

Um das vertikale Rollen, gleichgültig in welche Richtung, realisieren zu können, muß das sogenannte Preset Row Scan Register des CRTC programmiert werden. Dieses Register mit dem Index 8 enthält in den Bits 0 bis 4 die Nummer der Rasterzeile, mit der die Ausgabe von Zeichen auf dem Bildschirm beginnt. Dadurch lassen sich nicht nur 16, sondern gar 32 Rasterzeilen ohne Umkopieren des Bildschirmspeichers herausrollen. Sie wissen bereits, wie ein Register der VGA-Karte indiziert werden muß, um seinen Inhalt verändern zu können.

Und nun ist das horizontale Rollen angesagt. Nehmen wir auch hier wieder den Buchstaben "A" als Beispiel. Beim ersten Schritt des Rollens von rechts nach links wird die Rasterspalte 0 der ersten Textspalte von rechts aus dem Bildschirm herausgerollt, beim zweiten Schritt die Rasterspalte 1 usw. Sind die Zeichen nicht mehr zu sehen, so muß entweder die CRTC-Startadresse verändert oder der Bildschirmspeicher umkopiert werden, um einen "harten" Sprung zu vermeiden. Aus Geschwindigkeitsgründen und zu Demonstrationszwekken bietet sich hier die erste Alternative an.

Beim Rollen von links nach rechts wird entsprechend umgekehrt verfahren. Die einzelnen Rasterspalten eines Zeichens werden beginnend mit der Spalte 7 schrittweise in den Bildschirm hineingerollt. Nach Erreichen der Rasterspalte 0 muß die CRTC-Startadresse neu gesetzt werden, um ein "weiches" horizontales Rollen zu garantieren.

Bei all diesen Rollvorgängen werden alle anderen Textzeilen bzw. Textspalten automatisch um eine Rasterzeile bzw. Rasterspalte in die Rollrichtung verschoben.

Die Programmierung des horizontales Rollens ist etwas schwieriger im Gegensatz zum vertikalen Rollen. Die Ursache dafür liegt darin, daß hier die Register des Attribut-Controllers (Portadresse 3C0h) und nicht des CRTC manipuliert werden müssen. Der Attribut-Controller hat im Gegensatz zum CRTC nur eine Portadresse. Insofern kann man bei ihm schlecht zwischen dem Index- und dem Daten-Port unterscheiden. Durch einen geschickten Trick, einen Schreib-/ Lesezugriff auf das CRTC-Status-Register an der Portadresse 3BAh bei einem Monochrommonitor bzw. 3DAh bei einem Farbmonitor, lassen sich die Register des Attribut-Controllers auf "Index" schalten. Wenn es soweit ist, wird das Horizontal PEL Panning Register mit dem Index 13h angewählt. Die Portadresse 3C0h steht danach als Daten-Register zur Verfügung. Nun kann die Anzahl der Rasterspalten, um die die Textspalten verschoben werden sollen, in dieses Register geschrieben werden. Zu beachten ist dabei, daß der Wert 0 für eine Verschiebung um eine Rasterspalte nach links und der Wert 8 für keine Verschiebung stehen. Der letzte Arbeitsgang ist das Eintragen des Wertes 32 in die Portadresse des Attribut-Controllers.

Um die Rollvorgänge zu beenden, müssen die Standardwerte in die entsprechenden Register geladen werden.

Als letztes, bevor ich Ihnen das Listings des Programms vorstelle, möchte ich noch zwei Dinge erwähnen. Erstens kommt auch hier das Verfahren zur Synchronisation mit dem Kathodenstrahl zum Einsatz. Nur auf diese Weise erreicht man ein ruck- und flackerfreies Rollen. Und zweitens wird bei diesem Programm der Bildschirm mit lauter gleichen Strings gefüllt, so daß ein Umkopieren des Bildschirmspeichers beim Rollen nicht erforderlich ist, um eine kontinuierliche Bewegung zu simulieren.

```
{ Dateiname : SCROLL.PAS                        }
{ Autor     : Arthur Burda                      }
{ Compiler  : Turbo Pascal 5.0 und höher }

{ SCROLL - ein Programm, das das sogenannte Smooth-Scrolling }
{          in alle vier Richtungen im Textmodus demonstriert }

PROGRAM Smooth_Scrolling;

{$R-}                                          { keine Bereichsprüfung }

USES Crt, Dos;                        { CRT- und DOS-Unit einbinden }

CONST hellgrau_auf_schwarz = 7;

      { VGA-Register }

      { Portadressen bei Benutzung eines Monochrommonitors }

      CRTC_Index_Mono  = $3B4;              { CRTC-Index-Register }
      CRTC_Data_Mono   = $3B5;              { CRTC-Daten-Register }
      CRTC_Status_Mono = $3BA;              { CRTC-Status-Register }

      { Portadressen bei Benutzung eines Farbmonitors }

      CRTC_Index_Farbe  = $3D4;
      CRTC_Data_Farbe   = $3D5;
      CRTC_Status_Farbe = $3DA;

      { Index-Register des CRTC (Cathode Ray Tube Controller) }

      Preset_Row_Scan = $08;        { Preset Row Scan Register }
      Start_Addr_Hi   = $0C;     { Start Address High Register }
      Start_Addr_Lo   = $0D;      { Start Address Low Register }

      { Portadresse des Attribut-Controllers }

      Attr_Controller = $3C0;

      { Index-Register des Attribut-Controllers }

      Horizontal_Panning = $13; { Horizontal PEL Panning Reg. }

      { Flags für die vertikale Synchronisation mit dem }
      { Kathodenstrahl                                  }

      Display_Enable = $01;                { Display Enable Flag }
      Vert_Sync      = $08;                { Vertical Sync Flag }

VAR CRTC_Index   : Word;
    CRTC_Data    : Word;
    CRTC_Status  : Word;
    Verzoegerung : Byte;
    lauf1, lauf2 : Byte;                            { Zählvariablen }
```

```pascal
{$IFDEF VER60}                    { nur für Turbo Pascal Version 6.0 }

PROCEDURE Auf_Vert_Sync_warten; ASSEMBLER;

ASM
    MOV  DX,CRTC_Status          { CRTC-Status-Register nach DX }
@1: IN   AL,DX            { Inhalt des CRTC-Status-Registers lesen }
    TEST AL,Display_Enable       { Display Enable Flag gesetzt? }
    JNZ  @1 {ja,wiederholen, bis Display Enable Flag gelöscht }
@2: IN   AL,DX {Inhalt des CRTC-Status-Reg. noch einmal lesen }
    TEST AL,Vert_Sync            { vertikale Synchronisation aktiv? }
    JZ   @2                  { nein, wiederholen, bis sie aktiv ist }
END;

{$ELSE}                    { für alle anderen Compiler-Versionen }

PROCEDURE Auf_Vert_Sync_warten;

BEGIN
  { warten, bis Display Enable Flag gelöscht ist }

  REPEAT
  UNTIL Port[CRTC_Status] AND Display_Enable = 0;

  { warten, bis die vertikale Synchronisation aktiv ist, }
  { also der Strahlrücklauf begonnen hat                  }

  REPEAT
  UNTIL Port[CRTC_Status] AND Vert_Sync = Vert_Sync;
END;

{$ENDIF}

PROCEDURE Horizontal_verschieben(Anz_Rasterspalten : Byte);

BEGIN
  Auf_Vert_Sync_warten;

  {Bildschirminhalt um die angegebene Anzahl der Rasterspalten}
  {horizontal verschieben                                     }

  { Portadresse des Attribut-Controllers als Index-Register  }
  { durch einen Schreib-/Lesezugriff auf den CRTC-Status-Re- }
  { gister initialisieren                                    }

  Port[CRTC_Status] := Port[CRTC_Status];

  { Horizontal PEL Panning Register indizieren }

  Port[Attr_Controller] := Horizontal_Panning;

  { Portadresse des Attribut-Controllers steht nun als Daten- }
  { Register zur Verfügung, Anz_Rasterspalten in dieses Regis-}
  { ter schreiben                                             }
```

```pascal
      Port[Attr_Controller] := Anz_Rasterspalten;

      {Wert 32 (Bit 5) in die Portadresse des Attribut-Controllers}
      {schreiben                                                   }

      Port[Attr_Controller] := $20;
END;


PROCEDURE Vertikal_verschieben(Anz_Rasterzeilen : Byte);

BEGIN
  Auf_Vert_Sync_warten;

    {Bildschirminhalt um die angegebene Anzahl der Rasterzeilen }
    {vertikal verschieben                                       }

    { Preset Row Scan Register anwählen }

    Port[CRTC_Index] := Preset_Row_Scan;

    { Inhalt des Preset Row Scan Registers lesen, alle Bits }
    { außer 5 löschen, mit Anz_Rasterzeilen verknüpfen und  }
    { alles im CRTC-Daten-Register ablegen                  }

    Port[CRTC_Data] := (Port[CRTC_Data] AND NOT $DF)
                        OR Anz_Rasterzeilen;
END;


PROCEDURE Rollen_aufheben;

BEGIN
  Horizontal_verschieben(8);
  Vertikal_verschieben(0);

    { CRTC-Startadresse wieder auf 0 setzen }

    { Start Address High Reg. anwählen }

    Port[CRTC_Index] := Start_Addr_Hi;

    Port[CRTC_Data] := 0;              { Startadresse (high) laden }

    { Start Address Low Reg. anwählen }

    Port[CRTC_Index] := Start_Addr_Lo;

    Port[CRTC_Data] := 0;              { Startadresse (low) laden }
END;


PROCEDURE Bildschirm_fuellen;

BEGIN
  { Bildschirm mit lauter gleichen Strings füllen }
```

```pascal
      FOR lauf1 := 1 TO 25 DO
        BEGIN
          GotoXY(1, lauf1);
          Write('............... Smooth-Scrolling in alle vier ');
          Write('Richtungen ..................');
        END;
  END;

PROCEDURE Nach_oben_rollen;

BEGIN
  FOR lauf1 := 1 TO 10 DO
    FOR lauf2 := 0 TO 15 DO
      BEGIN
        Vertikal_verschieben(lauf2);
        Delay(Verzoegerung);                              { verzögern }
      END;
END;

PROCEDURE Nach_unten_rollen;

BEGIN
  FOR lauf1 := 1 TO 10 DO
    FOR lauf2 := 15 DOWNTO 0 DO
      BEGIN
        Vertikal_verschieben(lauf2);
        Delay(Verzoegerung);                              { verzögern }
      END;
END;

PROCEDURE Nach_links_rollen;

BEGIN
  FOR lauf1 := 1 TO 20 DO
    BEGIN
      FOR lauf2 := 0 TO 7 DO
        BEGIN
          Horizontal_verschieben(lauf2);
          Delay(Verzoegerung);                            { verzögern }
        END;

      { neue CRTC-Startadresse setzen }

      { Start Address High Reg. anwählen }

      Port[CRTC_Index] := Start_Addr_Hi;

      Port[CRTC_Data] := Hi(lauf1);{Startadresse (high) laden }

      { Start Address Low Reg. anwählen }

      Port[CRTC_Index] := Start_Addr_Lo;

      Port[CRTC_Data] := Lo(lauf1); {Startadresse (low) laden }
```

```pascal
            Horizontal_verschieben(8);
            Delay(Verzoegerung);                              { verzögern }
        END;
END;

PROCEDURE Nach_rechts_rollen;

BEGIN
  FOR lauf1 := 19 DOWNTO 0 DO
    BEGIN
      Horizontal_verschieben(8);
      Delay(Verzoegerung);                                    { verzögern }

      { neue CRTC-Startadresse setzen }

      { Start Address High Reg. anwählen }

      Port[CRTC_Index] := Start_Addr_Hi;

      Port[CRTC_Data] := Hi(lauf1);{Startadresse (high) laden }

      { Start Address Low Reg. anwählen }

      Port[CRTC_Index] := Start_Addr_Lo;

      Port[CRTC_Data] := Lo(lauf1); {Startadresse (low) laden }

      FOR lauf2 := 7 DOWNTO 0 DO
        BEGIN
          Horizontal_verschieben(lauf2);
          Delay(Verzoegerung);                                { verzögern }
        END;
    END;
END;

FUNCTION Farbmonitor : Boolean;

VAR Regs : Registers;                               { Prozessor-Register }

BEGIN
  WITH Regs DO
    BEGIN
      AH := $1A;                                { BIOS-Funktion aufrufen }
      AL := $00;                    { Bildschirm-Kombinationscode lesen }
      Intr($10, Regs);                          { BIOS-Interrupt aufrufen }
      Farbmonitor := ((AL = $1A) AND (BL IN [$08, $0A, $0C]));
    END;
END;

{ Hauptprogramm }

BEGIN
  TextMode(CO80);     { Textmodus mit 80x25 Zeichen einschalten }
  TextAttr := hellgrau_auf_schwarz;
```

```pascal
  { Kopfzeile schreiben }

GotoXY(8, 1);
Write('Smooth-Scrolling in alle vier Richtungen');
GotoXY(55, 1); Write('Autor: Arthur Burda');

  { Linie ziehen }

FOR lauf1 := 1 TO 80 DO
  BEGIN
    GotoXY(lauf1, 2); Write(#196);
  END;

  { Parameter abfragen }

GotoXY(1, 4); Write('Verzögerungszeit in ms (0..255): ');
ReadLn(Verzoegerung);

  { Portadressen in Abhängigkeit vom Typ des benutzten }
  { Monitors setzen                                     }

IF Farbmonitor THEN
  BEGIN
    CRTC_Index  := CRTC_Index_Farbe;
    CRTC_Data   := CRTC_Data_Farbe;
    CRTC_Status := CRTC_Status_Farbe;
  END
ELSE
  BEGIN
    CRTC_Index  := CRTC_Index_Mono;
    CRTC_Data   := CRTC_Data_Mono;
    CRTC_Status := CRTC_Status_Mono;
  END;

  { Demo starten }

ClrScr;                                { Bildschirm löschen }
Bildschirm_fuellen;

  { solange wiederholen, bis eine Taste gedrückt wird }

REPEAT
  Nach_oben_rollen;
  IF NOT KeyPressed THEN
    Nach_unten_rollen;
  IF NOT KeyPressed THEN
    Nach_links_rollen;
  IF NOT KeyPressed THEN
    Nach_rechts_rollen
UNTIL KeyPressed;

Rollen_aufheben;

ClrScr;                                { Bildschirm löschen }
END.
```

10.3 Spielereien mit den internen VGA-Registern

Gerade bei der VGA-Karte ist das Experimentierfeld im Zusammenhang mit den internen Registern besonders groß. Allein schon dadurch, daß der VGA-Adapter standardmäßig mit sieben Funktionseinheiten ausgestattet ist, von denen jede einige interne Register zur Speicherung bestimmter Informationen besitzt. So hat zum Beispiel die Einheit CRTC, die wir schon aus dem Kapitel 1 kennen, 24 solche Register. In diesem Abschnitt will ich Ihnen die Arbeit der drei von diesen Registern in einem kleinen Beispielprogramm demonstrieren.

Was wird überhaupt gezeigt? Erstens werden die Textzeilen "zusammengepreßt" und wieder "gedehnt". Das wird durch die Programmierung des Maximale Scan Line Registers (Index 9) erreicht. Dieses Register legt nämlich die Anzahl der Rasterzeilen zur Darstellung einer Bildschirmzeile fest. Dabei ist zu beachten, daß der Wert 0 für eine Rasterzeile steht, der Wert 1 für zwei Rasterzeilen usw. Erniedrigt man die Anzahl dieser Grafikzeilen beginnend mit 16 immer wieder um eins, so ergibt sich ein "Zusammenpressen" der Textzeilen. Erhöht man sie um eins, so ist eine "Dehnung" der Bildschirmzeilen zu sehen.

Zweitens wird die Anzahl der angezeigten Textspalten immer wieder um eins reduziert, bis schließlich nur noch eine einzige Bildschirmspalte zu sehen ist. Danach wird das Umgekehrte gemacht, also die Zahl der auf dem Bildschirm angezeigten Textspalten schrittweise erhöht, bis endlich wieder 80 Spalten zu sehen sind. Dies wird durch Verändern des Inhalts des sogenannten Horizontal Display Enable End Registers (Endposition des horizontalen Scannens) realisiert. Dieses Register trägt die interne Nummer 1.

Und schließlich drittens werden einige Textzeilen im unteren Bereich des Bildschirms Schritt für Schritt punktweise "versteckt" und danach wieder angezeigt. Um das zu realisieren, muß das Vertical Display Enable End Register (Endposition der vertikalen Darstellung) programmiert werden. Dieses hat den Index 12h.

Auch bei diesem Programm wird die vertikale Synchronisation mit dem Kathodenstrahl dazu genutzt, eine flackerfreie Darstellung zu erreichen.

```pascal
{ Dateiname : REGISTER.PAS                  }
{ Autor     : Arthur Burda                  }
{ Compiler  : Turbo Pascal 5.0 und höher }

{ REGISTER - ein Programm, das einige Spielereien mit den }
{             internen VGA-Registern zeigt                }

PROGRAM Spielereien_mit_den_VGA_Registern;

{$R-}                                      { keine Bereichsprüfung }

USES Crt, Dos;                   { CRT- und DOS-Unit einbinden }

CONST hellgrau_auf_schwarz = 7;

      { VGA-Register }

      { Portadressen bei Benutzung eines Monochrommonitors }

      CRTC_Index_Mono  = $3B4;           { CRTC-Index-Register }
      CRTC_Data_Mono   = $3B5;           { CRTC-Daten-Register }
      CRTC_Status_Mono = $3BA;           { CRTC-Status-Register }

      { Portadressen bei Benutzung eines Farbmonitors }

      CRTC_Index_Farbe  = $3D4;
      CRTC_Data_Farbe   = $3D5;
      CRTC_Status_Farbe = $3DA;

      { Index-Register des CRTC (Cathode Ray Tube Controller) }

      { Horizontal Display Enable End Register }

      Hor_Displ_Enable_End = $01;

      Max_Scan_Line = $09;        { Maximale Scan Line Register }
      Vert_Retr_End = $11;      { Vertical Retrace End Register }

      { Vertical Display Enable End Register }

      Vert_Displ_Enable_End = $12;

      { Flags für die vertikale Synchronisation mit dem }
      { Kathodenstrahl                                  }

      Display_Enable = $01;              { Display Enable Flag }
      Vert_Sync      = $08;              { Vertical Sync Flag }

VAR CRTC_Index    : Word;
    CRTC_Data     : Word;
    CRTC_Status   : Word;
    Verzoegerung  : Byte;
    lauf          : Byte;                        { Zählvariable }
```

```pascal
{$IFDEF VER60}                      { nur für Turbo Pascal Version 6.0 }

PROCEDURE Auf_Vert_Sync_warten; ASSEMBLER;

ASM
    MOV  DX,CRTC_Status            { CRTC-Status-Register nach DX }
@1: IN   AL,DX           { Inhalt des CRTC-Status-Registers lesen }
    TEST AL,Display_Enable         { Display Enable Flag gesetzt? }
    JNZ  @1 { ja,wiederholen,bis Display Enable Flag gelöscht }
@2: IN   AL,DX {Inhalt des CRTC-Status-Reg. noch einmal lesen }
    TEST AL,Vert_Sync              { vertikale Synchronisation aktiv? }
    JZ   @2                { nein, wiederholen, bis sie aktiv ist }
END;

{$ELSE}                     { für alle anderen Compiler-Versionen }

PROCEDURE Auf_Vert_Sync_warten;

BEGIN
  { warten, bis Display Enable Flag gelöscht ist }

  REPEAT
  UNTIL Port[CRTC_Status] AND Display_Enable = 0;

  { warten, bis die vertikale Synchronisation aktiv ist, }
  { also der Strahlrücklauf begonnen hat                 }

  REPEAT
  UNTIL Port[CRTC_Status] AND Vert_Sync = Vert_Sync;
END;

{$ENDIF}

PROCEDURE Hor_Displ_Enable_End_setzen(Wert : Byte);

BEGIN
  Auf_Vert_Sync_warten;

  { Horizontal Display Enable End Register (Endposition des }
  { horizontalen Scannens) selektieren                      }

  Port[CRTC_Index] := Hor_Displ_Enable_End;

  Port[CRTC_Data] := Wert; {Wert ins CRTC-Daten-Register laden}
END;

PROCEDURE Vert_Displ_Enable_End_setzen(Wert : Byte);

BEGIN
  Auf_Vert_Sync_warten;

  { Vertical Display Enable End Register (Endposition der }
  { vertikalen Darstellung) indizieren                    }
```

```pascal
    Port[CRTC_Index] := Vert_Displ_Enable_End;

    Port[CRTC_Data] := Wert;   { Wert im CRTC-Daten-Reg. ablegen }
END;

PROCEDURE Max_Scan_Line_setzen(Wert : Byte);

BEGIN
  Auf_Vert_Sync_warten;

  { Anzahl der Rasterzeilen zur Darstellung einer Textzeile }
  { setzen                                                   }

  { Max. Scan Line Register selektieren }

  Port[CRTC_Index] := Max_Scan_Line;

  Port[CRTC_Data] := Wert;   { Wert im CRTC-Daten-Reg. ablegen }
END;

PROCEDURE Reg_initialisieren;

BEGIN
  { Standardwerte für den Textmodus mit 80x25 Zeichen setzen }

  Hor_Displ_Enable_End_setzen(79);
  Vert_Displ_Enable_End_setzen(143);
  Max_Scan_Line_setzen(15);
END;

PROCEDURE Bildschirm_fuellen;

BEGIN
  { Bildschirm mit lauter gleichen Strings füllen }

  FOR lauf := 1 TO 25 DO
    BEGIN
      GotoXY(1, lauf);
      Write('............ Einige Spielereien mit den ');
      Write('internen VGA-Registern .............');
    END;
END;

FUNCTION Farbmonitor : Boolean;

VAR Regs : Registers;                            { Prozessor-Register }

BEGIN
  WITH Regs DO
    BEGIN
      AH := $1A;                          { BIOS-Funktion aufrufen }
      AL := $00;          { Bildschirm-Kombinationscode lesen }
      Intr($10, Regs);                    { BIOS-Interrupt aufrufen }
      Farbmonitor := ((AL = $1A) AND (BL IN [$08, $0A, $0C]));
    END;
END;
```

```pascal
{ Hauptprogramm }

BEGIN
  TextMode(CO80);    { Textmodus mit 80x25 Zeichen einschalten }
  TextAttr := hellgrau_auf_schwarz;

  { Kopfzeile schreiben }

  GotoXY(7, 1);
  Write('Spielereien mit den internen VGA-Registern');
  GotoXY(56, 1); Write('Autor: Arthur Burda');

  { Linie ziehen }

  FOR lauf := 1 TO 80 DO
    BEGIN
      GotoXY(lauf, 2); Write(#196);
    END;

  { Parameter abfragen }

  GotoXY(1, 4); Write('Verzögerungszeit in ms (0..255): ');
  ReadLn(Verzoegerung);

  { Portadressen in Abhängigkeit vom Typ des benutzten }
  { Monitors setzen                                    }

  IF Farbmonitor THEN
    BEGIN
      CRTC_Index  := CRTC_Index_Farbe;
      CRTC_Data   := CRTC_Data_Farbe;
      CRTC_Status := CRTC_Status_Farbe;
    END
  ELSE
    BEGIN
      CRTC_Index  := CRTC_Index_Mono;
      CRTC_Data   := CRTC_Data_Mono;
      CRTC_Status := CRTC_Status_Mono;
    END;

  { Schreibschutz der CRTC-Register mit den Indizes 0 bis 7 }
  { durch Löschen des Protection Bit 7 im Vertical Retrace  }
  { End Register entfernen                                  }

  { Vertical Retrace End Reg. anwählen }

  Port[CRTC_Index] := Vert_Retr_End;

  { Bit 7 löschen }

  Port[CRTC_Data] := Port[CRTC_Data] AND NOT $80;

  { Demo starten }
```

```pascal
  ClrScr;                                    { Bildschirm löschen }
  Bildschirm_fuellen;

  { solange wiederholen, bis eine Taste gedrückt wird }

  REPEAT
    { Textzeilen "zusammenpressen" und wieder "dehnen" }

    FOR lauf := 15 DOWNTO 0 DO
      BEGIN
        Max_Scan_Line_setzen(lauf);
        Delay(50);  { standardmäßig um 50 Millisek. verzögern }

        { um die vom Benutzer angegebene Zeit verzögern }

        Delay(Verzoegerung);
      END;
    IF NOT KeyPressed THEN
      FOR lauf := 0 TO 15 DO
        BEGIN
          Max_Scan_Line_setzen(lauf);
          Delay(50);
          Delay(Verzoegerung);
        END;

    {Textspalten schrittweise "verstecken" und wieder anzeigen}

    IF NOT KeyPressed THEN
      FOR lauf := 79 DOWNTO 1 DO
        BEGIN
          Hor_Displ_Enable_End_setzen(lauf);
          Delay(Verzoegerung);
        END;
    IF NOT KeyPressed THEN
      FOR lauf := 1 TO 79 DO
        BEGIN
          Hor_Displ_Enable_End_setzen(lauf);
          Delay(Verzoegerung);
        END;

    {einige Textzeilen im unteren Bildschirmbereich punktweise}
    {"verstecken" und wieder anzeigen                         }

    IF NOT KeyPressed THEN
      FOR lauf := 143 DOWNTO 0 DO
        BEGIN
          Vert_Displ_Enable_End_setzen(lauf);
          Delay(Verzoegerung);
        END;
    IF NOT KeyPressed THEN
      FOR lauf := 0 TO 143 DO
        BEGIN
          Vert_Displ_Enable_End_setzen(lauf);
          Delay(Verzoegerung);
        END
```

```
    UNTIL KeyPressed;

    Reg_initialisieren;

    { CRTC-Register mit den Indizes 0 bis 7 durch Setzen  }
    { des Protection Bit 7 im Vertical Retrace End Regis-  }
    { ter schreibschützen                                  }

    { Vertical Retrace End Reg. anwählen }

    Port[CRTC_Index] := Vert_Retr_End;

    Port[CRTC_Data] := Port[CRTC_Data] OR $80;    { Bit 7 setzen }

    ClrScr;                                   { Bildschirm löschen }
END.
```

10.4 ROM-Zeichensätze

In diesem Unterkapitel werden wir uns von den VGA-Registern trennen und zum VGA-BIOS überwechseln. Dieses enthält einige nützliche Funktionen zum Laden von ROM-Zeichensätzen. In einem Beispielprogramm werden diese BIOS-Funktionen zum Einsatz kommen.

Beim Laden von ROM-Zeichensätzen übernimmt das BIOS die Programmierung der VGA-Register. So werden zunächst einmal die Anzahl der Bytes pro Zeichen und die Länge des Bildschirmpuffers neu berechnet. Der CRTC wird mit der maximalen Rasterzeile (Maximale Scan Line Register), der Startzeile des Cursors (Cursor Start Register), der Endzeile des Cursors (Cursor End Register), dem vertikalen Bildschirmende (Vertical Display Enable End Register) und der Position des Unterstreichungsstriches (Underline Location Register) neu programmiert.

Nun will ich Ihnen drei BIOS-Funktionen zum Laden von ROM-Zeichensätzen vorstellen, wovon im Programm Gebrauch gemacht wird.

a)   **Laden des 8x8-ROM-Zeichensatzes und Neuprogrammierung des CRTC**

Eingabe:	AH = 11h (Nummer der Funktion)
	AL = 12h (Nummer der Unterfunktion)
	BL = Speicherbereich des Zeichensatzgenerators
Ausgabe:	keine

b) Laden des 8x14-ROM-Zeichensatzes und Neuprogrammierung des CRTC

Eingabe:	AH = 11h (Nummer der Funktion) AL = 11h (Nummer der Unterfunktion) BL = Speicherbereich des Zeichensatzgenerators
Ausgabe:	keine

c) Laden des 8x16-ROM-Zeichensatzes und Neuprogrammierung des CRTC

Eingabe:	AH = 11h (Nummer der Funktion) AL = 14h (Nummer der Unterfunktion) BL = Speicherbereich des Zeichensatzgenerators
Ausgabe:	keine

Und jetzt ist das Programmlisting angesagt. Es sieht folgendermaßen aus:

```pascal
{ Dateiname : Z_SATZ.PAS                    }
{ Autor     : Arthur Burda                  }
{ Compiler  : Turbo Pascal 5.0 und höher }

{Z_SATZ - ein Demoprogramm, das verschiedene ROM-Zeichensätze }
{          lädt und auf dem Bildschirm anzeigt                 }

PROGRAM Zeichensatz_Demo;

USES Crt, Dos;                        { CRT- und DOS-Unit einbinden }

CONST hellgrau_auf_schwarz = 7;

VAR Regs : Registers;                        { Prozessor-Register }

PROCEDURE Zeichensatz_8x8_laden(Bereich : Byte);

BEGIN
  WITH Regs DO
    BEGIN
      AH := $11;                      { Funktion des BIOS aufrufen }
      AL := $12;                          { Unterfunktion aufrufen }
      BL := Bereich;  { Speicherbereich des Zeichengenerators }
      Intr($10, Regs);                   { BIOS-Interrupt aufrufen }
    END;
END;
```

```pascal
PROCEDURE Zeichensatz_8x14_laden(Bereich : Byte);

BEGIN
  WITH Regs DO
    BEGIN
      AH := $11;                        { BIOS-Funktion aufrufen }
      AL := $11;                        { Unterfunktion aufrufen }
      BL := Bereich;  { Speicherbereich des Zeichengenerators }
      Intr($10, Regs);                  { BIOS-Interrupt aufrufen }
    END;
END;

PROCEDURE Zeichensatz_8x16_laden(Bereich : Byte);

BEGIN
  WITH Regs DO
    BEGIN
      AH := $11;                      { Funktion des BIOS aufrufen }
      AL := $14;                        { Unterfunktion aufrufen }
      BL := Bereich;  { Speicherbereich des Zeichengenerators }
      Intr($10, Regs);                  { BIOS-Interrupt aufrufen }
    END;
END;

{ Hauptprogramm }

VAR Taste : Char;
    lauf  : Byte;                                      { Zählvariable }

BEGIN
  TextMode(CO80);    { Textmodus mit 80x25 Zeichen einschalten }
  TextAttr := hellgrau_auf_schwarz;

  { Kopfzeile schreiben }

  GotoXY(7, 1);
  Write('Laden und Anzeigen von ROM-Zeichensätzen');
  GotoXY(56, 1); Write('Autor: Arthur Burda');

  { Linie ziehen }

  FOR lauf := 1 TO 80 DO
    BEGIN
      GotoXY(lauf, 2); Write(#196);
    END;

  GotoXY(1, 4);
  WriteLn('Momentan ist der Standard-Zeichensatz aktiv.');
  WriteLn;
  Write('Beliebige Taste drücken ...');
  Taste := ReadKey;
  Zeichensatz_8x8_laden(0);
  WriteLn;
  WriteLn;
  WriteLn('Jetzt wurde der ROM-Zeichensatz 8x8 geladen.');
  WriteLn;
```

```
Write('Beliebige Taste drücken ...');
Taste := ReadKey;
Zeichensatz_8x14_laden(0);
WriteLn;
WriteLn;
WriteLn('Jetzt ist der ROM-Zeichensatz 8x14 aktiv.');
WriteLn;
Write('Beliebige Taste drücken ...');
Taste := ReadKey;
Zeichensatz_8x16_laden(0);
WriteLn;
WriteLn;
WriteLn('Der ROM-Zeichensatz 8x16 wurde nun aktiviert.');
WriteLn;
Write('Beliebige Taste drücken, um das Programm zu ');
Write('beenden ...');
Taste := ReadKey;
TextMode(CO80);    { Textmodus mit 80x25 Zeichen einschalten }
END.
```

10.5 Neue unbekannte Grafikmodi

Nachdem wir uns im vorigen Abschnitt überhaupt nicht mit der Programmierung der VGA-Karte über interne Register beschäftigt haben, wollen wir das in diesem Unterkapitel gewissermaßen nachholen. Die uns schon gut bekannten internen Details des VGA-Adapters fördern zwei neue, offiziell unbekannte Grafikmodi zutage. Zum einen handelt es sich um einen Modus mit 320x400 Punkten, zum anderen um eine Betriebsart mit einer Auflösung von 360x480 Punkten.

Weil diese beiden Modi eng miteinander verwandt sind, empfiehlt es sich, sie am besten in eine gemeinsame Turbo-Pascal-Unit aufzunehmen. Der erste dieser Modi mit 320x400 Punkten ist im Prinzip der umstrukturierte Modus 19. Denn die VGA-Steuerlogik stellt jede Zeile des Videobildes im 320x200-Punkte-Modus quasi doppelt dar. Dadurch ergibt sich eine Auflösung von 320x400 Punkten. Allerdings kann man im Modus 19 nicht alle Punkte einzeln ansprechen, sondern nur in Gruppen zu je zwei Bildpunkten. Bei der Umprogrammierung der VGA-Register muß also dafür gesorgt werden, daß sich alle Grafikzeilen modifizieren lassen. Doch dazu später mehr.

Da der 320x400-Punkte-Modus eine Umwandlung des Modus 19 ist, müssen zu seiner Aktivierung die Bildwiederholrate und die Geschwindigkeit des Kathodenstrahls nicht verändert werden, was sehr vorteilhaft ist. Denn der Kathodenstrahl baut, wie Sie schon aus dem

Abschnitt über Bildschirm-Splitting wissen, das Videobild auf, indem er mehrere Male in der Sekunde den gesamten Bildschirm durchläuft und dabei Punkte "einschaltet". Je höher die horizontale und vertikale Auflösung, desto länger dauert es, bis das gesamte Bild neu aufgebaut wird. Bei unserem zweiten neuen Modus mit 360x480 Punkten muß deshalb der Bildaufbau durch Erhöhung der Geschwindigkeit des Kathodenstrahls (sogenannte Dot-Rate) beschleunigt werden. Das erfordert aber eine komplette Umprogrammierung der VGA-Karte.

Und nun ein paar Worte zur Speicherverwaltung, die in den beiden neuen Modi bis auf die Anzahl der dargestellten Punkte identisch ist. Im Unterschied zum Modus 19 werden hier 4 Bitplanes benutzt, um die Bildpunkte zu speichern. So wird der erste Punkt in der oberen linken Bildschirmecke in der Plane 0 gespeichert, der zweite Punkt in der Plane 1, der dritte in der Plane 2 usw. Der fünfte Bildpunkt wird wiederum in der Bitplane 0 gespeichert, jedoch an der nächst höheren Speicheradresse. Die Abbildung 10-2 zeigt die Speicheraufteilung in den neuen Grafikmodi. Wir werden uns damit noch im Zusammenhang mit den Routinen zum Setzen und Lesen von Bildpunkten befassen. Durch diese Art der Speicherorganisation ist es sogar möglich zwei Grafikseiten im 320x400-Punkte-Modus zu verwalten. Dies ist ein besonders großer Vorteil gegenüber dem Modus 19.

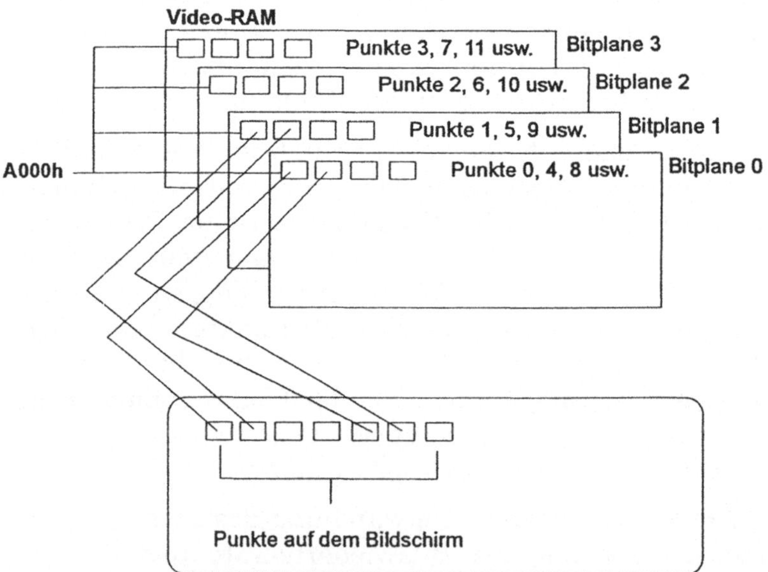

*Abb. 10-2   Speicherverwaltung in den neuen VGA-Grafikmodi mit 320*400 und 360*480 Punkten*

Und nun kommen wir zu der Unit. Als erstes möchte ich Ihnen das Gliederungsschema vorstellen.

Gliederungsschema der Unit MODI_NEU:

a)   Einstellungen des Compilers

Interface-Teil:

b)   Einbinden der Units Crt und Dos

c)   Deklaration von modulexternen Konstanten (320x400-Punkte-Modus, 360x480-Punkte-Modus, RGB-Konstanten), Typen (neue Grafikmodi, DAC-Palette u.a.) und Variablen (Korrekturfaktor für das Höhen-/ Seitenverhältnis des Bildschirms)

d)   Deklaration von Routinen:

→ Setzen und Abfragen von Modi (Setzen eines der beiden neuen Modi, Setzen des alten Modus, Abfragen des aktiven Modus)

→ Abfragen der horizontalen und vertikalen Bildschirmauflösung

→ Routinen im Zusammenhang mit den Grafikseiten des 320x400 Punkte-Modus (Wählen, Anzeigen und Abfragen einer Grafik seite)

→ Löschen des Video-RAM (nur das erste 64-KByte-Segment)

→ Setzen und Lesen von Bildpunkten

→ Zeichnen von geometrischen Figuren (Ellipse, Kreis, Linie, Rechteck)

→ Setzen und Lesen von einzelnen DAC-Registern und Register blöcken, Umwandeln von Farben in Graustufen)

→ Zeichensätze und Textausgabe (Laden von Zeichensätzen, Ausgabe von Zeichen und Texten)

Implementationsteil:

e)   Deklaration von modulinternen typisierten Konstanten (aktiver und alter Modus, Anfangsadresse des Video-RAM), normalen Konstanten (Anfangsadressen für die Grafikseiten 0 und 1, Port-

adressen und Indizes der VGA-Register) und Variablen (Index-
und Daten-Register des CRTC, Prozessor-Register, aktueller
Zeichensatz)

f)   Implementation von Routinen

g)   Initialisierung der Unit

Der Anfang des Listings bis zur Implementation von Routinen sieht
folgendermaßen aus:

```
{ Dateiname : MODI_NEU.PAS                }
{ Autor     : Arthur Burda                }
{ Compiler  : Turbo Pascal 5.0 und höher }

{MODI_NEU - eine Unit, die Routinen zur Arbeit mit zwei neuen }
{           Grafikmodi (320x400 und 360x480 Punkte in 256 Far-}
{           ben) zur Verfügung stellt                         }

UNIT MODI_NEU;

{$D-}                         { keine Informationen des Debuggers }
{$I-}                                        { keine I/O-Prüfung }
{$S-}                                 { keine Prüfung des Stacks }


{ Interface-Teil }

INTERFACE

USES Crt, Dos;            { Turbo-Pascal-Standardunits einbinden }

{ modulexterne Konstanten, Typen und Variablen }

CONST Kein_Neuer_Modus = 0;

      { neue Grafikmodi }

      Modus_320x400x256 = 1;
      Modus_360x480x256 = 2;

      { RGB-Konstanten }

      rot   = 1;
      gruen = 2;
      blau  = 3;

TYPE Neue_Modi = Modus_320x400x256..Modus_360x480x256;

     RGB_Palette  = rot..blau;
     DAC_Block    = ARRAY[0..255, RGB_Palette] OF Byte;
     Paletten_Typ = ARRAY[0..15] OF Byte;
```

```pascal
        String_80       = String[80];
        Bit_Muster_Typ  = ARRAY[0..7] OF Byte;
        Zeichensatz_Typ = ARRAY[0..255] OF Bit_Muster_Typ;

VAR { Korrekturfaktor für das Höhen-/Seiten- }
    { verhältnis des Bildschirms             }

    Korrekturfaktor : Real;

{ Deklaration von Routinen }

PROCEDURE Neuen_Modus_setzen(Modus : Neue_Modi);
PROCEDURE Alten_Modus_setzen;
FUNCTION Aktiver_Modus : Byte;

FUNCTION Horizontale_Aufl : Word;
FUNCTION Vertikale_Aufl : Word;

PROCEDURE Grafikseite_waehlen(Seite : Byte);
PROCEDURE Grafikseite_anzeigen(Seite : Byte);
FUNCTION Akt_Grafikseite : Byte;

PROCEDURE VRAM_loeschen;

PROCEDURE Punkt_setzen(x, y : Integer; Farbe : Byte);
FUNCTION Punktfarbe(x, y : Integer) : Byte;

PROCEDURE Ellipse_zeichnen(x, y : Integer; x_Radius,
          y_Radius : Word; Farbe : Byte);
PROCEDURE Kreis_zeichnen(x, y : Integer; Radius : Word;
          Farbe : Byte);
PROCEDURE Linie_zeichnen(x1,y1, x2, y2 : Integer; Farbe :Byte);
PROCEDURE Rechteck_zeichnen(x1, y1, x2, y2 : Integer;
          Farbe : Byte);

PROCEDURE DAC_Reg_setzen(Reg_Nr, Rotanteil, Gruenanteil,
          Blauanteil : Byte);
PROCEDURE DAC_Reg_lesen(Reg_Nr : Byte; VAR Rotanteil,
          Gruenanteil, Blauanteil : Byte);
PROCEDURE DAC_Block_setzen(Startindex: Byte; Anzahl_Reg : Word;
          Block : DAC_Block);
PROCEDURE DAC_Block_lesen(Startindex : Byte; Anzahl_Reg : Word;
          VAR Block : DAC_Block);
PROCEDURE Graustufen(Startindex : Byte; Anzahl_Reg : Word;
          VAR Block : DAC_Block);

PROCEDURE Standard_Zeichensatz_laden;
PROCEDURE Zeichensatz_laden(Dateiname : PathStr;
          VAR Fehlercode : Byte);
PROCEDURE Zeichen_ausgeben(x, y : Integer; Anzahl : Word;
          Zeichen : Char; Farbe : Byte);
PROCEDURE Text_ausgeben(x, y : Integer; s : String_80;
          Farbe : Byte);
```

```
{ Implementationsteil }

IMPLEMENTATION

{ modulinterne Konstanten und Variablen }

CONST Alter_Modus : Byte = 0;
      Akt_Modus    : Byte = Kein_Neuer_Modus;

      Video0 = $A000;                   { Adresse für Grafikseite 0 }
      Video1 = $A800;                   { Adresse für Grafikseite 1 }

      { VGA-Register }

      { Portadressen bei Benutzung eines Monochrommonitors }

      CRTC_Index_Mono  = $3B4;          { CRTC-Index-Register }
      CRTC_Data_Mono   = $3B5;          { CRTC-Daten-Register }

      { Portadressen bei Benutzung eines Farbmonitors }

      CRTC_Index_Farbe  = $3D4;
      CRTC_Data_Farbe   = $3D5;

      { Index-Register des CRTC (Cathode Ray Tube Controller) }

      Max_Scan_Line = $09;       { Maximale Scan Line Register }
      Start_Addr_Hi = $0C;       { Start Address High Register }
      Vert_Retr_End = $11;     { Vertical Retrace End Register }
      Underline_Loc = $14;       { Underline Location Register }
      Mode_Control  = $17;             { Mode Control Register }

      { Portadresse des Miscellaneous Output Registers }
      { (schreibend)                                    }

      Misc_Output_Write = $3C2;

      { Portadressen des Sequenzers }

      Seq_Index = $3C4;                 { Sequenzer-Index-Register }
      Seq_Data  = $3C5;                 { Sequenzer-Daten-Register }

      { Index-Register des Sequenzers }

      Reset_Reg   = $00;                       { Reset Register }
      Map_Mask    = $02;                    { Map Mask Register }
      Memory_Mode = $04;                 { Memory Mode Register }

      { Portadressen des Grafik-Controllers }

      Gr_Contr_Index = $3CE; {Grafik-Controller-Index-Register}
      Gr_Contr_Data  = $3CF; {Grafik-Controller-Daten-Register}
```

```
          { Index-Register des Grafik-Controllers }

          Graphics_Mode = $05;              { Graphics Mode Register }

          { Miscellaneous Register des Grafik-Controllers }

          Misc = $06;

          Video : Word = Video0;
     VAR CRTC_Index  : Word;
         CRTC_Data   : Word;
         Regs        : Registers;              { Prozessor-Register }
         Zeichensatz : Zeichensatz_Typ;
```

Beginnen wir jetzt direkt mit der ersten Routine der Unit, nämlich
mit *Neuen_Modus_setzen*. In dieser Prozedur wird zunächst wie immer der alte Modus in der internen typisierten Konstanten *Al-
ter_Modus* gespeichert. Danach wird der Modus 19 initialisiert, was
sowohl zum Aktivieren des 320x400-Punkte-Modus als auch des
360x480-Punkte-Modus notwendig ist.

Wie wird der Modus mit 320x400 Punkten im einzelnen aktiviert? Dazu bedarf es einer intensiven Umprogrammierung der VGA-Karte.
Der erste Schritt ist im Prinzip schon mit der Aktivierung des Modus
19 getan, wodurch eine effektive Auflösung von 320x400 Punkten bereits zur Verfügung gestellt wird. Man kann zu diesem Zeitpunkt jedoch noch nicht alle Grafikzeilen einzeln adressieren. Dies kann durch
die Programmierung der VGA-Register aufgehoben werden.

Dazu wird zuerst das Memory Mode Register (Index 4) des Sequenzers (Index-Portadresse 3C4h, Daten-Portadresse 3C5h) modifiziert.
Die Verknüpfung der Bitplanes wird durch Löschen des Bit 3 aufgehoben. Stattdessen werden die Bitplanes in den Mehrfachzugriffsmo-
dus geschaltet (Setzen des Bit 2). Damit werden sie nicht mehr als zu-
sammengehörig angesehen.

Die nächsten beiden Modifikationen gelten dem Grafik-Controller mit
der Index-Portadresse 3CEh und der Daten-Portadresse 3CFh. Als erstes wird in diesem Zusammenhang das Graphics Mode Register
(Index 5) selektiert und Bit 4 auf 0 gesetzt, wodurch die Funktionsweise der Schreib-/Lesemodi des VGA-Adapters verändert wird. Als
zweites wird das sogenannte Miscellaneous Register (Index 6) angewählt. Hier wird Bit 1 gelöscht, um die Veränderung des Memory Mo

de Registers auf die Arbeitsweise der Schreib-/Lesemodi zu übertragen. Die nächste Veränderung gilt dem Map Mask Register (Index 2) im Sequenzer. In diesem Arbeitsgang werden die unteren 4 Bits des indizierten Registers gesetzt.

Nach diesen Veränderungen der Registerinhalte ist der Videospeicher so aufgeteilt, daß er Punkte für den neuen Modus zwar aufnehmen, jedoch noch nicht korrekt auslesen und die neue Auflösung darstellen kann. Bevor weitere Modifikationen der Registerinhalte stattfinden, werden die ersten 64 KByte des Video-RAM gelöscht, um den Bildschirm nach der Initialisierung des 320x400-Punkte-Modus "sauber" erscheinen zu lassen.

Nachdem das erledigt ist, kann als erstes das Maximale Scan Line Register (Index 9) des CRTC angewählt werden. Hier werden die unteren 5 Bits zurückgesetzt, um die Doppeldarstellung der Grafikzeilen zu unterdrücken und anstelle davon die Einfachdarstellung einzuschalten. Desweiteren wird Bit 6 des Underline Location Registers (Index 14h) im CRTC zwecks Unterdrückung der 4-Byte-Adressierung der Daten im Videospeicher gelöscht.

Letztes Register, dessen Inhalt verändert werden muß, ist das Mode Control Register (Index 17h), das sich ebenfalls im CRTC befindet. Hier wird Bit 6 gesetzt, damit die Bytes im Videospeicher einzeln angesprochen werden können. Und nun steht Ihnen der Modus mit der doppelten vertikalen Auflösung zur Verfügung. Was noch zum Schluß gemacht werden kann, jedoch kein "Zwang" mehr ist, ist der Aufruf der Prozeduren zum Wählen und Anzeigen einer Grafikseite. Hier wird natürlich die Seite 0 initialisiert.

Nun möchte ich die Aktivierung des zweiten Grafikmodus mit 360x480 Punkten ausführlich erläutern. Hierbei sind im wesentlichen zwei Teilprobleme zu lösen. Erstens muß die Umschaltung auf die physikalische Darstellung von 360x480 Punkten programmiert werden. Zweitens muß der Videospeicher so umstrukturiert werden, daß alle Punkte auch tatsächlich adressierbar sind.

Beim ersten Problem ergeben sich zwei getrennte Teilaspekte: die Programmierung einer vertikalen Auflösung von 480 Punkten und die Realisierung einer horizontalen Auflösung von 360 Punkten. Um all das zu erreichen, wird eine komplette Umprogrammierung des VGA-Chips erforderlich sein.

Um die vertikale Auflösung, die 20 Prozent höher ist als die des vorhin besprochenen Modus, zu programmieren, reicht es aus, die Register des CRTC für das vertikale Timing entsprechend zu setzen. Gleichzeitig muß aber auch die Bildwiederholrate von 70 auf 60 Hz herabgesetzt werden. Dies ist aus Kompatibilitätsgründen notwendig, da nicht alle VGA-Monitore die Frequenz von 70 Hz verkraften können. Die horizontale Auflösung von 360 Punkten leitet sich aus dem Textmodus 1 (40x25 Zeichen) ab.

Welche Schritte sind im einzelnen erforderlich, um den zweiten neuen Modus zu realisieren? Zunächst wird, wie bei der Aktivierung des 320x400-Punkte-Modus, das Memory Mode Register im Sequenzer selektiert. Bit 1 wird gesetzt, um eine Adressierung des Video-RAM, die über die 64-KByte-Grenze hinausgeht, zu ermöglichen. Durch das Setzen des Bit 2 wird der Mehrfachzugriff auf die Bitplanes erlaubt. Im zweiten Schritt wird über das Reset Register (Index 0) des Sequenzers festgelegt, welche Art des Resets der Prozessor der VGA-Karte durchführen soll. Ein Reset schaltet nicht nur die Bildwiederholung aus, sondern macht es auch unmöglich, die Daten aus dem Videospeicher zu lesen. Bei der VGA-Karte gibt es grundsätzlich zwei Reset-Arten: synchron und asynchron. Bei dem synchronen Reset geht der Inhalt des Videospeichers nicht verloren, weil der Reset mit dem Impuls zum Auffrischen des Video-RAM synchronisiert wird. Diese Reset-Art wird definiert, indem Bit 0 des Reset Registers gesetzt wird.

Das synchrone Zurücksetzen der VGA-Karte wird außerdem für die Umschaltung des Taktgenerators auf 28 MHz gebraucht, was im nächsten Schritt erfolgt. Dafür ist das sogenannte Miscellaneous Output Register an der Portadresse 3C2h zuständig (nicht zu verwechseln mit dem Miscellaneous Register des Grafik-Controllers). Im nächsten Arbeitsgang wird das Reset Register im Sequenzer nochmals gebraucht, um das Lesen und Setzen der Bildpunkte durch den Sequenzer zu ermöglichen, also mit anderen Worten die VGA-Karte wieder einzuschalten. Dies geschieht durch Eintragen des Wertes 6 in das Reset Register.

Bevor alle 24 Register des CRTC umprogrammiert werden, muß das Protection Bit 7 im Vertical Retrace End Register gelöscht werden, um den Schreibschutz der Register mit den Indizes 0 bis 7 zu entfernen. Die neuen Inhalte aller 24 Register sind in einem Bytefeld zusammengefaßt (typisierte Feldkonstante *Reg_Werte*). Nach der Durchführung der Operationen an den Registern werden die ersten 8 CRTC-Register wieder schreibgeschützt.

Und nun das Listing der Prozedur *Neuen_Modus_setzen*, in der zum Schluß noch die Variable *Akt_Modus* und der Korrekturfaktor für das Höhen-/Seitenverhältnis des Bildschirms gesetzt werden:

```pascal
PROCEDURE Neuen_Modus_setzen(Modus : Neue_Modi);

CONST { Werte für die CRTC-Register zum Setzen des 360x480- }
      { Punkte-Modus                                       }

      Reg_Werte : ARRAY[0..$17] OF Byte = ($6B, $59, $5A, $8E,
                                           $5E, $8A, $0D, $3E,
                                           $FF, $40, $FF, $FF,
                                           $FF, $FF, $FF, $FF,
                                           $EA, $AC, $DF, $2D,
                                           $00, $E7, $06, $E3);

VAR lauf : Byte;                                       { Zählvariable }

BEGIN
  {prüfen, ob einer der neuen Modi bereits aktiv ist (wenn ja,}
  {ist der Wert von Akt_Modus gleich der Nummer dieses Modus, }
  {sonst Akt_Modus = Kein_Neuer_Modus)                        }

  IF Akt_Modus = Kein_Neuer_Modus THEN
    BEGIN
      { alten Modus merken }

      Regs.AH := $0F;
      Intr($10, Regs);
      Alter_Modus := Regs.AL;

      { Modus 19 setzen }

      Regs.AX := 19;
      Intr($10, Regs);

      {einige VGA-Register in Abhängigkeit vom gewählten Modus}
      {umprogrammieren                                        }

      IF Modus = Modus_320x400x256 THEN
        BEGIN
          { Verknüpfung der Bitplanes aufheben (Bit 3 des  }
          { Memory Mode Registers im Sequenzer löschen)    }
          { und stattdessen Mehrfachzugriff gestatten (Bit }
          { 2 setzen)                                       }

          Port[Seq_Index] := Memory_Mode;
          Port[Seq_Data] := (Port[Seq_Data] AND NOT 8) OR 4;
```

```
        { Bit 4 des Graphics Mode Registers im Grafik-  }
        { Controller löschen und somit die Funktions-   }
        { weise der Schreib-/Lesemodi der VGA-Karte mo- }
        { difizieren                                     }

    Port[Gr_Contr_Index] := Graphics_Mode;
    Port[Gr_Contr_Data] := Port[Gr_Contr_Data] AND NOT $10;

        { Bit 1 des Miscellaneous Registers löschen,  }
        { um die Veränderung des Memory Mode Regis-   }
        { ters im Sequenzer auf die Funktionsweise    }
        { der Schreib-/Lesemodi zu übertragen         }

    Port[Gr_Contr_Index] := Misc;
    Port[Gr_Contr_Data] := Port[Gr_Contr_Data] AND NOT 2;

        { untere 4 Bits des Map Mask Registers im Sequenzer }
        { setzen                                             }

    Port[Seq_Index] := Map_Mask;
    Port[Seq_Data] := $0F;

    VRAM_loeschen;

    {Grafikzeile nicht doppelt wie im Modus 19, sondern }
    {einfach darstellen (untere 5 Bits des Maximale Scan}
    {Line Registers im CRTC löschen)                     }

    Port[CRTC_Index] := Max_Scan_Line;
    Port[CRTC_Data] := Port[CRTC_Data] AND NOT $1F;

        { Bit 6 des Underline Location Registers zwecks }
        { Unterdrückung der 4-Byte-Adressierung der Da- }
        { ten im Video-RAM löschen                       }

    Port[CRTC_Index] := Underline_Loc;
    Port[CRTC_Data] := Port[CRTC_Data] AND NOT $40;

        { Bit 6 des Mode Control Registers setzen, damit  }
        { die Bytes im Videospeicher einzeln angesprochen }
        { werden können                                    }

    Port[CRTC_Index] := Mode_Control;
    Port[CRTC_Data] := Port[CRTC_Data] OR $40;

        { Grafikseite 0 wählen und anzeigen }

    Grafikseite_waehlen(0);
    Grafikseite_anzeigen(0);
  END
ELSE
  BEGIN
        { Adressierung von mehr als 64 KByte Video-RAM und }
        { der einzelnen Bitplanes (Bits 1 und 2 des Memory }
        { Mode Registers im Sequenzer setzen)              }
```

```pascal
      Port[Seq_Index] := Memory_Mode;
      Port[Seq_Data] := 6;

      { einen synchronen Reset definieren, indem Bit 0 }
      { des Reset Registers gesetzt wird                }

      Port[Seq_Index] := Reset_Reg;
      Port[Seq_Data] := 1;

      { Taktgenerator auf 28 MHz umschalten }

      Port[Misc_Output_Write] := $E7;

      {Lesen und Setzen der Bildpunkte durch den Sequen- }
      {zer ermöglichen, indem der Wert 3 ins Reset Regis- }
      {ter geladen wird                                   }

      Port[Seq_Index] := Reset_Reg;
      Port[Seq_Data] := 3;

      { Schreibschutz der CRTC-Register mit den Indizes }
      { 0 bis 7 durch Löschen des Protection Bit 7 im   }
      { Vertical Retrace End Register entfernen          }

      Port[CRTC_Index] := Vert_Retr_End;
      Port[CRTC_Data] := Port[CRTC_Data] AND NOT $80;

      { CRTC-Register neu setzen }

      FOR lauf := 0 TO $17 DO
        IF Reg_Werte[lauf] <> $FF THEN
          BEGIN
            Port[CRTC_Index] := lauf;
            Port[CRTC_Data] := Reg_Werte[lauf];
          END;

      {CRTC-Register mit den Indizes 0 bis 7 durch Setzen }
      {des Protection Bit 7 im Vertical Retrace End Regis-}
      {ter schreibschützen                                 }

      Port[CRTC_Index] := Vert_Retr_End;
      Port[CRTC_Data] := Port[CRTC_Data] OR $80;

      VRAM_loeschen;
    END;

  Akt_Modus := Modus;

  { Korrekturfaktor für das Höhen-/Seitenverhältnis }
  { des Bildschirms in Abhängigkeit vom gewählten    }
  { Modus setzen                                      }

  CASE Modus OF
    Modus_320x400x256 : Korrekturfaktor := 1.68;
```

```
        Modus_360x480x256 : Korrekturfaktor := 1.72;
    END;
  END;
END;
```

Der erste Block der Unit *MODI_NEU* wird mit zwei Routinen fortgesetzt, die Ihnen aus anderen Units bereits bekannt sind. Es handelt sich um *Alten_Modus_setzen* und *Aktiver_Modus*.

```
PROCEDURE Alten_Modus_setzen;

BEGIN
  { alten Modus nur dann setzen, wenn einer der neuen Grafik- }
  { modi aktiv ist                                            }

  IF Akt_Modus IN [Modus_320x400x256, Modus_360x480x256] THEN
    BEGIN
      Regs.AH := $00;                  { Nummer der BIOS-Funktion }
      Regs.AL := Alter_Modus;           { Nummer des alten Modus }
      Intr($10, Regs);               { Interrupt-Routine aufrufen }

      { interne Variablen initialisieren }

      Alter_Modus := 0;
      Akt_Modus := Kein_Neuer_Modus;
    END;
END;


FUNCTION Aktiver_Modus : Byte;

BEGIN
  Aktiver_Modus := Akt_Modus;
END;
```

Nun kommen wir zum zweiten Routinenblock. Dieser besteht aus zwei Funktionen zum Abfragen der horizontalen bzw. vertikalen Auflösung.

```
FUNCTION Horizontale_Aufl : Word;

BEGIN
  { horizontale Auflösung in Abhängigkeit von dem aktiven }
  { Modus ermitteln                                       }

  CASE Akt_Modus OF
    Kein_Neuer_Modus  : Horizontale_Aufl := 0;
    Modus_320x400x256 : Horizontale_Aufl := 320;
    Modus_360x480x256 : Horizontale_Aufl := 360;
  END;
END;
```

```
FUNCTION Vertikale_Aufl : Word;

BEGIN
  { vertikale Auflösung in Abhängigkeit von dem aktiven }
  { Modus ermitteln                                     }

  CASE Akt_Modus OF
    Kein_Neuer_Modus  : Vertikale_Aufl := 0;
    Modus_320x400x256 : Vertikale_Aufl := 400;
    Modus_360x480x256 : Vertikale_Aufl := 480;
  END;
END;
```

Im dritten Block werden die Routinen im Zusammenhang mit den
Grafikseiten zusammengefaßt. Die ersten beiden Routinen zum Wählen und Anzeigen einer Grafikseite gelten nur für den 320x400-Punk-
teModus. Eine Grafikseite (Nummer 0 oder 1) wird gewählt, indem die
interne typisierte Konstante *Video* mit A000h bzw. A800h gesetzt
wird. Diese beiden Werte sind Anfangsadressen für die Seite 0 bzw.
Seite 1. Nach Wahl einer Grafikseite wird diese noch nicht auf dem
Bildschirm angezeigt, es werden jedoch alle Daten in sie geschrieben
bzw. von ihr gelesen.

Wenn zum Beispiel ein Bildpunkt ausgegeben werden soll, während
die Grafikseite 0 aktiv ist und die Seite 1 gewählt wurde, wird dieser
in der Grafikseite 1 ausgegeben. Erst beim Anzeigen der Seite 1 erscheint der Punkt auf dem Monitor. Um eine Seite auf dem Bildschirm darzustellen, wird die CRTC-Startadresse entsprechend mit 0
bzw. 128 gesetzt.

Mit Hilfe der letzten Routine aus diesem Block kann die Nummer der
aktuellen, jedoch nicht unbedingt angezeigten Seite abgefragt werden.

```
{ Die Routinen Grafikseite_waehlen und Grafikseite_anzeigen }
{ gelten nur für den 320x400-Punkte-Modus.                  }

PROCEDURE Grafikseite_waehlen(Seite : Byte);

BEGIN
  { Grafikseite, in der alle Schreib- und Lesezugriffe durch- }
  { geführt werden, nur dann setzen (jedoch nicht anzeigen),  }
  { wenn der Modus mit 320x400 Punkten aktiv ist              }

  IF Akt_Modus = Modus_320x400x256 THEN
    IF Seite = 0 THEN                { Wurde Seite 0 gewählt? }
      Video := Video0        { ja, Adresse für Seite 0 setzen }
    ELSE                             { Seite 1 wurde gewählt }
      Video := Video1;          { Adresse für Seite 1 setzen }
END;
```

```pascal
PROCEDURE Grafikseite_anzeigen(Seite : Byte);

BEGIN
  {Grafikseite nur dann umschalten, wenn der Modus mit 320x400}
  {Punkten aktiv ist                                          }

  IF Akt_Modus = Modus_320x400x256 THEN
    IF Seite = 0 THEN                    { Wurde Seite 0 gewählt? }
      BEGIN                            { ja, CRTC-Startadresse ist 0 }
        Port[CRTC_Index] := Start_Addr_Hi;
        Port[CRTC_Data] := 0;
      END
    ELSE                                 { Seite 1 wurde gewählt }
      BEGIN                            { CRTC-Startadresse ist 128 }
        Port[CRTC_Index] := Start_Addr_Hi;
        Port[CRTC_Data] := $80;
      END;
END;


FUNCTION Akt_Grafikseite : Byte;

BEGIN
  { Nummer der aktuellen (nicht unbedingt dargestellten) }
  { Grafikseite in Abhängigkeit von der Adresse in der   }
  { Variablen Video zurückliefern                        }

  IF Video = Video0 THEN
    Akt_Grafikseite := 0
  ELSE
    Akt_Grafikseite := 1;
END;
```

Das Löschen des ersten Segments des Video-RAM ist die nächste Routine in der Unit *MODI_NEU*:

```pascal
PROCEDURE VRAM_loeschen;

BEGIN
  FillChar(Mem[Video:$0], $FFFF, 0);
  Mem[Video:$FFFF] := 0;
END;
```

Um einen Punkt zu setzen bzw. zu lesen, wird zunächst einmal die Offset-Adresse innerhalb der Bitplane bestimmt, in der der gegebene Punkt gespeichert werden soll. Danach wird die Nummer der Plane ermittelt. Desweiteren muß das Map Mask Register (Index 2) durch einen Schreibzugriff auf die Portadresse 3C4h (Sequenzer-Index-Register) indiziert werden, um auf der darauffolgenden Portadresse 3C5h die vorher errechnete Nummer der Bitplane auszugeben. Je nachdem, ob der Punkt gesetzt oder die Punktfarbe gelesen wird, erfolgt ein Schreib- bzw. Lesezugriff auf das Video-RAM (entsprechende Bitplane).

Die beiden Routinen *Punkt_setzen* und *Punktfarbe* sehen folgendermaßen aus:

```
PROCEDURE Punkt_setzen(x, y : Integer; Farbe : Byte);

VAR Plane_Offset : Word;          { Offset-Adresse in der Plane }
    Plane_Nr     : Byte;                     { Nummer der Plane }

BEGIN
  { Offset bestimmen }

  Plane_Offset := (Horizontale_Aufl DIV 4)*y+(x DIV 4);

  Plane_Nr := 1 SHL (x MOD 4);    { Nummer der Plane ermitteln }

  { Map Mask Register im Sequenzer indizieren }

  Port[Seq_Index] := Map_Mask;

  { Nummer der Plane in das Map Mask Register schreiben }

  Port[Seq_Data] := Plane_Nr;

  Mem[Video:Plane_Offset] := Farbe;               { Punkt setzen }
END;

FUNCTION Punktfarbe(x, y : Integer) : Byte;

VAR Plane_Offset : Word;          { Offset-Adresse in der Plane }
    Plane_Nr     : Byte;                     { Nummer der Plane }
BEGIN
  { Offset bestimmen }

  Plane_Offset := (Horizontale_Aufl DIV 4)*y+(x DIV 4);

  Plane_Nr := 1 SHL (x MOD 4);    { Nummer der Plane ermitteln }

  { Map Mask Register im Sequenzer indizieren }

  Port[Seq_Index] := Map_Mask;

  { Nummer der Plane in das Map Mask Register schreiben }

  Port[Seq_Data] := Plane_Nr;

  Punktfarbe := Mem[Video:Plane_Offset];    { Punktfarbe lesen }
END;
```

Alle anderen Routinen, die der Funktion Punktfarbe folgen, kennen Sie schon. Den kompletten Quelltext dieser Unit finden Sie in der Datei MODI_NEU.PAS auf der Diskette.

Ich möchte dieses Kapitel nicht enden lassen, ohne Ihnen noch ein kurzes Beispielprogramm vorzustellen, das mit Hilfe der Unit *MODI_NEU* zwei Linien, die sich zu einem Kreuz ergänzen, und einen Kreis in der Mitte des Bildschirms in den beiden neuen Grafikmodi zeichnet. Mit diesem Programm können Sie sogar die mit *Z_EDIT* erstellten Zeichensätze testen, indem Sie nach dem Start des Programms den Namen und das Verzeichnis der Zeichensatzdatei angeben, z.B. C:\Z_SAETZE\MODERN.ZEI.

```pascal
{ Dateiname : MN_DEMO.PAS                  }
{ Autor     : Arthur Burda                 }
{ Compiler  : Turbo Pascal 5.0 und höher }

{ MN_DEMO - ein Demoprogramm für die Unit MODI_NEU }

PROGRAM MODI_NEU_Demo;

{$D-}                       { keine Informationen des Debuggers }
{$I-}                                       { keine I/O-Prüfung }
{$S-}                                { keine Prüfung des Stacks }

USES Crt, Dos, MODI_NEU;           { benötigte Units einbinden }

CONST hellgrau_auf_schwarz = 7;

VAR Taste : Char;

PROCEDURE Demo_Modus_320x400x256;

BEGIN
  Neuen_Modus_setzen(Modus_320x400x256);
  Linie_zeichnen(Horizontale_Aufl DIV 2, 0,
  Horizontale_Aufl DIV 2, Vertikale_Aufl-1, 14);
  Linie_zeichnen(0, Vertikale_Aufl DIV 2, Horizontale_Aufl-1,
  Vertikale_Aufl DIV 2, 14);
  Kreis_zeichnen(Horizontale_Aufl DIV 2, Vertikale_Aufl DIV 2,
  100, 15);
  Text_ausgeben(0, 0, 'Modus 320x400x256', 10);
  Text_ausgeben(0, Vertikale_Aufl-30, 'Beliebige Taste', 10);
  Text_ausgeben(0, Vertikale_Aufl-15, 'drücken ...', 10);
  Taste := ReadKey;
  Alten_Modus_setzen;
END;
```

```pascal
PROCEDURE Demo_Modus_360x480x256;

BEGIN
  Neuen_Modus_setzen(Modus_360x480x256);
  Linie_zeichnen(Horizontale_Aufl DIV 2, 0,
  Horizontale_Aufl DIV 2, Vertikale_Aufl-1, 12);
  Linie_zeichnen(0, Vertikale_Aufl DIV 2, Horizontale_Aufl-1,
  Vertikale_Aufl DIV 2, 12);
  Kreis_zeichnen(Horizontale_Aufl DIV 2, Vertikale_Aufl DIV 2,
  100, 15);
  Text_ausgeben(0, 0, 'Modus 360x480x256', 10);
  Text_ausgeben(0, Vertikale_Aufl-45, 'Beliebige Taste', 10);
  Text_ausgeben(0, Vertikale_Aufl-30, 'drücken, um die', 10);
  Text_ausgeben(0, Vertikale_Aufl-15, 'Demo zu beenden .', 10);
  Taste := ReadKey;
  Alten_Modus_setzen;
END;

{ Hauptprogramm }

VAR Zeichensatz_Datei : PathStr;
    lauf              : Byte;                  { Zählvariable }
    Fehlercode        : Byte;

BEGIN
  TextAttr := hellgrau_auf_schwarz;
  ClrScr;                                      { Bildschirm löschen }

  { Kopfzeile schreiben }

  GotoXY(6, 1);
  Write('MN_DEMO - Demoprogramm für die Unit MODI_NEU');
  GotoXY(57, 1); Write('Autor: Arthur Burda');

  { Linie ziehen }

  FOR lauf := 1 TO 80 DO
    BEGIN
      GotoXY(lauf, 2); Write(#196);
    END;

  { Parameter abfragen }

  GotoXY(1, 4);
  Write('Name und Verzeichnis der Zeichensatzdatei: ');
  ReadLn(Zeichensatz_Datei);

  { prüfen, ob eine Zeichensatzdatei angegeben wurde, }
  { ggf. Zeichensatz laden, andernfalls Standard-Zei- }
  { chensatz verwenden                                }

  IF Zeichensatz_Datei <> '' THEN
    BEGIN
      Zeichensatz_laden(Zeichensatz_Datei, Fehlercode);
```

```
      { prüfen, ob Fehler beim Laden des Zeichensatzes auf- }
      { getreten ist, ggf. Programm beenden                 }

      IF Fehlercode <> 0 THEN
        BEGIN
          ClrScr;
          WriteLn('Fehler beim Laden des Zeichensatzes');
          Halt;
        END;
    END;

  { Demo starten }

  Demo_Modus_320x400x256;
  Demo_Modus_360x480x256;

  Alten_Modus_setzen;
END.
```

Anhang A

Die wichtigsten Funktionen des VGA-BIOS

<table>
<tr><td colspan="2" align="center">Setzen des aktiven Videomodus</td></tr>
<tr><td>Eingabe:</td><td>AL = Nummer des Videomodus
AH = 00h (Nummer der Funktion)</td></tr>
<tr><td>Ausgabe:</td><td>keine</td></tr>
</table>

Tabelle der Videomodi:

Modus-Nr.	Text/Grafik	Bildschirm-Format	Farben	Startadresse des Video-RAM
00h, 01h	Text	40x25	16/256K	B800h
02h, 03h	Text	80x25	16/256K	B800h
04h, 05h	Grafik	320x200	4/256K	B800h
06h	Grafik	640x200	2/256K	B800h
07h	Text	80x25	4	B000h
0Dh	Grafik	320x200	16/256K	A000h
0Eh	Grafik	640x200	16/256K	A000h
0Fh	Grafik	640x350	4	A000h
10h	Grafik	640x350	16/256K	A000h
11h	Grafik	640x480	2/256K	A000h
12h	Grafik	640x480	16/256K	A000h
13h	Grafik	320x200	256/256K	A000h

<table>
<tr><td colspan="2" align="center">Definition des Cursor-Erscheinungsbildes</td></tr>
<tr><td>Eingabe:</td><td>AH = 01h (Nummer der Funktion)
CH = Startzeile (00h bis 0Fh)
CL = Endzeile (00h bis 0Fh)</td></tr>
<tr><td>Ausgabe:</td><td>keine</td></tr>
</table>

<table>
<tr><td colspan="2" align="center">Setzen der Cursor-Position</td></tr>
<tr><td>Eingabe:</td><td>AH = 02h (Nummer der Funktion)
BH = Bildschirmseite
DH = Zeile (y-Koordinate des Cursors)
DL = Spalte (x-Koordinate des Cursors)</td></tr>
<tr><td>Ausgabe:</td><td>keine</td></tr>
</table>

<table>
<tr><td colspan="2">Abfragen der Cursor-Maske und der Cursor-Position</td></tr>
<tr><td>Eingabe:</td><td>AH = 03h (Nummer der Funktion)
BH = Bildschirmseite</td></tr>
<tr><td>Ausgabe:</td><td>CH = Startzeile des Cursors
CL = Endzeile des Cursors
DH = Zeile (y-Koordinate des Cursors)
DL = Spalte (x-Koordinate des Cursors)</td></tr>
</table>

<table>
<tr><td colspan="2">Festlegen der aktiven Bildschirmseite</td></tr>
<tr><td>Eingabe:</td><td>AH = 05h (Nummer der Funktion)
AL = Seite</td></tr>
<tr><td>Ausgabe:</td><td>keine</td></tr>
</table>

<table>
<tr><td colspan="2">Initialisieren oder Rolleneines Fensters nach oben</td></tr>
<tr><td>Eingabe:</td><td>AH = 06h (Nummer der Funktion)
AL = Anzahl der zu rollenden Zeilen (bei 0 wird das
        Fenster initialisiert, also mit Leerzeichen gefüllt)
BH = Attribut, das beim Initialisieren verwendet wird
CH = y-Koordinate der linken oberen Fensterecke
CL = x-Koordinate der linken oberen Fensterecke
DH = y-Koordinate der rechten unteren Fensterecke
DL = x-Koordinate der rechten unteren Fensterecke</td></tr>
<tr><td>Ausgabe:</td><td>keine</td></tr>
</table>

<table>
<tr><td colspan="2">Initialisieren oder Rollen eines Fensters nach unten</td></tr>
<tr><td>Eingabe:</td><td>AH = 07h (Nummer der Funktion)
AL = Anzahl der zu rollenden Zeilen (bei 0 wird das
        Fenster initialisiert, also mit Leerzeichen gefüllt)
BH = Attribut, das beim Initialisieren verwendet wird
CH = y-Koordinate der linken oberen Fensterecke
CL = x-Koordinate der linken oberen Fensterecke
DH = y-Koordinate der rechten unteren Fensterecke
DL = x-Koordinate der rechten unteren Fensterecke</td></tr>
<tr><td>Ausgabe:</td><td>keine</td></tr>
</table>

Lesen eines Zeichens mit Attribut an der Cursor-Position	
Eingabe:	AH = 08h (Nummer der Funktion) BH = Bildschirmseite
Ausgabe:	AH = Attribut AL = Zeichen (ASCII-Code)

Ausgeben eines Zeichens mit Attribut an der Cursor-Position	
Eingabe:	AH = 09h (Nummer der Funktion) AL = Zeichen (ASCII-Code) BH = Bildschirmseite BL = Attribut CX = Anzahl der Zeichen (Wiederholungsfaktor)
Ausgabe:	keine

Ausgeben eines Zeichens ohne Attribut an der Cursor-Position	
Eingabe:	AH = 0Ah (Nummer der Funktion) AL = Zeichen (ASCII-Code) BH = Bildschirmseite CX = Anzahl der Zeichen (Wiederholungsfaktor)
Ausgabe:	keine

Setzen eines Bildpunktes	
Eingabe:	AH = 0Ch (Nummer der Funktion) AL = Punktfarbe BH = Grafikseite CX = x-Koordinate des Bildpunktes DX = y-Koordinate des Bildpunktes
Ausgabe:	keine

Lesen der Punktfarbe

Eingabe:	AH = 0Dh (Nummer der Funktion) BH = Grafikseite CX = x-Koordinate des Bildpunktes DX = y-Koordinate des Bildpunktes
Ausgabe:	AL = Punktfarbe

Feststellen des aktiven Videomodus

Eingabe:	AH = 0Fh (Nummer der Funktion)
Ausgabe:	AH = Anzahl der angezeigten Bildschirmspalten AL = Nummer des Videomodus BH = aktive Bildschirmseite

Setzen eines einzelnen Palettenregisters

Eingabe:	AH = 10h (Nummer der Funktion) AL = 00h (Nummer der Unterfunktion) BH = Farbwert (00h-FFh) BL = Nummer des zu setzenden Palettenregisters (00h-0Fh)
Ausgabe:	keine

Setzen der Rahmenfarbe

Eingabe:	AH = 10h (Nummer der Funktion) AL = 01h (Nummer der Unterfunktion) BH = Farbwert (00h-FFh)
Ausgabe:	keine

Setzen aller Palettenregister und der Rahmenfarbe

Eingabe:	AH = 10h (Nummer der Funktion) AL = 02h (Nummer der Unterfunktion) ES = Segment-Adresse der Farbenliste DX = Offset-Adresse der Farbenliste
Ausgabe:	keine

Lesen eines einzelnen Palettenregisters	
Eingabe:	AH = 10h (Nummer der Funktion) AL = 07h (Nummer der Unterfunktion) BL = Nummer des zu lesenden Palettenregisters (00h-0Fh)
Ausgabe:	BH = Farbwert (00h-FFh)

Lesen der Rahmenfarbe	
Eingabe:	AH = 10h (Nummer der Funktion) AL = 08h (Nummer der Unterfunktion)
Ausgabe:	BH = Farbwert (00h-FFh)

Lesen aller Palettenregister und der Rahmenfarbe	
Eingabe:	AH = 10h (Nummer der Funktion) AL = 09h (Nummer der Unterfunktion) ES = Segment-Adresse eines 17 Byte langen Puffers DX = Offset-Adresse des Puffers

Ausgabe:	ES = Segment-Adresse des Puffers, in den die
	        Palettenwerte geladen wurden
	DX = Offset-Adresse des Puffers mit den
	        Palettenwerten

Setzen eines einzelnen DAC-Farbregisters	
Eingabe:	AH = 10h (Nummer der Funktion) AL = 10h (Nummer der Unterfunktion) BX = Nummer des Farbregisters (0h bis FFh) CH = Wert für den Grünanteil (0h bis 3Fh) CL = Wert für den Blauanteil (0h bis 3Fh) DH = Wert für den Rotanteil (0h bis 3Fh)
Ausgabe:	keine

Setzen eines Farbregister-Blocks

Eingabe:	AH = 10h (Nummer der Funktion)
	AL = 12h (Nummer der Unterfunktion)
	BX = Nummer des ersten Farbregisters, das gesetzt
	     werden soll (Startindex, 0h bis FFh)
	CX = Anzahl der zu setzenden Farbregister
	     (1h bis 100h)
	ES = Segment-Adresse der Tabelle, in der die
	     Farbinformationen gespeichert sind
	DX = Offset-Adresse der Farbtabelle

Ausgabe:	keine

Festlegung der Farbseiteneinteilung

Eingabe:	AH = 10h (Nummer der Funktion) AL = 13h (Nummer der Unterfunktion)

Zum Zuordnen eines DAC-Bereiches (Auswahl eines Seitenmodus):

	BH = Seitenmodus BL = 00h

Zum Anwählen eines DAC-Blocks (Auswahl einer Seite):

	BH = Nummer des DAC-Blocks (Seite) BL = 01h
Ausgabe:	keine

Lesen eines einzelnen DAC-Farbregisters

Eingabe:	AH = 10h (Nummer der Funktion) AL = 15h (Nummer der Unterfunktion) BX = Nummer des Farbregisters (0h bis FFh)
Ausgabe:	CH = Wert für den Grünanteil (0h bis 3Fh) CL = Wert für den Blauanteil (0h bis 3Fh) DH = Wert für den Rotanteil (0h bis 3Fh)

<table>
<tr><td colspan="2" align="center">Lesen eines Farbregister-Blocks</td></tr>
<tr><td>Eingabe:</td><td>AH = 10h (Nummer der Funktion)
AL = 17h (Nummer der Unterfunktion)
BX = Nummer des ersten zu lesenden Farbregisters
     (Startindex, 0h bis FFh)
CX = Anzahl der zu lesenden Farbregister
     (1h bis 100h)
ES = Segment-Adresse des Puffers, in den die Tabelle
     mit den Farbdaten geladen werden soll
DX = Offset-Adresse des Puffers für die Farbtabelle</td></tr>
<tr><td>Ausgabe:</td><td>ES = Segment-Adresse des Puffers, in den die
     Farbtabelle geladen wurde
DX = Offset-Adresse des Puffers, der die Farbtabelle
     enthält</td></tr>
</table>

<table>
<tr><td colspan="2" align="center">Grauwerte setzen</td></tr>
<tr><td>Eingabe:</td><td>AH = 10h (Nummer der Funktion)
AL = 1Bh (Nummer der Unterfunktion)
BX = Nummer des ersten DAC-Registers, dessen
     RGB-Werte in Grauwerte umgewandelt werden
     sollen Startindex, 0h bis FFh)
CX = Anzahl der DAC-Register (1h bis 100h)</td></tr>
<tr><td>Ausgabe:</td><td>keine</td></tr>
</table>

<table>
<tr><td colspan="2" align="center">Laden eines Benutzerzeichensatzes und
Neuprogrammierung des CRTC</td></tr>
<tr><td>Eingabe:</td><td>AH = 11h (Nummer der Funktion)
AL = 10h (Nummer der Unterfunktion)
BH = Punkte (Bytes pro Zeichen)
BL = Speicherbereich des Zeichensatzgenerators
CX = Anzahl in der Tabelle definierter Zeichen
DX = Code des ersten Zeichens in der Tabelle
ES = Segment-Adresse der Zeichentabelle
BP = Offset-Adresse der Zeichentabelle</td></tr>
<tr><td>Ausgabe:</td><td>keine</td></tr>
</table>

<table>
<tr><td colspan="2" align="center"><h2>Laden des 8x14-ROM-Zeichensatzes und Neuprogrammierung des CRTC</h2></td></tr>
<tr><td>Eingabe:</td><td>AH = 11h (Nummer der Funktion)
AL = 11h (Nummer der Unterfunktion)
BL = Speicherbereich des Zeichensatzgenerators</td></tr>
<tr><td>Ausgabe:</td><td>keine</td></tr>
</table>

<table>
<tr><td colspan="2" align="center"><h2>Laden des 8x8-ROM-Zeichensatzes und Neuprogrammierung des CRTC</h2></td></tr>
<tr><td>Eingabe:</td><td>AH = 11h (Nummer der Funktion)
AL = 12h (Nummer der Unterfunktion)
BL = Speicherbereich des Zeichensatzgenerators</td></tr>
<tr><td>Ausgabe:</td><td>keine</td></tr>
</table>

<table>
<tr><td colspan="2" align="center"><h2>Laden des 8x16-ROM-Zeichensatzes und Neuprogrammierung des CRTC</h2></td></tr>
<tr><td>Eingabe:</td><td>AH = 11h (Nummer der Funktion)
AL = 14h (Nummer der Unterfunktion)
BL = Speicherbereich des Zeichensatzgenerators</td></tr>
<tr><td>Ausgabe:</td><td>keine</td></tr>
</table>

<table>
<tr><td colspan="2" align="center"><h2>Setzen des Zeigers auf die Zeichentabelle des Benutzers</h2></td></tr>
<tr><td>Eingabe:</td><td>AH = 11h (Nummer der Funktion)
AL = 20h (Nummer der Unterfunktion)
ES = Segment-Adresse der Zeichentabelle
BP = Offset-Adresse der Zeichentabelle</td></tr>
<tr><td>Ausgabe:</td><td>keine</td></tr>
</table>

Lesen von Zeichensatzinformationen	
Eingabe:	AH = 11h (Nummer der Funktion) AL = 30h (Nummer der Unterfunktion) BH = Zeichensatzcode 　　02h = 8x14-ROM-Zeichensatz 　　03h = 8x8-ROM-Zeichensatz (Zeichen mit den 　　　　　ASCII-Codes 00h bis 7Fh) 　　04h = 8x8-ROM-Zeichensatz (Zeichen mit den 　　　　　ASCII-Codes 80h bis FFh) 　　05h = 9x14-ROM-Zeichensatz 　　06h = 8x16-ROM-Zeichensatz 　　07h = 9x16-ROM-Zeichensatz
Ausgabe:	CX = Punkte (Bytes pro Zeichen) DL = Zeilen (Textzeilen auf dem Bildschirm - 1) ES = Segment-Adresse der Zeichentabelle BP = Offset-Adresse der Zeichentabelle

Setzen der Anzahl der Rasterzeilen	
Eingabe:	AH = 12h (Nummer der Funktion) AL = Rasterzeilencode 00h = 200 Rasterzeilen 01h = 350 Rasterzeilen 02h = 400 Rasterzeilen BL = 30h (Nummer der Unterfunktion)
Ausgabe:	AL = 12h, wenn VGA-Karte aktiv ist 　　　00h, wenn VGA-Karte nicht aktiv ist

Festlegen, ob die Standard-DAC-Palette beim Aktivieren eines Videomodus automatisch geladen werden soll	
Eingabe:	AH = 12h (Nummer der Funktion) AL = 00h zum Einschalten der Ladefunktion 01h zum Ausschalten der Ladefunktion BL = 31h (Nummer der Unterfunktion)
Ausgabe:	AL = 12h, wenn die Funktion unterstützt wird

Ein-/Ausschalten der Graustufendarstellung

Eingabe:	AH = 12h (Nummer der Funktion) AL = 00h zum Einschalten der Graustufendarstellung 01h zum Ausschalten der Graustufendarstellung BL = 32h (Nummer der Unterfunktion)
Ausgabe:	AL = 12h, wenn die Funktion unterstützt wird

Ein-/Ausschalten der Cursor-Emulation

Eingabe:	AH = 12h (Nummer der Funktion) AL = 00h zum Einschalten der Cursor-Emulation 01h zum Ausschalten der Cursor-Emulation BL = 34h (Nummer der Unterfunktion)
Ausgabe:	AL = 12h, wenn die Funktion unterstützt wird

Ein-/Ausschalten der Bildwiederholung

Eingabe:	AH = 12h (Nummer der Funktion) AL = 00h zum Einschalten der Bildwiederholung 01h zum Ausschalten der Bildwiederholung BL = 36h (Nummer der Unterfunktion)
Ausgabe:	AL = 12h, wenn die Funktion unterstützt wird

Lesen/Setzen des Bildschirmkombinationscodes

Eingabe:	AH = 1Ah (Nummer der Funktion) AL = Nummer der Unterfunktion 00h = Informationen über Video-Adapter (Bildschirmkombinationscode) lesen 01h = Setzen der ROM-BIOS-Variable (Bildschirmkombinationscode), die den angeschlossenen Video-Adapter beschreibt BH = Code des inaktiven Adapters (wenn AL=01h) BL = Code des aktiven Adapters (wenn AL=01h)

Ausgabe:	AL = 1Ah, wenn die Funktion unterstützt wird Wenn AL=00h angegeben wurde: BH = Code des inaktiven Adapters BL = Code des aktiven Adapters Codes (Typ des Video-Adapters): 00h : kein Video-Adapter 01h : MDA mit 5151 Monitor 02h : CGA mit 5153 bzw. 5154 Monitor 03h : reserviert 04h : EGA mit 5153 bzw. 5154 Monitor 05h : EGA mit 5151 Monitor 06h : PGA mit 5175 Monitor 07h : VGA mit analogem Monochrommonitor 08h : VGA mit analogem Farbmonitor 09h : reserviert 0Ah : MCGA mit digitalem Farbmonitor 0Bh : MCGA mit analogem Monochrommonitor 0Ch : MCGA mit analogem Farbmonitor 0Dh-FEh : reserviert FFh : unbekannt

Anhang B

Übersicht aller Register der Standard-VGA-Karte

General Register		
Register-Bezeichnung	**Portadresse (Mono/Farbe)**	**Zugriff**
Miscellaneous Output	3C2h	schreibend
Register	3CCh	lesend
Input Status Register 0	3C2h	nur lesend
Input Status Register 1	3BAh/3DAh	nur lesend
Feature Control Register	3BAh/3DAh/3CAh	schreibend lesend
Video Subsystem Enable	3C3h	schreibend/lesend

Register des CRTC (Cathode Ray Tube Controller)		
Register-Bezeichnung	**Portadresse (Mono/Farbe)**	**Index**
CRTC Index Register	3B4h/3D4h	-
Horizontal Total	3B5h/3D5h	00h
Horizontal Display Enable End	3B5h/3D5h	01h
Start Horizontal Blanking	3B5h/3D5h	02h
End Horizontal Blanking	3B5h/3D5h	03h
Start Horizontal Retrace Pulse	3B5h/3D5h	04h
End Horizontal Retrace	3B5h/3D5h	05h

		Fortsetzung
Register des CRTC (Cathode Ray Tube Controller)		
Register-Bezeichnung	**Portadresse (Mono/Farbe)**	**Index**
Vertical Total	3B5h/3D5h	06h
Overflow	3B5h/3D5h	07h
Preset Row Scan	3B5h/3D5h	08h
Maximum Scan Line	3B5h/3D5h	09h
Cursor Start	3B5h/3D5h	0Ah
Cursor End	3B5h/3D5h	0Bh
Start Address High	3B5h/3D5h	0Ch
Start Address Low	3B5h/3D5h	0Dh
Cursor Location Low	3B5h/3D5h	0Eh
Cursor Location High	3B5h/3D5h	0Fh
Vertical Retrace Start	3B5h/3D5h	10h
Vertical Retrace End	3B5h/3D5h	11h
Vertical Display Enable End	3B5h/3D5h	12h
Offset	3B5h/3D5h	13h
Underline Location	3B5h/3D5h	14h

		Fortsetzung
Register des CRTC (Cathode Ray Tube Controller)		
Register-Bezeichnung	**Portadresse (Mono/Farbe)**	**Index**
Start Vertical Blank	3B5h/3D5h	15h
End Vertical Blank	3B5h/3D5h	16h
CRTC Mode Control	3B5h/3D5h	17h
Line Compare	3B5h/3D5h	18h

Sequenzer-Register		
Register-Bezeichnung	**Portadresse**	**Index**
Sequenzer Index Register	3C4h	-
Reset	3C5h	00h
Clocking Mode	3C5h	01h
Map Mask	3C5h	02h
Character Map Select	3C5h	03h
Memory Mode	3C5h	04h

Register des Grafik-Controllers		
Register-Bezeichnung	**Portadresse**	**Index**
GC Index Register	3CEh	-
Set/Reset	3CFh	00h
Enable Set/Reset	3CFh	01h
Color Compare	3CFh	02h
Data Rotate	3CFh	03h
Read Map Select	3CFh	04h
Graphics Mode	3CFh	05h
Miscellaneous	3CFh	06h
Color Don't Care	3CFh	07h
Bit Mask	3CFh	08h

Register des Attribut-Controllers		
Register-Bezeichnung	**Portadresse**	**Index**
AC Index/Data Register	3C0h	-
Palette	3C0h	00h bis 0Fh

Fortsetzung

Register des Attribut-Controllers

Register-Bezeichnung	Portadresse	Index
Attribute Mode Control	3C0h	10h
Overscan Color	3C0h	11h
Color Plane Enable	3C0h	12h
Horizontal PEL Panning	3C0h	13h
Color Select	3C0h	14h

DAC-Register

Register-Bezeichnung	Portadresse (Mono/Farbe)	Zugriff
PEL Address (Write Mode)	3C8h	schreibend/lesend
PEL Address (Read Mode)	3C7h	nur schreibend
DAC State Register	3C7h	nur lesend
PEL Data Register	3C9h	schreibend/lesend
PEL Mask	3C6h	schreibend/lesend

Sachwortverzeichnis